WIZARD

システムトレード
基本と原則

トレーディングで勝者と敗者を分けるもの

ブレント・ペンフォールド[著]
長尾慎太郎[監修]
山口雅裕[訳]

Universal Principles
The of Trading
Essential... Successful
in All Markets
by Brent Penfold

Pan Rolling

The Universal Principles of Successful Trading : Essential Knowledge for All Traders in All Markets
by Brent Penfold

Copyright © 2010 John Wiley & Sons (Asia) Pte. Ltd.
All Rights Reserved.

Japanese translation rights arranged with John Wiley & Sons (Asia) Pte. Ltd. through Japan UNI Agency, Inc., Tokyo.

免責条項 本作品およびブレント・ペンフォールドのウエブサイトで表明された予測および見解は著者の個人的見解であり、情報提供および教育上の目的のためにのみ述べられたものです。ジョン・アンド・ワイリー、ブレント・ペンフォールド、または彼らの各関係者および代理人のだれも、本作品またはウエブサイトの内容の正確さまたは完全性に関して、いかなる表明もしくは保証をしません。また、特に特定の目的に適合するという保証を含め、それに限らずすべての保証をしません。販売またはプロモーション資料によって、保証を生じることも保証が延長されることもありません。ここに含まれるアドバイスおよび戦略はすべての状況にふさわしいというわけではありません。本作品は、出版者が金融、会計またはその他の専門的サービスを行っていないという理解の下で販売されるものです。専門的な援助を必要とする場合は、資格を持つ専門職によるサービスを求めなければなりません。ジョン・ワイリー、ブレント・ペンフォールド、または彼らの各関係者もしくは代理人のいずれも本作品またはウエブサイトから生じる損害に対して責任を負いません。

監修者まえがき

　本書はブレント・ペンフォールドによる"The Universal Principles of Successful Trading"の邦訳である。ここには「こうすれば儲かる」といったたぐいの話は一切書かれていない。代わりに解説してあるのは、マーケットのことや資金運用のことを何も知らない投資家が、思わぬ落とし穴にはまることなく必要な技術を身につけるための手順である。本書はこれからトレードや投資を行おうとする人向けの教科書なのである。

　私はこれまでさまざまな相場書を読んできたが、本書以上に優れた初心者向けの相場教科書を知らない。もちろんこれまでにも、初心者向けの入門書はたくさん出版されてきた。だが、それらは特定のマーケットや運用手法に特化したものであったり、あるいは入門書とうたってはいるけれども実際には読者にかなりの高いレベルの経験や知識を要求するものであった。

　いや、本当のことを言えば、巷にあるトレード本のかなりの割合は、書き手の自己顕示欲を満たすための自慢話や勘違いによる出鱈目を書きなぐったもの、あるいは単なる商品の宣伝手段であることが多い。だから、ときどき聞かれる「相場書なんていくら読んでも無駄だ」という主張は、実は半分は正しいのである。

　トレードや投資の技術や知識は、本を読んだり、人からは話を聞くだけではまったく不十分であって、実際に自分の手でポジションを取り、それを動かしながら学んでいくしかない。だから、私たちは理論だけを振りかざしたり、机上のシミュレーションだけでマーケットを攻略できるかのような考えをきつく戒めるのである。だが、現実には少なからぬ人はむしろ逆に座学を軽視して、何も知らないままにいきなり無謀な実践を始めるようにも見える。考えてみれば、これまでは

初心者向けの適切な教科書がなかったのだから、これもある意味では仕方のないことであった。

　しかし、そうした状況も昨日までのことである。なぜなら、上に書いたように画期的な教科書である本書が翻訳され、日本の個人投資家にも簡単に手に入るようになったからだ。本書の良さは読んでいただければすぐに分かると思うが、初心者が犯しやすい間違いや、誤謬をすべて取り上げて注意を促し、正しい道筋をたどることを可能にしている。私が最初に本書を読んだときの感想は、「こんなに本当のことを書いてよいのか？」というものだった。一般に、たとえ事実であっても多くの人の先入観に反することや、重要なことでもあまり面白くはないことは、ほとんどの書籍には書かれていないし、あえてそれを言う人もいない。著者はよく勇気と信念をもって本書を著したものだと私は感心している。

　翻訳に当たっては以下の方々に心から感謝の意を表したい。翻訳者の山口雅裕氏は丁寧な翻訳を実現してくださった。そして阿部達郎氏にはいつもながら丁寧な編集・校正を行っていただいた。また本書が発行される機会を得たのはパンローリング社社長の後藤康徳氏のおかげである。

2011年6月

　　　　　　　　　　　　　　　　　　　　　　　　長尾慎太郎

私の美しい妻カティアへ。彼女は夫が望む、2つの最高の贈り物を与えてくれた。2人の素敵な男の子、ボーとボストンだ。

目次

監修者まえがき	1
謝辞	11
序文	13
まえがき	19
はじめに	23

第1章　現実と向き合う　33
　なぜトレーダーの90%は負けるのか　36
　1年目によくする間違い　39
　2年目によくする間違い　42
　3年目によくする間違い　51
　10%の勝ち組に入るには　57
　まとめ　60

第2章　トレーディングの手順　63
　トレーディングの手順　63

第3章　原則1——準備　67
　最大の逆境　68
　感情のコントロール　71
　負けゲーム　75
　相場のランダムな動き　75
　最もうまく負ける人が勝つ　76
　リスク管理　77
　トレーディングパートナー　78
　資金の限度　79
　まとめ　80

CONTENTS

第4章　原則2──自己啓発　81
- 破産リスクを避ける　82
- トレーディングの聖杯を受け入れる　93
- 期待値　94
- 機会　100
- 単純さを追求する　103
- ほとんどの人が恐れるところを進む　105
- 検証　107
- まとめ　112

第5章　原則3──トレーディングスタイルを作る　115
- トレーディングの種類　115
- トレーディングの時間枠　117
- 自分のトレーディングスタイルを選ぶ　117
- 長期のトレンドトレーディング　123
- 短期のスイングトレード　127
- 長期のトレンドトレーディングと短期のスイングトレード　131
- まとめ　133

第6章　原則4──トレードを行う市場を選ぶ　135
- 取引関連リスクをうまく管理する条件　136
- 良いトレーディングの条件　140
- まとめ　143

第7章　原則5──3本の柱　145
- 資金管理　146
- 売買ルール　146
- 心理　147

目次

第8章　資金管理　149
- マーチンゲール法による資金管理　150
- 逆マーチンゲール法による資金管理　151
- カギとなる考え方　153
- 資金管理の由来　155
- 逆マーチンゲール法による資金管理の諸戦略　161
- 資金管理なしにフォレックストレーダーで1枚のトレードをする　162
- フォレックストレーダーで固定リスク額による資金管理を用いる　163
- フォレックストレーダーで固定資金による資金管理を用いる　167
- フォレックストレーダーで固定比率による資金管理を用いる　174
- 1800万ドルの利益を求めるか150万ドルの利益を求めるか、それが問題だ　179
- フォレックストレーダーで固定ユニット数による資金管理を用いる　185
- フォレックストレーダーでウィリアムズの固定リスク率による資金管理を用いる　191
- フォレックストレーダーで定率による資金管理を用いる　197
- フォレックストレーダーで固定ボラティリティによる資金管理を用いる　203
- どの資金管理戦略を選ぶべきか　209
- エクイティモメンタムを使う　225
- まとめ　231

第9章　売買ルール　235
- 裁量トレードかメカニカルトレードか　236
- 売買ルールを作る　239

CONTENTS

トレンドトレーディング	259
すべての指標が悪いわけではない	305
だが、マーケットは変わらないのか？	309
複数の売買ルール	310
勝てる方法の基本的な特質	311
勝てる方法の例——タートル流のトレーディング戦略	318
客観的なトレンドツールの一例	322
フィボナッチ——事実か虚構か	324
プラシーボトレーダー	335
まとめ	342

第10章 心理 　　　　　　　　　　　347

大多数の見方	349
希望をコントロールする	352
強欲をコントロールする	353
恐怖をコントロールする	354
苦痛をコントロールする	357
最大の逆境	365
まとめ	366

第11章 原則6——トレーディングを始める 　369

まとめると	370
トレーディング——発注	372
まとめ	385

第12章 一言アドバイス 　　　　　　　391

バランスをとる	391
マーケットの魔術師たち	393

レイ・バロス	397
マーク・D・クック	405
多様なトレーダーグループ	413
マイケル・クック	415
ケビン・デイビー	419
トム・デマーク	423
リー・ゲッテス	433
ダリル・ガッピー	438
リチャード・メルキ	444
ジェフ・モーガン	450
グレゴリー・L・モリス	459
ニック・ラッジ	463
ブライアン・シャート	469
アンドレア・アンガー	475
ラリー・ウィリアムズ	480
ダール・ウォン	491
多くのアドバイス	496

第13章 最後に 503

付録A　破産確率のシミュレーター	509
付録B　破産確率のシミュレーター	513
付録C　破産確率のシミュレーション	525

謝辞

　本書は私自身がひとりで書いたものだが、ここに含まれる情報の内容や豊かさは私だけのものではない。本書であなたは十数人のえり抜きのトレーダーに出会うだろう。彼らを私は「マーケットの魔術師」と呼ぶ。彼らは成功したトレーダーで、自らの経験や成功について気前よく語ることに同意してくれた。彼らの経験やアドバイスは彼らのものであり、私のものではない。それなのに、私の本のために語ってくれたことに対して、彼らに感謝したい。
　このマーケットの魔術師たちのなかには個人的な知り合いもいるが、多くは知らない方々だ。寛大にも私をほかのトレーダーに紹介していただいた、何人かのマーケットの魔術師たちに対して、この機会を利用して感謝の意を表しておきたい。
　まず、私をグレッグ・モリスに紹介してくれたダリル・ガッピーへ。彼はさらに、ジョン・ボリンジャーとマーチン・プリンの考えを私が伝えるために手を貸そうとさえした。残念ながら、ボリンジャーは私の執筆時には予定が詰まっていて、参加できなかった。それでも、彼はこの本の構成が素晴らしいと言ってくれた。マーチン・プリンは新著の完成と差し迫ったワークショップの準備に追われて、身動きが取れなかった。そのためガッピー自身が加わってくれただけでなく、グレッグ・モリスを紹介してくれたうえに、温かい称賛のまえがきを書いてくれたことに大変感謝する。
　また、ラリー・ウィリアムズにも感謝したい。彼は寛大にもトム・デマーク、リー・ゲッテス、ブライアン・シャート、アンドレア・アンガーを私に紹介してくれた。彼がいなければ、あなたも私もこれらの成功したトレーダーたちから話を聞く機会は得られなかった。彼の紹介と本書への寄稿に大いに感謝する。

次に、本書に寄稿してくれたうえに、ケビン・デイビーとマイケル・クックに私を紹介してくれたアンドレア・アンガーに大いに感謝したい。

　そして、この機会を利用して、次のマーケットの魔術師たちに感謝する。レイ・バロシュ、マーク・D・クック、マイケル・クック、トム・デマーク、リー・ゲッテス、リチャード・メルキ、ジェフ・モーガン、グレッグ・モリス、ニック・ラッジ、ブライアン・シャート、ダール・ウォンに。彼らはこの本をいっそう良いものにするために参加してほしい、という私の誘いを気前よく受け入れてくれた。

序文

　普通、トレーディングではだれでも負ける。
　文字どおり、だれでもだ。
　FX取引であれ、株式、商品、オプション、ワラント、先物あるいは差金決済取引であれ、だれでも負ける。実際に勝っているえり抜きトレーダーでさえ、取引の多くで負けている。百パーセント確実というものはない。
　そして、活発なトレーディングについて考えさせられる真実がここにある。長期的に見て一貫して利益を出しているのは、活発に取引を行う人の10％に満たない（おそらくそれよりもずっと少ない）のだ。トレーディングに関する大げさな宣伝を思い浮かべたあなたは、このことに驚くかもしれない。
　魅力を感じていたのに、長期にわたって一貫して利益を出しているトレーダーが極めて限られているという事実にはがっくりさせられる。しかも、これは活発な取引を行うすべての人に当てはまる。どの市場や時間枠、銘柄を選んでトレードを行うかは関係ないのだ。極めて少数のトレーダーしか、長期的に一貫して利益を出していない。
　ディナーパーティーの会話で、ほかの人が相場で大儲けしたと語るのを座って聞きながら、うらやましく思ったことがあるだろう。だがそんなものは無視してよい。彼らがトレーディングで勝ったと繰り返す誇らしげな声は無視すればよい。こうしたマーケットの戦士たちは、トレーディングの王者であるよりも、トレーディングの愚か者であることのほうが多いのだ。彼らは事実の半面しか語らない。彼らは話をゆがめる達人だ。大失敗は語らずに、勝ったことだけを繰り返す中身のない人々だ。自分の不運については明らかにしない。彼らは自分の愚かな行為については思い出さないのだ。彼らは大損について話さな

い。だが賭けてもよいが、彼らのほとんどは大損をしている。なぜなら、だれでも大損することがあるからだ。彼らは無視すべき人々だ。

これは残念な話だ。

しかし、良い話もある。実際に勝っているえり抜きトレーダーが、必ずしもトレーディングの秘密を知っているわけではないということだ。たしかに、非常に面白いセットアップや仕掛け、損切りの逆指値、手仕舞いの技術を持っているトレーダーもいるだろう。しかし、驚くほど単純な方法を使うえり抜きトレーダーもいる。極めて単純な方法だ。だが、えり抜きトレーダーが使う個々のトレーディング技術がどういうものであれ、彼らが全体的に見て成功している理由はトレーディングの普遍的な原則に従っているからだ。一貫して利益を出す、10％の数少ない勝ち組トレーダーに当てはまる原則だ。これらの原則は勝者に共通するものだ。それらが数少ない勝者と大多数の敗者との違いだ。

彼らの利益はひとつの魔法の指標や秘密のトレーディング技術によってもたらされているわけではない。彼らが利益を出せるのは取引対象に選んだ市場のおかげでも、監視する時間枠のおかげでもない。また、選んだ銘柄のおかげでもない。彼らの成功はトレーディングで成功するための普遍的な原則そのもののおかげだ。大部分の負け組トレーダーが知らない原則のおかげだ。

あなたが一貫して利益を出せるトレーダーになりたいと真剣に願うなら、一貫して利益を出しているすべてのトレーダーが理解して従っている普遍的な原則を学び、理解し、受け入れ、実行する必要がある。それらを無視すれば、あなたのトレーディングは確実に終わりを迎える。

あなたが何をどのようにトレードするかに関係なく、一貫して利益を出すためにはトレーディングの基本原則をしっかり守る必要がある。マーケットはマーケットであり、チャートはチャートだということを

思い出さなければならない。だから、あなたがどの市場を選ぶか、どの時間枠に従うか、あるいはどの証券をトレードするかにかかわりなく、利益が出るトレーディングでまず必要なことは、良いトレーディングの手順を採用してそれに従うことだ。どの市場を監視し、どの銘柄をトレードすべきかということは、良いトレーディング手順を採用してそれに従うことに比べれば、大して重要ではない。つまるところ、それがトレーディングで成功する普遍的な原則だ。

それで、トレーディングで成功したいのなら、大多数の負け組と成功した勝ち組との違いは個々の仕掛けや手仕舞いの技術ではなく、彼らが普遍的な原則を用いているからだという単純な事実を理解し、受け入れる必要がある。

負けるトレーダーはこれを知らない。普遍的な原則を知らないのだ。彼らはまったく無知のままトレードを行って、負け続ける。まったくリスクのない、百パーセント確実な仕掛けのテクニックを探すことに集中し続ける。彼らはトレーディングで必ず守るべきカギとなる原則があることを知らない。

私の考えでは、通貨をトレードしようと、証券、金利、エネルギー、貴金属、穀物あるいは畜産をトレードしようと、トレーディングで成功する普遍的な原則はあなたの成功に不可欠だ。そしてこれは、デイトレーダーか、短期、中期、あるいはさらに長期のポジショントレーダーかには関係なく、すべてのトレーダーに当てはまる。トレーディングで成功する普遍的な原則は、あなたの成功に欠かせないのだ。それらから逃れることはできない。オプション、CFD（差金決済取引）、先物、株式、通貨、ワラントのどのトレードを行おうと、トレーディングで成功する普遍的な原則はあなたの成功に不可欠だ。このことはどれほど強調しても、し足りない。さらに、伝統的なテクニカル分析に基づこうが、ファンダメンタル分析、エリオット波動、W・D・ギャン、ローソク足、フィボナッチ、指標、メカニカルシステム、季節

性、幾何学的パターン、パターン認識、あるいは占星術に基づこうが、トレーディングで成功する普遍的な原則はあなたの成功に必ず必要だ。

要するにトレードを行うなら、どこで、どういう方法で、なぜ行うかにかかわらず、トレーディングの普遍的な原則は成功に欠かせないのだ。それらを無視すれば真実を無視することになる。それらを無視するということは、トレーディング口座の損失を無視することと同じなのだ。

私の考えでは、トレーディングには普遍的な真実はひとつしかない。そして、それはこうだ。あなたがトレーディングの基本原則をきちんと実行できれば、利益はついてくるだろう。ついてこなければならない。以上。これだけだ。だがトレーディングの普遍的な基本原則を無視すれば、あなたは負け続ける。以上だ。交渉の余地も議論の余地もない。「でも」も、「もしも」もない。あなたは負け続ける。それだけだ。

そんな風に一貫して惨めに負けるのはやめにしたくないだろうか？ トレーダーが実際に一貫して利益を出せるようにする方法を学びたくはないだろうか？ 一貫して信頼できるやり方で、利益を出し始めたくはないだろうか？ うまくいかないトレーディング方法をあれこれ試すのはやめにして、実際にトレーディング方法をしっかりと信頼できるようにすることを学びたくはないだろうか？ そうであれば、この本はあなた向きだ。

あなたがトレーディングでお金を稼ぎたいのなら、その方法を教えよう。基本に戻ってトレーディングで成功する普遍的な原則を。

しかし、初めに幾つか警告しておきたい。あなたが新しい仕掛けか損切りの逆指値、あるいは手仕舞いのテクニックを探しているのなら、この本はあなた向きではない。新しいテクニックを見つけて市場構造を分析しようと考えているなら、この本はふさわしくない。また、簡単に儲けられる方法を探そうとしているのなら、この本は向いていないし、私にあなたの手助けはできない。トレーディングや普遍的な原

則は知ってしまえば比較的単純ではあるが、簡単というわけではない。一貫して長期的に利益を出せる、トレーディングへの簡単な近道などない。

あなたがトレーディングで確実性を求めているのなら、この本はあなた向きではないし、私はあなたを助けられない。マーケットに確実なことはないし、トレーディングにも確実なことはない。そこにあるのは、あらゆる可能性だけだ。あなたが信頼できる関係や安心できる職といった、確実性の高い環境でしかうまくやれない人なら、トレーディングはあなた向きではない。

あなたが間違っていることをめったに認めないインテリなら、トレーディングはあなた向きではない。なぜならマーケットとは、いつでも見くびられ、間違いを犯しがちなところだからだ。インテリは正解を知らないことや、コントロールできないこと、間違っていると繰り返し証明されることに苦痛を感じる。

しかし、あなたに努力をする用意があれば、トレーディングは無限の可能性を提供できる。今日では、トレーディングは限りなく平等だ。だれでも平等に競争できる。参加することに障害はない。現在では、機関投資家も個人トレーダーに勝る競争上の優位性をもはや持っていない。彼らも限りなく愚かになり得る。マーケットで何がうまくいくかについては、機関投資家も個人トレーダーに劣らず無知で手掛かりを持たないこともある。また彼らの成功にも限度がある。個人トレーダーが機関投資家のなかで最も優れたトレーダーに匹敵するかそれ以上の利益を成し遂げることもあるからだ。今日のトレーディングには、公平な競争の場がどこにでもある。

あなたが忍耐強く、努力をする用意があり、聞く耳を持っているのなら、普遍的な原則によってあなたのトレーディングは変わると私は信じる。だが、それはあなた次第だ。ほかのだれでもなく、あなただけの問題だ。あなたが責任を持って自分で行動すれば、あなたのトレ

ーディング口座もそれに合わせて変わるだろう。
　よく学び、賢明なトレーディングでうまくいくことを祈る。

　　　　ブレント・ペンフォールド（オーストラリアのシドニーにて）

まえがき

　十分な余裕資金を蓄えてマーケットに参加するのに、私は30年以上かかった。その30年間に、私はたくさん楽しみ、多くの冒険をした。鉱石を採掘したり、オーストラリアのノーザンテリトリーの辺地で道路建設をするために重機を操縦したり、トレス海峡諸島で働いたり、砂漠でアボリジニのコミュニティーを管理したりした。私の両親はこうしたことの大部分を、せっかく大学で良い人文科学の教育を受けたのに、それを無駄にしていると考えた。残念なことに、お金は私の指をすり抜けていった。まるで、砂漠で暴風雨が去ると水が砂に吸い込まれるようだった。新刊書を読むという金の掛かる私の趣味も助けにならなかった。

　オーストラリアでは、伝統的な富への道は家を買って転売することだ。だが、わずか2000ドルの手持ち資金と職を転々とした経歴では、どこの銀行支店長も私を住宅ローンの優良な借り手とはみなさなかった。私はお金のために働くよりも、自分のためにお金を運用する必要があった。このころ、ウォーレン・バフェットはますます有名になっているところだった。私は何かを知っている企業の株を買えば、それなりの期間で2000ドルをかなりの金額に変えられるのではないかと、浅はかにも想像した。

　それで、オーストラリア砂漠の真っただ中で暮らしているときに、私は一流鉱業会社の株を買った。私はその株価が上下し、30％のリターンをもたらしては消えるのを眺めていた。私はそれらの30％のリターンを一度引き出して、その一部で別の一流鉱業会社に再投資した。そのときがその株の新高値だった。その後12年間でその価格まで上昇することは二度となく、上場廃止になった。大した金額ではなかったので、私がなぜ投資家にならなかったのかを思い出すために、私はそ

の株券を手元に残すことにした。

　砂漠は厳しい環境だ。他人の経験から学ばなければ生き残ることはできない。私はマーケットも同じように厳しい環境だと分かった。生き残れるかどうかは、他人が時間をかけて書き残した経験から学べるかどうかにかかっていた。

　トレーディング関係の本を入手するのは難しかった。だが、広大なオーストラリア砂漠では、話をして学べるトレーダーは1人もいなかった。私はほかのトレーダーが書いた本を主に米国から通販で取り寄せて、新刊書への長年の趣味を満足させた（私のオフィスは1998年の洪水で壊れた。そのため残念ながら、それらのほとんどは失われてしまった。与えたあとに取り上げるのはマーケットだけではない）。私はアップルコンピュータ上でスプレッドシートを開き、基本的な価格チャートを作った。そして、それがマーケットや、そこに参加しているトレーダーと投資家の活動について何を教えてくれるか、理解する方法を学んだ。

　その期間に、トレーディングに当てはまる普遍的な原則を幾らか発見したり、学んだりした。その当時にこの本があったら良かったのにと思う。そうすれば、マーケットに関する私の教育もペースが速まっただろう。これらの原則が成功したすべてのトレーダーの核となっている。もっとも、それをどのように、どういう割合で組み合わせるかはマーケットでの機会と同じくらい多様だが。それらは多分、ひとつの共通要素で結ばれている。それはトレーディングの普遍的な原則を非常にうまくまとめたこの本では触れられていない。恐らく、あまりにも自明なので、ブレント・ペンフォールドも彼がインタビューしたほかのトレーダーも当たり前で、注目に値しないととらえたからだろう。

　あるいは、トレーディングの成功に限ったことではないので、無視されたのかもしれない。

この共通の要素とはトレーディングに対する情熱である。一般的な計算では、あなたが選んだ分野の専門家になるためには最低1万時間を必要とする。ブレント・ペンフォールドやこの本で取り上げられたトレーダーたちは何万時間も費やしている。そして、その時間は彼らが行っていることに対する情熱でさらに豊かになっている。成功したトレーダーには適性と情熱がある。私の場合は必要に迫られて、オーストラリアの遠い砂漠で情熱に火が付いた。ペンフォールドはディーリングルームで彼の情熱を見いだした。人それぞれに異なる場所と状況で情熱を発見する。本書はトレーディングやマーケットに対するペンフォールドの情熱の結果、生まれたものだ。また、ほかの人たちがマーケットで成功する手助けをしたいという彼の情熱のたまものでもある。あなたに同じような情熱があれば、どんな経歴の持ち主であれ、本書がトレーディングの普遍的な原則を見極める役に立つだろう。

　2010年、上海
　ダリル・ガッピー（『トレンドトレーディング』『ザ・36ストラテジー・オブ・ザ・チャイニーズ・フォー・ファイナンシャル・トレーダーズ』の著者）

はじめに

　この本を書いたのにはいくつかの理由がある。

　まず、私の著書『トレーディング・ザ・SPI（Trading the SPI)』が予想外に好評だったからだ。その本はオーストラリアの「SPI」、つまり株価指数先物のトレードについての本だ。私はその本が十分に売れるほど、SPI指数先物の個人トレーダーはいないという事実を知っていた。この指数先物はオーストラリア最大の株の銘柄とはいえ、取引額の少ない個人トレーダーではなく、機関投資家が取引の圧倒的多数を占めている。それで、私の本がなぜ売れたのか、最初のうちは謎だった。だが、ようやくその理由が分かった。そして、その理由のためにこの本を書こうという気になったのだ。最初の本は3部構成だった。私はその第2部のおかげで本が売れたのだと信じている。そこで私はトレーダーとして成功するために必要な準備について書いた。私がそこに書いたことを耳にしたトレーダーたちは、SPI指数先物取引に興味がなくても私の本を買ったのだ。彼らはトレーダーとして成功するためにどのような準備をしたらよいのか、もっと学びたがっていたのだ。トレーディングはトレーディングなのであり、第2部に書いた原則はあらゆる市場、あらゆるトレーダーに共通するものだったからだ。私は第2部がその本で最良の部分だといつも思っていた。その部分のおかげで本が成功したと今でも思っている。それで、この本を書いた第一の理由は、トレーディングで成功する普遍的な原則と私が名づけている、トレーダーの準備に関する普遍的なメッセージをもっと広い読者に伝えたかったからだ。

　私の最初の本を読んだ人に言っておかなければならない。あなたが読もうとしているものの多くはすでに目にしたことがあるものだ。あなたがおなじみの場所を通ることについて、おわびをしておきたい。

しかし、自分の考えをより広い読者に伝えたいという私の望みは理解してもらえると思う。また、私は見た目を変えるために内容に手を加えるようなことはしない。私は自分で信じていて、自分でも実行し、それがうまくいくと分かっていることしか書けない。そして、それが私のやろうとしていることだ。繰り返しになる部分もあるが、トレーディングで成功する普遍的な原則をこの本で補強したいと考えている。

　私がATIC（アジア・トレーダーズ・アンド・インベスターズ・カンファンス）に出席するためにシンガポールにいたとき、第二の理由が浮かんだ。私はオーストラリアの株式トレーダーであり、投資教育家で著者でもあるスチュアート・マクフィーと話をしていた。彼は著書『トレーディング・イン・ア・ナットシェル（Trading in a Nutshell）』を買ってもらうのがいかに難しいか、私に語った。私は彼の本を高く評価していたので、それは驚きだった。その本の第2版をユア・トレーダーズ・エッジ誌で書評したときにも、私はそのように書いた。「オーストラリア株」と表紙に書かれた本をシンガポール人は買いたがらないという点で、彼と私は共通していた。彼らはマクフィーに、シンガポールに住んでいる自分たちが「オーストラリア」の本を買うことにどういう価値があるのか分からないと言った。彼も私も売買ルールを学ぶのに、どの株かは無関係だと知っていた。チャートはチャートであり、トレーディングの良い習慣のほうが、どの市場で取引するかよりも優先するからだ。だが初めてトレーディングをする人にとって、本の表紙で海外市場について触れていれば障害になり得る。これがこの本を書く第二の理由になった。私がどの国で講演するかに関係なく、私の講演に出席した人々が私の本を買って、私の売買ルールについてもっと学んでほしかった。

　長年にわたって、私は幸いにも中国、インド、シンガポール、マレーシア、ベトナム、タイ、ニュージーランド、それにもちろんオーストラリアのトレーダーたちへの講演に招かれている。アジア太平洋地

域で多くの講演をしたりワークショップを開催したりする間に、私ははっきりと実感した。マーケットはトレーダーの区別をしないし、パスポートで区別をしない、と。どの国のどのトレーダーでも、活発な取引が行われる動きの激しい世界で同じように苦しんでいる。私はどこに住んでいるトレーダーでも買えて、破たんすることなく着実に成功するために大切だと私が考えていることが学べる本を書きたかった。国境を越える本、だれにでも適切な「ボーダレス」な本にしたかった。これがこの本を書く第二の動機になった。

第三の理由として、トレーダーとして成功する方法について、1冊ですべて用が足りる優れた「ワンストップ」の本を書こうという目標があった。好みの市場や時間枠、銘柄、テクニックに関係なく、トレーディングに対して大切な資料となる案内書を人々に提供したいと考えた。

本書を読み終えるまでに、一貫して利益の出るトレーダーになる方法についての青写真を、私はあなたに与えるつもりだ。27年以上前にトレーディングを始めたときに、私もそういうトレーダーでありたかった。そうすれば、きっと長年の失望も避けられただろう。私が1983年にディーラー見習いとしてバンク・オブ・アメリカに就職したとき、私はトレーディングやマーケットについてまったく無知だった。そして、機関投資家としてのトレーディングを2～3年経験したあとでさえ、実際にどうすればうまくいくのか、まだ知らなかった。そのことに気づくまでに、さらに何年もかかった。

1983年に初めてトレーディングをして以来、私は存在するほぼすべてのテクニックを試みた。トレーディングの助けになる本があれば買い、セミナーやワークショップがあれば参加し、ソフトウエアがあればインストールした。1990年代は、エッジ（優位性）を探し求めて、セミナーという回転ドアをいつも押しているように感じた。私は多くの評判の良いセミナーに参加した。私は『**タートルズの秘密**』（パン

ローリング)などの著者であるラッセル・サンズのタートルズセミナーに参加し、カーティス・アーノルドからPPSトレーディングシステムを学んだ。ブライス・ギルモアからは幾何学的パターンを学び、ラリー・ウィリアムズのMDC(ミリオン・ダラー・チャレンジ)セミナーに参加した。私は役に立つ情報をあちこちで集めた。そして、短期の価格パターンを使ったメカニカルトレーディングで私の仕事を補強できたのは、**『ラリー・ウィリアムズの短期売買入門』**(パンローリング)などの著作があるラリー・ウィリアムズのMDCセミナーのおかげだった。

　トレーダーとしての私は単純なモデルを使い、複数の時間枠で世界の指数先物と通貨先物のトレードを行っている。私は指数と通貨という、おそらく世界で最も流動性が高く値動きが激しい2大マーケットでトレーディングを行っている。私のポートフォリオは14銘柄で構成されている。指数先物では、オーストラリアのSPI、日経平均、台湾の加権指数、香港のハンセン、ドイツのダックス、ユーロストックス50、英国のFTSE、米国のミニナスダックとミニS&P500の先物取引を行っている。通貨先物では、主要な5通貨と米ドルのペアでトレードを行っている。それらはユーロ、英ポンド、日本円、スイスフラン、豪ドルだ。私はほぼ1日24時間、週7日間、自分のポートフォリオをトレードする。毎日、世界のどこかで指数先物か通貨先物の発注を必ず行う。

　私は基本的にパターントレーダーだ。メジャートレンドを判断するために使う200日移動平均線は別として、私は価格だけを見る。私が200日移動平均線を使うことに深読みをしないでほしい。200日を使うことに何の秘密もない。単にいつも使っている期間というだけだ。メジャートレンドを判断するのに、それが最適の長さであるかどうかさえ私は分からないし、気にもかけない。私のトレーディングで一番やりたくないことは「最適化された」変数を使い始めることだ。それは

破産への最短コースのひとつだからだ。

　また、私は200日移動平均線を使って、セットアップを見つけたりもしない。仕掛けや損切りの逆指値、手仕舞いの水準を見つけるために使うことはない。私がそれを使うのは、ただメジャートレンドを判断するためだけだ。トレンドに逆らうトレーダーになりたくないからだ。

　初めにはっきり言っておきたいことがある。私は自分をトレーディングの専門家ともマーケットの専門家とも考えていない。また、私はそのような人が存在するとも思っていない（おそらく世界的に名高いトレーダーであるラリー・ウィリアムズは例外だ。彼は教えている最中に、生徒の前で実際にトレードを行う）。だが、私が大部分の人よりも勝っていると考える分野がひとつある。お金を損した私の経験だ。トレーディングで人が犯すよくある間違いを学びたければ、私に任せてほしい。私はほかのどのトレーダーよりも多くの傷やあざやこぶを作ったので、その専門家だと落ち着いて主張できる。しかし、何度も危ない目にあったが、なんとか生き残って、テクニカル分析という戸惑う世界を進んできた。おそらく、あなたが生き残るのも手伝えるだろう。

　現在、私はほぼ1日24時間、週7日のペースで世界の14の指数先物と通貨先物のトレードを行っている。しかし、これらのマーケットで実際に「トレード」を行う時間はあまり多くない。私はコンピューターのとりこになって、マーケットのすべての動きを見張ったりはしていない。私は日足でトレードを行う。私はすべてのデータを集めて自分のプログラムを動かし、ブローカーに発注するまで、1日に1時間しか使わない。覚えておいてほしいが、私はメカニカルトレーダーであり、単純なコンピューターの解釈でトレードを行っている。私はエクセルでVBA（ビジュアル・ベーシック・フォー・アプリケーションズ）を使ってトレーディングモデルを作り、自動的に注文の合図を出すよ

うにプログラムした。私はその注文をブローカーに電子メールで送る。ブローカーが私のすべての注文を受け取ったと電子メールの返信で確認してきたら、私はそこから24時間はくつろぐのだ。私のブローカーは24時間、トレーディングを受け付けていて、私の注文はきちんと処理される。

　メカニカルトレーダーとして、私は利益を出せるという確信を持ってトレードを行う。私は明確な売買シグナルを出すトレーディング戦略を使い、一貫してそれに従う。私は自分のトレーディング方法を信頼していて、短期的にどんなに損をしても、長期的には利益を出すと考えている。自分のサイト運営とトレーディングを別にすれば、私は新しい考えの調査とプログラミングに大部分の時間を費やしている。

　前にも言ったように、私はまったく専門家ではない。しかし、私は長い年月をかけて、トレーディングで成功するために何が本当に大切かや、なぜ自分が成功できたかを発見した。そして、この本を読み終えるまでに、あなたは私が知っていることを学び、勝者と敗者を分かつものはトレーディングで成功するための普遍的な原則を守っているかどうかだ、と本当に理解するだろう。

　すでに述べたように、私の目的はこれがトレーディングの価値ある資料になるように、1冊で済ませられるトレーディングの本を作ることだ。あなたがマーケットで真剣に利益を出したいと本当に考えているなら、あなたがこの本に失望することはないだろう。

　私の経験によると、あまりにも多くの人がトレーディングで負ける理由のひとつは、彼らがトレーディングの本や雑誌で読んだことや、相場ソフトで見たものを信じるからだ。残念な事実だが、トレーディングについて書かれていることや、トレーディングソフトに組み込まれているもののほとんどはうまくいかない。それで儲かるのは著者や出版者、ソフトウエア開発者だけだ。

　私の言いたいことはこうだ。あなたがこの本を含めて、トレーディ

ングの本を読むときに疑わない人なら、今から疑うようにしてほしい。私やほかの著者が何かを書いているからといって、それが必ずしも真実だというわけではない。私は、すべてのトレーダーがトレーディングについて聞いたり見たり読んだりしたあらゆる意見やアイデアに、心を開くべきだと強く信じている。トレーダーは皆、トレーディングについてあらゆる選択肢を受け入れるべきだ。だが、聞いたり見たり読んだりしたアイデアが自分にとって価値があるかどうかを決める権利を、あなたも含めてすべてのトレーダーが手放さないでいるべきだとも思っている。私かほかの著者にとってうまくいくからといって、あなたもうまくいくとは限らない。トレーディングに関するすべてのアイデアを調べたあとは、まず自分でそのアイデアを検証してから評価を下す必要がある。私の意見も含めて、トレーディングに関する他人の意見に頼らないでほしい。この本のようなトレーディング関係の本を読むときには、いつでも懐疑的であってほしい。そして、あなたが信じたことに価値があるかどうかを検証する方法を学んでいただきたい。トレーディングでは、懐疑的であることが良い結果につながる。

　CFD（差金決済取引）とFX（外国為替証拠金取引）が始まって以来、少額取引をする個人トレーダーの間で活発なトレーディングが爆発的に広がった。人々は今や自宅のパソコンで、自分の選んだ内外の株や指数、通貨、商品をトレードできる。CFDにするか伝統的な先物にするかに加えて、金融市場の国際化もあり、現在、好みのどんな市場においても取引ができる。さらに、この本に書いたトレーディングで成功する普遍的な原則を学んで得る知識があれば、あなたは目的と自信を持って取引できるだろう。

　そして、思い出してほしい。私が書いたことは私の意見にすぎず、真実と思い込んではならないのだ。読んだことが気に入ったら、まず自分でそれらのアイデアを検証しよう。この本があなたの役に立ち、

長期的に見て本当にトレードがうまくいくことを見つける手助けができればよいと思う。何か質問があれば、遠慮なく私のサイト（http://www.IndexTrader.com.au/）で、私に連絡してほしい。

普遍的な原則

　この本であなたはトレーディングで成功するための基礎を学ぶ。やがて、あなたはこれらの原則がすべてのトレーダーとすべての市場に当てはまることが分かるだろう。あなたが株や指数、通貨、債券、商品のどの市場でトレードしようと、どんな時間枠を監視していようと、デイトレーディングか短期、中期、長期のどのトレーディングであろうと、株、CFD、先物、FX、オプション、ワラントのどれをトレードしてリスクをとろうと、トレーディングに変わりはない。絶対に、だ。どの市場や時間枠や銘柄を選ぶかは、良いトレーディングの手順に比べれば二次的なことだ。その点についてはトレーディングで成功する普遍的な原則を説明しながら本書で詳しく述べる。

　これらの原則はすべての成功するトレーダーが初めて注文を出す前に、頭に入れておくべき重要な手順を概説している。この原則ではトレーディングで手順を踏むことの重要性を説明している。これは裁量トレーディングを好むかメカニカルトレーディングを好むかには関係ない（裁量トレーディングでは、トレードを行うかどうかの最終的な決定をトレーダーがする。メカニカルトレーディングでは、ためらったりその場で判断したりしないで、自分のトレード計画で立てた仕掛けや損切りの逆指値、手仕舞いルールに従わなければならない）。この原則は破産リスク、（私の）聖杯、期待値、機会、検証、TEST、資金管理、売買ルール、心理学のようなカギとなる概念を含めて、実際のトレーディングの要点をあなたに伝えている。

　第8章の資金管理の部分だけでも、この本を買う値打ちがある。私

が資金管理のどこに重きを置いているかが分かれば、この章に特別多くのページを割いている理由も分かるだろう。さまざまな資金管理戦略について幅広く実践的に調べた本で、数学博士号を持たない平均的読者にも分かる本はこの本以外にはないはずだ。

　あなたのトレーディング経験に関係なく、すべてのトレーダーがこの普遍的な原則から得るものがあると考えている。それらの原則は成功の準備をし、好位置につけるために必要なものを詳しく述べている。

　普遍的な原則を述べた章に続いて、あなたは成功したトレーダーたちに出会う。私は彼らを「マーケットの魔術師」と呼んでいる。彼らは長年の経験と成功に基づくアドバイスをひとつ、あなたにする用意がある。彼らのなかには名前を聞いて分かる人もいれば、聞き覚えのない人もいるだろう。最近トレーディングのコンテストで優勝したか、現在の優勝者である若き大物たちもいる。マーケットの伝説的人物もいる。彼はテクニカル分析の世界に多大な影響を及ぼし、1960年代からトレードを行っている賢人だ。マーケットの魔術師のひとりはおそらく世界屈指のミニS&P500のトレーダーだ。また、多くの著書があり、トレーダー教育で最も有名な人もいる。投資ファンドのトレードを行っている人もいれば、個人トレーダーもいる。彼らはシンガポール、香港、イタリア、英国、アメリカ、オーストラリアと、世界中の幅広いトレーダーたちを代表している。彼ら全員が成功している。彼らは皆、世界金融危機で生き残った人々だ。そして、あなたがトレーディングで成功する手助けになる強力なアドバイスをひとつ与えることに、彼ら全員が気前よく同意してくれた。

　この本を読み終えるまでに、あなたが活発なトレーディングの用意ができているかどうか判断できるだけの知識や自信を得ていることを望む。自分に正直な多くの人がトレードをしないと決めるだろう。トレーディングの準備に必要なきつい作業をする勇気はないと思うのだ。あなたがそういうひとりなら、良かったと言いたい。多額のお金を使

って苦労する必要はないのだから。

　普遍的な原則なんか使わないでよいと思う人には、私は役に立てない。あなたが私の言うことに耳を傾ける用意ができていないなら、あなたは自分にふさわしい結果を得るだろう。私にできることといえば、この本のことを覚えて日記にメモを残しておき、例えば12カ月後にまた手に取ってみたらどうかと提案することぐらいだ。ひょっとしたら、あなたは熱心に聞ける状態になっているかもしれない。

　トレーディングでの成功への道に、うまい話や近道はないと理解している人には、幸運を祈る。あなたは厳しい仕事が待ち受けていることを知っている。そして、急いで活発にトレーディングをする必要はないということを思い出そう。一番になっても金メダルはないのだ。じっくりやろう。すべての段階を慎重に進もう。自分のアイデアは執念深く徹底して検証しよう。また、ときどき忘れずに休みを取ろう。これは本当に疲れる作業だからだ。あなたがいったん頂上にたどり着けば、自分の出発点を思い出して、長い道のりを歩んできたことに満足を覚えるはずだ。あなたの努力は、ほとんどの人がけっして達成できない、勝ち組へ入るという形で報われるだろう。それでは始めよう。

第1章

現実と向き合う

A Reality Check

　　トレーディングの唯一本当の秘密は……、**最もうまく負ける人が最後は勝つ**。──ピットの怪人

　信じ難いかもしれないが、これがおそらく成功するトレーダーの唯一本当の秘密だろう。決まり文句に聞こえるかもしれないが、本書を読み終えるまでに、これがなぜ破たんしないトレーダーの核となる真実なのか理解できると思う。
　私の考えでは、ピットの怪人の引用は成功に必要なことをうまくまとめている。大部分のトレーダーは潔く負けられない。彼らは損するのを嫌がる。それで、損切りの逆指値を動かしてトレードを続ける理由を探して、行動を合理化する言い訳をいろいろと見つける。口座にお金が残っている間は、この哀れなトレーダーたちは負けポジションを無視する。しかし、含み損が大きくなってもはや無視できなくなると、手仕舞いを強いられ、破滅的な損失を出す。トレードが好転すると思えるかぎりは、避けられないことを遅らせる。手仕舞うまでは、彼らが正しいと証明できる可能性は残っている。手仕舞わないかぎり損を確定していないのだから、自分の間違いを認めなくてもよい。人は自分の間違いを認めたがらない。ほとんどの人がトレードで負けるのは、潔く負けられないからだ。トレーディングでは損は避け難いと

いうことを学べば、成功へ向かって具体的に一歩踏み出したことになる。負けを嫌がり続けていると、いつか破産するだろう。長期的に見てトレーディングで成功するには、うまく負けなければならない。

私自身のトレーディングでは、大部分の時間を負けることに費やしているように思える。私の短期トレーディングの平均勝率は約50％にすぎない。中期のトレンドトレーディングを続けられる勝率は30％くらいだ。私の勝率はあまり高くないので、トレーディングで生き延びるにはうまく負ける必要がある。さもないと、私の口座は空っぽになって、トレードを続けられなくなってしまう。あなたもうまく負けられるようになってほしい。

練習のために、これまでのすべてのトレードで、単純な損切りの逆指値注文に従っていたらどういう結果になったか確認しておくときっと役に立つ。買いの場合の単純な損切りの逆指値のルールは、直近3期間の最安値をブレイクしたら手仕舞うというものだ。売りの場合はこの逆になる。あるいは、前週の安値をブレイクしたら手仕舞う方法もある。あなたのトレードする時間枠と矛盾していないかぎりは、どの損切りの逆指値を使ってもよい。損切りの逆指値を使っても、あなたの損失が利益になることはないかもしれない。しかし、あなたの口座は以前よりもきっと好ましく見えるだろう。うまく負ければ本当に報われるのだ。

あなたがトレーディングで現在、利益を出しているなら、このちょっとした説明は読み飛ばして構わない。だが、そうでないのなら、頭を上げて、ペンを置き、マーケットから目を離そう！　この説明はすぐにあなたの役に立つ。すべてのトレーディングをやめてほしい。

あなたは今、含み損をかかえながらトレードを続けていて、ドローダウンから抜け出そうともがいているのだろうか。つまり、取引資金の損を取り戻そうとしているのだろうか。それなら、今はトレードから離れるのが一番だ。それが難しいことは分かっている。特に、離れ

ると失敗を認めるように感じるときはそうだ。だが、気に病むことはない。それは失敗ではない。あなたが期待値をプラスにできるまで、トレーディングを中断するだけなのだ。がっかりすることはない。本当に役立つことが見つかったと、ワクワクしよう。負けても恥ではない。それは、だれにでもあることだ。私も何度も負けているが、うまく負けていることを誇りにしている（思い出そう、一番うまく負けられる人が最後には勝つのだ！）。

　あなたが負けているのなら、これから言うことを注意深く聞いてほしい。あなたが負ける大きな理由は、売買ルールに問題があるからだ。あなたの妨げになっているのは心ではない。多くのトレーディング教育者が抗し難いメッセージでそう信じさせようとしているが、あなたが勝てないのは心理のせいではない。たしかに心理も壁になることがある。だが、それは対処できないものではない。

　最大の問題はあなたの売買ルールだ。それがうまくいっていないのだ。あなたの取引口座はあなたの方法論がまずいと訴えている。それなのに、あなたはそのメッセージを無視している。私にはその理由が分かる。あなたはおそらく自分の方法論やアイデアがうまくいくという本をたくさん読んだり、トレーディングセミナーに参加したりしたと思う。だが残念ながら、それらはうまくいかないのだ。もう使うのはやめにしよう。方法がまずいから負けているのだから。負ける理由は今の方法にまったく長所がないからではないかもしれない。しかし全体的に見れば、あなたの方法がうまくいかないのは、それにエッジ（優位性）がなく、期待値が検証されていないからだ。

　あなたは自分の売買ルールの期待値を検証する必要がある。きっと、そこで出る結果は取引口座に見合っているだろう。思わしいものではないと分かるはずだ。トレーディングを始める前に自分のトレード法を検証していたら、そもそもトレードを行わなかっただろう。あなたはその方法を投げ出して、望ましい期待値が得られるときちんと検証

できて、エッジのあるトレード法を再び探し始めていただろう。

だから深呼吸をして、しばらくトレードから離れよう。あなたはこれから本物のトレーディングの知識を得ようとしている。それは何よりも、トレーディングのアイデアをきちんと検証する方法を教えてくれる。

また、最初に言っておくべきだったが、あなたが今、負けていても心配する必要はない。実は、あなたには良い仲間がいるのだ。ここで残念な事実を伝えよう。実は、全トレーダーの90％以上が負けているのだ！　どうしてそうなるのか、私の考えを話すことにする。

なぜトレーダーの90％は負けるのか

トレーダーの90％が負ける理由の一番簡単な答えは、無知のせいというものだ。

アナリストの多くは、負ける一番の理由は心理にあると主張する。だが、もっと深い答えは、だまされやすく無精だからだと私は主張したい。トレーダーが最も楽な方法を探すのは人間が本来、無精だからだ。利口に働けるのに、どうして一生懸命に働く必要があるのか、というわけだ。残念ながら、このせいでトレーダーはだまされることがあるのだ。読んだり、聞いたり、コンピューターにインストールしたものを信じ始める。トレードで簡単に豊かになる道があるとぜひとも思いたいからだ。そして、この最も楽な方法に頼るから、マーケットでそれが機能するかもしれないと考えると、しっかり検証しようとしないのだ。

たとえトレーダーが相当の本を読み、多くのセミナーに参加したとしても、彼らはまだ無知だ。驚きかもしれないが、トレーディングで実際にうまくいく方法を明らかにしている本やセミナーはそれほど多くない。これは、多くの著者や教育者が実際にうまくいく方法を彼ら

自身も知らないからだ。彼らは普通、トレードでは成功していない。膨大な金融関係の文献や製品を見れば分かるが、ほとんどは「もっと愚かな者」の理論に頼っている。つまり、顧客や購入者は自分たちよりも「もっと愚か」だが、そのことに気づいていないと考えているのだ！　覚えておこう。トレーディングのアイデアが印刷されたり、パワーポイントを使って発表されたからといって、真実になりはしないのだ。

しかし、正しい知識があり、トレーディングのアイデアを忍耐強く検証できるなら、あなたは無知ではない。私はあなたにこの知識を提供するつもりだ。初めのうちは利益を出せないかもしれない。だが少なくとも、それは成功に必要な知識がまだ十分でないからだ、と理解できる知識は得ているはずだ。

心理

トレーダーが成功できない理由として、よく心理が持ち出される。たしかに、それがひとつの要因になることもあるが、多くの解説者が言うように負ける唯一の理由ではない。トレーディングで成功するためには、重要な次の３つの分野について知る必要がある。

- 売買ルール
- 資金管理
- 心理

これらはどれも同じように重要である。あとで、これらについて詳しく説明する。今は、成功するトレーディングには３つの要素があると分かっていればよい。

私が講演をするときはいつでも、トレーディングのどの部分が最も

重要だと思っているかと聴衆に尋ねる。

●売買ルール──売買する理由を分析しトレード計画を立てる
●資金管理──トレーディングで投入する金額を決める
●心理──トレード計画に従う規律を持つ

　面白いことに、ほとんどの人は心理のところで手を上げる。私はこの反応に驚かない。手に入るトレーディング教材のほとんどで圧倒的に多いメッセージは、トレーディングで最も難しいのは心理であり、それが成功のカギになるというものだからだ。
　そのメッセージは普通、「勝者と敗者を分かつものは心理以外の何物でもない」……「勝者はトレーディングで勝つための特別な技術や秘密、秘法を持っているわけではない」……「勝者と敗者の分かれ目は彼らの心理にある」……「勝者は敗者と違う考え方をする」という線に沿っている。
　私はこれに賛成しない。敗者が勝てないのは、自分の手法を確認して検証することを知らないからだ。心理も大切だが、私は資金管理と売買ルールのほうを上位に置くべきだと思っている。
　トレーダーの90％が負けるのは「無知」や「だまされやすさ」や「無精」が主な理由だと、私は前に言った。これらの三悪がどのようにトレードに現れるかを示すために、多くのトレーダーが初めの３年によくする間違いを多少詳しく説明する。まず、トレーディングで成功するための主な３つの要素──売買ルール、資金管理、トレーダー心理──に従って、よくある間違いを分類する。
　余談だが、私が自分のことをトレーディングの専門家だと主張していないことは、すでに分かっているだろう。それでも、これらのよくある間違いを検討する資格が私にはあると信じる。なぜなら、それらの間違いのすべてを自分でもしたことがあるからだ！

１年目によくする間違い

トレーディングの１年目にようこそ。あなたが自分の無知の水準に少しでも疑いを持ったことがあるなら、トレーディングの最初の１年間、あなたは確実に「無知の王様」だ！

売買ルール
- 他人の話を聞いて、耳寄り情報に従う
- 毎晩のニュースに反応する
- 他人に意見を求める
- ナンピンする
- 損切りの逆指値を使えない
- トレード計画を作れない

資金管理
- 資金管理を知らない

心理
- トレーディングに刺激を求める
- 恨みを晴らしたり借りを返すためにトレードを行う

売買ルール

他人の話を聞いて、耳寄り情報に従う
トレードを始めるとき、ほとんどの人は必ず他人の話を聞いて、耳寄り情報に従う。だが、これは失敗へ至る道だ。耳寄り情報でうまくいくこともあるが、長期的には負ける。廊下や食卓で他人から聞いたことではなく、自分が考えたことだけを理由にトレードを行うべきだ。

毎晩のニュースに反応する

経験のないトレーダーはニュースに耳を傾けることが多い。例えば、ほとんどの会社が良い収益を発表しているとか、GDP（国内総生産）の四半期成長率が予想を上回っているといったニュースを聞く。すると、その翌日に買いを入れるが、結局は損を出して手仕舞うはめになる。ニュースが夜、リビングルームに届けられたら、その情報はもう古いのだと理解するまでには長い時間がかかる。マーケットはそのニュースをすでに予測して反応している。だが、新しくトレードを始めた人はこれが理解できないのだ。

他人に意見を求める

トレーディングを始めたばかりの人は他人の意見を求めることが多い。相場の方向性がまったく分からないときには、彼らは普通、ブローカーや友人、家族に意見を求める。残念ながら、尋ねられた人が専業トレーダーでないかぎり、マーケットについての見方は新人トレーダーと大して変わらないかもしれない。

ナンピンする

新人トレーダーは通常、世界一負け方が下手だ。彼らは負けるのが嫌いで、なんとかそれを避けようとする。彼らの反応は、普通「ナンピン」することだ。例えば、6.60ドルで株を買ったとしよう。すると、すぐに6.00ドルに下がる。新人トレーダーはたいてい、株が6.00ドルまで下げたのにはもっともな理由があると思い込む。しかしまた、株価が反発する理由はもっとたくさんあるとも思い込む。それで彼らは6.00ドルで株を買い増してナンピンをし、買値を6.30ドルにする。そして、予想どおりに反発して利益を得られると思う。だが、この状況で株価が反発することはあまり考えられない。そのため、彼らは損を膨らませるだけだ。6.30ドルの買値のほうが6.60ドルの買値よりも良

く思えるかもしれない。だが、2倍の資金を投入する場合には、話が変わる。「ナンピンをする」のは「うまく負ける」ことに反する。それをすれば新人トレーダーは「最悪の敗者」になる。

損切りの逆指値を使えない

ある程度トレーディングを経験しないかぎり、新人トレーダーが損切りの逆指値を使うか、事前に手仕舞う水準を決めてトレードを行うことはめったにない。手遅れになって、あまりに高くつくまで、自分が負けることもあるとは思いもしないのだ。

トレード計画を作れない

ここまで指摘したことのすべては、この最も一般的な間違いにまとめられる。耳寄り情報を聞き、毎晩のニュースに反応し、他人に意見を求め、ナンピンをし、損切りの逆指値を使わないということは、明らかに無計画にトレードを行っているというしるしだ。覚えておこう。トレード計画を立てずにトレードをしていれば、うまくいかなくなるのも時間の問題だ。

資金管理

資金管理を知らない

普通、初めてトレードをする人の唯一の関心は、トレードを始められるだけの資金を作ることだ。資金管理をしなければ、とはまず考えない。たいていの新人トレーダーは、1回のトレードで投資資金全体に対して非常に大きなリスクをとれば、自分の「破産確率」（あとで説明する）がどうなるか分かっていない。

私が資金管理の重要性をどう位置づけているかを思い出せば、このよくある間違いをすることが新人トレーダーにどれほど致命的になり

得るか、また実際にも致命的になることが多いか理解できるだろう。

心理

トレーディングに刺激を求める

多くの人がトレードをする理由のひとつは、かなり規則正しく慎重な生活のなかでは、それが刺激的な気晴らしになるからだ。

トレーディングの最中はどきどきし、アドレナリンが出る。たとえ負けていても、トレードを続ける人が多い。次のトレードで勝つか負けるかは常に謎であり、それが刺激的なのだ。

恨みを晴らしたり借りを返すためにトレードをする

負けたトレーダーは怒って、よくマーケットに「借りを返し」たがる。負けるのは二重の打撃だ。自分の誇りが傷つけられるうえに、財布にも打撃になる。そして、新人トレーダーは自分が押されると、すぐに押し返したがるのだ！　理屈よりもむしろ仕返しが彼らのトレーディングの動機になっている。感情的になるのは新人トレーダーに共通の振る舞いだ。しかし、それは破産への近道でもある！

2年目によくする間違い

お金をすべて失わずに1年間生き延びられたら、トレーダーのほとんどは無知による決断と根拠のない楽観主義で、2年目に入る。1年目は、彼らのほとんどはたまたまトレードをしていただけだ。だが2年目になると、彼らは自らに対して本当の脅威になる。多少は知識がついてきたり、そう思い込んだりするようになると、2年目のトレーダーは断固として自滅的な作戦に乗り出す。

売買ルール

- ●読んだり聞いたりしたことを信じ込む
- ●テクニカル分析が唯一の答えだと信じ込む
- ●多くの指標で分析することがベストだと信じる
- ●「つもり売買」が役に立つと信じる
- ●予測のワナに陥る
- ●天井や底を捕まえようとする
- ●トレンドを見逃す
- ●損切りの逆指値を守れない
- ●利益を早く確定しすぎる
- ●トレード計画を利用しない
- ●ほかのトレーダーに「便乗」する
- ●売買ルールを変える
- ●師を変える
- ●市場を変える
- ●時間枠を変える
- ●ブローカーを変える

資金管理

- ●リスクの高すぎるトレードをする

心理

- ●相場にのめり込む
- ●落ち着けない
- ●非現実的な期待を抱く

●何でも正当化する

売買ルール

読んだり聞いたりしたことを信じ込む
　トレーダーに共通する間違いは、トレーディングについて何か読んだり聞いたりすると、それを信じ込むことだ。ほとんどのトレーダーはそれを本当に違いないと思う。あとで損をして初めて間違いに気づくのだ。彼らがそれを信じたがるのは、最も楽にお金を稼げる方法を教えてくれるからだ。覚えておこう。どんなトレーディングのアイデアでもそれが真実だと分かるのは、他人ではなくあなたが自分で検証するからだ。

テクニカル分析が唯一の答えだと信じ込む
　広い意味でテクニカル分析とは、将来の値動きを判断するために過去の値動きを研究することだ。トレーディングの２年目には、多くの人がよくある間違いをする。テクニカル分析さえ極めれば利益を出せると信じ込み、資金管理と心理を無視するのだ。

多くの指標で分析することがベストだと信じる
　トレード経験の比較的浅い人がテクニカル分析を採用するときによくする間違いは、複雑さに答えがあると思い込むことだ。テクニカル分析だけでは不十分だとは考えずに、もっとテクニカル指標を増やせばよいと思い込む。相場ソフトを買うと、トレーダーはできるだけ多くの指標をスクリーンに表示するというワナに陥るのが常だ。しかし、相場のあらゆる動きを説明しようとするのは大失敗へ至る道である。この話はよく知られている。大きく窓を空けての上昇を指標が予測できなかった場合、彼らはそれを予測する指標を探す。これは「カーブ

フィッティング」の第1段階として知られている。初心者トレーダーは過去のデータに合う指標グループを作ろうとするのだ。

「つもり売買」が役に立つと信じる

経験が浅いトレーダーの多くは、「つもり売買」が役に立つと信じ込む、というよくある間違いを犯す。つもり売買とは、自分のトレーディングルールに従って、紙にトレードを記録するものだ。いったん「ペーパー」の結果に満足できたら、現金でトレードを始めればよい。この意図は良いが、それは無謀な訓練だと思う。つもり売買の問題点は、それがトレーディングの実態を反映していないということだ。つもり売買を観察し、独立して確認するために、対等で中立だが公平な「監視」装置がそれにはない。ごまかそうと思えば、ごまかせる。つもり売買をしているとき、突然気づかなかったフィルターに気づくことがある。そのため、常に負けトレードを取り消して、過去の動きを修正できる。人々が繊細な自我を守ろうとして行うことには驚く。誓って言うが、27年のトレード経験のなかで、私は「ペーパー」トレーダーで負けた人に一度も会ったことがない！

予測のワナに陥る

私がトレーディングで最初に影響を受けたのは、エリオット波動と幾何学的パターンだった。これを15年続けて、ようやく私は単純なパターントレーディングに切り変えた。しかし、エリオット波動と幾何学的パターンにのめり込んだ15年間、私はこの間違いだらけの理論を大変熱心に信じ込んでいたのだ！　「予測のワナ」とはどういう意味だろうか？　簡単に言うと、相場がどこに向かっているかを判断しようとすることだ。あるいは、相場がどこに、どこまで、いつ向かうのかについて見解を持つことだ。相場が決まったパターンに沿って動くことを示唆する、どんな値動きに関する理論も予測理論である。最

も人目を引く2つの予測理論は、エリオット波動とW・D・ギャンだろう。予測理論では、トレーダーが相場の方向と転換点をあらかじめ判断できると主張する。トレードの初心者は、相場の方向を一貫して知ることができるという考えに引き付けられる。いつ安値で買い、いつ高値で売るべきかが分かれば、トレードを確実に行える可能性があるので、この理論には魅力がある。これはトレーディングで成功する最も楽な方法だ。新人トレーダーにとってこれは実に魅力的だ。残念なことに、多くのトレーダーは手遅れになるまで、これらの予測理論が最も効果的なトレード方法ではないかもしれないとは気づかない。これらの理論を使って損が膨らんで初めて、彼らはその考えを疑い始めるのだ。いったん彼らが疑いを持ち、自分の解釈に従って理論を検証し始めると、自分の使っている理論がマイナスの期待値しか持っていないとすぐに気づくだろう。

天井や底を捕まえようとする

ほとんどのトレーダーは底で買って天井で売ることを目指すという、よくある間違いをする。相場が最高値を付けると、経験の浅いトレーダーはたいていそこで売ろうとする。過大評価と見られる価格で売る(天井を見極める)ことは理屈にかなっていて利口に思える。これとは逆のことをしようとは考えられない。残念だが、彼らは我慢できずに、たいてい極端に弱い相場で買って、極端に強い相場で売るという間違いを犯す。

トレンドを見逃す

トレンドを見そこなったときに今触れたよくある間違いをすると、状況はさらに悪くなることが多い。結果は流れに逆らって泳ごうとするのと同じで、相場のトレンドに逆らってトレードを行うことになる。とはいえ、トレンドを定義するのはそれほど簡単ではない。セットア

ップを見極めるには月、週、日などの時間枠を使い、トレード計画を立てるには週、日、時間などの時間枠を使う。こうした時間枠次第で、トレンドは異なることがあるからだ。

損切りの逆指値を守れない

２年目に損切りの逆指値を使ったトレードを行えるほど幸運なトレーダーの場合、多くが陥る共通の間違いは損切りの逆指値をときどき動かして、損切りされないようにすることだ。この傾向は自分の間違いを証明されるのを恐れる心理のせいだ。結局、彼らは損切りの逆指値を最初に置いたままにしていた場合よりも損をする。損切りの逆指値を動かすとまずい負け方をするので、長期的には敗者になるのだ！

利益を早く確定しすぎる

一方では、トレーダーは初めに決めた損切りの逆指値を守れず遠くに動かす。また一方では、含み益を取り上げられるのではないかと心配してもいる。この不安のせいで、彼らは利益を早く確定しすぎる。彼らは負け方が下手なだけでなく、勝ち方も下手なのだ！　損切りの逆指値と手仕舞いというカギとなる２カ所でとても下手な動きをするのだから、ほとんどの人がトレードで失敗するのも驚きではない。損切りは遅く、利は伸ばさないというのでは、確実に大損をする。トレーディングで成功して利益を出せるようになるには、損切りは早く、利は伸ばすことが必要だ。だが、長年にわたって失敗を繰り返さないと、これに気づかないのだ！

トレード計画を利用しない

多くのトレーダーは、きちんと定義したトレード計画に従ってトレードを行わないという、よくある間違いをする。彼らはきちんと定義した明白なルールに沿った仕掛け、損切りの逆指値、手仕舞いの水準

を決めて、それに従ったトレードを行うことはめったにない。

ほかのトレーダーに「便乗」する

ほとんどのトレーダーは2年目にもトレードをし続ける決意を持っている。それでも、絶えず負けているといつか参ってくる。こうして繰り返し自信を打ち砕かれるうちに、「便乗」というもうひとつのよくある間違いに向かう。つまり、やみくもにほかのトレーダーに追従するのだ。

売買法を変える

これをよくある間違いと呼ぶのは気が引ける。時には、これが適切な行為だからだ。トレードがうまくいく方法を探し求めないのなら、どうやってそれを見つければよいのだろう？　それでも、私がこれを入れたのは、ひとつの方法を十分に調べる前にほかの方法に変える人が多いからだ。調べているうちに我慢できなくなることもある。それで、ある売買法に価値があるかどうかをじっくり調べて、正しく判断をするだけの時間を取らないのだ。

師を変える

私の言う師とは、大衆紙やさまざまな団体、チャットのサイトで、トレーディングの知恵を理想化されている人のことだ。トレーダーがひとりの師に従って損をしたら、どうすればうまくいくのかを自分で解決するよりも、師を取り換えるほうが普通だ。

市場を変える

トレード法と師を変えても利益を出せなければ、自分が負けるのは手法ではなく市場のせいだという結論を多くのトレーダーは下す。

時間枠を変える

多くのトレーダーは、時間枠を変えると結果が良くなると考える。彼らは短期の時間枠でトレードを行えばリスクが下がり、そうなると損失も減ると感じる。そのため、彼らはデイトレーディングに手を染める。しかし、時間枠を短くしてもリスクは下がらない。デイトレーディングのように時間枠を短期に変えると、たいてい大引けで損切りする。そして、偶然にリスクが下がり資金管理が改善される。だが、繰り返しておく。彼らが負けるのは時間枠のせいではなく、彼らの資金管理とトレード法に問題があるからなのだ。

ブローカーを変える

たとえ相場のせいでひどい結果になったとしても、トレーダーの多くがそれをブローカーのせいにして、自分たちに不利な約定をしたと非難することは以前から知られていた。約定とは仕掛けと手仕舞いの注文を執行することだ。彼らが負けている場合、さらに不利な約定が続くと彼らはブローカーを変える。ひどい結果しか得られないのは自分たちのトレーディングではなく、ブローカーのせいだと思っているからだ。

資金管理

リスクの高すぎるトレードをする

トレーディングも2年目になると、ほとんどのトレーダーは資金管理という考え方を知るようになる。多くの人は資金管理ぐらい理解していると思っているかもしれないが、現実には本当に理解してはいない。初心者トレーダーは取引口座の資金を考えると、まだ過大なトレードをしているだろう。つまり、自分の取引口座の資金に対して、1回のトレードでとっているリスクが大きすぎる。

心理

相場にのめり込む

トレーディングで興奮すると高揚感が得られる。アドレナリンが過剰に分泌されると、トレーディングにのめり込みすぎるようになる。トレードをむやみに繰り返したくなると、どうでもよいトレードをすることがある。だが、どうでもよいトレードなどあるはずもなく、たいていはひどい結果に苦しむ。

落ち着けない

ほとんどのトレーダーは相場で我慢できなくなる。こうなると我慢が必要なときでも、検証されたセットアップでしかトレードを行わないという以前の信念を無視するようになる。あわてて、ちょっとした機会があればトレードをするようになり、負け続ける。

非現実的な期待を抱く

経験が浅いうちは、トレーディングに関する宣伝を信じるというよくある間違いを犯し、非現実的な期待を抱く。100％かそれ以上のリターンを期待すれば大きなストレスになり、資金面でも精神面でも悪循環に陥って自滅する。

何でも正当化する

トレーダーはよく損失の言い逃れをしようとする。彼らは相場で損をするといつも言い訳をする。「昨日の夜、ダウ平均が下落してなかったら、けさ利益を取れたんだ！」とか、「しまった、波動を数え損なった。どうして、そんなことをしたんだろう？」とか、「20期間サイクルがきっと反転したんだ！」という具合だ。初心者にとって、けっしてそれは自分のせいではないのだ。

3年目によくする間違い

　1年目を切り抜け、2年目も耐え抜いて、3年目にたどり着いた人はそのことで称賛を浴びてよい！　彼らは普通、断固とした決意を持ち、闘いで傷ついて慎重さを身に着けたうえで3年目に入っている。

　経験豊かな闘士という態度を取っているが、3年目のトレーダーにはまだ危うさがつきまとう。彼らにはより多くの知識がある。あるいは、そう考えている。そしてマーケットは自分たちにたっぷり返すべき義務があると信じている。マーケットは彼らからお金を「借り」たうえに、その謎を解くために時間を「投資させ」たのだから。おまけに、彼らの自尊心は大きく傷つけられている。これが彼らの持ち歩いている爆発物だ。トレーディングの3年目にようこそ！

売買ルール

- 学んだことを捨てられない
- 重要なのは単純に支持線と抵抗線なのだということを忘れる
- テクニカル分析をトレーディングと混同して、トレード計画とセットアップの区別ができない
- セットアップに従ったトレード計画を作れない
- プラスの期待値を理解できない
- 売買ルールを検証できない

資金管理

- 相変わらずリスクの高すぎるトレードを続けている

心理

- 手順ではなく、利益に重きを置く
- 規律がない
- 相場は手に負えないと信じている
- 「秘密のトレード法」があると信じている
- 最大のリスクはお金を失うことだと信じている
- 最も難しいのは心理だと信じている

売買ルール

学んだことを捨てられない

　学んだことを捨てられないのは、ほとんどすべてのトレーダーにある大きな間違いだ。それを避ける方法はないと言ってよい。これは決断力という、成功するために重要な要素のためだ。一方では、成功するにはそれ以外に方法がない。トレーディングでは行く手に多くの障害が立ちふさがるので、決断力がなければけっして前に進めないのだ。しかし、決断力のせいで意地になって、負ける売買ルールを捨てられないこともある。たとえ取引口座の資金が減り、仲間や会計士に言われてもだ。信じてほしい、私は知っているのだ。エリオット波動を捨てるまで、私は15年も費やしたのだ！

重要なのは単純に支持線と抵抗線なのだということを忘れる

　究極のトレーディング戦略を追求するとき、勝つための奥の手は複雑さにあると多くのトレーダーが思い込む。だれもが負ける以上、トレーディングが単純なはずはないと信じる。もし単純なら、だれでも勝てるはずではないか？　彼らは複雑で難解なトレード法を研究し始める。星に目を向け、ピラミッドの下をのぞき、マーケットの謎を解

く「秘密のカギ」を探す。トレーディングとは要するに支持線と抵抗線になりそうな水準を見極めることだという単純な事実を見失う。相場に支持線ができたように思えないのに、なぜ買うのだろうか？　相場が抵抗線にぶつかったと思えないのに、なぜ売るのだろうか？　残念なことに、「賢い」トレーディングを追い求めているうちに、重要なのは単純に支持線と抵抗線の水準だということを見失うのだ。

テクニカル分析をトレーディングと混同して、トレード計画とセットアップの区別ができない

　トレーディングを始めたころ、多くのトレーダーはテクニカル分析をトレーディングと混同する。彼らはセットアップとトレード計画を一緒にする、というよくある間違いを犯す。彼らは相場の方向性を理解することに重点を置いているので、いったんそれが分かったと思えば、すぐに仕掛けるのだ。例えば、セットアップで40日移動平均線を使ってトレンドを見極めるかもしれない。また、市場のセンチメントを計る指標で売られ過ぎを判断し、上昇トレンド中に安全に買える押し目を見極めようとするかもしれない。さらに、キーリバーサル（包み足）になっているかも見て、反転とトレンドの再開を確かめるかもしれない。ここで３つの青信号（上昇トレンド、センチメントから売られ過ぎを測る指標で見た押し目、反転のパターンによる上昇トレンドの継続）を見るとワクワクするだろう。自分たちの分析や売買ルールで上昇トレンドが再開した可能性を見極めると、その日の大引けか翌日の寄り付きですぐにその銘柄を買うに違いない。この場合、セットアップとは別にトレード計画を作らない、というよくある間違いをしている。セットアップだけに基づいて自動的に仕掛けるのは間違っている。成功したトレーダーは２段階の手順が必要だと分かっている。第１段階は、分析をしてセットアップを見極めることだ。第２段階は、セットアップとは別のトレード計画に従って、正しくセットアップを

利用する方法を考え出すことである。

セットアップに従ったトレード計画を作れない

　セットアップとトレード計画を別々に作ったら、分析をして、前の晩に自分のセットアップを見つけ、翌日が買いに適しているか売りに適しているかを決めるだろう。翌日にはセットアップではなく、トレード計画にのみ集中する。セットアップではなく、トレード計画に従ってトレードを行うのだ。多くのトレーダーは自分のセットアップに従ったトレード計画を作れない。代わりに、彼らのトレード計画には仕掛け、損切りの逆指値、手仕舞いのテクニックを組み込んでいるだけだ。良いトレード計画では、ポジションを取る前に肯定的な値動きをセットアップに要求する。つまり、良いトレード計画は売りのセットアップに対しては、トレード前にさらに安値になることを要求する。買いのセットアップに対しては、さらに高値になることを要求する。残念なことに、ほとんどの人はこの整合性のある機能をトレード計画に取り込むことができない。

プラスの期待値を理解できない

　もうひとつのよくある間違いは、「プラスの期待値」を知らないことだ。人は利益を得るためにトレーディングをするのだし、潜在意識では大きな利益を得たいと思っているが、自分たちの実際の「期待値」を知るのに役立つ知識は持っていない。彼らはトレーディングでリスクをとっているそれぞれの資金に対して、長期にわたってどれぐらいの損益がありそうか分かっていない。期待値については、あとで詳しく説明する。

売買ルールを検証できない

　経験を積んでいるかどうかに関係なく、ほとんどのトレーダーは自

分たちの売買ルールをきちんと検証しないという間違いを犯す。なかには、純資産曲線をシミュレーションし、期待値を計算したうえでつもり売買を行えば、システムの検証になっていると思っている人もいる。残念なことに、これは間違っている。ほとんどのトレーダーは実際にお金を使ってトレードを行うことで、売買ルールを検証しているだけである。利益が出れば売買ルールは検証され、損をすればシステムは使えないというわけだ。しかし、リスクをとることなくきちんと売買ルールを検証する唯一の方法は、私がTESTと名づける手順に従いながら、自尊心は脇に置いて、あなたのルールに従ってトレードを行うことだ。TESTについてはあとで述べる。

資金管理

相変わらずリスクの高すぎるトレードを続けている

　これは、ほとんどの人がトレーディングを始めたころから苦しむところだ。多くのトレーダーは資金管理を理解していると思っている。だが、彼らは１回のトレードで投資資金のうちであまりにも大きなリスクをとる。彼らは忍耐強くもっと小さく賭けることで、破産確率を下げ、時間をかけながら賢明に資金を増やすということができない。慎重なトレーディングでは十分な刺激が得られないのだ！

心理

手順ではなく、利益に重きを置く

　利益を重視しても、お金は儲けられない。トレーダーは利益ではなく、トレーディングの手順に重点を置かなければならない。つまり、資金管理を重視し、セットアップを見極めてトレード計画を実行することだ。トレーディングの手順を重視するようになれば、利益はつい

てくる。

規律がない

規律がないこともトレーダーに共通する間違いだ。セットアップやトレード計画をいじっているとき、トレーダーはすぐに気を散らすこともある。そして、ほとんどでたらめに仕掛けたり損切りの逆指値を置いたりする。

相場は手に負えないと信じている

幸運にも3年目もトレードを行っているのに、まだ負けているのなら、あなたは限界に近づいている。そうであれば、あなたは多分、相場は手に負えないと信じるというよくある間違いをしている。

「秘密のトレード法」があると信じている

いったんトレードは手に負えないと思い始めると、少数のトレーダーが成功しているのを思い出す。そこで、この勝っている少数のトレーダーたちは「秘密のトレード法」を知っているに違いないと思うようになる。それが、彼らが勝てる唯一の方法かもしれない。これが、経験の浅いトレーダーがたどり着ける、唯一の論理的な結論だ。

最大のリスクはお金を失うことだと信じている

次にトレーダーが共通して陥る間違いは、トレーディングの最大リスクは損を出すことだと信じることだ。しかし、トレーディングで最大のリスクはうまくいっている売買ルールをいじることなのだ！ 退屈すると、システムを修正して利益をさらに引き出したいという誘惑に駆られる。だが、それは無視する必要がある。

最も難しいのは心理だと信じている

　3年目の終わりまでに、苦労しているトレーダーは、トレーディングで最も難しいのは心理だと思い込む、というよくある間違いをする。大量の本やソフトウエアを買い、セミナーやワークショップに参加したので、彼らはトレードで成功するだけの知識を身に着けたはずだと信じている。彼らは自分たちが愚かではないと分かっているので、うまくいかないのはトレーディングの「知識」のためではなく、その「応用」のせいだと思っている。彼らは自分たちの心理が最大の障害だと思い込んでいる。しかも、ほとんどのトレーディング関係の本が、成功するための最大の難問は心理にあるという考えを支持しているために、この信念は強まる。たしかに心理は大切だが、私個人としては、それがトレーディングで成功するための最大の難関だとは考えない。

10％の勝ち組に入るには

　簡単な答えは、個人トレーダーが共通して陥る間違いを避けて、勝者たち——活発なトレーディングをしながら何十億ドルも運用しているCTA（商品取引顧問業者）——から学ぶことだ。あなたは彼らから手順志向のトレーディングを学ぶことができる。

　CTAのようにトレーディングで手順志向になれば、トレーディングの限度を定義し、その範囲内でトレーディングを探求できる。きちんと手順に従えば、一度もトレードを行わないかもしれない。トレードを行わなければ負けない。そして、全トレーダーの90％で先頭に立つ。あなたは10％の勝ち組には入っていないかもしれない。だが、少なくとも彼らの利益に貢献はしていない！

　新人トレーダーのたどる典型的な行程は**図1.1**で示したとおりだ。
　トレーダーが共通して犯す間違いから分かるように、トレーディングを始めたころは惨めな経験をする可能性が高い。どうすればうまく

図1.1　トレーダーの典型的な行程

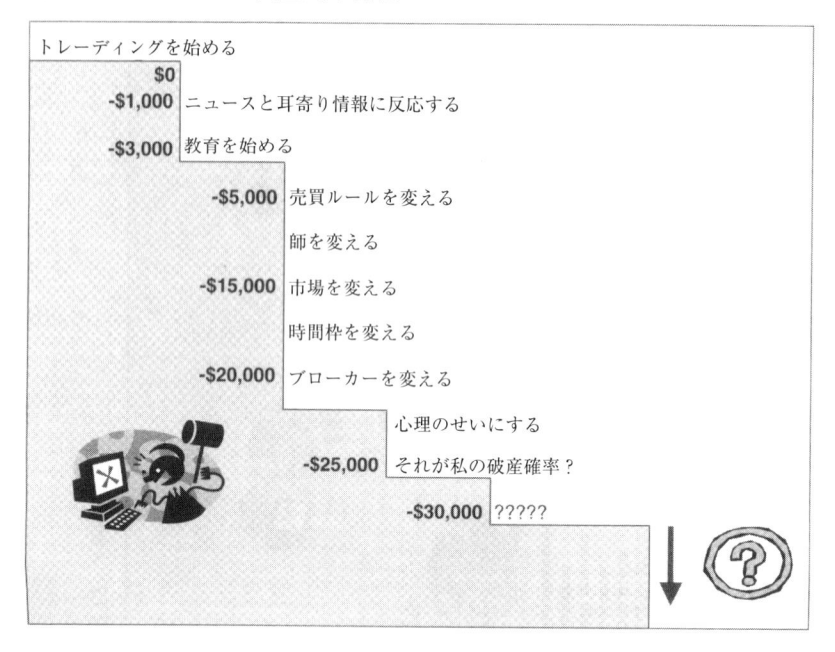

```
トレーディングを始める
        $0
   -$1,000   ニュースと耳寄り情報に反応する
   -$3,000   教育を始める
        -$5,000   売買ルールを変える
                  師を変える
        -$15,000  市場を変える
                  時間枠を変える
        -$20,000  ブローカーを変える
                  心理のせいにする
              -$25,000  それが私の破産確率？
                    -$30,000  ?????
```

いくのかを探しながら次々と打ち負かされ、儲けようと努力してもまったく手掛かりがない。

　幸いにも立ち上がれた人は普通、明確な行動パターンを持っている。

　数少ない勝てるトレーダーは資金管理を学ぶだけでなく、**図1.2**で示すように、それを正しく使えることが生き残るために必要だと気づいている。

　長期にわたって勝っているほとんどのトレーダーは次のことを学ん

第1章 現実と向き合う

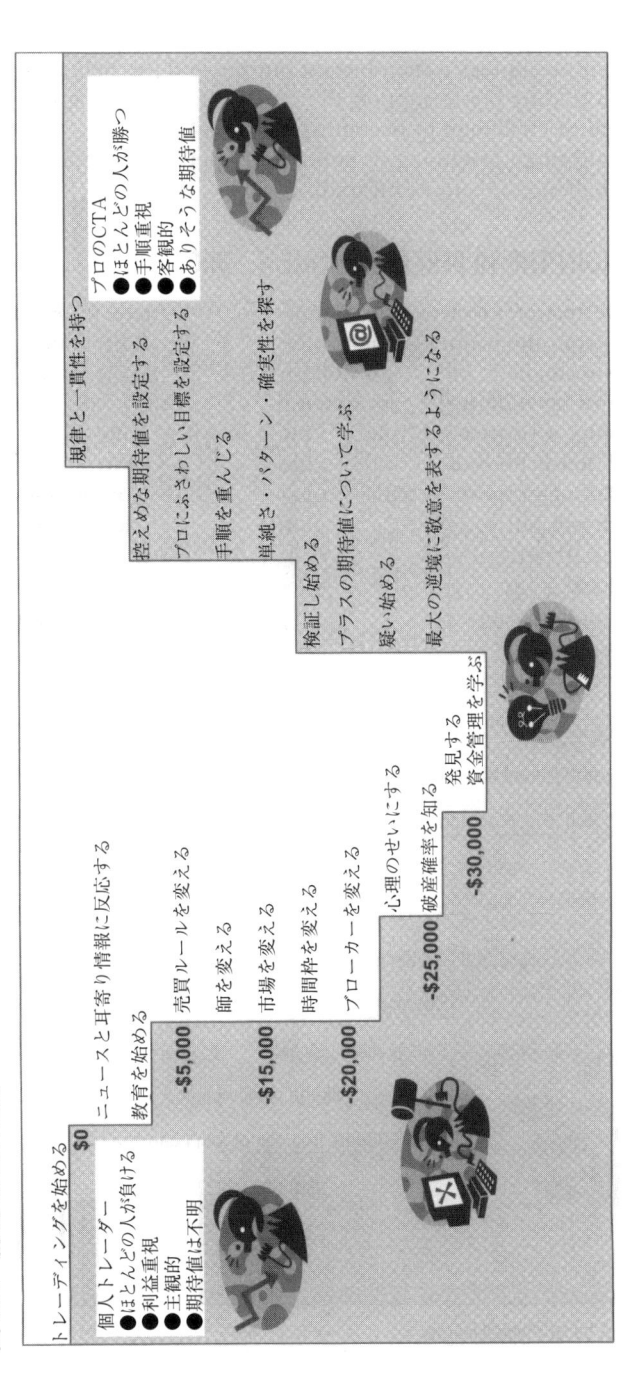

図1.2 勝者の上り階段

```
                                                                規律と一貫性を持つ
                                                              ┌─────────────────┐
                                                              │ プロのCTA        │
                                                              │ ● ほとんどの人が勝つ│
                                                              │ ● 手順重視       │
                                                              │ ● 客観的         │
                                                              │ ● ありそうな期待値 │
                                                              └─────────────────┘
                                                    控えめな期待値を持つ
                                                    プロにふさわしい目標を設定する
                                                    手順を重んじる
                                                    単純さ・パターン・確実性を探す
                                            検証し始める
                                            プラスの期待値について学ぶ
                                            疑い始める
                                            最大の逆境に敬意を表するようになる
                                  心理のせいにする
                                  発見する
                                  破産確率を知る
                                  資金管理を学ぶ
                                       -$30,000
                         フローカーを変える
                         時間枠を変える   -$25,000
                   市場を変える
                   師を変える     -$20,000
           売買ルールを変える
           教育を始める    -$15,000
   ニュースと耳寄り情報に反応する
           -$5,000
$0
トレーディングを始める
┌─────────────────┐
│ 個人トレーダー    │
│ ● ほとんどの人が負ける│
│ ● 利益重視       │
│ ● 主観的         │
│ ● 期待値は不明    │
└─────────────────┘
```

でいる。

- 相場における最大の逆境という重要な原則
- 相場に敬意を表する
- 読んだり聞いたりしたことすべてに疑問を持つ
- ある著者が書いたとか、ある人が発表したからといって、必ずしも真実というわけではない
- プラスの期待値について
- すべてのアイデアを検証する
- 単純さ、パターン、確実性を探す
- 手順を重んじて調査、設計、検証を行う
- プロのような目標と控えめな期待値を持つ
- トレーディングで規律と一貫性を持つ

　これらの数少ない勝者のほとんどはプロのCTAだ。敗者のほとんどはあなたと私のような小さな個人トレーダーだ。

まとめ

　トレードを始めるときに人は普通、パターンも確実性もほとんど持っていない。トレードの過程で、彼らは財布と心に打撃を受ける。彼らが幸運であれば、単純さ、パターン、確実性に向かって進み始める。彼らは手順を重んじ始める。パターンを築くためには、プラスの期待値と正しい検証の重要性を発見することが必要だ。これができれば、プロのCTAのように考え、行動し始めるだろう。
　あなたの好みが裁量トレーディングであれメカニカルトレーディングであれ、私は本書の最後までに、トレーディングで成功する普遍的な原則を教えながら、あなたをプロトレーダーのように考え行動でき

るようにしたいと考えている。

第2章
トレーディングの手順

The Process of Trading

　この章では、トレーディングで成功する普遍的な6つの原則を紹介する。次章以降では、個々の原則を詳しく述べていく。
　図2.1は、平均的なトレーダーが直面する、ひるむほど多くの選択肢に光を当てている。
　それで、どこからトレードを始めたらよいか、混乱するのはだれだろうか？　トレーダーが決めなければならないことは非常に多そうだ！　これらのテクニックのすべてについて述べるよりも、私はトレードで成功する手順についてあなたが考えられるようにしたい。この手順はトレーディングで成功するための普遍的な原則を追っていく。

トレーディングの手順

　トレーディングで成功するための普遍的な原則では、トレーディングの手順を大まかに説明する。成功するトレーディングには主要な6つの原則がある。

●準備
●自己啓発
●トレーディングスタイルを作る

図2.1 テクニカル分析の混乱する世界

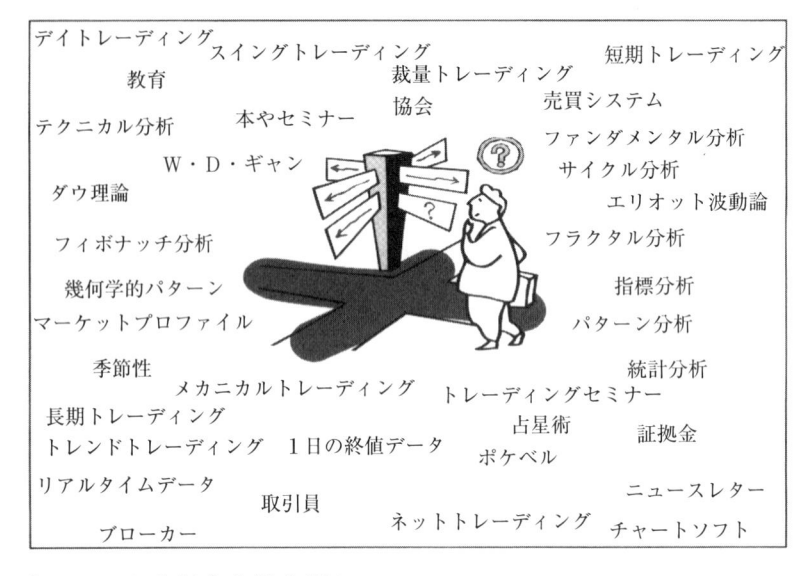

```
デイトレーディング    スイングトレーディング        短期トレーディング
    教育                    裁量トレーディング
テクニカル分析      本やセミナー   協会      売買システム
            W・D・ギャン                ファンダメンタル分析
    ダウ理論                              サイクル分析
                                          エリオット波動論
    フィボナッチ分析                  フラクタル分析
    幾何学的パターン                      指標分析
    マーケットプロファイル                パターン分析
        季節性                            統計分析
            メカニカルトレーディング  トレーディングセミナー
    長期トレーディング              占星術      証拠金
    トレンドトレーディング  1日の終値データ
                                ポケベル
    リアルタイムデータ                    ニュースレター
                取引員       ネットトレーディング  チャートソフト
        ブローカー
```

- トレードを行う市場を選ぶ
- 3本の柱
- トレーディングを始める

　それぞれを簡単に見ておこう。
　「準備」では、トレーダーがマーケットとトレーディングで何を期待できるかについて説明する。また、トレードを始める前にトレーダーができることを示し、彼らが行きすぎないようにもする。きちんとした準備はトレーディングの確実な基礎になる。
　「自己啓発」では、成功するために何が必要かについて説明する。トレーダーがどこにエネルギーを注ぐべきかを指摘する。また、トレーディングで生き残るための正しい道を案内する。
　「トレーディングスタイルを作る」では、トレード方法を選ぶときに知っておく必要があることに焦点を当てる。
　トレードを行うための最良の市場を選ぶ方法を知ることは大切だ。

第2章 トレーディングの手順

図2.2 トレーディングで成功するための普遍的な原則

1. 準備	2. 自己啓発	3. トレーディングスタイルを作る	4. 市場を選ぶ	5. 3本の柱	6. トレーディングを始める
最大の逆境 感情のコントロール 負けるゲーム ランダムな相場 個人的な限度 最良の敗者が勝つ リスク管理 トレーディングパートナー	破産リスクを避ける ●最良の敗者が勝つ ●資金管理 聖杯＝E×0 単純さ ●支持線と抵抗線 大多数が恐れるところを進む 検証－TEST	スタイル ●トレンドトレーダー ●スイングトレーダー 時間枠 ●日中 ●短期 ●中期 ●長期	特徴 単一市場 複数市場	トレーディングの3本の柱 1. 資金管理 2. 売買ルール 3. 心理 1. 資金管理 ●固定リスク額 ●固定資金 ●固定ユニット数 ●固定リスクの固定リスク率 ●ヴィリアムズのボラティリティ ●定率 ●固定ボラティリティ 2. 売買ルール 手法 ●メカニカル 方法＝セットアップ＋トレード計画 ＋検証 セットアップ 分析－どのマーケット理論？ トレーディングのパンドラの箱 ●占星術 ●サイクル ●ダウ理論 ●エリオット波動 ●フィボナッチ ●フラクタル ●幾何学的パターン ●指標 ●マーケットプロファイル ●季節性 ●W・D・ギャン トレード計画 仕掛け＋損切りの逆指値＋手仕舞い 検証－E(R) TEST（30通りのメールによるトレードシミュレーション） 3. 心理 希望や強欲、恐れ、痛みをコントロール	すべてをまとめる パフォーマンスを監視 プラスの強化 エクイティモメンタム

そう、まるで学校だ
勉強することだらけ！

操作されやすい小さな市場でトレードしなくても、トレーディングはすでに十分に難しい。

「３本の柱」では、トレーディングで成功するための具体的な３つの要素——資金管理、売買ルール、心理——を説明する。

「トレーディングを始める」では、すべてをまとめる。

これで分かるように、トレーディングは６つのうちの最後の原則だ。ここで、いかに多くのトレーダーが負けるか分かってもらえると思う。彼らのほとんどはすぐにトレードを始める。それは最後にすべきことなのだ。**図2.2**は各基本原則に含まれるものを示している。

見てのとおり、トレードで成功するためには相当な努力が必要になる。多くの人にとって、それはあまりにも大変だ。しかし、努力する気がある人には、それは成功への明確に定義された道を示す。

次章からトレーディングの手順について説明する。まず、トレーディングで成功するための最初の普遍的な原則である、準備から始めることにしよう。

第3章
原則1——準備

Principle One : Preparation

　みんな、気楽にやろう。コーヒーかお茶でも入れて、連れ合いが見ていなければ、ちょっとビスケットでもつまもう。これはあなたの新しい手順を重んじるトレーディングキャリアの初めになるかもしれない。また、そうなってほしい。くつろいで、これを楽しもう。

　まず、トレーディングで成功するための最初の普遍的な原則である準備から始める。準備はトレードを行うあなたの決意を測る役に立つ。あなたがこの章に書かれていることをまだ受け入れられないのなら、本当はトレードを行うべきではない。気が進まないのなら、不利にならないうちにやめておこう。やめればずっと安上がりで、がっかりしないで済む。

　トレーディングでは何よりも次のことを考えに入れ、それぞれの結果を受け入れる必要がある。それが準備段階で要求されることだ。

- ●最大の逆境
- ●感情のコントロール
- ●負けゲーム
- ●相場のランダムな動き
- ●最もうまく負ける人が勝つ
- ●リスク管理

●トレーディングパートナー
●資金の限度

それぞれを見ていこう。

最大の逆境

　最大の逆境はマーケットで最も重要な原則で、それはこうだ。マーケットはほとんどのトレーダーを失望させるために、やるべきことをやっている。あなたはこれをけっして忘れるべきでない。

　繰り返す。マーケットはほとんどのトレーダーを失望させるために、やるべきことをやっているのだ。それはあなたの行く手に、考えられるあらゆる障害を投げかける。トレーディングは比較的単純なものではあるが、簡単ではない。そして、マーケットはあらゆる手を使って、あなたのあらゆる動きやトレードを疑わせ、トレーディングをできるだけ難しくしようとして、最大の逆境に直面させる。

　マーケットは、最大の逆境をすべての参加者に課して、その規律を試す。最大の逆境を通して、マーケットは常に大多数の弱者から少数の強者に確実にお金を移す。トレーディングが簡単なら、だれでもトレードを行って勝っているはずだ！

　残念なことに、ほとんどのトレーダーは、手遅れになるまでこの原則を学ばない。しかし、トレーディングで生き残るためにはそれを認めて、理解し、尊重しなければならない。さもなければ、あなたのトレーディングは確実に破たんする。

　昔ながらの決まり文句を思い出そう。話がうますぎるように聞こえたら、それは多分うますぎるのだ。これはトレーディングでも当てはまる。あるトレーディングのアイデアが良すぎるように聞こえたり、シミュレーションした純資産曲線があまりにもきれいに見えたり、相

場ソフトではあまりにもトレーディングが簡単に見えたりすれば、それは多分うますぎる話なのだ。しかし、最大の逆境に直面したことのないほとんどのトレーダーは耳にしたことを信じるし、読んだことや見たことを信じる。彼らが経験を通して物事を疑う健全な態度を身に着けたときに初めて、こうした良すぎるトレーディングのアイデアやあまりにもきれいな純資産曲線、あまりにも話がうますぎる相場ソフトについて自力で調べ始めるのだ。経験し自ら調べることで、最大の逆境を認識し、これらのアイデアや順調すぎる純資産曲線、素晴らしい相場ソフトは話がうますぎると悟る。

　どんなマーケットにおいても、最大の逆境は降りかかってくる。チャートから確実なトレードと判断したとして、それで損をしても驚いてはならない！

　最大の逆境によって、新人トレーダーは簡単に儲けられないことを知る。新しいトレーディングのアイデアを読んで研究するとき、あなたは常にこのことを頭の片隅に置いておくことだ。新しい相場ソフトやトレーディングシステムを買おうと考えたり、トレーディングセミナーやワークショップに参加しようと考えたりするときには、この点を頭の隅に置いておかなければならない。売買ルールを研究し、テストし、きちんと検証するとき、最大の逆境があることを頭に入れておく必要がある。次のトレーディング機会を探してチャートを調べるときには、このことを頭に入れておくことだ。

　トレーディングで簡単に成功できるとか、だれでも利益を手にできるなどという考えや提案は何であれ注意する必要がある。最大の逆境があるので、次のトレーディング機会を求めてチャートを見るときには用心しなければならない。新しいマーケットの広告や、取引口座を開設して新しい取引プラットフォームを利用しようという広告を読んだら注意すべきだ。最大の逆境が待ち構えているので、アナリストが確固とした見解や主張を持っているレポートを読んだときには、用心

すべきだ。何にでも答えられるように見えるアナリストには注意したほうがよい。

　最大の逆境があるので、トレーダーの生活は宣伝どおりにはいかない。ヤシの木の下で日光浴をしながら、ノートパソコンでトレードをしている気楽なトレーダーをあなたは想像したことがあるだろう。だが、トレーダーの生活はそんな陽気な姿からはほど遠い。最大の逆境はあらゆる手を使って、トレーディングの世界を可能なかぎり不快にして、トレードを思いとどまらせようとするだろう。そこを常に苦しみだらけにしようとするのだ。最大の逆境はトレーディングを次々と難しくしていく。トレーディングを百パーセント新兵訓練だと思わせ、完全な失望を味わわせるだろう。最大の逆境によって、トレーディングのいろんな段階で何度も大負けをくらう。あなたはたっぷりと苦痛を味わう。損をすると傷つく。たとえ利益が出ても、もっと長く持ち続けていたら利益はずっと大きかったと思う。取り損なった金額のことを考えると、くやしい。かなりの時間とエネルギーを費やして、トレーディングに関する信頼できそうな理論を研究しても、うまくいかないと傷つく。信頼できると思ったセミナーやワークショップにかなりのお金を使い、そこで学んだアイデアを実行して損をすると、苦痛を味わう。相当の時間とエネルギーを費やして新しいアイデアを調査し、発展させ、プログラムを作り、テストし、検証したのに、うまくいかなければ傷つくはずだ。長年にわたってかなりの時間とエネルギーを費やし、自分のエッジを高める努力をしたにもかかわらず、うまくいかなければ落ち込んでがっかりするだろう。そして、次のトレーディング機会を待って相場を見ているときに、ポジションを取っていないために次の大きな動きに乗り損なうのではないかという不安で苦しむ。このように最大の逆境のせいで、トレーディングの世界では苦痛を感じ、傷つくのだ。

　最大の逆境によって、あなたは自分の行動に百パーセントの責任を

取らされる。至る所で待ち伏せされると思わなければならない。予想外のことが起きると予想できるようになる必要がある！　収益という見返りを得る可能性はある。しかし、トレーダーの生活はつらい。今、あなたはそれを受け入れる芯の強さや根性があるか判断しなければならない。

感情のコントロール

　感情のコントロールは、特に成功にとって重要である。それは目標と期待値というトレーディングの２つの基礎にかかわる。
　トレーディングでのあなたの目的が勝つことなら、ほぼ確実に失敗する。トレーディングで大金を稼げると期待しているのなら、成功しないことは確実だ。
　これらの目標を達成できるトレーダーも時にはいるだろうが、危険な水準までリスクを高めずに長期間それを維持するのは難しい。思い出そう。昔から言われるリスクとリターンのトレードオフ——大きなリターンを望むほど、大きなリスクを受け入れなければならない——からはけっして逃れられない。感情のコントロールができないかぎり、成功は難しいと分かるだろう。
　あなたが完璧なトレーダーになり、非現実的な利益を手に入れようという夢を見始めたら、あなたは自分を見失うだろう。あり得ない目標と受け入れ難いリスクに身をさらすだけでなく、トレーディングにあまりにも大きな期待と圧力をかけることになる。

目標

　信じ難いかもしれないが、勝つことや正しいことはそれほど重要ではない。これは、ほとんどのトレーダーが手遅れになるまで学べない

ことだ！　成功するためには、トレーダーは自分の考え方を変える必要がある。人はひたすら勝つことだけに焦点を合わせてトレーディングに取り組む。市場に打ち勝つ方法を考えることに自分の能力やエネルギーを注ぎ込む。このような目隠し状態では、トレーディングで勝つこと以外の目標は見えない。

　ほとんどの人は競争を好む。トレーダーは特にそうだ。さらに、彼らは勝つのが大好きだ。しかし、勝つということは正しいということも意味する。人は本能的に正しい車、正しい家、正しい保険証書を買いたがる。彼らは子供のための正しい学校、正しい株式投資、正しいロト数字と勝ち馬を望む。

　残念ながら、「勝ちたい」「正しくありたい」という願いはトレーディングで利益を出す妨げになる。あとでプラスの期待値について語るときに学ぶことになるが、勝つことは方程式の半分にすぎない。勝ちたがるのは間違いだ。勝つことだけに集中するトレーダーは間違った方向を見ている。彼らは自分を見失っている。

　明らかに、勝つことは素晴らしい。だが、それを第一目標にするのは不適切であり、混乱の元になる。成功したければ、リスク資産を管理することを目標にすべきだ。リスク資産を管理すれば目標と責任が大きくなる。それによって、勝つという目先のことを目標にするのではなく、慎重でプロらしいことを目標にできるだろう。リスク資産を管理することで、勝って大金を稼ぐという目標から、一貫して、賢明で、持続可能なトレーディングへと目標が変わる。いったん、これを目標にできれば、あなたは感情をコントロールできるようになる。方程式の残り半分はあなたの期待値と関係している。

期待値

　非現実的な期待をすることは勝つことしか考えられないことに匹敵

する不幸だ。両者が重なると感情は混乱する。例えば、大金を稼ぐことを期待しているのなら、ほぼ間違いなくトレーディングは破たんする。成功を続けるために最も重要なことは、控えめな期待をすることだ。20～30％のリターンは50％以上のリターンよりもはるかに達成しやすく、それを目指すのは難しくない。ほとんどの人が負けるのは望みが高すぎるからだ。それは古き良き時代の強欲であり、非現実的な期待だ。

　人は普通、トレーディングから金儲けを連想する。多くトレードするほど儲かると考える。この「多くトレードするほど儲かる」と考えるのはほとんどの場合、幻想を売る人々や富への夢を紡ぐこの業界の販売促進によって生み出されている。少なくとも、それらで強められているのは確かだ。あまりにも多くのトレーダーが「行動」に先入観を持って、トレーディングを始める。つまり、トレード回数や行動を増やせば利益も増えると思っている。私はこれを「トップダウン」アプローチと呼んでいる。この行動への偏りがあるとトレーダーはもっと欲しいと思う。もっと欲しいと考えると非現実的な期待をする。

　この「多いのが一番」という方針のためにハードルは絶えず上がり、限りなく強欲になる。こうなると、トレーダーは強欲を抑えられなくなる。たとえ確固としたトレード計画を持っていて現実に利益を出せても、「多いのが一番」という偏った考え方をしていると、トレーダーはすぐに現状に満足しなくなり、もっとうまくできると考えるようになる。ここに至って、トレーダーは自分のトレーディングや勝てるトレード法にさらに高い期待を置くようになる。そして、勝てる方法をいじり始め、結局は自滅するのだ。

　私自身も控えめの期待で満足できるまでに長い時間がかかったし、今でもときに苦労することがある。私のモデルで少しリスクを上げれば、どれほど簡単に収益を2倍や3倍にできるか、私は分かっている。驚くことに、私は期待を抑えているときのほうが、実際にはトレーデ

ィングがやさしくなる。私は自分の売買ルールのパフォーマンスに満足している。だから、結果が良いときも悪いときもそれを使い続ける。

　感情をコントロールするためには、自分のトレーディングに対する期待を控えめにする必要がある。このためには「トップダウン」の幻想を捨てて、私が「ボトムアップ」と呼ぶものを持つ必要がある。

　「ボトムアップ」アプローチとは、トレーディングに割り当てたリスク資産を見て、「次の12カ月でリスク資産に対してどれだけのリターンを得られたら満足か？」「過去１年をやり直せるなら、どれだけのリターンを得ていたら満足だったか？」と自問することだ。世界の株式市場における収益は、過去20年で年平均８～12％だったようだ。おそらくあなたはリスク資産でこれ以上のリターンを得たいだろう。あなたが12カ月先まで時計を動かして結果を振り返ることができるなら、リスク資産に対するリターンが何パーセントなら満足だろうか？

　20％か30％だろうか？　私は自分のリスク資産に対して年率20％台のリターンしか望まない。私にとって、それは無理なく達成できる数字だ。難しいのは一貫してそれを達成することだ。

　トレーディングで成功したいと真剣に考えるなら、長年にわたって使える堅牢な売買ルールを開発し、控えめだが好ましいリターンを一貫して毎年得られるようにする必要がある。あなたの売買ルールによるパフォーマンスから判断して、目標が達成できそうなら、その売買ルールに満足し、いじくり回したりしないことだ。リスク資産に対してかなりのリターンを出すためには、毎日トレードを行うべきだと考えてはならない。「ボトムアップ」アプローチでトレーディングを行えば、控えめな期待をして感情をコントロールできるだろう。

　感情をコントロールして、プロのように控えめな期待値で目標を設定できるなら、堅牢な売買ルールをもっと楽に作ることができるだろう。さらに、これが達成できればパフォーマンスに満足し、良いときも悪いときもそれでトレードを行い続けるだろう。この目標を達成で

きれば、トレーディングでもっと楽に成功できるのだ！

負けゲーム

　トレーディングが敗者のゲームだという事実を受け入れたら、準備は次の段階に進む。トレードで成功すると友人に信じさせようとしてはならない。勝ち目はかなり低いのだ。また、私の「90×90」ルール——トレーダーの90％は90日以内にリスク資産を失う——も知っているはずだ。

　友人や同僚には、あなたの追求していることは難しいだけでなく、時間もかかると言ったほうがよい。活発にトレードを行うということは敗者のゲームを始めることだと、はっきり理解しておくことが準備には必要だ。

相場のランダムな動き

　準備ではまた、相場は基本的にでたらめな動きをするという事実を受け入れる必要がある。これと反対の示唆をするすべての宣伝文句を、あなたは無視すべきだ。

　相場の動きを予測する理論は数多くある。少し例を挙げても、サイクル分析、エリオット波動、マーケットプロファイル、季節性、W・D・ギャンなどがある。だから、相場は予測できるとあなたが考えても無理はない。だが現実には、統計に基づいて一貫して値動きを予測することはできない。成功したトレーダーはこのことを知っている。彼らが利益を出せるのは、相場にどう反応すればよいかを知っているからだということを頭に入れておこう。彼らは予測しようとはしない。

　結局のところ、相場の動きは完全にではないが、基本的には無秩序だと認める必要がある。あなたはマーケットの普遍的な秘密を解くカ

ギを見つけられると信じて、トレーディングに向かうべきではない。

最もうまく負ける人が勝つ

　トレーディングで成功するための本当の秘密はただひとつ、損失を管理することだと分かったら、準備は次の段階に進む。損失を対応できるほど小さくしておくことができ、利益を損失よりも大きくしておくことができれば、あなたは敗者のゲームで一歩先んじている。勝ちトレードはほとんど無視してよい。それらは普通、問題にならない。利は伸びて、めったに損にならない。成功するためには、損失の管理にすべてのエネルギーと決断力を集中する必要がある。

　アーサー・L・シンプソンの電子ブック『ファントム・オブ・ザ・ピッツ（Phantom of the Pits)』を読んでいたとき、正体不明の怪人が使った表現——最もうまく負ける人が最後は勝つ——に出合った。私はこの表現が損失の管理に集中することの重要性を最もうまく述べていると思った。

　その本は基本的に米国のシカゴで30年の経験を持つベテラントレーダーとのインタビュー集だ。彼は自分の正体を明かさずに、トレーディングに対する洞察を提供したいと考えた。そのため、彼は「怪人」としてしか知られていない。

　あなたが私のようなメカニカルトレーダーなら、この真実は損切りの逆指値を絶対に動かすなと要求しているのだ。あなたは自分の厳密なトレード計画を尊重しなければならない。さらに、トレード計画を立てるとき、損切りの逆指値をひとつは価格、もうひとつは時間に基づいた二重のものにしておくようにするべきだ。

　それはすべて、損失の管理に返ってくる。裁量トレードを始めたのに動きがなければ、相場に耳を傾けて手仕舞うべきだ。あなたは最もうまく負けるべきなのである。しかし、負けトレードを引きずっては

ならない。引きずれば少しずつ自信を失い、徐々に苦しめられ、やがて最初の損切りの逆指値水準に達する。最もうまく負けるとは、できるだけ早く負けポジションを手仕舞うということだ。

　トレーディングで成功する真の秘密はただひとつ、最もうまく負けることだ。だから、これが目標でなければならない。最良の敗者になるためには、上手に損切りできるように常に心掛けなければならない。自分のセットアップをごまかさずに、もっと早く損切りできる方法がないか自問したほうがよい。

リスク管理

　あなたはもう、トレーディングのリスクは非常に高いと理解していなければならない。トレーディングでの成功とは、実はリスク管理での成功を意味している。トレーダーとして生き残るためには、トレードとはリスク管理だとみなす必要がある。

　成功したトレーダーと話す機会があれば、彼らはどうやってリスク管理を改善するかで頭がいっぱいだとおそらく気づくだろう。良いリスク管理の核心は、資金管理（これについてはあとで述べる）だ。しかし、適切な資金管理の原則を実際に適用する前に、まず何よりもリスクを考えに入れるべきだ。

　良いトレーダーは良いリスクマネジャーだ。これが勝者と敗者の違いである。勝者は、自分たちが相場で経験することを尊重する。彼らはそれが敗者のゲームだと理解している。彼らは最良の敗者になるように努める。彼らの目標はリスク資産を控えめな期待値で管理することだ。彼らは生き残ることだけに集中する。そして、生き残れるかどうかは良いリスクマネジャーになれるかどうかにかかっている。

　トレードを行いたいなら、リスクマネジャーの視点で仕事に取りかかることだ。偏って出る利益は投機筋に任せておこう。

トレーディングパートナー

　あなたがトレーディングパートナーを持つことの重要性や価値を理解したら、準備することがある。これは準備で決定的に大切な部分だ。先に進む前に、あなたはトレードを行う決意があるか徹底して調べる必要がある。私が前に述べた点を受け入れるなら、先に進むときだ。受け入れられないなら、あなたは多分トレードを行うべきではない。

　準備として、トレーディングパートナーを見つける必要がある。これはトレードの準備で大切な部分だ。あなたのトレーディングパートナーは必ずしもトレーダーでなくてもよい。だが、彼らはあなたが尊敬する人でなければならない。彼らはあなたから少し離れていなければならない。つまり、一緒に住んでいる人ではダメだということである。彼らはあなたのしていることに関心があり、手伝うことに賛成してくれる必要がある。

　トレーディングパートナーを作る目的は、トレーダーが自分にウソをつかないようにするためだ。相場の仕打ちには驚かされる。トレードを始める前は、ほとんどの人が理性的で客観的で正直だ。だがトレードを始めるとまもなく、彼らは理性的でなくなり錯覚を持つようになる。彼らは自分の能力にまごつき、罪のない小さなウソを自分につき始める。

　トレーディングパートナーがいれば、あなたが理性的で正直でいる助けになる。彼らはトレーディング前と実際のトレーディング中の2カ所で重要な役割を果たすだろう。

　まず彼らは、あなたがTEST手順（あとで説明する）を用いて売買ルールをきちんと検証する手助けをする。あなたが自分の売買ルールはたしかにプラスの期待値を持っていると証明できるまで、彼らはあなたを思いとどまらせる。第二に、あなたがトレードを始めるとき、彼らはあなたがウソをつかないようにし、あなたの良心の働きをする。

彼らはあなたの投資基準を知っている。そこには最低でも資金の限度、控えめな期待値、資金管理のルールが含まれていなければならない。

あなたは毎月、報告書を作って、トレーディングパートナーにあなたのパフォーマンスを投資基準と照らし合わせるように頼むべきだ。彼らはあなたのトレーディングの罪を聞く司祭の役を果たすだろう。これによって、あなたは規律と一貫性を保てるようになる。彼らが見ていると分かっていると、トレード計画からそれるのは難しくなる。これは理性を保つ助けにもなる。

問題はトレーディングパートナーをどこで見つけるかだ。友人のなかに進んでやってくれる適当な志願者を見つけられなければ、多くの国に存在するテクニカルアナリスト協会のような同好の人々が集まる協会に加わることを考えたほうがよい。

資金の限度

これは準備の最終段階だ。トレードで損切りの逆指値を置くように、トレーディングを始めてよいかを判断するときにも資金の限度を決める必要がある。トレードで成功する方法を学ぶときには、自分の資金について誓約しなければならない。これはあなたの教育に投資する用意があるリスク資金、失う覚悟がある総額のことだ。トレーディングパートナーにあなたの限度を知らせて、総額を失えばあなたはトレーディングに向いていないことを認めて、やめると誓約しよう。

トレーディングで非常時に備えて必ず損切りの逆指値を置くのと同じように、トレーディングに乗り出す前に失う用意がある金額について理解しておくべきだ。過去に多くのトレーダーたちも願ったに違いない。自分の尊敬するだれかに似たような誓約をして、限度に来たらやめておけば良かったと。そうすれば、彼らはもっと幸せで、今よりも多くの資金を持っているだろう！

まとめ

　トレーディングで成功するための最初の普遍的な原則によって、トレーディングが大変な仕事だと認める用意ができたと思う。あなたはマーケットに敬意を表して、トレーディングで成功することは多分、これから試みることでも極めて難しい挑戦だということを認める必要がある。基本的にトレーディングは新兵訓練所と同じだ。

　この道を進もうと決めたら、あなたは極めて不利だということを受け入れる必要がある。マーケットは至る所に障害物がある。人間の性質からして、プロにふさわしい目標や控えめな期待をすることは難しいと分かるだろう。仲間のトレーダーのほとんどは敗者だ。そのため、マネをしたい手本を見つけるのは難しい。相場はこれから取りそうな方向についてあまり多くの手掛かりを残さずに、ランダムに動き続ける。直観は現実とは逆さまだ。褒美を受けるのは勝者ではなく、最良の敗者である。利益を生み出す主な力は上手にトレードを行うことというよりは、良いリスクマネジャーであることだ。トレーディングパートナーはあなたが正しくあり続けるのを助ける。そして、自分の資金に限度を設定すれば、おそらくすべてを失う可能性は限られる。

　あなたがこのすべてを受け入れられるなら、トレーディングで成功するための最初の普遍的な原則――準備――を学び、理解し、受け入れるだろう。あなたは予想外のものを予想する用意ができていて、先を続けられる状態だ。

　準備ができた今、トレーディングで成功するための、次の普遍的な原則は「自己啓発」ことだ。

第4章

原則2——自己啓発

Principle Two : Enlightenment

　この章では、トレーディングで成功するための普遍的な原則の2番目、自己啓発を見ていく。

　自己啓発によって、テクニカル分析の混乱した世界に巻き込まれずに、トレーディングで生き残るために必要なことに集中できるようになるだろう。あなたは今、私が「生き残り」を強調していることに気づいただろう。今後、あなたはトレーディングで成功したいという考えから、「生き残り」たいという考えに変わらなければならない。

　前にも言ったように、トレーディングのリスクは大きい。成功するためには、うまくリスク管理をできるようになる必要がある。そのためには、生き残ることが現在のあなたの関心でなければならない。生き残ることができれば、成功するだろう。

　自己啓発ができれば、エネルギーと手段を必要なところに集中させられるようになる。トレーディングで生き残るためには以下のことができる必要があると分かれば、自己啓発になる。

●破産リスクを避ける
●トレーディングの聖杯を受け入れる
●単純さを追求する
●ほとんどの人が恐れるところを進む

図4.1　自己啓発のサイクル

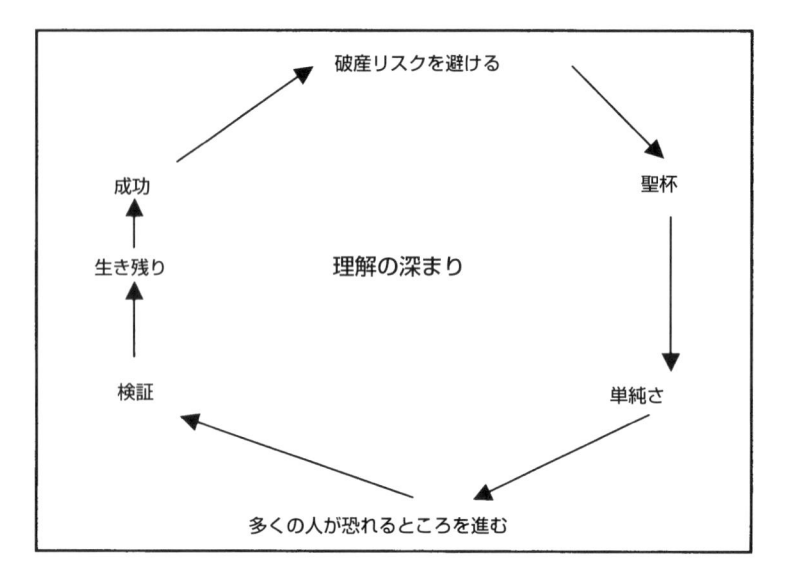

```
          破産リスクを避ける
       ↗                    ↘
   成功                       聖杯
    ↑      理解の深まり        ↓
  生き残り                   単純さ
    ↑                         ↓
   検証  ←                  ↙
          多くの人が恐れるところを進む
```

●TESTの手順で期待値を検証する

　生き残りたければ、**図4.1**で示すように、これらのルールを破らないようになれる必要がある。

破産リスクを避ける

　私の考えでは、あなたがこれから学ぼうとしていることは、多分トレーディングで最も重要な考えだと思う。だが、ほとんどのトレーダーはそのことを知らない。そのことについて書く人はほとんどいない。セミナーでそのことに触れられることは、めったにない。そのことを教えるワークショップはほとんどない。極めて多くのトレーダーが自分の破産確率を知らない以上、彼らが負けても意外ではないだろう。

　自分の破産確率を計算すれば、なぜ負けたかはっきり理解し始めるだろう。たしかに、あなたは自分が損したことは分かっている。しか

し、その理由はおそらくはっきりとは分かっていないと思う。破産確率を理解すれば、その「理由」が分かる。その「理由」が分かった瞬間に、あなたは「なるほど！」と思うはずだ。

では、破産確率とは何なのだろうか？　ちょっと見てみよう。破産確率とは、あなたが大損をしたためにトレードをやめる見込みを指す。単純だ。このため、破産リスクを避けることはリスク管理をするあなたの最優先事項でなければならない。破産しないで済めば、あなたは生き残ってトレーディングで成功する。

破産確率は統計上の考え方だ。それはトレーダーに破産する確率――損失が大きく積み重なったせいで、トレードをやめる見込み――を教える。この累積損失は「破産ポイント」とも言われる。

破産確率は必ずしも口座資金の全額を失うことを意味するわけではない。その人のリスク許容度次第で、口座資金の50％の損失を意味することもあれば、75％や100％の損失のこともある。あなたの破産ポイントとは、あなたが準備のところで設定した資金の限度、あるいはリスク資産のことだ。

破産ポイントに達しないための第一歩は、そこに達する確率を計算することだ。その確率があまりにも高ければ、それを下げることを考える必要がある。許容できる水準まで破産確率を下げることができれば、生き残るための重要な一歩を踏み出したことになる。基本的に、１回のトレードでリスクをとる資金の割合を上げるほど、破滅する可能性、つまり破産確率は高まる。

図4.2　破産確率の公式

破産確率 ＝ $\{[1 - (W-L)] \div [1 + (W-L)]\}^U$

ここで　　W＝勝率

L＝敗率

U＝口座資金のユニット数

例を使って、破産確率を説明しよう。2人のトレーダー、ボブとサリーがいる。ボブとサリーは同じセミナーに参加したことがある。そこで、彼らはシステムワンという、通貨の単純なトレーディングシステムを知った。システムワンの平均利益は平均損失と等しく、その勝率は56％だ。ボブもサリーも資金は1万ドルで、破産ポイントをリスク資産の100％損失（1万ドル）と定義した。ボブは冒険的な性格なので、シグナル（言い換えると彼のセットアップ）につき2000ドルのリスクをとることにする。サリーはもっと慎重なので、シグナル（あるいはセットアップ）につき1000ドルだけリスクをとることにする。

したがって、ボブのトレード資金は5ユニット（1万ドル÷2000ドル）、サリーのトレード資金は10ユニット（1万ドル÷1000ドル）だ。ボブはトレードを始めて、5回続けて負けると破産する（2000ドル×5）。サリーが破産するには、10回続けて負ける必要がある（1000ドル×10）。

ボブとサリーが自問しなければならないのは、自分の破産確率が何パーセントなのかだ。つまり、いつ1万ドルを失うかだ。

この問いに答えるためには、**図4.2**でまとめた破産確率の公式を使えばよい。

この式では、彼らの平均利益はそれぞれの平均損失に等しいと仮定している。**図4.3**はボブの破産確率の計算方法を示している。

図4.4はボブとサリーの破産確率を表している。

すでに言ったように、ボブもサリーも同じシステムでトレードを行っているが、彼らの破産確率は異なる。ボブがリスク資産を失う可能性は30％だが、サリーが破産する可能性は9％しかない。明らかに、サリーのリスクはボブのリスクよりも望ましい。

システムワンの勝率は56％だが、このシグナルに従えば負け続けないというわけではない。したがって、彼らが1万ドルでトレードを始めたら、ボブは負けるシグナルが5回続けて出れば破産する。一方、

図4.3 ボブの破産確率

$$
\begin{aligned}
\text{勝率} \quad & W \quad 56\% \\
\text{敗率} \quad & L \quad 44\% \\
\text{ユニット数} \quad & U \quad 5 \\
\text{破産確率} \quad & = \left[\frac{1-(0.56-0.44)}{1+(0.56-0.44)}\right]^5 \\
& = \left[\frac{1-(0.12)}{1+(0.12)}\right]^5 \\
& = \left[\frac{0.88}{1.12}\right]^5 \\
& = [0.785714286]^5 \\
& = 0.299449262 \\
& = 30\%
\end{aligned}
$$

図4.4 ユニット数の増加につれて下がる破産確率

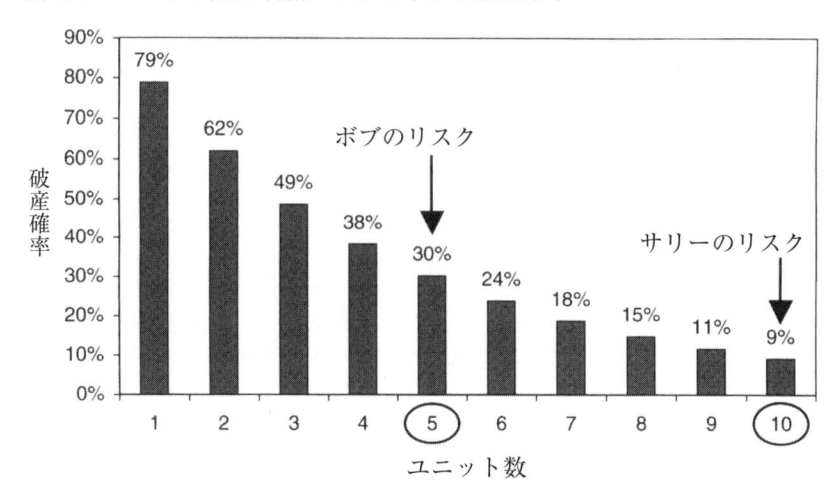

ユニット数	破産確率
1	79%
2	62%
3	49%
4	38%
5	30% (ボブのリスク)
6	24%
7	18%
8	15%
9	11%
10	9% (サリーのリスク)

サリーのほうは負けるシグナルが10回続けて出る必要がある。

　しかし、サリーの破産確率（９％）はトレーディングで生き残れるのに十分な低さだろうか？　答えはノーだ。あなたは０％の破産確率でトレーディングに取りかかる必要がある。統計的に０％よりも高いどんな破産確率でも、高すぎるのだ。それでは、いつか間違いなく破産する。単に時間の問題にすぎないのだ。だが、理解しておかなければならないことがある。たとえ０％の破産確率でトレーディングに取り掛かっても、破産リスクを避けられるという保証はない。破産確率が０％だからといって、あなたの売買ルールの勝率や平均利益、平均損失が将来も変わらないという保証にはならないからである。それらが変わらないか良くなれば、０％の破産確率であなたの口座は破たんを免れるだろう。しかし、０％の破産確率なら、今後もあなたの売買ルールは勝率が落ちることもなく、うまくいき続けるという保証はない。破産確率は入力した値次第で変わる統計尺度だということを理解しておく必要がある。それらが変わらないか良くなれば、０％の破産確率で破産ポイントに至らずに済むだろう。しかし、それらが悪くなれば、破産確率も上昇する。破産確率は統計尺度にすぎず、それによって奇跡が起きるわけではないということを覚えておく必要がある！

　次の問題は、破産確率を減らすにはどうすればよいかだ。前の例では、１トレード当たりの無リスク資金という最初の手掛かりを示した。ここで強調したいことは資金管理の重要性だ。あなたが生き残って成功するつもりなら、リスクマネジャーであるあなたは適切な資金管理戦略を用いなければならない。破産確率を許容範囲にするためには、理屈から言って、どの１回のトレードにおいても口座資金のうちリスクをとる割合を減らす必要がある。リスクを大きくとりすぎると、たたきのめされる。

　これは、私がトレードを行い始めたときに犯した最大の間違いだ。私は破産確率という考えを知らなかったし、資金管理によってそれを

下げて管理する方法も知らなかった。私が唯一考えたことは、「先物トレードでどれくらいお金を儲けられるか？」だった。どうか、私と同じ間違いを繰り返さないでほしい！

　もうひとりのトレーダーであるトムを加えて、彼の破産確率をボブやサリーのものと比較しよう。トムもシステムワンで通貨のトレードを行っていて、資金１万ドルも破産の定義も彼らと同じだ。ただし、彼は残りの２人よりも多少経験があるため、破産確率の考えやそれを下げる方法に気づいている。トムは１トレード当たりの資金を減らせば、破産する可能性も少なくなると分かっている。またトムは低い破産確率でトレードを行いたいと考えているので、１シグナル（またはセットアップ）につき500ドルしかリスクをとらないことにする。そのため、トムのトレード資金は20ユニット（１万ドル÷500ドル）になる。つまり最悪、勝ちシグナルが一度も出ない場合でも、破産するまで20回トレードをするだけの資金が彼にはある。同じ公式を使って、トムの破産確率も計算できる。**図4.5**は各トレーダーの破産確率を表している。

　見てのとおり、トムは１シグナル当たり500ドルしかリスクをとらないために、トレーディング機会がボブの５回、サリーの10回と比べて20回になっている。そのため、彼の破産確率は１％に下がっている！

　１％の破産確率はサリーの９％よりもずっと望ましい。たしかに、トムはボブが勝ったときほど多くの利益を手にしないだろう。しかし、ボブが2000ドルの勝利を何度も手にする可能性は非常に低い（30％）。

　思い出そう。トレーディングでの成功とは上手にリスク管理を行って、生き残ることなのだ。これが、どのように破産確率を下げるか、つまり、１トレード当たりの資金リスクを減らすか、言い換えると、賢明な資金管理の原則を当てはめるかについての第一の教えだ。最低限、少なくとも20ユニットになるようにリスク資金を20に分けて、破産確率を１％に下げるべきだ（あなたの売買ルールは56％の勝率で、

図4.5　破産確率の比較

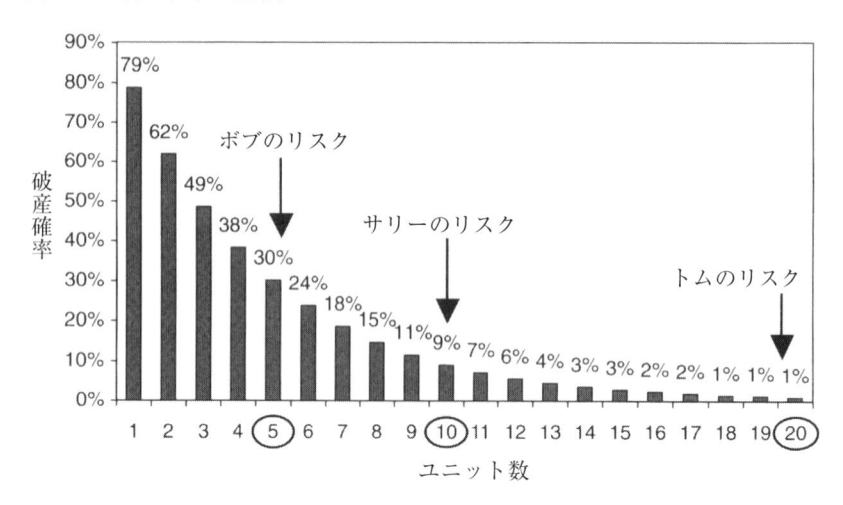

平均利益と平均損失は1対1の比率とする)。これでもあなたが生き残るという保証にはならないが、少なくとも破産確率を下げて、生き残る可能性を上げる役には立つ。

　破産確率を下げる2番目の教えは、あなたの売買ルールの勝率を上げることだ。システムワンをシステムワンMk2にグレードアップしたと仮定しよう。システムワンMk2の改良点は勝率の向上に見られ、勝率が56％から63％に上がった。平均利益に対する平均損失の割合(ペイオフレシオ)は変わらない。前の公式を使って、彼らの1シグナル当たりのリスクが2000ドル、1000ドル、500ドルのままなら、勝率がより高いシステムで破産確率がどう変わるか再計算しよう。**図4.6**に彼らの破産確率をまとめている。

　ペイオフレシオが変わらない場合、より勝率の高いシステムでトレードを行えば、1トレード当たりのリスク金額、つまりユニット数がどの水準にあっても破産確率は下がる。ボブの破産確率は30％から7％まで下がり、サリーの場合は9％から0.5％まで、トムの場合は1

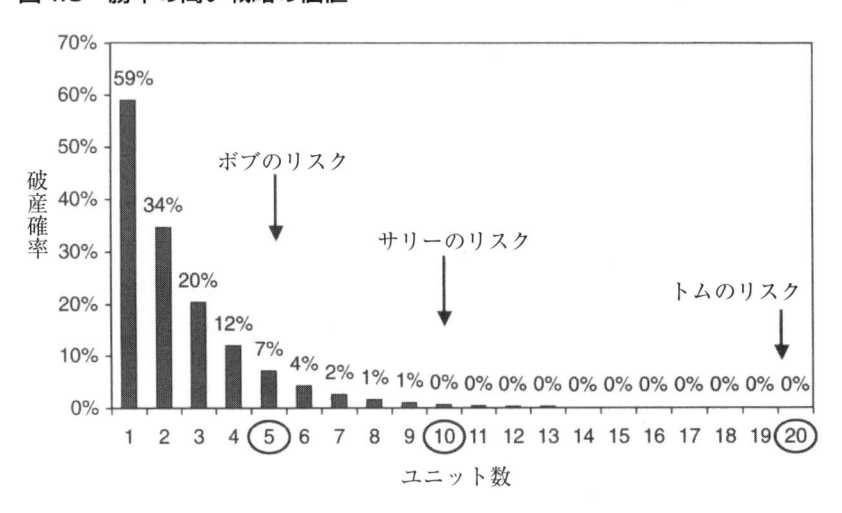

図4.6　勝率の高い戦略の価値

(グラフ：破産確率 vs ユニット数)
- 1: 59%
- 2: 34%
- 3: 20%
- 4: 12%
- 5: 7%（ボブのリスク）
- 6: 4%
- 7: 2%
- 8: 1%
- 9: 1%
- 10: 0%（サリーのリスク）
- 11〜19: 0%
- 20: 0%（トムのリスク）

％から０％まで下がった。これは別に驚きではない。システムの勝率が上がるということは負ける回数よりも勝つ回数のほうが多くなるのだから、定義によって失敗の確率は下がらなければならないからだ（平均利益に対する平均損失は不変と仮定）。

先を続ける前に言っておかなければならないことがある。破産確率の公式が０％（0.0％）になることは数学的にはあり得ない。しかし、１％の半分未満（0.5％未満）にすることは可能だ。それを四捨五入すれば０％（0.0％）になる。

破産確率を下げる第三の方法はペイオフレシオを改善することだ。残念なことだが、平均利益が平均損失を上回る場合に破産確率を計算できる単純な公式はない。手に入る文献では、ペイオフレシオが上がるとどのように破産確率が下がるかを示すために、シミュレーションを試みている。私は親友であり仲間のトレーダーであるジェフ・モーガンの助けを借りて、破産確率シミュレーターのプログラムを書いた。これは**付録B**で示すように、ナウザー・バルサラの『マネー・メネジ

メント・ストラテジー・フォー・フューチャーズ・トレーダーズ（Money Management Strategies for Futures Traders)』のロジックを再現した類似モデルだ。私の破産確率シミュレーターのロジックについては**付録A**の説明を読んでもらいたい。また**付録B**ではソースコードを完全に公開している。

　私のシミュレーション結果は**表4.1**に示した。シミュレーションではシステムの勝率を50％、資金を20ユニットと仮定している。また、口座資金の50％ドローダウンを破産と定義している。各ペイオフレシオで30回のシミュレーションを行い、その平均を破産確率とした（30回のシミュレーションは**付録C**にまとめてある）。ペイオフレシオ1.1の場合を別にすれば、この単純なシミュレーションによって、ペイオフレシオを上げるほど破産確率を下げられることが分かる。この例では、あなたがトレードで唯一望むペイオフレシオは1.5だと分かるだろう。シミュレーションをした破産確率がそこでは０％だからだ。ほかの場合はすべて０％を超えているので、あなたが破産するのは確実だ。それは時間の問題にすぎない。

表4.1　ペイオフレシオを変えた場合の破産確率のシミュレーション

	平均ペイオフレシオ					
	1.0	1.1	1.2	1.3	1.4	1.5
破産確率	64％	20％	32％	21％	5％	0％

　もうあなたは、良いリスクマネジャーの目標とは破産確率０％の売買ルールを追求することだと分かっている。

　まとめると、破産確率を下げるための重要な手段が３つある。

- １トレード当たりでリスクをとる金額を減らす
- 勝率を上げる

●ペイオフレシオを上げる

　破産リスクとの闘いで重要な3つの手段は、2つのカギとなる武器にまとめることができる。

●資金管理
●期待値

　破産リスクに対する最初の防衛線は、良い資金管理に気づき、その知識を身に着け、それを当てはめることだ。第二の防衛線は勝率よりも期待値に気づき、その知識を身に着け、それを追求することだ。期待値についてはこの章で説明し、資金管理の戦略については第8章で詳しく説明する。

　注意してほしいが、破産リスクは常に存在する。良いリスクマネジャーであるためには、それを避けるために全力を尽くす必要がある。そうすれば、生き残れるだろう。生き残ったら、トレーディングで成功するだろう。

　しかし先に進む前に、破産確率の判断には幾つかの限界がある点に注意しておきたい。この数字について次の点を理解しておく必要がある。

● 数字は統計的尺度にすぎない。それは破産リスクを避ける保証にはならない。数字は入力する値次第で変わるため、その値が損なわれたらあなたも損失を被る。
● 数字は無変化ではなく、トレードごとに変わる。
● 数字は実際のトレーディングでは実用的な価値がない。

　トレードを始めたあと、あなたは破産確率に基づいてポジションサ

イズを決めたりトレーディングをやめたりはしないだろう。あとで学ぶように、あなたは別の考えを使う必要がある。例えば、ある売買ルールでトレードを行うのをいつやめるべきかを判断するのに、エクイティモメンタムやシステムストップを使う必要がある。自分の破産確率を計算しても、それに基づいて判断できないだろう。

　これらの限界にもかかわらず、破産確率の考え方は最も重要だ。それは生き残るための道である。私の考えでは、破産確率はトレーディングに関する本物の知識に至る道を開くカギだ。すでに述べたように、私の考えでは破産確率はトレーディングで最も重要な考えなのだ。

　破産確率が０％でないかぎりトレードをしようと考えるべきではない。トレーダーならだれにでも統計的な破産確率があるが、ほとんどの人は自分の確率を知らない。ほとんどの人は無知だ。ほとんどの人はそのために負ける。自分の破産確率を知らないトレーダーはすぐにそれを計算すべきだ。そして、０％を超えていたら、すべてのトレーディングをやめる必要がある。彼らが破産するのは保証付きなので、トレードをしている場合ではない。問題は、いつやめるべきか分かっていないことだ。いったん破産確率の重要性に気づけば、彼らはもっと賢いトレーダーになる。そして自分に正直なら、破産確率を０％に下げられるまで彼らはトレーディングから離れるだろう。思い出そう。０％を超えるどんな破産確率でも、破たんは保証付きなのだ。それは時間の問題にすぎない。

　繰り返すが、私は破産確率がトレーディングで最も重要な考え方だと考えている。破産確率はトレーディングの真実をズバリと伝え、トレーディングの危険に敏感でなければ、あなたは持ちこたえられないと伝える。

　あなたが１回のトレードで使う資金を減らせるなら、破産確率を下げられる。そうすれば、長期にわたってトレーディングを楽しめる可能性はもっと高まる。売買ルールの勝率を上げられるなら、破産確率

は下がる。ペイオフレシオを上げられるなら、破産確率は下がり、生き残れる可能性は高まる。結局のところ、あなたがこれらのことを実行するかぎり、どういう方法で破産確率を下げるかは大した問題ではない。大切なのは、統計的な破産確率が０％でないかぎりトレードを行う資格はないということだ。０％でないのなら、トレードをしないように！　本当にですよ！

トレーディングの聖杯を受け入れる

　トレーディングの本当の聖杯を発見したら、自己啓発は続く。あなたは、完璧なトレーディングシステムを見つけよう（あるいは過去の私のように、それを作り上げよう）としている人々のことを耳にしたことがあるかもしれない。最小限のドローダウンしかない極めて勝率の高いシステム、すなわち聖杯を、だ。私はトレーディングシステムの聖杯が存在しないと知っても驚かない。

　だが、私のなかではトレーディングの聖杯がある。それは**図4.7**で示すようにプラスの期待値を生み、複数の機会にわたってトレードを行える売買ルールを作り上げることだ。

　破産リスクを避けて生き残ったら、あなたの目標は検証されたエッジ（優位性）を複数のトレーディング機会に当てはめることだ。それがあなたの口座資金を増やす唯一の方法である。それで、これらはいったい何を意味するのだろうか？

図4.8　期待値の公式

```
１ユニット当たりの期待値＝［勝率×（平均利益÷平均損失）］
　　　　　　　　　　　　　－［敗率×（平均損失÷平均損失）］
```

図4.7　トレーディングの私の聖杯

$$\$\$ = E \times O$$

E＝プラスの期待値
O＝機会

期待値

　私の経験では、トレーディングをこれから行おうと考えている人でも現在行っている人でも、ほとんどの人が一番理解していないものが期待値だ。期待値とは１回のトレードでリスクをとる資金ごとに、平均して得られると期待しているものを指す。あなたの売買ルールの期待値を計算するためには、あなたが何回勝って何回負けるか、またその平均利益と平均損失を知る必要がある。その情報を手にすれば、**図4.8**の公式を使ってあなたのかなり確かな期待値を計算することができる。

　システムワンを使った場合のボブの期待値を計算しよう。システムワンの勝率は56％だ。だが説明を簡単にするために、60％に上げることにする。システムワンでは、平均利益と平均損失は等しい。またそのシステムは１年に10回、シグナルを発する。ボブは１トレードにつき2000ドルのリスクをとる。**表4.2**はボブのパフォーマンスを示している（破産リスクはなんとか避けたとする）。

　見てのとおり、ボブは１年間のトレーディングで4000ドルを稼ぐことができた。彼はトレーディングを10回行った。そのうち６回勝ち、４回負けている。リスクをとった資金は合計２万ドルだ。翌年のボブの期待値は、ヒストリカルデータに基づけば20％（4000ドル÷２万ドル）になる。言い換えると、ボブの売買ルールが将来も過去と同じよ

うに機能し続けるとして、彼はリスクをとる１ドルごとに平均20セントを稼げると期待するはずだ。

あるいは**図4.9**で示すように、期待値の公式を使ってボブの期待値を計算してもよい。

次に、**図4.10**で示すようにシステムワンを使った場合のサリーの期待値を計算しよう。

サリーとボブの唯一の違いは、サリーの平均利益と平均損失が1000ドルという点だ。さらに、破産リスクを避けるとして、彼女もリスクをとる１ドルにつき平均20セント稼ぐと期待している。1000ドルのリスクをとると平均200ドル稼げると思っている。１年に10回トレーディングをすれば、2000ドル稼げると考えている。サリーのかなり確かな期待値もプラスだ。

最後に、**図4.11**で示すように、システムワンを使った場合のトムの期待値を計算しよう。

この場合も、唯一の違いは１回のトレードでリスクをとる金額だ。トムの場合は500ドルだった。トムはまた、破産リスクを避けたとして、リスクをとる１ドルごとに平均20セント稼げると期待している。500ドルのリスクをとるとき、平均100ドル稼げると思っている。そのため、１年で10回のトレードを行えば1000ドル稼げると思っている。またトムのかなり確かな期待値もプラスだ。

これは面白い。それで、あなたはだれの結果が優れていると思うだろうか？　正解はだれでもない。彼らは皆、リスクをとった資金の20％の収益を得た。唯一の違いは彼らの破産確率だった。ボブの場合は30％、サリーは９％、トムは１％だ。このため、トレーディングを行った年に生き残る確率は、ボブやサリーよりもトムのほうがずっと高いということを示唆している。

もうお分かりのように、期待値とはあなたの売買ルールで、リスクをとる資金当たりに稼ぐと期待できる金額を指している。ここまでの

表4.2 システムワンでトレードしたボブの成績

システムワン		
勝率		60%
平均利益		$2,000
平均損失		$2,000
年間トレード結果		
トレード		Trades
6勝	1	$2,000
	2	$2,000
	3	$2,000
	4	$2,000
	5	$2,000
	6	$2,000
4敗	7	−$2,000
	8	−$2,000
	9	−$2,000
	10	−$2,000
利益		$4,000

図4.9 システムワンでトレードしたボブの期待値

システムワン	
勝率	60%
平均利益	$2,000
平均損失	$2,000

1ユニット当たりの期待値
E(R) = [60%×($2,000/$2,000)]−[40%×($2,000/$2,000)]
　　 = 20%

1トレード当たりの期待値
　　 = 20% × $2,000
　　 = $400

年間トレードの期待値（破産リスクを避けたとする）
トレード数　10
総リスク資金 $20,000
　　 = 10 × 20% × $2,000
　　 = $4,000

図4.10　システムワンでトレードしたサリーの期待値

```
システムワン
勝率              60%
平均利益          $1,000
平均損失          $1,000
1ユニット当たりの期待値
E(R) = [60%×($1,000/$1,000)]−[40%×($1,000/$1,000)]
     = 20%
1トレード当たりの期待値
     = 20% × $1,000
     = $200
年間トレードの期待値（破産リスクを避けたとする）
トレード数      10
総リスク資金    $10,000
     = 10 × 20% × $1,000
     = $2,000
```

図4.11　システムワンでトレードしたトムの期待値

```
システムワン
勝率              60%
平均利益          $500
平均損失          $500
1ユニット当たりの期待値
E(R) = [60%×($500/$500)]−[40%×($500/$500)]
     = 20%
1トレード当たりの期待値
     = 20% × $500
     = $100
年間トレードの期待値（破産リスクを避けたとする）
トレード数      10
総リスク資金    $5,000
     = 10 × 20% × $500
     = $1,000
```

例から分かるように、ある売買ルールでの期待値はすべての利益とすべての損失が積み重なったものだ。ここには4つの変数が含まれている。

●何回勝つか
●何回負けるか
●平均利益
●平均損失

　あなたは勝率の高い売買ルールを好ましいと思うために特定の変数を重視するかもしれない。だが、期待値ではどの変数も同じ扱いをする。
　それでは表4.3に示した4つのトレードシステムのパフォーマンスを見て、期待値についてさらに深い理解が得られるか調べることにしよう。
　どのシステムでも1トレードでとるリスクを500ドルとする。10回のシグナルでとるリスクは合計5000ドルということになる。これらのシステムで異なる点は勝率と平均利益だ。これらの違いを見れば、期待値の意味がもっと理解できるようになるだろう。
　システムワンは前回と同じく、勝率は60％、平均利益は500ドルとする。ジョバーの勝率は90％と並外れているが、平均利益は300ドルと最も低い。スインガーは勝率が70％で平均利益が614ドルと、いずれも高い。トレンディの勝率は30％と低いが、平均利益は2266ドルと最も高い。
　さて、これらのうちで優れたシステムはどれだろうか？　答えはトレンディだ。トレンディの利益は3300ドルで最も高く、期待値も66％で最も高い。勝率は30％と低いにもかかわらず、この結果だ。
　奇妙だと思わないだろうか？　最も勝率の低いトレードシステムが利益も期待値も最も高かったのだ。だが、これは勝率の低い売買ルー

表4.3　システムによる期待値の違い

1トレードのリスク資金　500 1年間のトレード結果	システムワン	ジョバー	スインガー	トレンディ
1	500	400	650	2,100
2	500	100	700	2,500
3	500	300	350	2,200
4	500	350	400	-500
5	500	200	900	-500
6	500	150	800	-500
7	-500	400	500	-500
8	-500	350	-500	-500
9	-500	450	-500	-500
10	-500	-500	-500	-500
利益	1,000	2,200	2,800	3,300
総リスク資金	5,000	5,000	5,000	5,000
期待値	0.2	0.44	0.56	0.66
パフォーマンス				
勝ちトレード	6	9	7	3
負けトレード	4	1	3	7
勝率	60%	90%	70%	30%
平均利益	500	300	614	2,266
平均損失	-500	-500	-500	-500
ペイオフレシオ	1	0.6	1.2	4.5
期待値	20%	44%	56%	66%

ルがすべて最も高い期待値を出すという意味ではない。私はただ期待値の重要性を例示しようとしているだけだ。システムの平均利益が平均損失よりもかなり大きければ、勝率が低くとも期待値が大きくなることはあり得ると言いたいのだ。

　明らかに、売買ルールの開発で勝率はそれほど重要ではない。重要なのは、かなり確かなプラスの期待値を持つ売買ルールを作ることだ。期待値は勝率とペイオフレシオから成り立っている。

　リスクマネジャーであるあなたは勝率ではなく、期待値を上げるよ

うに売買ルールを開発する必要がある。いったんマーケットに参加したら、勝率ではなく期待値を理由にトレードを行わなければならない。

　それが期待値についてのすべてだ。勝率かペイオフレシオのどちらかだけを気にしすぎてはならない。期待値に焦点を合わせることだ。勝率もペイオフレシオも一緒に向上させることが破産確率を下げる重要な手段となる。両方が相まって、破産リスクに対抗する手掛かりである期待値が得られる。

　かなり確実に期待値がプラスになる売買ルールを開発できれば、生き残りに一歩近づく。これはより長期で見れば損失を補うだけでなく、利益も出せるほど勝てるトレード計画だ。私のトレーディング戦略は、私がトレードを行うときにプラスの期待値を与えてくれる。

　期待値はトレーディングで生き残るために欠かせない。期待値はあなたのエッジだ。期待値もなくトレーディングを行うのはナイフで銃に立ち向かうようなもので、あまり利口なやり方ではない。だが、期待値は私の聖杯の半分にすぎない。残り半分は機会である。

機会

　機会とはただ、期待値を適用できる回数のことだ。たとえ最も高い期待値の売買ルールを手にしたとしても、それを使ってトレードを行う機会がなければ、利益はほとんどないだろう。**表4.4**に示した例を見よう。

　あなたが期待値にだけ焦点を合わせるつもりなら、ハイオクタンで通貨のトレードを行うことを好むだろう。期待値100％はスインガーやビジー・ビーよりも、明らかに優れている。本当に？　たしかに、その期待値は最も高い。だが、例に示した１年でトレードを行う機会はわずかだったので、利益は1500ドルにすぎなかった。そのため、ハイオクタンはこの例で最も効果が得られなかった売買ルールだ。

スインガーとビジー・ビーはほとんどの重要な点で同じに見える。両方とも同じ勝率（70％）、似た平均利益（614ドルと604ドル）、似た期待値（56％と55％）を持っている。それで問題は両者をどうやって区別するかだ。あなたは両者の機会を見る必要がある。同じ期間にビジー・ビーには20回のトレーディング機会があった。それに対してスインガーは10回だった。そのため、スインガーの2800ドルと比べてビジー・ビーは5450ドルと、より高い利益を上げた。ビジー・ビーは10回多くトレードを行い、そこで56％の期待値を当てはめる機会があった。したがって、ビジー・ビーはスインガーよりも優れているのだ。

ここで伝えたいことは、売買ルールがあなたに提供する機会の回数を考慮に入れる必要があるということだ。たとえあなたが伝説上の聖杯を発見しても、それが１年に１回のトレーディング機会しかもたらさないのなら役に立たない。１年に１回のトレーディングでは不十分だ。期待値と機会が相まって、トレーディングで唯一の聖杯を持つことになるのだ。

あなたが次のことを理解すれば、先に進める。

- リスクマネジャーであるあなたは期待値と機会を上げる売買ルールを開発しなければならない。
- トレーダーとしてのあなたは勝率ではなく、期待値と機会を理由にトレードを行う。

あなたが生き残った場合、取引口座の資金を増やす役目をするのは、トレンドラインでも指標でも師でもなく、期待値と機会である。

生き残って成功するためには、利益を上げたいと思うだけでは不十分だ。まず自分の期待値を知り、次にそれを最大にしようと努力しなければならない。そのためには勝率を上げる以上のことが必要だ。期待値を上げる場合、勝率を犠牲にしてペイオフレシオを改善してもよ

表4.4 3システムのトレーディング機会

1トレードのリスク資金 500			
1年間のトレード結果	ハイオクタン	スインガー	ビジー・ビー
1	1,000	650	400
2	1,000	700	650
3	−500	350	700
4		400	400
5		900	800
6		800	900
7		500	700
8		−500	500
9		−500	600
10		−500	500
11			550
12			400
13			700
14			650
15			−500
16			−500
17			−500
18			−500
19			−500
20			−500
利益	1,500	2,800	5,450
総リスク資金	1,500	5,000	10,000
期待値	100%	56%	55%
パフォーマンス			
勝ちトレード	2	7	14
負けトレード	1	3	6
勝率	67%	70%	70%
平均利益	1,000	614	604
平均損失	−500	−500	−500
ペイオフレシオ	2	1.2	1.2
期待値	100%	56%	55%

いということを、今のあなたは知っている。さらに、期待値が最も高い売買ルールの開発に集中して、機会を無視してはならない。

良い期待値が得られる売買ルールを開発しても、それが十分なトレード機会を提供しないと分かれば、機会を増やす方法を見つけなければならない。

このための最も簡単な方法は、別の市場でもトレードを行うことだ。市場をひとつ増やせば、機会は２倍になり、さらにもうひとつ増やせば３倍になるという具合だ。あなたが追証を払えるほど口座資金に余裕があり、ドローダウンが増える可能性があっても落ち着いていられるなら、ポートフォリオに複数の市場を組み入れたら、トレード機会を賢く増やせる。

単純さを追求する

良い期待値を持つ売買ルールを作るカギは単純さにあると分かれば、自己啓発は続く。単純さは２つの水準に影響する。仕組みの単純さと、支持線や抵抗線の水準の単純さだ。

仕組みの単純さ

売買ルールはマクドナルドテストに合格しなければならない。つまり、あなたの売買ルールを10代の子供たちが理解でき、それを使ってトレーディングができるかだ。できなければ、あなたの売買ルールは複雑すぎるかもしれない。それは単純にしておく必要がある。

売買ルールを組み立てる場合、要素を少なくするのが一番だ。調整できる変数を持つ構成要素が多すぎる場合、理屈のうえでは多すぎるほどうまくいかなくなる可能性がある。トレーディングには知的なワナがあり、それを避ける必要がある。トレーディングで失敗する人の

多くは、複雑さに答えがあると信じている。マーケットがそんなに簡単に秘密を漏らすはずがないと考えるからだ。彼らはマーケットをルービックキューブとみなし始める。そのため、巧妙で深く考えられた理論には何でも引き付けられる。理論の複雑さや、それを応用してマーケットを分析する方法を理解するには、知的挑戦や刺激が必要だ。だが、彼らにとっては、それ自体が楽しみなのだ。

　これらの理論に対して知的好奇心をくすぐられるかもしれないが、私はそれに抵抗するように提案したい。そして、抵抗できなかった場合でも頭の隅に入れておいてもらいたいことがある。巧妙な理論は無数にある。また、もっと実際的で調和のとれた理論もある。それらも皆、説得力があり、論理的で、魅力ある議論だ。これらの魅力的な声を聞いても、そのすべてが正しいことはあり得ない、そんなはずはないと思い続けてほしい。そして、正しいものを選べるようになってもらいたい。あなたは幸運だと感じているだろうか？

　それらが提供してくれるものを楽しんでいるなら、そのほうがよい。だが、すでに述べたように、単純にしておくのが一番だ。

支持線と抵抗線の水準の単純さ

　トレーディングの核心を簡単に言うなら、支持線や抵抗線の水準を見極めることだ。仕掛けるのは、支持線か抵抗線になりそうな水準が持ちこたえて利益を出せると思っているためだ。損切りの逆指値は支持線か抵抗線になりそうな水準を突破しそうなところに置かれる。トレーディングでの成功はそれ以上でもそれ以下でもない。自分の売買ルールで支持線になりそうな水準を見つけ、価格はこれから上昇すると考えるから買うのだ。そして、自分の売買ルールの分析が間違っていると信じる水準には損切りの逆指値を置く。自分の売買ルールで抵抗線になりそうな水準にぶつかり、価格はこれから下落すると考える

から売るのだ。また、自分の売買ルールの分析が間違っていると信じる水準には損切りの逆指値を置く。

　最新のソフトウエアや複雑なマーケット分析に夢中になってはならない。支持線やと抵抗線になりそうな水準を見つけるという、あなたの分析の基本目標をけっして見失ってはならない。

　支持線を見つけたと思わないかぎり買わなければよい。また、抵抗線を見つけたと思わないかぎり売らなければよい。分かりやすいと思わないだろうか？　それでも、多くのトレーダーは特定の分析手法に夢中になってしまい（エリオット波動、ギャン、幾何学的パターン、ローソク足、コンピューターシステム、占星術、季節性、ダイバージェンスなど）、支持線や抵抗線になりそうなところを見つけるという目標を見失ってしまう。

　あなたの分析から頻繁に目を離し、相場が支持線や抵抗線を作りそうかという全体的な状況を見張るようにしよう。それはとても単純だ。第9章でも単純さについて詳しく説明し、幾つか例を示すことにする。

ほとんどの人が恐れるところを進む

　ほとんどの人が恐れるところを進めるようになれば、自己啓発はなおも続く。ほとんどの活発なトレーダーが負けるのなら、彼らに従うよりも、彼らが歩くのを恐れるところをあなたは進むべきだ。あなたは集団から離れることを学ばなければならない。数が多いために安心できる大衆と一緒にいたいという本能に打ち勝とう。

　これは決まった枠組みを離れて考えることを意味する。基本的には、ほとんどの人が西を見ているなら東を見るべきだという発想だ。トレーダーの10％以下しか勝ち組に入っていないのだから、生き残るためには少数派になる必要がある。あなたがトレードをするところは、ほとんどの人が恐れるところであるだけでなく、少数派が元気を出すと

ころでもある。
　ほとんどの人が行きたがらない領域には次のようなものがある。

● **一番うまい負け方をする**　ほとんどの人は負けるのを嫌がって損切りの逆指値をよく動かし、トレードに少し余裕を持たせる。あなたは最高の敗者になるように努めるべきだ。私はそうしている。
● **一番うまい勝ち方をする**　ほとんどの人は手にしたわずかな利益を失うのを恐れてトレード計画を無視し、含み益が出たポジションを早々と手仕舞う。あなたは可能なかぎり最高の勝者になるよう努めるべきだ。トレード計画が指示する間は、勝ちトレードを手放さないように努めたほうがよい。私はそうしている。
● **トレンドトレーダーになる**　残念ながら、相場で常にトレンドができるわけではない。そのため、トレンドトレーディングの勝率は普通は低い。それによって勝てるのはトレードのおよそ3分の1だけだ。そこではトレンドトレーディングがうまくいくと間違いなく証明されているのに、大多数の人はトレードの3分の1しか勝てないことに我慢できないのだ！　あなたはそこでトレンドに沿ってうまくトレードを行う方法を学ぶよう努めるべきだ。トレードのわずか3分の1でしか勝てずに生き残る方法を学ぶ必要がある。ほとんどの人が成し遂げられないことで成功するよう努めるべきだ。トレンドトレーダーは通常、トレードの67％で負ける。そのときの惨めさを楽しむように努めなければならない。ほとんどのトレーダーができないこと――トレードの大半で負ける――をできることを誇りに思いなさい。私はそれを誇りに思っている。
● **単純さを受け入れる**　ほとんどの人はだれにでも分かる単純な解決に不信感を抱く。そして複雑さのなかに手掛かりや利点がないかを探す。あなたは動かす要素がほとんどない単純なトレード手法を調査し、研究し、開発するように努めるべきだ。その手法が有効なら

動かせる要素がないので、堅牢で利益が出続ける可能性が高くなる。私はそのように努めている。
- **市販の相場ソフトを疑う**　ほとんどの人はよく使われる指標が組み込まれた相場ソフトを持っている。それをあなたの売買ルールに加える前にどんな指標でも自分で検証するようにしよう。私はそうする。
- **市販のトレードシステムを疑う**　ほとんどの人は市販のトレードシステムの宣伝を信じている。彼らは巧妙な広告や販売キャンペーンに影響されやすい。あなたは楽に金持ちになれるという約束に心動かされずに、距離を置き、厳しい問いを投げかけるように努力すべきだ。私はそうしている。
- **ほとんどの人は怠惰なので、自分は徹底的に調べる**　あなたは価値があると思うあらゆるトレーディングのアイデアを研究し、調査し、検証する必要がある。あなたは自分で調べるように努めるべきだ。私はそうする。

検証

　検証とは、TESTの手順であなたの期待値を検証することを指す。TESTは「30通の電子メールでトレードをシミュレーション（Thirty Emailed Simulated Trades）」の頭文字を取った私の造語だ。TESTで期待値を検証することで、この章はおしまいだ。

　良い期待値を持ち、十分な機会を提供する単純な売買ルールを設計したら、トレーディングで本物のお金を使う前の最終段階として、期待値を検証することだ。きちんとあなたの期待値を検証する唯一の方法は、アウト・オブ・サンプル・データを使って、リアルタイムの取引状況でシミュレーションをすることである。アウト・オブ・サンプル・データとは、これまでに使っていないデータのことだ。使うのに

一番良いアウト・オブ・サンプル・データはリアルタイムの「生の」データになる。

　自分の売買ルールに従ってつもり売買を行っても期待値の検証にはならない。そこには独立した観察者がいないからだ。融通の利かないマーケットの性質をシミュレーションしないので、自分ひとりでつもり売買をしても無意味なのだ。現実のマーケットでは途中でトレードルールをごまかすことはできない。さらに評価損が出たからといって、トレードを取り消すこともできない。現実のマーケットとは異なり、つもり売買では大きな注目を浴びたり、強いストレスを受けたりすることはない。最終判決が下されることはない。仮想の利益を稼いで遊び、笑いが止まらない楽しい時間を過ごすだけだ。

　きちんと期待値を検証する唯一の方法は、売買ルールにTESTの手順を当てはめることだ。30回のシミュレーションでトレードを行うためには、マーケットの寄り付き前に用意できたあなたの注文をトレーディングパートナーに電子メールで送る必要がある。あなたのトレーディングパートナーはシミュレーションによる注文のコピーを印刷しておく必要がある。また彼らには、寄り付き前に送られてきた注文だけを受けるようにという指示をしておくべきだ。トレーディングパートナーはあなたの仮想のブローカーになり、あなたの結果を記録する。30回のトレードをシミュレーションし終えたら、トレーディングパートナーはあなたにコピーした電子メールを返送する。それを使えば、この章で説明した公式で自分の期待値を計算できる。

　期待値がプラスなら、トレードを行った銘柄のチャート上にあなたの純資産曲線を重ねよう。純資産曲線は滑らかであることが望ましい。純資産曲線を調べると、あなたの売買ルールによる結果が1回か2回の「幸運な」トレードのおかげかどうかが分かる。明らかに、1〜2回の重要なトレードのおかげで良くなっているのではなく、良い結果が均一に広がっているほうが望ましい。そうでないと、結果が単なる

「幸運」だったのか、称賛に値するものかが分からない。

 30回の電子メールによるシミュレーションは、あなたのサンプル数が統計的に有効なほどの多さであるために必要だ。電子メールを使うのは、実際の相場をマネるためだ。そのため、一緒に暮らしていないトレーディングパートナーを持つことが大切だ。本当のトレードと同じように、いったん仮想注文を電子メールで送ったら取り消すことは許されない。寄り付き前か、注文した水準に相場が達する前でなければ、電子メールを取り消すことは許されない。実際の取引と同じように、あなたがマネたトレードの運命はトレーディングの神の手にゆだねられる。

 トレーディングパートナーに取引中の心の動きを知られるのは気が進まないだろう。だが「裸の」トレーディングでは、リアルタイムでの結果に近いものが得られる。恥ずかしい思いをしたり屈辱を感じたりすることもあるだろうが、苦労してためたお金を現実の相場で失うよりはよい。

 TESTの手順に従う場合、メールで送る仮想トレードは必ず一度に１セットだけにしなければならない。あなたは自分の売買ルールの期待値を検証することを目標にすべきなのだ。期待値がプラスで、特別な１トレードだけのおかげでプラスになったのでなければ、あなたの売買ルールが検証されたと分かるだろう。

 期待値がプラスでなければ最初に戻り、プラスの期待値が得られるまでTESTを繰り返すことだ。

 TESTは裁量トレードでもメカニカルトレードでも使える。あなたがメカニカルトレーダーなら、ヒストリカルデータで滑らかな純資産曲線が得られたからといって、システムが検証されたと誤解しないようにしよう。それはあなたの売買ルールをヒストリカルデータに合わせられた、ということを示しているだけだ。後ろを見るのはごまかしだ。重要なのは先に進むことだ。

裁量トレーダーのなかには、トレーディングパートナーに完全な注文をメールで送ることは不可能だと信じている人もいるかもしれない。彼らは、市場が開く前にどういう行動を取るかは分からないと言うかもしれない。あるいは、ポジションを取っているが、いつどのように利益を確定するかはまだよく分からないと主張するかもしれない。これが事実なら、そういうトレーダーは明確に定義されたトレード計画を持っていない。たとえ市場が開くのを待ちたいとしても、仕掛ける前に何を探すべきかをすでに分かっている必要がある。自分の探しているものを分かっているなら、トレーディングパートナーにはっきりと注文を伝えられるはずだ。

　このことは利益を伸ばしたいと思っている裁量トレーダーにも当てはまる。あなたはトレーディングパートナーに手仕舞いの指図をすることもできる。まだ利を伸ばしたい場合でも、利益が出ているポジションについて手仕舞いのルールをはっきりと定義しておくべきだからだ。トレイリングストップを使う場合は、トレーディングパートナーに伝えておいて、彼らがそれを追跡できるようにする必要がある。

　たとえ裁量トレーダーであっても、仕掛けて、損切りの逆指値を置き、勝ちトレードを手仕舞うための明確なトレード計画を持つべきだ。トレードごとにルールを変えてはならない。たとえセットアップごとに異なるトレード計画を立てるにしても、同じセットアップに対するトレード計画を変えてはならない。

　トレード計画について考えることができるなら、それを書くこともできるはずだ。書くことができるなら、それをメールで送ることもできるだろう。トレード計画をメールで送れるなら、それを市場の開く前に送ることもできるはずだ。期待値を検証するほかに、あなたは自分の売買ルールを信じる必要がある。

　たとえ偶然に良い期待値を持つシステムを開発できたとしても、無意識のうちに疑いを持っていれば、それを使ってトレードを行うのは

難しいだろう。このため、たとえ堅牢であっても、市販のシステムでトレードを行うのは難しいと感じるかもしれない。あなたの信念体系はシステムの期待値に「同調して」いないのだ。あなたの信念体系が売買ルールを無条件に受け入れられて初めて、トレードを行うことができる。ここであなたの「頭」が売買ルールに入ってくる。またこのため、心理はほかのすべてを除外する征服者ではなく、トレーディングで生き残って成功するために乗り越えるべき障害になる。

　自分の売買ルールを強く信じられるようになる最高の方法は、できるだけ実際のトレーディングの条件を模倣することだ。TESTを使えばそれが可能だ。あなたの売買ルールがプラスの期待値を出し続けるなら、あなたの信念はそれを受け入れて、実際のトレーディングでもっと簡単にそれに従えるようになるだろう。

トレーディングのシミュレーションサイト

　ネット証券の多くはデモ口座を開いて、トレーディングの技術を試させてくれる。あなたはこれらのデモ口座を使ってトレードのシミュレーションを行い、自分の売買ルールを試すことができる。TESTを行う前に、これらのデモ口座のひとつでまず売買ルールを試してみるのも役に立つかもしれない。もっとも、私ならTESTの代わりにそれらを利用することはないだろう。トレーディングパートナーに自分の成績を監視されている状況から得られる利益は、何物にも代え難いと思うからだ。実際のマーケットで本物のお金をリスクにさらしているときのように、本当に心を集中させるためには他人にのぞいてもらうのが一番だ。だから、期待値を検証するためにTESTの手順に従うことは曲げられない。それはトレーディングで、必ずたどる必要のある段階だ。しかし、TESTを行う前にデモ口座を使う利点はあると思う。

まとめ

　自己啓発はトレーディングで成功するための、第二の普遍的な原則であり、私はこれが最も重要だと信じている。自己啓発によって、あなたの動ける範囲が明確に定義できた。あなたがその範囲内にいれば生き残る可能性は高まるし、結果としてトレーディングで成功する可能性も増える。自己啓発の目標は、あなたが破産リスクを避ける手伝いをすることだ。それを避ければ、あなたはトレードで成功するだろう。
　自己啓発によって分かった破産リスクを減らす方法は次のとおりだ。

- ●賢明な資金管理によって、１トレード当たりのリスク資金を減らす。
- ●売買ルールの勝率を上げる。
- ●売買ルールの平均利益に対する平均損失（ペイオフレシオ）を上げる。
- ●勝率ではなく期待値を上げるように売買ルールを設計する。
- ●トレード機会が増えるように、売買ルールを組み立てる。
- ●単純な売買ルールを作る。
- ●支持線と抵抗線になりそうな水準を見極める売買ルールを作る。
- ●ほとんどの人が恐れ、少数の人が大喜びするところを進む。
- ●TESTの手順で期待値を検証する。
- ●期待値を検証することで、信念体系を築く。

　多分、自己啓発であなたは生き残る方法が分かっただろう。生き残ればトレーディングで成功する！　**図4.12**の「自己啓発のピラミッド」を見よう。
　次章では、トレーディングで成功する第三の普遍的原則——トレーディングスタイルの開発——を検討する。

第4章 原則2——自己啓発

図4.12 自己啓発のピラミッド

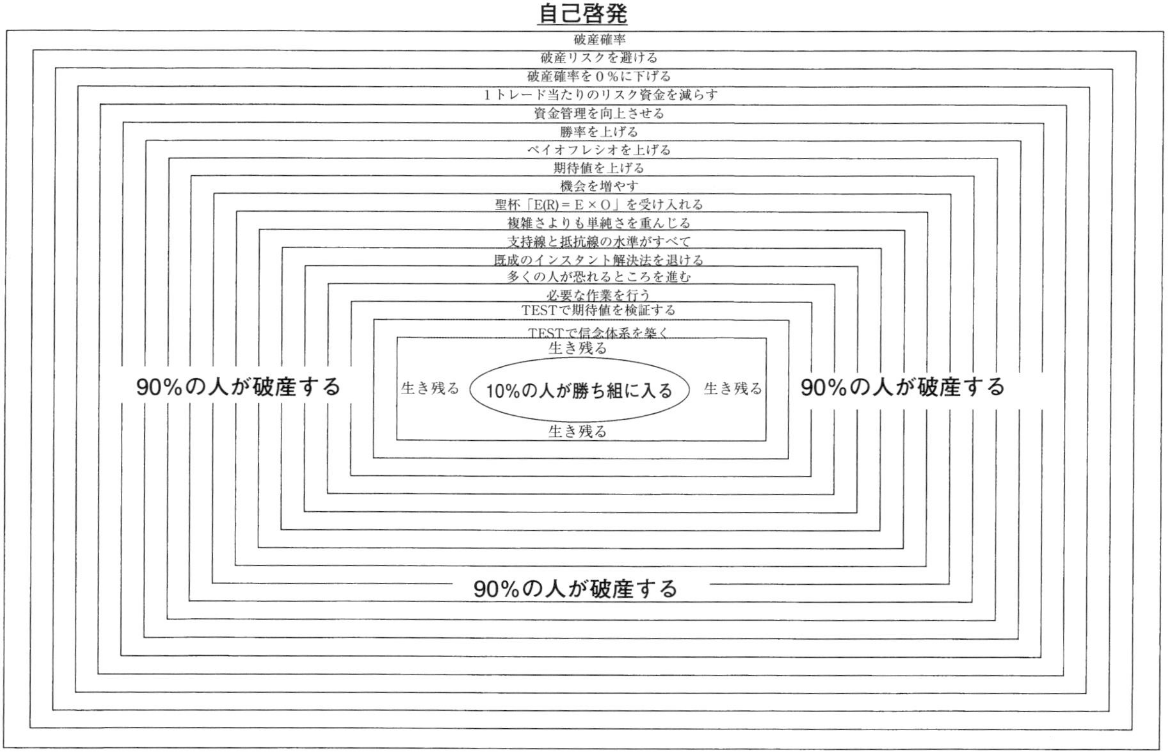

自己啓発

破産確率
破産リスクを避ける
破産確率を0%に下げる
1トレード当たりのリスク資金を減らす
資金管理を向上させる
勝率を上げる
ペイオフレシオを上げる
期待値を上げる
機会を増やす
聖杯「E(R)=E×O」を受け入れる
機械さよりも単純さを重んじる
支持線と抵抗線の大切さがすべて
既成のインスタント解決法を避ける
多くの人が恐れるところを進む
必要な作業を行う
TESTで期待値を検証する
TESTで自分全体系を築く

生き残る　10%の人が勝ち組に入る　生き残る

生き残る　　　　　　　　生き残る

90%の人が破産する

90%の人が破産する

90%の人が破産する

90%の人が破産する

113

第5章

原則3──トレーディングスタイルを作る

The Process of Trading

　この章では適切なトレーディングスタイルを選ぶ方法について説明する。これがトレーディングで成功する第三の普遍的な原則だ。適切なトレーディングスタイルを選ぶためには、次の2点について決める必要がある。

●トレーディングの手法
●トレーディングの時間枠

トレーディングの種類

　トレーディングの手法とは、あなたが使いたいと思うトレーディングの種類のことだ。この手法には2つの種類がある。

●トレンドに沿った順張り
●逆張り

　トレードはトレンドに沿って行うか、トレンドに逆らって行うかのどちらかになる。そこは簡単な部分だ。難しいのはトレンドを見極めることだ！　逆張りは普通、スイングトレードと呼ばれている。それ

図5.1　トレンドトレーディングとスイングトレード

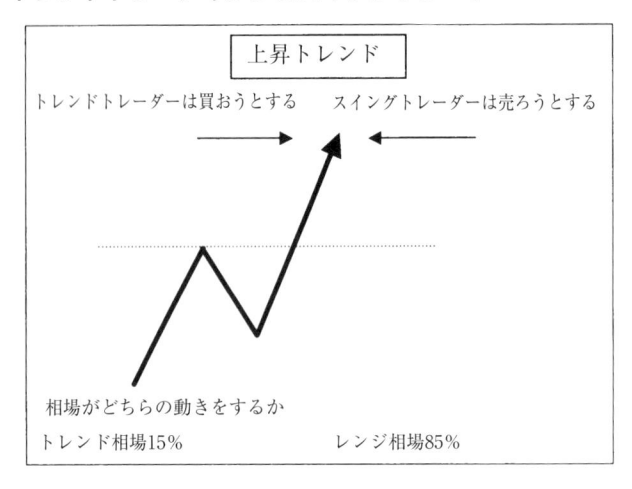

```
                    上昇トレンド

  トレンドトレーダーは買おうとする    スイングトレーダーは売ろうとする
           ───────→              ←───────



  相場がどちらの動きをするか
  トレンド相場15％                   レンジ相場85％
```

で、ここの説明では「逆張り」ではなく、「スイング」のほうを使うことにしたい。

　トレンドトレーディングとスイングトレードを簡単に説明すれば、**図5.1**のようになる。

　相場に一貫したトレンドが見られることはめったにない。85％はレンジ相場でちゃぶついていて、トレンドトレーダーを失望させる。彼らは明白なトレンドを認めたときに、トレンドと信じる方向にトレードを行う。スイングトレーダーはトレンドとは逆方向にトレードを行う。彼らはトレンドが転換するか、トレンドに逆行する動きで短期的にトレードを行う機会があると信じている。

　普通、トレンドトレーダーの勝率は低く、負けることが多い。ただし、勝つときには大勝ちする。また彼らの平均トレード期間は数カ月とはいかなくとも、たいていは数週間にわたる。スイングトレーダーのほうが通常は勝率が高いが、平均利益は低い。彼らは数日か、長くとも数週間以内にポジションを手仕舞う。どちらのタイプのトレーダ

ーであっても、難しいのはトレンドの方向を見極めることだ。

あなたはトレンドトレーディングかスイングトレードか、あるいは両方の組み合わせか、いずれかの手法を選ぶ必要がある。多くの成功したトレーダーは普通、トレンドトレーディングとスイングトレードの両方をトレード計画に取り込んでいる。もうひとつの重要な要素は時間枠である。

トレーディングの時間枠

あなたはトレードの時間枠――1日、短期、中期、長期――を決める必要がある。デイトレーディングとはその日の終わりまでにポジションを「マル」にするか、手仕舞うことだ。

デイトレーダーはけっしてポジションを翌日に持ち越さない。また1日のうちに何度かトレードを行うこともある。ほかの3つの時間枠を使うトレーダーは、期間に違いはあるが、ポジションを翌日に持ち越す。短期トレーダーは最長で1週間、ポジションを持つことがある。中期トレーダーは2～3週間までポジションを持ち、長期トレーダーは1カ月以上ポジションを持ち続けることもある。しかし、これらのトレーダー間でスケジュールの違いをはっきりと説明することはできない。

自分のトレーディングスタイルを選ぶ

トレーディング手法と時間枠から、適切なトレーディングスタイルとして選べる組み合わせはたくさんある。現在、平均的なトレーディング関係の本で一般的に言われていることは、好みのトレーディングスタイルを決めるとき、自分の個性や気質に合ったスタイルを使ったり、選んだり、作るように心掛けるべきだというものだ。自分のトレ

ーディングスタイルにするためには、それが快適だと思える必要がある。そう思えないと、それに従って執行するのは難しい。

あなたは多分、これまでに何度もこういうアドバイスを読んだり、聞いたりしたことがあるだろう。これは直感的にも筋が通っている。私たちの気質や個性は皆、さまざまに異なっている。だから、自分の個性に合う売買ルールを見つけることには意味がある。だが、この一般的な指針にはちょっとした問題が幾つかある。意図は良いのだが、それは通常、マーケットとトレーディングの現実を無視している……。

相場について書かれたり言われたりしていることが皆うまくいくのなら、あなたは心地よく、落ち着けて、安心できるトレーディング手法を好きに選べばよい。残念ながら、トレーディングや相場について書かれているものはほとんど役に立たない。そして機能すると証明されている手法もめったにない。読者はたいてい、アイデアを裏づけるために精選された２～３のチャート例を見るだけだ。そのアイデアで一貫して利益を出せるという客観的な証拠はない。それは別に驚くことではない。トレーディングについて書かれているものの大部分は役に立たないからだ。事実はこうだ。それらが役に立つのなら、トレーダーの90％が負けることはないだろう。逆に、90％が勝っているはずだ。残念ながら、ほとんどのアイデアは役に立たない。最大の逆境があるために、自分の個性に合うアイデアや手法をえり好みすることはできない。

第二に、一般的に言って、トレーディングで「心地よい」と感じるものはうまくいかない。トレーディングが心地よいなら、皆がそれを行っていて、驚異的な利益を出しているだろう。思い出そう。最大の逆境はめったに「心地よく」利益を手渡してはくれないのだ。例えば、大多数の人が最も心地よく感じるトレードは、多くの人が同じことを考えていて、平均的なトレーダーが良い仲間といると感じられるときに起きるのが普通だ。彼らの読んだすべての分析や、訪れたすべ

てのチャットのサイトでも同じ見方をしていると、トレーダーは長期トレードに取り組むのが快適だと感じる。トレーダーは数による安全性に心地よさを感じる。だが、あるアイデアが大衆の間に広がったとき、それはすでに相場に織り込まれている。ほとんどの人の意見が一致しているときにトレーディングに加わる人は、たいてい最後に加わる人だ。最後ということは、新たに加わって価格をさらに押し上げてくれる買い手は残っていないということを意味する。だれもが「心地よい」トレードに加わると、相場が反転して人をイラ立たせる傾向があり、だれもが手仕舞いを強いられる。私の経験によれば、少数派と一緒にトレードを行うのが、普通は一番良い。だが、少数派と一緒にいるか同じ考え方をするのは居心地が悪い。なぜなら、そうすれば大衆から孤立するからだ。一般的には、「心地よさ」はトレーダーを葬り去る可能性がある。したがって、個性に合うトレーディングスタイルを作るようにという、一般的なアドバイスの意図は良いが、「心地よい」トレードから利益を得られることはめったにないというマーケットの現実を無視している。

　第三に、すべてのトレーディングスタイルで同じ資金を必要とするわけではない。通常、短期のスイングトレードに比べてより長期のトレンドトレーダーのほうが多くの資金を必要とする。あなたに膨大な資産があるなら、これは障害にはならない。しかし、あなたがほとんどの個人トレーダーのように、リスク資産に限りがあるならこれは考えるべき重要な問題だ。一般に、トレーディング期間が延びるほど、多額の口座資金が必要になる。

　例えば、20日移動平均線が動きの遅い60日移動平均線を上抜けたら買おうと考え、売りの場合は逆のことを考えているとしよう。私はこの長期の手法がどういう結果になるか知らない。しかし、複数市場で組んだポートフォリオで賢明な資金管理をしながら、適切なトレードを行っても利益が出ていなければ驚きだ。この戦略の結果はおそらく

次のようになるだろう。たとえトレード回数の30％しか勝てなかったとしても、平均利益対平均損失を３対１の割合にできれば、利益が出ているだろう。前章の期待値の公式を使えば、リスクをとる１ドルごとに少なくとも20セントのリターン、あるいは20％のリターンを得ているはずだ。しかし、この移動平均線の交差システムでトレードを行って成功するには、20～30銘柄から成るポートフォリオでトレードを行う必要がある。これは普通、ほとんどの個人トレーダーの資金限度を超えている。

トレードで成功するために必要なポートフォリオの大きさを考えると、資金が少ない個人トレーダーには問題が生じる。長期のトレンドトレーディングがうまくいく理由は、できるかぎり広い範囲に、できるかぎり長期間にわたって網を投げ、できるかぎり多くの市場をおおうからだ。こうすることで、１～２の急騰相場を素早くつかむ可能性が増える。長期のトレンドトレーダーが成功するためには、20～30銘柄を監視してトレードを行う必要がある。

タートルトレーディングシステムを例にとろう。それは20～30銘柄でトレードを行う、有名な長期のトレンドフォローのプログラムだ。**図5.2**は100万ドルの口座でトレードを行った場合の2007年の結果を示している。2007年は並外れた年だった。唯一の問題は、口座が2007年２月の125万ドルから2007年３月後半の50万ドルまで、60％のドローダウンで苦しんだことだ。75万ドルのドローダウン！　個人トレーダーの多くはそんな損失に耐えられなかっただろう。

これを推奨する人は、長期のトレンドトレーディングは20に満たない銘柄数でもトレードできると言うかもしれない。だが彼らのやっていることは相場に合うようにカーブフィッティングをして、トレーディングコースや製品の宣伝に役立てることだ。選んだ15銘柄のどれもが、数年の間に大きく勝てなければどうなるだろうか？　哀れな長期のトレンドトレーダーはおそらく勇敢にそれを行っているのだろう！

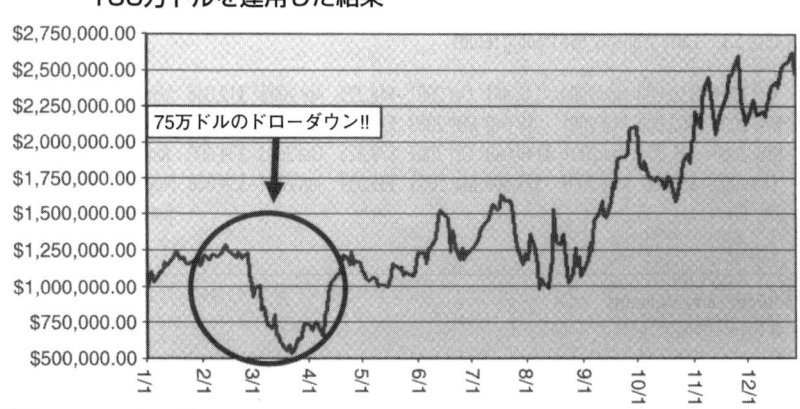

図5.2　2007/1/1～12/28までタートルトレーディングシステムで100万ドルを運用した結果

（グラフ中の注記：75万ドルのドローダウン!!）

出所＝www.turtletrading.com

　あなたが20～30銘柄の先物取引の証拠金と追証に加えて、それぞれの銘柄で起こり得るドローダウンに対応できる資金の余裕があれば、長期トレンドトレーディングを自分にとって好ましいトレーディングスタイルと考えてもよい。それだけの資金的な余裕がなければ、たとえ自分の個性に合うとしても検討の余地はない。普通、短期のスイングトレードは1～2銘柄だけに焦点を合わせることもできるので、こちらのほうが個人トレーダーに向いている。口座資金が多少大きく、10銘柄くらいを監視してトレードを行えるトレーダーなら、中期のトレンドトレーディングを考えてもよい。

　ラッセル・サンズとラリー・ウィリアムズは、売買ルールに関して役に立つセミナーを行っている。サンズは伝説的な長期のトレンドフォローであるタートルシステムについて教えている。ウィリアムズのほうは彼自身の短期パターンに基づいたトレーディングスタイルを教えている。彼ら2人も、彼らのセミナーも素晴らしい。特にラリー・ウィリアムズはミリオン・ダラー・チャレンジ（MDC）ワークショ

表5.1　ラリーウィリアムズのライブトレーディングの結果

Oct 1999	$250,000	Nov 2000	$46,481	Oct 2001	$48,225	Apr 2003	$12,046	Sep 2004	$26,023
May 2000	$302,000	Mar 2001	−$9,640	May 2002	$32,850	May 2003	−$750	Oct 2004	$92,075
May 2000	$35,000	Apr 2001	$149,000	Oct 2002	$79,825	Oct 2003	$34,600	Jun 2005	$6,000
Oct 2000	$22,637	May 2001	$23,300	Mar 2003	$35,034	Jun 2004	$34,000	Nov 2005	$34,000
								Jun 2006	$3,800
									$1,256,506

出所＝www.turtletrading.com

ップを開催中に、実況でトレードを行う。余談だが、彼が自分のセミナーを「ミリオン・ダラー・チャレンジ」と呼んだのは、生徒に教えている最中にトレードを行って、100万ドルを稼ぐという挑戦をしたかったからだ。それで「ミリオン・ダラー・チャレンジ」となった。そして、彼はMDCワークショップ中にトレードを行い、120万ドル以上を稼いで挑戦に成功した。その結果は**表5.1**にまとめてある。

　私は個人的にMDCワークショップに二度参加したことがあるので、彼がその場でトレードを二度行ったと証明できる。さて、余談はここまでにしよう。では、ラッセル・サンズとラリー・ウィリアムズのセミナーの比較に戻る。繰り返すが、彼らは２人とも素晴らしい。しかし、ウィリアムズの手法のほうが、サンズの長期のトレンドフォローよりも個人トレーダー向きだ。ウィリアムズの手法を使えば１つか２つの銘柄に集中できるので、資金に限りがあるほとんどの個人トレーダーでも無理なくできる。しかし、サンズのタートルセミナーでは、20〜30銘柄に投資できるほどの口座資金が必要だ。タートルシステムでトレードを行うには多額の資金が必要だと事前に知っていたら、私はけっしてセミナーに出席しなかっただろう。私はその売買ルールに価値がないと思ったわけではない。ただ、私の口座資金はそういうトレードを行えるほど多くはなかったのだ。

これも余談だが、タートルシステムについて私の意見を聞くために電話をしてきたトレーダーと話していたときだ。私は彼にも同じ考えを伝えた。それは資金に余裕のない個人トレーダー向きではないと。さて最近、彼は私にまた電話をしてきた。彼は自分のトレーディングに失望していた。私が与えたアドバイスを無視したこのトレーダーはラッセル・サンズが行っている週末のタートルセミナーに参加した。そして避け難いことが起きた。長期のトレンドフォロワーが経験するよくあるドローダウンが起きて、彼の小さな口座は吹き飛んだのだ。それはシステムのせいではなかった。彼によれば、システムは最近ドローダウンから回復しつつあったからだ。そうではなく、あまりにも多くのポジションを持っていたために、大きなドローダウンでは避けられない追証に耐えられなかったのだ。これをあなたの教訓にしてほしい。

それでは、長期のトレンドトレーディングと短期のスイングトレードについて詳しく見ていこう。

長期のトレンドトレーディング

知ってのとおり、長期のトレンドトレーディングは多額の資金でトレードを行う余裕のある人だけが検討できるものだ。**表5.2**を見れば、長期のトレンドトレーディングの主な特徴とその程度が分かる。各特徴はトレーディングで生き残るために必要な３つの要素——資金管理、売買ルール、心理——にまとめてある。

資金管理

ポートフォリオ
長期のトレンドトレーディングで成功するためには大きなポートフ

表5.2　長期のトレンドトレーディングの主な特徴

要素	主な特徴	程度	
資金管理	ポートフォリオ	大	20～30銘柄
	ドローダウン	大	
		長期	
	必要資金	大	20～30×証拠金
売買ルール	時間枠	長期	1カ月以上
	勝率	低	25～35％
	平均利益÷平均損失	高	3.0以上
	期待値	良い	
	1銘柄当たりの機会	少	
	手数料とスリッページ	少	
心理	精神的ハードル	高	頻繁な損失
			長期のドローダウン
			休みにくい

ォリオが必要だ。市場が開いている期間の15％でしかトレンドは見られない。そのため、各年で最高のトレンドを見せた銘柄の1つか2つをとらえるために、トレンドトレーダーは20～30銘柄を監視しながらトレードを行う必要がある。

ドローダウン

　長期のトレンドトレーディングでは、少しの大勝と多くの小さな負けが出る。あなたが20～30銘柄のトレードを行っていて負けることが多ければ、ドローダウンの規模は大きくなり、その回数も増えるだろう。勝つよりも負けることに多くの時間を費やすので、この手法では長い間ドローダウンのなかで過ごすことになる。

必要な資金

　すでに述べたように、長期のトレンドトレーディングでは非常に多くの資金が必要だ。20～30銘柄を監視しながらトレーディングを行う

には、まったく同時にそれらのポジションすべてに資金を使えなくてはならない。長期のトレンドトレーディングシステムが全市場で同時に20～30の仕掛けのシグナルを出すとは考えにくい。しかし、トレンドトレーダーはそのような事態に備えておく必要がある。それらのシグナルをえり好みする余裕はおそらくないからだ。彼らはどの銘柄あるいはシグナルがその年で一番良いトレーディングになりそうかまったく分からない。そのため自分の都合に関係なく、すべての銘柄を、すべての機会にトレードする必要がある。

売買ルール

時間枠
トレンドトレーダーは、損切りの逆指値に引っかからないポジションを1カ月以上持つと考えられる。彼らは今までに生じた損失を穴埋めするために、利をなるべく伸ばす必要があるからだ。

勝率
長期トレンドトレーディングの勝率は低く、25～35％の間を動いている。相場にトレンドがあるのは取引期間の15％にすぎないのだから、これは驚くようなことではない。

ペイオフレシオ
ペイオフレシオ（平均利益÷平均損失）は高い。良い長期のトレンドトレーディングなら、平均利益は平均損失の少なくとも3倍はあるべきだ。トレンドトレーダーがリスク資産に対する収益を生み出すためには、小さな損失をすべて埋め合わせるだけでなく、それを上回る高い平均利益が必要だ。成功している長期のトレンドトレーダーは1年のうちに2～3の大きな勝ちを必ず手にしている。

期待値

　長期のトレンドトレーディングの期待値は良い。平均利益対平均損失が3対1で、トレードの30%で勝っていれば、トレンドトレーディングの期待値は20%（［30%×3.0］－［70%×1.0］）になる。

機会

　1銘柄当たりの機会は少ない。トレンドトレーディングの手法では仕掛けのセットアップができるまでに時間がかかる。そのため、年間のトレーディング機会は1銘柄当たりでは少ない。この少ない機会を埋め合わせるために、ポートフォリオに多くの銘柄を組み込んでトレードを行うのだ。20～30銘柄のポートフォリオでトレードを行えば、成功する機会も十分にある。

　しかし、1銘柄でトレードを行おうと考えているトレーダーの場合、たとえ長期のトレンドトレーディングの手法を使えるだけの口座資金があっても、そうするのは適切ではない。長期のトレンドトレーディングの手法では、ほかの売買ルールと同様に、その期待値を当てはめられる多くの機会が必要だからだ。1銘柄でのトレードで長期のトレンドトレーディングを使っても十分な機会は得られない。ポートフォリオに多くの銘柄を組み込む以外に、長期のトレンドトレーディングを使う方法はない。

取引費用──手数料とスリッページ

　手数料とスリッページは、長期のトレンドトレーディングでは少ない。このトレーディング手法は時間がかかるので、普通はスイングトレードよりもトレード数が少ない。トレード数が少ないということは手数料も少ないということだ。平均利益が非常に大きいので、手数料やスリッページが生じても利益に占める割合は低いのが普通だ。

心理

精神的なハードル

長期のトレンドトレーディングは精神的につらい。たびたび起きる損失からは、体や心が望む肯定的な反応が得られない。人生の何事にも当てはまるが、絶えず肯定的な反応があると、選んだ道を進むのが楽になる。繰り返し否定的な反応を受けると、トレードを続けるのが難しくなる。指で取引ボタンを押したいと思っても、心は「いやだ、もう。また負けたくない！」と叫んでいる。損失が度重なると、ドローダウンも長く続く。もう一度言おう。絶えずドローダウンを被っていると、トレードを続けるのは精神的につらくなる。

さらに、長期のトレンドトレーディングでは精神的にも肉体的にも疲れることがある。この手法ではひとつのシグナルでもけっして見逃せない。これは次の大きな勝ちトレードがどこで、いつあるか予測できないためだ。このため、長期のトレンドトレーディングでは身も心も疲れる。あなたの代わりに注文してくれる人がいないかぎり、休暇を取ることも許されないことがある。

短期のスイングトレード

表5.3は短期のスイングトレードの主な特徴をまとめたものである。

資金管理

ポートフォリオ

短期のスイングトレードは1銘柄のポートフォリオでもうまくやれる。これは1銘柄だけでトレードを行いたいと思っている、資金に限りのある個人トレーダーに向いている。もちろん、複数銘柄でトレー

表5.3　短期スイングトレードの主な特徴

要素	主な特徴	程度	
資金管理	ポートフォリオ	小	1銘柄以上
	ドローダウン	小	短期
	必要資金	小	1×証拠金
売買ルール	時間枠	短期	1～5日
	勝率	高	50％以上
	平均利益÷平均損失	低	1.0以上
	期待値	良い	
	1銘柄当たりの機会	多い	
	手数料とスリッページ	大	
心理	精神的ハードル	低	頻繁な利益
			短期のドローダウン
			休みやすい

ドを行うこともできる。しかし、短期のスイングトレードでは、利益を出すために複数の銘柄を必要とするわけではない。

ドローダウン

　短期のスイングトレードは1銘柄でもうまくいくので、ドローダウンがあっても対応可能だ。1銘柄でトレードを行っても不安になることはある。だが少なくとも幾つもの銘柄をトレードしているときほど大きな不安には襲われないだろう。

　おまけに普通、ドローダウンの期間も短い。短期スイングトレードでは比較的滑らかな純資産曲線になることが多い。少数の並外れた勝ちトレードで、毎年の結果が決まるわけではないからだ。純資産曲線が滑らかということは、ドローダウンが起きても比較的短期間に終わることを意味する。

必要資金

　短期スイングトレードに必要な資金は限られている。複数の銘柄で

トレードを行うよりも１銘柄でトレードを行うほうが資金は少なくて済む。

売買ルール

時間枠
短期のスイングトレーダーは、普通１～５日以内に手仕舞う。彼らは新たなトレンドに終わりまで乗ろうとは考えない。ただ、相場の短い「スイング」をとらえたいだけだ。

勝率
短期のスイングトレードの場合、その勝率は50％を超えるのが普通だ。ペイオフレシオが通常はトレンドトレーディングよりも低いので、それよりも高い勝率を必要とするのだ。

ペイオフレシオ
スイングトレーダーがポジションを取っている期間は短いので、彼らのペイオフレシオは低く、普通は1.0～2.0の範囲にある。

期待値
勝率とペイオフレシオの組み合わせが十分なら、短期スイングトレードの期待値は良い。勝率が55％でペイオフレシオが1.3の短期スイングトレードであれば、トレードでリスクをとる１ドルごとに26.5セントを稼ぐと期待できる（［55％×1.3］－［45％×1.0］）。当然のことながら、勝率かペイオフレシオを改善できれば期待値も改善できる。

機会
マーケットでは85％がレンジ相場か横ばいなので、短期スイングト

レードの機会は十分にある。短期のスイングトレーダーはトレードを行うための多くの支持線や抵抗線を見つけられる。そのため、トレーディングの機会は多い。

取引費用――手数料とスリッページ

手数料とスリッページは短期のスイングトレードでは大きくなるので、売買ルールの期待値を検証するときにはその点を考慮する必要がある。トレードを行う機会は多く、1回の利益は比較的小さいので、トレーディング回数は増える。そのため、手数料も増える。そのうえ、長期のトレンドトレーディングと比べると平均利益は比較的小さいので、手数料とスリッページの占める割合は大きくなる。そのため、デイトレードで儲けるのは非常に難しいのだ。長期のトレンドトレーディングでは手数料とスリッページを支払うために、丸1カ月の値動きを利用できる。それに比べると、デイトレードで使える値幅は小さいうえに取引費用を払わなければならない。

心理

精神的なハードル

より長期のシステムと比べると、短期のスイングトレードは心理的にトレードを行いやすい。勝つことが多いので、自分がやっていることは正しいという肯定的な反応が繰り返し返ってくるからだ。勝つことが多ければ良いトレーディング行動が強められるので、短期のスイングトレーダーはシグナルを受け取り続けるのが楽になる。彼らはドローダウンを対処できる程度に抑え、短期で終わらせる。このため、トレード計画に従い続けるために乗り越えなければならない精神的なハードルも低くなる。そのうえ、10回のうち1回のシグナルを逃しても年間の成績に大きな影響を与えないので、短期のスイングトレーダ

ーはトレードを休むこともできる。

長期のトレンドトレーディングと短期のスイングトレード

　長期のトレンドトレーディングと短期のスイングトレードの主な特徴を調べると、後者のスタイルのほうが資金に限りがある個人トレーダーにとって好ましいことが分かった。短期スイングトレードの資金面と心理面の特徴を次の項目で見よう。

- ●ポートフォリオ
- ●ドローダウン
- ●必要な資金
- ●精神的なハードル

　表5.4で分かるように、長期のトレンドトレーディングよりもこれらは小さく、対処しやすい。
　期待値は両方とも同じ場合もあり得るので、決定的な要素ではない。しかし、単一銘柄をスイングトレードで取引するのがあなたの好みなら、トレード機会がどれくらいあるかを考える必要がある。
　ここまで、両極端のトレーディングスタイルを比べて、両方の細かい違いが理解できるようにした。日中であれ、短期や中期であれ、トレーダーはすべての時間枠でトレンドに沿ってトレードを行うことができる。ここまでは両極端を調べてきたので、これらの中間の戦略を見ておくのも価値があるだろう。**表5.4**では、さまざまなトレーディングスタイルを比べている。
　表5.4の目的は、特定のトレーディングスタイルを採用した場合に、どういう経験をしそうか簡単に紹介することだ。あなたは幾らか時間

表5.4 さまざまなトレーディングスタイルの主な特徴

一般的なトレーディングスタイルの比較

要素	主な特徴	短期スイングトレーディング	中期スイングトレーディング	短期トレンドトレーディング	中期トレンドトレーディング	長期トレンドトレーディング（使えない！）
資金管理	ポートフォリオ	小	小	小	小	大
	ドローダウン	小	中	小	中	大
	必要資金	短期	中期	短期	中期	長期
		少	少	少	少	多
売買ルール	時間枠	短期	中期	短期	中期	長期
	勝率	高	高	低	高	低
	平均利益÷平均損失	低	良	低	良	高
	期待値	良	良	良	良	良
	1銘柄当たりの機会	多	普通	良	良	低
	手数料とスリッページ	高	中	高	中	低
心理	精神的ハードル	低	中	低	中	高

を取って、表を眺め、どれがあなたの「個性」に合うか判断したほうがよい。私個人は、短期と中期のスイングトレードとトレンドトレーディングのパターンでトレードを行っている。

　残念なことに、悪い知らせがある。すでに触れたように、トレーダーは個性に合うトレーディングスタイルを自由に選べない。それが最大の逆境のルールだ。

　あなたの最終的なトレーディングスタイルに影響するものはあなたの個性ではなく、期待値と機会と検証である。言い換えると、調査費が掛かるものだ。

まとめ

　トレーディングで成功するための第3原則では、適切なトレーディングスタイルを選ぶとき、次の点を考慮するように求める。

- 特定のスタイルでトレードを行うために必要な資金
- そのトレーディングスタイルの期待値、機会、検証
- 可能ならば、そのトレーディングスタイルが心地よく感じられ、幸運ならあなたの個性に合うか

　取引シグナルを見つけるために星を当てにしようが、指標を使おうが、チャートのパターンを見ようが、イタリアの数学者に従おうが、あなたの売買ルールが利益を出すプラスの期待値をかなりの確度で持っているかぎり、あなたがどう感じるかは重要ではない。ビジネスのほうが感情よりも優先する。トレーディングは感情の機微ではなく、現実を相手にするものだ。次章では、トレードを行うのに適した市場を選ぶ方法について検討する。

第6章

原則4——トレードを行う市場を選ぶ

Principle Four : Markets

　この章では、トレーディングで成功するための第四の普遍的な原則――トレードをするための適切な市場を選ぶ方法――を見ていく。トレードを行うのにふさわしい条件を調べて、指数と通貨の市場がなぜ極めて優れているかについて説明する。両市場はこれから述べる理由のために、私が好んでトレードを行うところだ。だが、あなたはほかの市場を好んでいるかもしれない。この章では、トレードを行うのにふさわしい市場とはどういうものかを学び、あなたが選ぶときの役に立つようにしたい。

　トレードを行うのにふさわしい市場は**表6.1**で取り上げた特徴のほとんどを満たす必要があると、私は信じている。

　これらの特徴の大部分を満たす市場があるなら、考えてみる価値がある。驚きではないと思うが、どの市場でもまず満たす必要がある条件は取引関連リスクの管理に関するものだ。前に述べたように、生き残ることがトレーディングでの第1目標なので、まず取引関連リスクを管理するための条件を最初に調べる。

表6.1　優れたトレーディングの特徴

取引関連リスクをうまく管理する条件
価格と出来高の透明性 流動性 24時間取引 安全な取引相手 公正で効率的な取引市場 安い取引費用
良いトレーディングの条件
ボラティリティ 調査 簡単さ 空売りのたやすさ 特化 機会 拡大 レバレッジ

取引関連リスクをうまく管理する条件

価格と出来高の透明性

　価格と出来高の透明性とは、全市場参加者に価格と出来高のすべての動きを示すことができることを指す。市場について問うべき重要なことが幾つかある。あなたはトレーディングで起きているすべてを見ることができて、価格と出来高の全情報を受け取ることができるだろうか？　あなたはその情報に頼り、それに基づいてトレーディングの判断をすることができるだろうか？　取引関連リスク——あなたはすべてを見ているだろうか？

　トレードに一番適した証券は、１つの市場でしか取引されていないものだ。取引市場が１つしかなければ、どの瞬間でも売買で最良の価

格を受け取ることができる。あなたは自分の証券の取引市場が1つしかないのか判断する必要がある。ほかのトレーダーたちがかなりの取引を執行できて、重要な出来高を隠せる取引市場が別にあるのなら、そういうところでトレードを行わないことが大切だ。

流動性

あなたの好む証券をトレードするための取引市場がほかにないと確認できたら、その証券に十分な流動性があるか判断する必要がある。取引関連リスク——素早くポジションを手仕舞うことができるか？ それができるだけの流動性が十分にあるか？

普通、ポジションを取るのは簡単だ。だが、最良の敗者になるためには、ポジションを手仕舞いたいと考えたときに、それができることが必要だ。出来高が十分に増えたときにしか手仕舞えないのではダメだ。確実にそれができるように、流動性の極めて高い証券でトレードを行う必要がある。

24時間取引

優れた取引市場では24時間取引を行っている。丸24時間、連続して取引をきちんと行っている唯一の市場は、銀行間の相対取引（OTC）市場を通じた外国為替市場である。世界中の銀行が常に価格をクウォートしているので、OTC市場が閉じることはけっしてない。しかし、シカゴ商業取引所（CME）の電子先物取引はグローベックスのプラットフォームで1日23時間しかトレードを行っていないので、1時間閉鎖している。CMEの通貨先物取引は米国のシカゴ時間で午後4時に閉鎖し、1時間後の午後5時に再開する。

取引関連リスク——あなたのポジションがうまくいっていないとき、

夜間取引で手仕舞えるか？

24時間取引の利点は、損切りの逆指値が1日24時間有効であることだ。これは取引関連リスクの管理において満たすべき重要な点だ。

安全な取引相手

トレーダーが直面するもうひとつのリスクは、取引相手が約束どおりに取引を行う能力があるかだ。お金を受け取れなければ、勝ちトレードで仕切り注文を出しても意味がない。取引関連リスク——あなたは自分のお金を受け取れるのか？

清算機関は債務を肩代わりすることで、すべての先物取引の履行を保証している。あなたはポジションを持っても、取引相手のリスクを心配する必要がない。しかし、ほかの証券にはそれほどの信用はない。例えば株式を買った場合、その企業が倒産しないという保証はない。また、FX（外国為替証拠金取引）やCFD（差金決済取引）、スプレッドベッティング（英国で行われている取引）でトレードを行うとき、業者自身が資金的に行き詰まらないという保証はない。それらの証券では取引相手に倒産リスクがあるので、トレードを行って得られるかもしれない利益とリスクとをはかりに掛ける必要がある。

公正で効率的な取引市場

不確かな運営上の慣行や効率の悪さがないとしても、トレーディングで生き残るのは十分に難しい。取引関連リスク——明確に定義された取引ルールがあるか？

先物のトレードを行う場合には、公正で効率的な市場で取引を行っている。これは取引所が規制されているからだ。規制によって、取引所とサービス提供業者（先物ブローカーと投資顧問業者）は、あなた

や私のような市場参加者の保護のみを目的とした手続きに従う必要がある。

　取引所とその参加者は最高水準の誠実さで運営を行っている。そして、彼らは自分たちの都合がよいように規則を変えることはできない。あなたはこのことを知ったうえで、信頼してトレードを行える。これは株式市場には当てはまらない。2008年の世界金融危機の間、世界中の多くの証券取引所は空売りを禁止した。あなたがそのときに株式トレーダーだったら、トレーディング機会の半分を失っただろう！　私の考えでは、株式市場は多くの人に（特に証券取引所自体から）思い込まされているほど効率的ではないかもしれない。

安い取引費用

　取引関連リスクの最後は取引を行うときの費用、つまり手数料とスリッページだ。取引関連リスク——取引費用は安いのか？

　トレーダーは十分な期待値があると考えてトレードを行う。だが、スリッページと手数料で期待値は下がる。取引費用が少ないほど、期待値は上がり、あなたが生き残る可能性も大きくなる。そのため、執行費用を最小にできる市場を探さなければならない。

　先物取引と株式ポートフォリオとで手数料を比べよう。この例では、オーストラリアのSPI指数先物を使うことにする。あなたは自分でトレードを行うどの指数先物を使ってもよい。結果に変わりはないはずだ。SPIの1ポイントは25ドルだ。そのため、1ポイント動くたびに、SPIの値は25ドル変わる。指数が6250のとき、SPI先物の額面は15万6250ドル（25ドル×6250）になる。SPIを1枚買って売るために、50ドル以上払う必要はないだろう。15万6250ドル相当の株式ポートフォリオを買うときに、トレーダーは0.15％という非常に格安の手数料を払うと仮定しよう。15万6250ドル相当の株式を買って売るトレーダー

の場合、468.75ドル（2×0.0015×15万6250ドル）の手数料を払う必要がある。両方のトレーダーが1週に1トレードを行えば、SPIの年間手数料は2600ドルなのに対して、株式の場合は2万4375ドルになっただろう！　私の好みはどちらの手数料か分かっている！　あなたも分かるように、現物株と比べて指数先物の取引費用は非常に安い。

　まとめると、トレードを行うどんな証券でも、ここで述べた取引関連リスクを管理するための基準を満たしている必要がある。

　次に、良いトレーディングの条件を見よう。

良いトレーディングの条件

ボラティリティ

　値動きがなければ利益は出ない。トレーディングの条件——トレードを行えるほどの値動きがあるか？

　私の考えでは、世界で最も値動きが大きい2大銘柄は指数と通貨だ。

調査

　調査や研究をしないでトレードを行うのはばくちと同じだ。トレーディングの条件——調査をするのに十分なヒストリカルデータがあるか？

　可能なかぎり大きなサンプルデータを使い、売買ルールの期待値を調べてバックテストを行うのが一番だ。もっとよいのは、バックテスト用にデータを半分に分けられるほど大きなサンプルデータを入手することだ。これで、データの前半分を使って売買ルールを開発できる。そして、それに満足したら、残り半分のデータでフォワードテストを行って確かめるとよい。それは私のTESTの手順に従って、システム

の期待値を検証するのとほとんど変わりがない。

簡単さ

極端な話をすると、長期のトレンドトレーディングで20〜30銘柄のポートフォリオに集中するよりも、1銘柄に集中するほうが楽だ。トレーディングの条件──その銘柄は簡単に監視できるか？

ここで、あなたはトレードを行いたい銘柄の日次データを集めて監視するのがどれくらい簡単かを判断する必要がある。今はインターネットや多くの電子データの提供業者があるので、これは極めて簡単だ。ワンクリックで、数分以内に100以上の銘柄データをダウンロードできるのだ！

空売りのたやすさ

トレーダーは必要と思ったときに売買できることを望んでいる。トレーディングの条件──無条件に空売りができるか？

規制された取引所で取引される先物やオプション、それにFXでは、空売りを妨げるものはない（ただし、取引所に値幅制限があり、日中に価格がその制限に達しないかぎりだ）。

残念ながら、株式では同じことは言えない。私たちは2008年の世界金融危機で株式市場が崩壊するのを目撃した。そのとき、多くの証券取引所は株式、特に金融株の空売りを禁止したのだ。

特化

資金に限りがある個人トレーダーにとって、特化するのは割に合う。さまざまな市場を含む大きなポートフォリオでトレードを行うよりも、

少数の似た市場に焦点を合わせるほうが資金的に楽だ。トレーディングの条件——その市場に特化してあなたの取引に関する知識を使えるか？

　指数、通貨、金利、エネルギー、貴金属、穀物、畜産のような単一市場部門からなるポートフォリオを監視してトレードを行えば、特定市場に特化して自分の知識を使うことも確かにできる。

機会

　プラスの期待値を得られる売買ルールがあるというだけでは不十分だ。トレーディングの機会がなければ口座資金は増えない。トレーディングの条件——その銘柄には十分な取引機会があるか？
　十分な流動性と値動きのある市場であれば、多くのトレーディング機会を提供してくれるだろう。しかし、あなたは自分のトレーディングスタイルを考えに入れる必要がある。また、長期のトレンドトレーディングは短期のスイングトレードよりもトレーディング機会が少ないということも思い出す必要がある。

拡大

　トレーダーには望むときに仕掛けて、簡単に手仕舞えるほど大きなマーケットが必要だ。さらに、口座資金が増えるのに合わせてポジションを増やせるほど大きなマーケットが必要だ。トレーディングの条件——トレーダーがポジションサイズを大きくできるほど、１日の出来高は多いか？　これは市場に十分な流動性があることがとても重要なもうひとつの理由だ。

レバレッジ

　レバレッジによって、通常なら取引できない市場でトレードができる。トレーディングの条件――その市場は額面の何分の１かの資金でトレードを行えるか？
　先物、オプション、ワラント、FX、CFD、スプレッドベッティングでは、それぞれの額面の何分の１かの資金で取引ができる。

まとめ

　この普遍的な原則によって、適切なマーケットを選んでトレードを行うのがどれほど大切か、理解してもらえたと思う。私の意見では、これらの条件のほとんどを満たすマーケットをあなたは選ぶ必要がある。トレーディングで生き残れるかどうかがそれらで決まることもあるからだ。私自身は指数と通貨先物のトレードを行っている。それらが条件をすべて満たしていると思っているためだ。それらは活発な個人トレーダーにふさわしい銘柄だと思う。
　次章では、トレーディングで成功するための次の普遍的な原則――３本の柱――について触れたい。

第7章
原則5——3本の柱

Principle Five : The Three Pillars

　この章でも普遍的な原則を続けて見ていこう。トレーディングで成功するための5番目であり最も重要な原則、トレーディングの3本の柱だ。トレーディングの3本の柱は次のものから成る。

- 資金管理
- 売買ルール
- 心理

　これらが実際のトレーディングで最も大切な部分だ。トレーダーの成功は銀行残高で測られる。トレーダーとして成功するという目標を達成したければ、3本の柱の各要素に対する計画を理解し、作成し、実行しなければならない。

　すでに述べたように、私は資金管理が最も重要な要素だと考えている。次に売買ルールがきて、そのあとに心理がくる。多くの人は心理がトレードを行ううえで最も重要な要素だと主張している。だが、心理は資金管理や売買ルールほど重要だと、私は考えていない。勝者と敗者を分かつものは無知、だまされやすさ、怠惰であって、両耳の間の15センチの働きではないと私は信じている。

　覚えているかもしれないが、第2章の**図2.2**で、私はトレーディン

グでたどる段階を示した。そして、成功するための最大の段階が３本の柱にあることを示唆しておいた。私はこの３本の柱を１章にまとめるよりも、別々の章立てにして、それぞれの主な要素について説明するつもりだ。だがその前に、ここで各要素を眺めておくことにする。

資金管理

　資金管理が最も大切だ。それこそが生き残りと成功の背後にある秘密である。生き残ることができれば破産を免れるし、成功すれば笑顔でいられる。第８章では、資金管理の次の７つの戦略を検討する。

- 固定リスク額
- 固定資金
- 固定比率
- 固定ユニット数
- ウィリアムズの固定リスク率
- 定率
- 固定ボラティリティ

売買ルール

　売買ルールはあなたの日々の闘いにおける指示である。それは期待値を根拠にして、どのようにトレードを行うかを明確に表現する。売買ルールは２つの要素から成る。

- セットアップ
- トレード計画

セットアップによって、支持線か抵抗線になりそうな水準を見極める。つまり、いつ仕掛ければよいのか、また買ったほうがよいのか売ったほうがよいのかを見極める。

トレード計画ではセットアップを利用する方法を決める。それはどのように仕掛けて、損切りの逆指値を置き、手仕舞うかについて、明確であやふやでない指示を出さなければならない。

売買ルールは単純で論理的でなければならない。その条件を満たせば、堅牢な売買ルールに従ってトレードを行う機会が十分にある。その場合、実際の結果はTESTで検証した結果に見合うだろう。

第9章では、売買ルールの構成を調べる。構成要素が分かれば、自分で売買ルールを作るか、他人の売買ルールを受け入れたり修正したりしたほうがよいかの判断に役立つだろう。

心理

最高の資金管理戦略と売買ルールがあっても、自分の感情に対処するための計画がまだ必要だ。心理は3本の柱をまとめる接着剤だ。望みや強欲、恐れ、苦しみのせいで、成功に至る道からそれることがある。マーケットにおける最大の逆境から絶えず苦痛を味わわされていると、最後まで頑張ろうという決意も揺らいでくる。

第10章では心理を見て、感情をどうやってコントロールすればよいのかを調べる。やがて、あなたは気づくだろう。実際のトレーディングは料理によく似て、従うべきレシピがあるのだと。それに従えば、料理が体を支えるように、トレーディングはあなたの資産目標を達成する助けになる。レシピから外れたら目標も狂うだろう！

3本の柱の各要素に対して計画を作れたら、トレーディングの実行を考えてもよい。だが、それまではまだ早い！

第8章

資金管理

Money Management

　この章では、トレーディングを実際に行ううえで最も重要な要素である資金管理について説明する。これはトレーディングの3本の柱の1本目で、破産リスクを避けるのに大切な武器だ。トレーディングの目的は生き残ることだから、適切な資金管理について理解したうえで、それを実行する必要がある。そうしないと、ほぼ間違いなく90％の負け組の終身会員となる。10％の勝ち組に加わるようにという誘いは来ないだろう。

　生き残って大きな利益を手にするための秘策は資金管理だ。適切な資金管理の本質は非常に単純だ。トレーディングで損失が出たらポジションを減らし、利益が出たらポジションを増やすのだ。

　ここで言っておくことがある。私は個人的に先物のトレードを行っているため、この章でポジションサイズの説明をするときには、先物を例に話を進める。あなたが株式、オプション、CFD（差金決済取引）、FX（外国為替証拠金取引）、外国為替取引、ワラントなどのトレーディングを行いたいのなら、私が「枚数」のような耳慣れない言葉を使うのを許していただきたい。私が枚数を増やすと言ったら、単に「ポジション」を増やすという意味にすぎない。同様に、枚数を減らすと言ったら、単に「ポジション」を減らすという意味にすぎない。先物取引を実際に毎日行っている私としては、こういう言い方が楽なのだ。

あなたが先物取引に無縁で、そういうトレードに関心がないのであれば申し訳ない。ただ、自分で毎日やっている言い方をするのが楽だということを理解していただければ幸いだ。この点を理解して我慢してほしい。では資金管理に戻ろう。

適切な資金管理には2つの目標がある。

- 生き残る──破産リスクを避ける
- 大きな利益──幾何級数的に利益を増やす

負けたときにはトレード枚数を減らし（ポジションを減らし）、勝ったときにはトレード枚数を増やす（ポジションを増やす）ことができれば、適切な資金管理によってこれらの目標を達成できるだろう。売買ルールではなく、適切な資金管理こそが、生き残って大きな利益を得るための秘策なのだ。売買ルールの期待値がプラスなら、それはエッジ（優位性）になる。良い資金管理があれば、さらにそれを強める。

資金管理には2つの種類がある。

- マーチンゲール法
- 逆マーチンゲール法

マーチンゲール法による資金管理

マーチンゲール法による資金管理では、負けたら取引枚数を増やし、勝てば取引枚数を減らす。損をしたら「倍賭けする」というのは、ギャンブラーの直観に訴えるものがある。マーチンゲール法による資金管理は、負けトレードの次は勝ちトレードになる可能性が高いので、それを利用して損をしたら枚数を増やすべきだという理屈に従っている。

この戦略の行き着く先は大敗だ。損をしたら取引枚数（つまり、ポジション）を増やすというやり方では、破産確率が大きくなる。負けトレードのあとは勝つという保証はない。損失のあとに利益の出る確率が高くなることはない。勝つ確率も負ける確率も常に50％だ。そのうえ、負けトレードがこれまでになく長く続いたために、利益が出る前に破産ポイントに達する可能性もある。
　マーチンゲール法で資金管理を行えば、破産する可能性が高まる。この戦略はギャンブラーに任せておくに限る。

逆マーチンゲール法による資金管理

　逆マーチンゲール法が資金管理の正しい戦略だ。逆マーチンゲール法で資金管理を行えば、生き残るのに役立つ。負ければトレード枚数を減らし、勝てばトレード枚数を増やすからだ。これから検討する資金管理の戦略は、すべて逆マーチンゲール法である。
　逆マーチンゲール法の資金管理にはカギとなる特徴が２点ある。

●幾何級数的な利益
●非対称的なレバレッジ

　逆マーチンゲール法の戦略では、勝ちトレードが続くと利益が幾何級数的に増えるが、負けトレードが続くドローダウンの間はいわゆる非対称のレバレッジに苦しむ。

図8.1　非対称的なレバレッジの公式

必要な利益（％）＝［１÷（１－損失％）］－１

図8.2　30％の損失を取り戻すには43％の利益が必要

```
必要な利益（％） ＝ ［１ ÷ （１ − 0.30)］ − １
              ＝ （１ ÷ 0.70) − １
              ＝ 1.4286 − １
              ＝ 0.4286
              ＝ 0.43
              ＝ 43％
```

　幾何級数的利益とは、資金管理をせずに１枚のトレードで稼げる利益よりも、はるかに大きな利益を稼ぐことを意味している。非対称のレバレッジとは、損失を出せばそれを取り戻す能力が落ちるという意味だ。つまり、10％の損失を被れば、その損失を取り戻すのに10％以上の利益が必要になる（**図8.1**参照）。口座残高の50％の損失を被れば、それを取り戻すのに100％のリターンが必要だ。

　図8.1の公式を使えば、損失を取り戻すのに必要な利益を計算できる。

　例えば、**図8.2**で示すように30％の損失を被ったとしよう。

　表8.1は何パーセントの損失を取り戻すのに何パーセントの利益が必要かを示す。

表8.1　損失を取り戻すために必要な利益

生じた損失	必要な利益
10％	11％
20％	25％
30％	43％
40％	67％
50％	100％

問題は、逆マーチンゲール法による戦略だけが非対称のレバレッジで苦しむということではない。マーチンゲール戦略でもその点は変わらないのだ。問題は、逆マーチンゲール法による戦略では損失を取り戻すのに時間がかかるということだ。逆マーチンゲール法では損失が出たら取引枚数を減らす、つまりポジションを減らすことを要求するからだ。これは元の取引枚数（またはポジションサイズ）でトレードを続けている場合よりも、多くの努力と時間を要する。

カギとなる考え方

　最初の基本的な考え方はリスク管理にかかわる。たとえ、あなたの売買ルールが最も堅牢で検証されたものであっても、実際のパフォーマンスを予測することはできない。また、マーケットの動きに影響を与えることもできない。あなたがコントロールできるのは、1回のトレードでどれだけのリスクをとるつもりかだ。資金管理では、望ましいリスク金額を教えてくれる。

　第二の基本的な考え方は予想パフォーマンスにかかわる。分かりやすく言えば、純資産曲線が安定しているほど、より積極的な資金管理戦略を選ぶことができる。

　純資産曲線が安定していれば、これまで同様のパフォーマンスを今後も期待できる。つまり、堅牢ということだ。検証した自分の期待値が今後も変わらないと確信しているのなら、最も幾何級数的な利益を生んだ資金管理戦略を選ぶだろう。自分の売買ルールの今後のパフォーマンスについて慎重な見方をしているのなら、利益を追求するよりも資金、つまり口座残高を維持して、破産確率を最小にする資金管理戦略を選んだほうがよい。あるいは、自信は少しあるが慎重を期したければ、幾何級数的な利益を得ることと資金を守ることがうまく釣り合う資金管理戦略を選べばよい。資金管理戦略に正しいも間違いもな

い。どの戦略でも、支持する人もいれば批判する人もいる。資金管理で唯一の正しい判断は、逆マーチンゲール法の戦略を使うようにすることだ。この章では、さまざまな逆マーチンゲール法による戦略について説明する。

　それらの戦略を検討するときに、白か黒かと割り切って使うことはできない、ということを心に留めておこう。想像力を少し働かせれば、それらの戦略を調節したり、自分の好きな戦略を２つ組み合わせたりできるだろう。これからの説明と使い方が唯一の方法だと考えないでほしい。負けたらトレード枚数を減らし、勝てばトレード枚数を増やすかぎりは自分で調整して構わないのだ。

　また、これから知ることに興奮しても、資金管理が大きな利益の背後にある唯一の秘密だと考え始めても、それが売買ルールの期待値よりも重要だと勘違いしないでほしい。これは矛盾しているように聞こえるかもしれない。だが、世界一の資金管理戦略があっても、期待値がプラスだという検証がなされ、純資産曲線も安定している売買ルールがなければ無意味だ。

　良い資金管理があれば、期待値の低いシステムを使っても報いられる。システムの期待値が良ければ、生活が一変するようなスリル満点の経験を味わえる。だが、ここで言いたいことは、まずプラスの期待値が必要ということだ。さらに、良い資金管理で得られる結果は、売買ルールの期待値が変わらないかどうか、言い換えると純資産曲線が「安定」であり続けるかどうかにかかっている。良い資金管理戦略があれば資金を守れて、ドローダウンが長引いても破産を免れるかもしれない。だが、期待値がマイナスになれば、利益を生むことはできないのだ。純資産曲線は安定していればいるほど良い。

資金管理の由来

　さまざまな逆マーチンゲール法による資金管理の戦略を検討する前に、まず最初にラリー・ウィリアムズの著書『**ラリー・ウィリアムズの短期売買法**』（パンローリング）からの抜粋を見ておきたい。彼は資金管理の戦略について初めて世間に説明した人だ。多くのトレーダーはこのことを知らないし、彼の行った貢献に気づいていない。それで、彼の本から抜粋をして、彼が資金管理の領域で個人的に経験したことや発見したこと、そこに行き着くまでの旅について再び語っておくのは有益だと思う。

　さて、ラリー・ウィリアムズは1966年以降トレードを専業にしている。しかし、彼が資金管理をトレーディングに取り込んで大きな効果を生んだのは、1980年代になってからだ。あまりにも効果的だったので、それによって彼はトレーディングコンテストで何度も優勝した。

　今日では、資金管理は一般に広がっていて、それに関する著書も多い。だが当時は、リチャード・デニスのようなプロのマネーマネジャーが用いているだけだった。デニスは1970年代に固定ボラティリティによる資金管理を行っていた。彼は1984年と1985年に、有名になった彼の生徒であるタートルズたちにそれを教えた。しかし、個人トレーダーの間では知られていなかった。彼らのレーダー網には入っていなかったのだ。彼らの辞書に資金管理はなかった。存在しなかったのだ。ラリー・ウィリアムズが自分のためにラルフ・ビンスと考え出したときに、それは生まれたのだ。ビンスは後に資金管理に関する本を3冊書いて、世間がそれに注目するきっかけを作った。

　次の抜粋を読めば、資金管理の歴史と発展について理解を深められる。そればかりでなく、資金管理の力と重要性も分かるだろう。次の抜粋は『**ラリー・ウィリアムズの短期売買法**』（パンローリング）の第13章「資金管理――王国へのカギ」からだ。ここが本書で最も重要

な章だ。私の人生で最も重要な1章であり、私からあなたに伝えられる最も重要な考え方だ。私が与えられることで、これからあなたが学ぶこと以上に価値あるものはない。これは大げさではない。

　私がこれから説明することは2000ドルを4万ドル以上に、1万ドルを11万ドルに、1万ドルを110万ドルにといったように、少ない資金を大きく増やすために私が使った公式のことだ。これらは仮想的な勝利ではない……。実際に、本当のお金で本当に出した利益だ……。

　資金管理について本当に衝撃的なことは、ほとんどの人がいかにそれについて聞いたり、正しい手法を学んだりするのを嫌がるかということだ。

　世間一般の人は……トレーディングには魔術があると思っている……。それほど真実から遠いことはない。この仕事でお金を稼ぐためには、強みを手に入れて、それを一貫して発揮し、さらに各トレードで手持ち資金のどれだけを使うかについての一貫した手法（つまり、資金管理）とその強みを組み合わせることが必要だ。

　私は1986年に、ブラックジャックをするときの資金管理の公式に出合った。それはもともと、『ア・ニュー・インタープリテーション・オブ・インフォメーション・レート（A New Interpretation of Information Rate）』という情報の流れに関する1956年の論文で展開されたもので、現在では商品トレーダーによってケリーの公式と呼ばれている。

　……私はケリーの公式を使って商品のトレードを始めた。これがその公式だ。

$$F = [(R + 1) \times P - 1] \div R$$
　　P＝システムの勝率

R＝勝ちトレードの平均利益÷負けトレードの平均損失

損失の1.3倍の利益があって、勝率が65％のシステムを用いた場合を見よう。Pを0.65、Rを1.3と置いて公式に代入すると、次のようになる。

F＝［(1.3＋1)×0.65－1］÷1.3
F＝38％

この例では、1回のトレードで資金の38％を使うだろう。口座に10万ドルあるなら、3万8000ドルを使い、その金額を証拠金で割って取引枚数とする。証拠金が仮に2000ドルとすれば、19枚のトレードを行うことになる。

この公式が私のトレーディングの結果に及ぼした効果は素晴らしいものだった。極めて短期間に少額の資金が急上昇したので、私は生きた伝説になった。私の手法は、ケリーの公式で得られた値を証拠金で割った割合に基づいて、口座資金を使うというものだった。結果があまりにも良かったので、私はあるトレーディングコンテストから退場させられたこともある。不正行為なしにそのような結果が達成できるはずはないと、主催者は信じ込んだのだ。

次の抜粋に関して、ここでちょっと背景の説明をさせてもらいたい。1987年に彼はフューチャーズトレーディングのロビンスワールドカップで優勝した。彼は12カ月で1万ドルを110万ドルにしたのだ。それは今日に至るまで、ほかのどんなトレーダーも遠く及ばない成績だ。彼の資金の増加率は今日でも最高記録のままだ。では、抜粋に戻ろう。

今日でも、私が２口座を勝ちトレード用と負けトレード用で使い分けていたのだと主張する人たちがネット上にいる！　彼らは忘れているのか、知らないかのどちらかのようだが、そのような行為は違法であるだけではない。トレードを発注するには常に口座番号が必要なのだ。それなのに、ブローカーや私自身がどのトレードが勝ちトレードになるか、分かるはずはないだろう。
　しかし、トレーディングの歴史上で、私の知るかぎりではだれもその種の成績を残したことはなかった。こういう場合に、他人がどう反応するかは予想できる。さらに「悪い」ことに、私は一度ならずそんな結果を出したのだ。それがまぐれか運でなければ、負け組たちはぼやくに違いない。絶対にどこかで数字をいじるか、トレードを盗んできたのだと！
　私が行っていたことは革命的だった。そして、どんなに良い革命でも多少の血は流れるものだ。疑惑の血はまず米国先物協会、次に商品先物取引委員会（CFTC）によって流された。彼らは私のすべての口座記録を取り上げて、詐欺行為がないか探したのだ！
　CFTCは証券会社の記録を入念に調査した。それから、私のすべての記録を取り上げて、１年以上も返してくれなかった。それらを取り戻してから１年ほどたったころに何が起きたと思うだろうか。彼らは再びそれを要求したのだ！　成功すると命を縮める。
　こういうことは前代未聞のパフォーマンスを出したために起きたことだ。私が運用した口座のひとつは、新しい資金管理の手法を使って、およそ18カ月で６万ドルから約50万ドルに膨らんだ。すると、私は依頼人から告訴された。弁護士によると、彼女は50万ドルではなく5400万ドル儲けていたはずだと言うのだ。
　……いったい、どこからそんな話が出てくるのだ？
　だがいずれにしろ、この資金管理はもろ刃の剣だ。

並外れた成績を残したために、私に運用してほしいという資金が大量に集まってきた。大量の資金が集まると、あることが起き始めた。注目を浴びるなかで、剣の反対側が光ったのだ。私はちょうど経営者（つまり、資金運用会社の経営者）になろうとしている最中だった。……私のシステムや手法にブレーキがかかった。不振続きで、資産はこれまたけた外れの勢いで減り始めた。それまで勢いよく利益を積み上げていたのに、今や次々と損失が膨らみ始めていた！

ブローカーと顧客は叫び声を上げた……。私自身の口座は１年目の１万ドル（本当に１万ドル）から始めて、210万ドルに達した……。ほかの皆と同じようにたたきのめされた……。私の口座も渦にのみ込まれて、70万ドルまで急落していった。

そのころ、私以外は皆、飛び降りた。まあ、私は商品トレーダーだからね。ジェットコースターは好きだ。それ以外の生活スタイルは考えられない。それで、先が読めていたわけではないが、私はとどまった。そして私の口座は1987年末までに110万ドルまで回復した。

なんという年だ！

毎日、肩越しにこうしたことを見ていたのがラルフ・ビンスだった……。私が理解するよりもずっと前に彼は理解していた。私たちは間違った公式を使っていたのだ！　これは、かなり基本的なことだと思うかもしれない……。だが当時の私たちは、資金管理の革命の最中にいた。そして、こうしたことは簡単には理解できなかったのだ。私の知るかぎり、私たちはだれも踏み入れたことがない場所を突き止めて、トレーディングを行っていた。私たちはトレーディングで目覚ましい結果を目の当たりにしたので、自分たちの行っていることが何であれ、そこからあまり離れたくなかったのだ。

……私のトレーディングは激しく上下に揺れながら、よろよろと進んだ。一方で私たちは改善策を探し続けた。何かしら怪獣を手なずけて……、ケリーの公式に固有の破滅的な現象を避けようとした。

　ビンスと話しているうちに……、私は気づき始めた。激しい乱高下の元凶はシステムの勝率でも損益レシオでもドローダウンでもなかった。障害や不具合の原因は最大の負けトレードだった。それは重要な考えを表している……。私たちを食い物にしたものの正体は大きな負けトレードだった。それは、私たちが身を守りつつ、資金管理計画に取り込む必要のある悪魔なのだ。

　私の解決法は、まず自分の資金のうちどれだけのリスクを1回のトレードでとるべきかを決めることだった……。一般的に言えば、口座残高の10～15％を最大損失額で割ると……、トレードを行う枚数が得られる。

　それで、私の資金管理の公式は次のとおりだ。

（口座残高×リスク率）÷最大損失額＝取引枚数（または株数）

　おそらくもっと優れていて、洗練された手法があるだろう。しかし、数学を深く理解できる才能に恵まれない私たち一般トレーダーにとって、これが私の知る最良のものだ。これの良い点は自分のリスク・リワード特性に合わせられることだ。あなたが気の小さいトミーなら、資金の5％を使えばよい。自分は普通のノーマだと思うなら、10～12％を使えばよい。高レバレッジ好みのラリーなら、15～18％を使うことだ。

　私はこの手法で何百万ドルも稼いだ。私にこれ以上伝えることはない。あなたは投機による富の王国へのカギを手渡されたのだから。

私はここで資金管理の由来について話し、それがいかに効果的で大切か、またラリー・ウィリアムズがいかに先駆的で革命的であったか説明した。彼は自分の資金管理を、ウィリアムズの固定リスク率と呼んでいる。それについては、あとでさらに説明をする。

ここでは、あなた自身のトレーディングで使える逆マーチンゲール法による資金管理の戦略(ウィリアムズの固定リスク率を含む)をまとめておこう。

逆マーチンゲール法による資金管理の諸戦略

私は次の逆マーチンゲール法による資金管理戦略を検討するつもりだ。

- 固定リスク額
- 固定資金
- 固定比率
- 固定ユニット数
- ウィリアムズの固定リスク率
- 定率
- 固定ボラティリティ

これら7つの戦略を理解し比較する手助けとして、フォレックストレーダーと名づけた私の通貨取引システムにそれらの戦略を当てはめることにする。このシステムでは通貨先物のトレードを行う。そのため、ポジションサイズと言えば取引枚数のことだ。サンプル期間の間に、このシステムは362回以上の仮想トレードを生み出した。これはさまざまな資金管理戦略を当てはめるのに十分なデータ量だ。同じ売買ルールを使ったので、それぞれの戦略が比べやすい。それぞれの

戦略の特徴もそれではっきり理解できるだろう。さらに、私はこれらの戦略で取引できる最大枚数を100枚に制限した。これは結果をより現実的にするためだ。あなたが資金管理になじむにつれて、特定の戦略では途方もない枚数またはポジションサイズで仮想トレードが行えることにやがて気づくだろう。だが日中の強く厳しい日差しの中では、それは現実のトレーディングを必ずしも反映していない。それで、いわば「本当らしく」するために、それぞれの戦略でトレードができる最大枚数を100枚に制限したのだ。

比較を始める前に、資金管理を当てはめずに各シグナルで１枚のトレードをフォレックストレーダーで行った場合、どのような結果になるか見ておこう。

資金管理なしにフォレックストレーダーで１枚のトレードをする

以下の結果や数字はすべてドル表示だ。テスト期間の間に、フォレックストレーダーは１シグナルにつき１枚の円ドルトレードを行って、25万5100ドルの仮想純利益を生み出した。なお、手数料とスリッページ分として50ドルずつ差し引いた。口座の当初資金は２万ドルで、追証はなかった。また、この方法によるトレードの損益の分布の１標準偏差は2.3％だった。トレードごとのリスクや相場の変動率、そのときのドローダウンにかかわりなく、全シグナルでトレードを行った。期間中、最悪のドローダウン額は１万3638ドルで、最悪のドローダウン率は９％だった。純利益をドローダウンで割った比率が高いので、この１枚のトレード手法は非常に良い結果を出している。ドローダウン額が最悪のときに、１ドルの損失に対して19ドルの利益を生んでいる。図8.3は資金管理をまったくしないで、一定ポジションサイズ、つまり先物１枚でトレードを行った場合の純資産曲線を表してい

る。

　さて問題は、逆マーチンゲール法による資金管理戦略を用いても、高い利益を得られたのかどうかだ。

　この疑問に答えるため、まず7つの戦略を1つずつ調べる。フォレックストレーダーで得られたトレーディングの結果に、資金管理戦略をひとつずつ当てはめる。各戦略がデータサンプルに対してどの程度の働きをするかを調べたら、各戦略同士を比べて分析し、それぞれの方法に関してさらに深い理解が得られるかを見ることにしたい。

フォレックストレーダーで固定リスク額による資金管理を用いる

　図8.4はフォレックストレーダーで固定リスク額による資金管理を用いた場合の純資産曲線を表す。これがフォレックストレーダーのパフォーマンスにどういう効果を及ぼすのかを調べる前に、まず固定リスク額による資金管理がどういうものか説明しておこう。

　固定リスク額による資金管理では、あらかじめ定義された一定のリスク額に各トレードを制限する。1トレード当たりの固定リスク額を計算するには、トレードをしたいユニット数で当初資金を割ればよい。計算は次のように単純だ。

　固定リスク額＝口座残高÷資金のユニット数

　ここでカギとなる変数はあなたの口座残高と、あなたの望むユニット数、つまりトレード数だ。

　この例では、当初の口座残高2万ドルを40ユニットで割ると、固定リスク額500ドルが得られる。したがってこの場合は、リスク額が500ドル以下になるトレードしかしないということだ。トレード枚数を計

図8.3 資金管理を使わないフォレックストレーダーのパフォーマンス

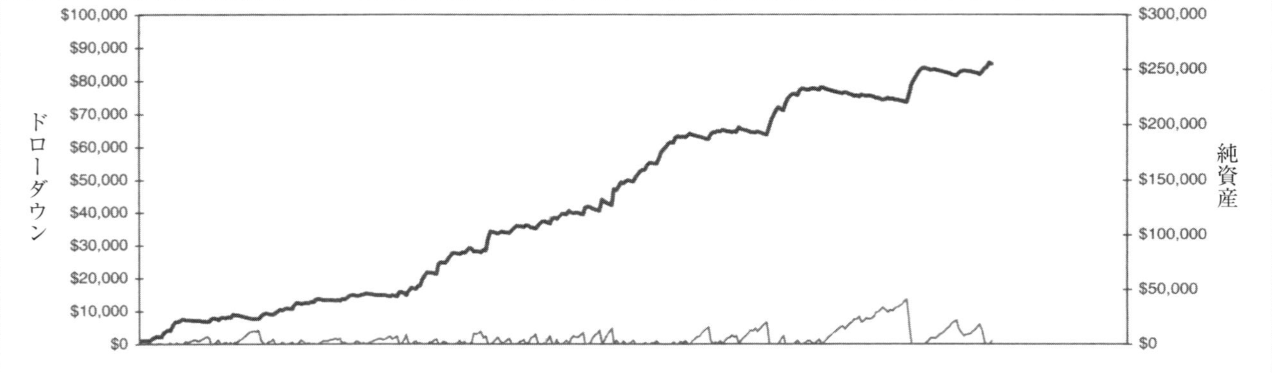

当初残高	純利益	最大ドローダウン額	最大ドローダウン率	純益÷ドローダウン	トレード不成立数	追証回数	最大枚数	損益の標準偏差
$20,000	$255,100	-$13,638	-9%	19	0	0	1	2.3%

当初純資産 $20,000
当初証拠金 $4,000
最大枚数 100

第8章 資金管理

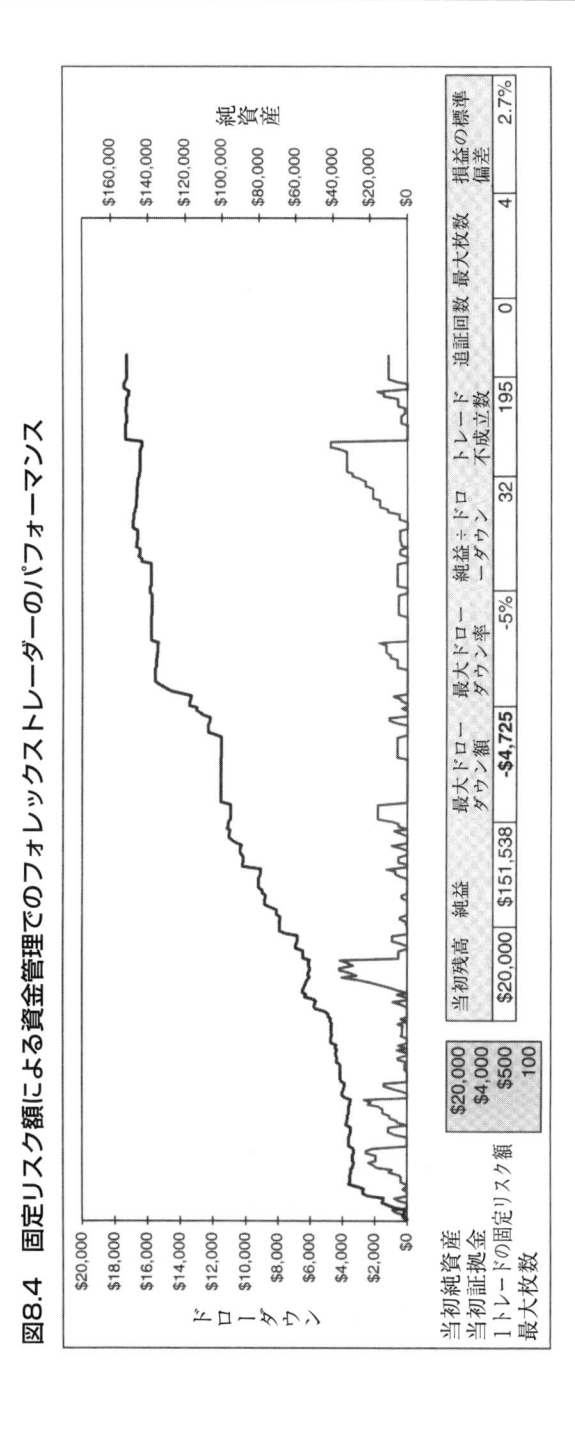

図8.4 固定リスク額による資金管理でのフォレックストレーダーのパフォーマンス

当初残高	純益	最大ドローダウン額	最大ドローダウン率	純益÷ドローダウン	トレード不成立数	追証回数	最大枚数	損益の標準偏差
$20,000	$151,538	-$4,725	-5%	32	195	0	4	2.7%

当初純資産	$20,000
当初証拠金	$4,000
1トレードの固定リスク額	$500
最大枚数	100

165

表8.2 トレード枚数

固定リスク額	トレードリスク額	取引枚数	
		実際の数字	端数切り捨て
$500	$650	0.8	0
$500	$350	1.4	1
$500	$265	1.9	1
$500	$200	2.5	2

算するには、固定リスク額を個々のトレードリスク額(すなわち、仕掛け値と損切りの逆指値の差に手数料を足した金額)で割ればよい。ただし、小数点以下は切り捨てる必要がある。次の単純な式を使えばよい。

　取引枚数＝固定リスク額÷トレードリスク額

　資金管理ルールによって個々のトレードリスク額が200ドルだったとすると、取引枚数は2枚(500ドル÷200ドル)ということになる。**表8.2**は固定リスク額が500ドルの場合の取引枚数を示している。
　固定リスク額による資金管理戦略をフォレックストレーダーに当てはめた場合にまず知りたいことは、固定リスク額で資金管理の目標は達成できたのかだ。つまり、負けたら取引枚数を減らせて、勝てば取引枚数を増やせたのかだ。残念ながら、固定リスク額はいずれの場合でもうまくいかない。負けているときでも、固定リスク額では常に500ドルのリスクをとることを期待する。ドローダウンがあっても、枚数を減らす機会はない。負けているときに、口座資金に対して各トレードでとるリスクの割合は大きくなる。ということは、ドローダウンのときに実際には、破産確率を高めていることになる。また、勝っているときに枚数を増やすことも許されない。取引可能な最大枚数

は2枚だった。さらに悪いことに、トレードを500ドルに制限していたので、195回のシグナルでは取引が不成立にならざるを得なかった。結果として、得られた利益はわずかに15万1538ドルだった。これは1枚で取引した場合の純利益25万5100ドルをかなり下回っている。

ここで調整できることと言えば、40トレード後に固定リスク額を増やすことだ。新たに増えた口座残高を40ユニットで割り直せば、固定リスク額が増えるだろう。さらに、ユニット数を増やして、破産確率を下げることさえできるかもしれない。両方とも利点がある。リスクをとる資金を増やせば、取引枚数を増やせる。しかも、そうしても破産確率は低くなる。トレードを行うユニット数を増やしているので、破産ポイントに達しにくくなっているからだ。あとで、固定リスク額を基にした固定ユニット額について検討する。

固定リスク額では、1トレードについて常に500ドルという一定金額を用いたために、正しい資金管理を達成できなかった。とはいえ、この方法にも利点がある。この方法を用いれば、口座資金に限りがあってもトレードを始められるからだ。売買ルールを検証していて、期待値も安定しているかぎり、40トレード以内に破産に追い込まれる可能性は極めて低いだろう。

固定リスク額のもうひとつの利点は、この方法が各トレードでのリスクをどうにか識別できているということだ。各トレードのリスクがあまりに高ければ、トレードを行うことは許されない。そのため、投資比率が下がるのだ。固定リスク額では資金管理の目標を達成できないにしても、リスクを管理する役には立つ。それは良い面だ。

フォレックストレーダーで固定資金による資金管理を用いる

図8.5は固定資金による資金管理を当てはめると、フォレックスト

レーダーによる1枚での利益25万5100ドルが1800万ドル以上に急上昇することを示す。たしかに幾何級数的な利益は目立つが、リターンが大きいということはリスクも多くとったことを意味する。

　固定資金では、資金の一定ユニット額で1枚のトレードを行う。資金のユニット額が1万5000ドルで口座残高が2万ドルなら、1枚のトレードを行う。口座残高が3万ドルなら、2枚のトレードを行う。固定資金による資金管理戦略では、取引枚数を計算するために次の公式を使う。

取引枚数＝口座残高÷1枚当たりの固定ユニット額

　取引枚数の計算では小数点以下を切り捨てる。上の例で口座残高が3万2000ドルなら、2枚（3万2000ドル÷1万5000ドル＝2.1、または端数切り捨て後は2.0）のトレードを行っているだろう。もし損失を被って、口座が2万9000ドルに減ったら、固定資金による方法では1枚（2万9000ドル÷1万5000ドル＝1.9、または端数切り捨て後は1.0）でしかトレードできない。2枚でトレードを行うには、口座が3万ドルを超えるまで待つ必要がある。**表8.3**は固定資金による方法で小数点以下を切り捨てると、取引枚数がどうなるかを表したものだ。

　たとえ口座残高が固定ユニット額を下回っても、固定資金による方法では最低1枚のトレードを行える。そうでないと、トレードをやめるしかなくなるだろう。この場合にトレードを続けたければ、残高が「最低固定ユニット額を切る」ときを、口座に資金を補給するシグナルにすればよい。

　資金の固定ユニット額を計算するには、次の公式を使う。

固定ユニット額＝最大ドローダウン（実際の額か予想額）
　　　　　　　÷ブロートーチリスク率

第8章 資金管理

図8.5 固定資金による資金管理でのフォレックストレーダーのパフォーマンス

当初残高	純益	最大ドローダウン額	最大ドローダウン率	純益÷ドローダウン	トレード不成立数	追証回数	最大枚数	損益の標準偏差
$20,000	$18,667,238	-$1,363,750	-22%	14	0	0	100	7.4%

当初純資産	$20,000
当初証拠金	$4,000
1枚当たりの固定資金	$15,000
最大枚数	100

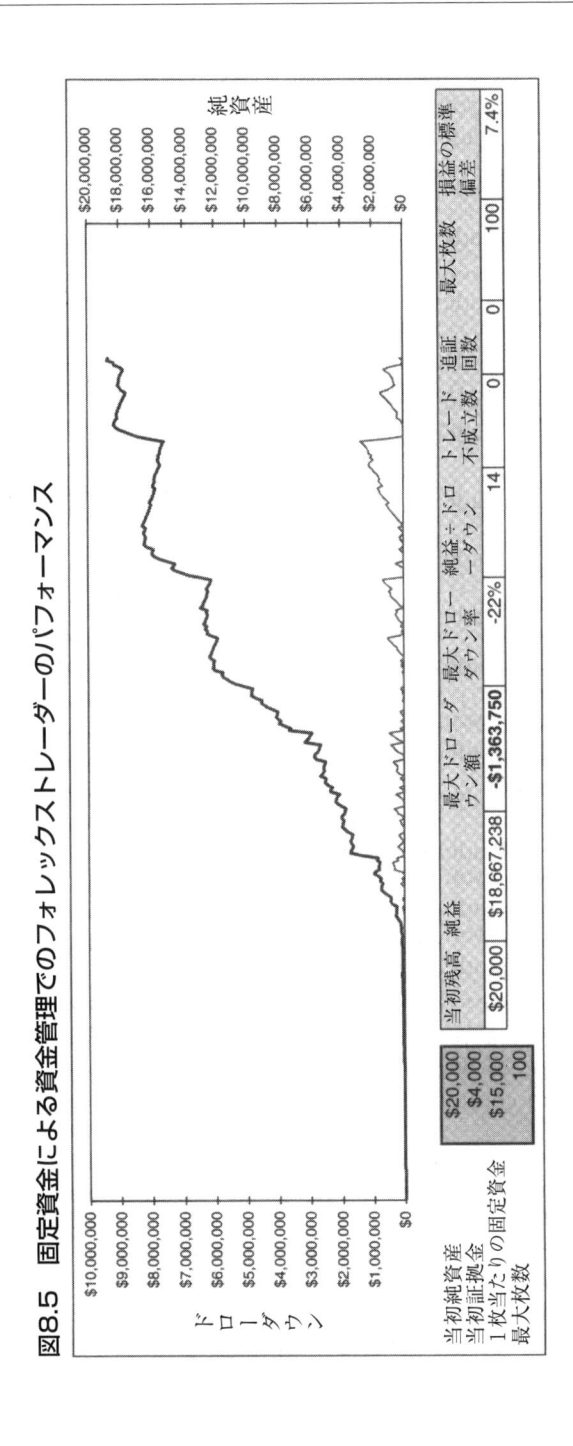

表8.3　取引枚数

固定ユニット額	口座残高	取引枚数 実際の数字	取引枚数 端数切り捨て
$15,000	$8,000	0.5	1
$15,000	$29,000	1.9	1
$15,000	$32,000	2.1	2
$15,000	$48,000	3.2	3
$15,000	$51,000	3.4	3

　この例ではとりあえず、固定資金の「ユニット」額に１万5000ドルを選んだ。

　１枚の例では、フォレックストレーダーの最悪のドローダウンは１万3638ドルだった。この数字を使えば、資金の固定ユニット額をどう計算すればよいか分かるだろう。計算にはこの過去のドローダウン額を使ってもよいし、もっと大きな数字を使ってもよい。私は、最悪のドローダウンはこれからやってくるものと信じている。思い出そう。トレーディングとは生き残ることなのだ。マーケットで最悪の事態が起きるのを予想して守りの態勢でいるなら、最大の逆境から何を被る可能性があるのかや、一番都合の悪いときにどういうことに失望させられるかにも関心を持っていられる。

　私ならフォレックストレーダーが過去に出した最大ドローダウンをさらに増やして、１万4000ドルで計算するだろう。

　ブロートーチリスク率については少し説明が必要だろう。これは、あなたがどれくらいの痛みに耐えられるか、あるいは口座残高の何パーセントを失っても落ち着いていられるかを指している。

　あなたが口座の30％を失っても構わないのなら、固定資金の方法では前の公式を使って、４万6667ドル（１万4000ドル÷0.30）につき１枚のトレードを行うことになる。トレード枚数を２枚に増やすには、

表8.4　個々のリスク許容度によって固定ユニット額がどう変わるか

ブロートーチリスク率	予想ドローダウン	固定ユニット額
20.0%	$14,000	$70,000
30.0%	$14,000	$46,667
40.0%	$14,000	$35,000
50.0%	$14,000	$28,000
93.3%	$14,000	$15,000

口座残高が9万3334ドル（4万6667ドル×2）になるまで待つ必要がある。

　もっと慎重なトレーダーならブロートーチリスク率を下げればよいし、もっと積極的なトレーダーならそれを増やせばよい。固定資金による方法は柔軟性が大きい。

　表8.4では個々のリスク水準に応じて固定ユニット額がどう変わるかを示す。

　ドローダウンに予想額の1万4000ドルを使い、それを非常に積極的な（ほとんどの人は自殺的と言うだろう）93.3％のブロートーチリスク率と組み合わせれば、1万5000ドル（1万4000ドル÷0.933）ごとに1枚のトレードを行うことになる。

　私が例で行ったように、あなたもこうしていたら、**図8.5**で示すように、フォレックストレーダーは1800万ドルを超える驚くべき利益を生み出しただろう。

　固定資金によって取引枚数をどのように増やせるのか、詳しく見ることにしよう。

　固定資金は最も速く枚数を増やしていける戦略のひとつだ。その理由は、次の枚数の水準へ移るときに、新しい枚数の水準での1枚ごとに必要とされる利益が減っていくからだ。

　図8.6のように、当初の口座残高2万ドルから1枚のトレードを始

図8.6　取引枚数が増える口座水準

取引枚数	口座残高水準	枚数ごとの必要総利益							
		1枚目 $33,893	2枚目 $23,893	3枚目 $16,393	4枚目 $11,393	5枚目 $7,643	6枚目 $4,643	7枚目 $2,143	8枚目 $0
8	$120,000	$2,143	$2,143	$2,143	$2,143	$2,143	$2,143	$2,143	
7	$105,000	$2,500	$2,500	$2,500	$2,500	$2,500	$2,500		
6	$90,000	$3,000	$3,000	$3,000	$3,000	$3,000			
5	$75,000	$3,750	$3,750	$3,750	$3,750				
4	$60,000	$5,000	$5,000	$5,000					
3	$45,000	$7,500	$7,500						
2	$30,000	$10,000							
1									
固定資金	$15,000	$20,000 (当初資金)							

※ 枚数を増やす労力は異なる
※ 取引枚数を増やすために必要な1枚ごとの利益は減る

めるとする。1枚でのトレードによる利益が1万1ドルになると、口座残高は3万ドルを超える。その時点で2枚のトレードを行えるようになる。口座が4万5000ドルを超えたら3枚のトレードを行える。そこまではわずか1万5000ドルしかない。しかも、これだけの利益を作るのに2枚使える。そのため、1枚につき1万ドルではなく7500ドルの利益を出せば、次の水準に達する。口座が4万5000ドルを超えると3枚のトレードを行える。口座残高が6万ドルに達して4枚でのトレードを始めるには、3枚のそれぞれで5000ドルずつ稼げば済む。取引枚数の水準が上がるにつれて、必要とされる利益が減っていくのが分かるだろう。1枚ごとに必要な利益が減っていくため、取引枚数は増えていく。

　固定資金による方法が1800万ドルを超える幾何級数的な利益を生むのはこのためだ。枚数の水準が上がるにつれて、必要な利益は減っていく。

このように固定資金では取引枚数を素早く増やしていけるので、フォレックストレーダーの例では最大枚数を100枚に制限したのだ。この方法では、調子に乗って1200枚（1800万ドル÷１万5000ドル）のトレードでも簡単に行えてしまう。だが、それは現実的ではないので、制限を置いたのだ。

　自分の戦略が堅牢で純資産曲線も安定している、あるいは将来の期待値も保証できると思っているなら、固定資金でのトレードを行おうと考えるだろう。天文学的な利益を生んでくれるからだ。しかし、トレーディングに保証などないので、固定資金による方法は適切でないかもしれない。

　この方法のパフォーマンスをもっと詳しく見てみよう。固定資金は適切な資金管理の目標を達成しているだろうか。つまり、負けているときには枚数を減らして、勝っているときには枚数を増やしているだろうか。両方とも答えはイエスだ。

　固定資金による資金管理では、口座残高と固定ユニット額に応じて何枚でトレードすればよいか、簡単に計算できる。負けて口座残高が一定水準以下になれば、取引枚数を１枚減らす必要がある。あるいは、口座残高が２枚分以上落ちれば、もっと減らす必要がある。逆に、勝って口座残高が増えているときには、同様の計算で取引枚数を増やすことができる。このため固定資金では、生き残って大きな利益を生むという資金管理の目標を達成できる。実際、この方法では非常に高い幾何級数的利益を出せる。

　固定リスク額と同じように、固定資金は口座資金が少ないトレーダーでも使える手法だ。この方法は口座資金を素早く増やし、困った事態になったら素早く退くための簡単な仕組みを提供してくれる。しかし固定リスク額とは異なって、個々のトレードリスクは管理しない。すべてのシグナルを受け取って、すべてを同じように扱う。

　固定資金による方法の最大の利点は、少ない口座資金を素早く増や

していけることだ。不利な点は、そのためにはリスクも増えるということだ。この方法では、普通大きなドローダウンが生じる。私たちの例では図8.5に示したように22％だった。1800万ドルを超える利益を出しているときに、136万3750ドルを失ってもたいしたことには見えないかもしれない。しかし、それを実際に経験するのはあまり心地よいものではない。それは私が保証する！

フォレックストレーダーで固定比率による資金管理を用いる

　図8.7は固定比率による資金管理をフォレックストレーダーに当てはめた場合の結果を表す。この数字を詳しく見る前に、固定比率による資金管理について検討しておこう。

　固定比率はライアン・ジョーンズが開発し、彼の著書『ザ・トレーディング・ゲーム（The Trading Game）』で紹介されたものだ。固定比率による方法では、トレーダーは「固定比率」によってトレード枚数を調節する必要がある。「固定比率」はデルタと呼ばれていて、ドローダウンを使って計算する。取引枚数を1枚増やせる次の水準を計算するには、以下の公式を使えばよい。

　次の口座水準＝現在の口座水準＋（現在の取引枚数×デルタ）

　デルタを計算する方法で、これが確実で早いというものはない。だがこれは、固定比率による資金管理で最も重要な変数だということを理解しておいてほしい。デルタが変わると、固定比率のパフォーマンスに影響する。デルタを大きくするほど、リターンもドローダウンも控えめになる。逆にデルタを小さくしてもっと積極的になると、利益は増える。だが、より大きなドローダウンを被るという代償を払う必

要がある。デルタは１枚を基準にした売買ルールのドローダウンで決めるべきだ。

慎重であるためには、１枚のトレードで被る最大ドローダウンに対応できるほどデルタを大きくしておくほうがよい。さらにトレーディングを続けられるだけの証拠金も用意しておくべきだ。この例では、デルタは次の式で計算するだろう。

デルタ＝ドローダウン＋当初証拠金

次の例では、１万4000ドルの最大ドローダウンを使い、最初の必要証拠金を4000ドルと仮定して、デルタを１万8000ドルにした。この１万8000ドルのデルタを使った場合、固定比率による資金管理では、１枚につき１万8000ドルの利益を出さないと次の枚数の水準に移ることができない。それだけの利益が出たら、１枚増やすことができる。１枚増やしたこの水準では、前の枚数に加えて新しい１枚のすべてで１万8000ドルずつ利益を出さないと、さらに１枚を増やすことはできない。もっと積極的なトレーダーなら、より小さなデルタを使うだろう。また、もっと慎重なトレーダーならより大きなデルタを使えばよい。固定比率には、あらゆるトレーダーのさまざまなリスク要因に合わせられるだけの柔軟性がある。

図8.8は固定比率の公式を使って、取引枚数を増やせる水準をどのように計算するかを示している。

この例では２万ドルの口座残高から始めて、デルタは１万8000ドルを使っている。２枚に増やすには、１デルタ、つまり１枚当たり１万8000ドルの利益を出す必要がある。１万8000ドルの利益を出して３万8001ドルに達したら、２枚でトレードを行える。２枚になると、固定比率ではトレードを行っている１枚ずつについて１万8000ドルの利益を出す必要がある。さらに３万6000ドルの利益を出して７万4001ドル

図8.7 固定比率による資金管理でのフォレックストレーダーのパフォーマンス

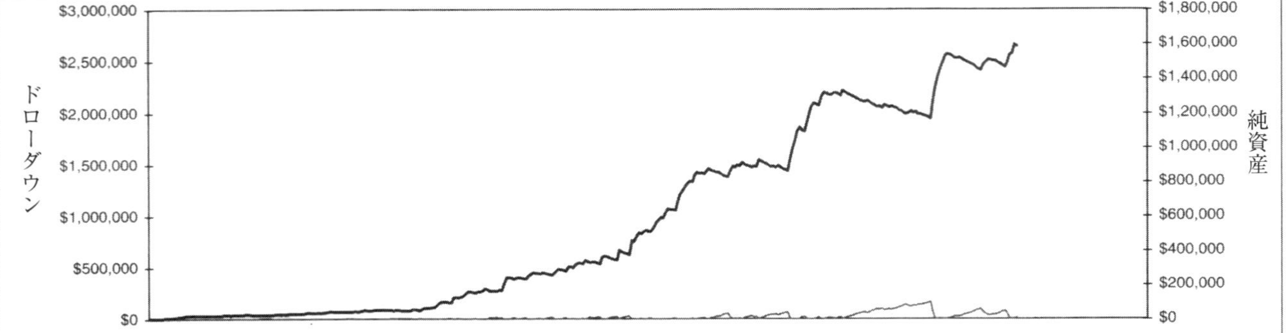

当初残高	純益	最大ドローダウン額	最大ドローダウン率	純益÷ドローダウン	トレード不成立数	追証回数	最大枚数	損益の標準偏差
$20,000	$1,585,188	-$162,413	-12%	10	0	0	13	3.8%

当初純資産　　　　　　　　　$20,000
当初証拠金　　　　　　　　　 $4,000
1枚の最大ドローダウン　　　-$14,000
デルタ（ドローダウン+証拠金）$18,000
最大枚数　　　　　　　　　　　　100

図8.8 取引枚数が増える口座水準

取引枚数	口座残高水準	枚数ごとの必要総利益							
		1枚目 $126,000	2枚目 $108,000	3枚目 $90,000	4枚目 $72,000	5枚目 $54,000	6枚目 $36,000	7枚目 $18,000	8枚目 $0
8									
7	$524,000	$18,000	$18,000	$18,000	$18,000	$18,000	$18,000	$18,000	
6	$398,000	$18,000	$18,000	$18,000	$18,000	$18,000	$18,000		
5	$290,000	$18,000	$18,000	$18,000	$18,000	$18,000			
4	$200,000	$18,000	$18,000	$18,000	$18,000				
3	$128,000	$18,000	$18,000	$18,000					
2	$74,000	$18,000	$18,000						
1	$38,000	$18,000							
デルタ	$18,000	$20,000 当初資金							

枚数を増やす労力が同じ

取引枚数を増やすために必要な1枚ごとの利益は同じ

に達したら、3枚のトレードを行えるという具合だ。

　これが固定比率のカギだ。取引枚数を増やすためには現在の枚数のそれぞれに対して、さらに1デルタ分の利益を出す必要がある。

　当然、損失を被って前の口座水準以下になったら、口座残高が元に戻るまで取引枚数を減らす必要がある。枚数を減らすときには、前の口座水準を利用してもよいし、もっと早めに減らしてもよい。つまり、1デルタ分の利益すべてを失うまで待って枚数を減らすのではなく、もっと早く減らしてもよい。1デルタの何分の1かを、早めに取引枚数を減らすシグナルに使うこともできるのだ。ただし、これには不利な面もある。非対称のレバレッジから立ち直るために時間と努力が必要になるという点だ。率という点では、より大きな利益を出さなければ損失を取り戻せない。しかも、少ない枚数でそれを行わなければならないので、回復にはいっそうの時間がかかる。

　一方を取ろうとすると、いつも他方をあきらめるしかない。取引枚

数を増やしたときのデルタよりも少ない金額で枚数を減らせば、利益を守りつつリスクを減らすことになる。ただし取引枚数を減らすと、非対称のレバレッジが大きくなるという代償を払う必要がある。あるいは、取引枚数を増やしたときと同じデルタ率で枚数を減らせば、同じ枚数をもっと長く維持できるので、それだけ幾何級数的な利益を生む可能性も維持できる。これのマイナス面は、幾何級数的な利益を生む可能性を維持できても、ドローダウンが続くためにリスクはより高くなり、利益が下がる可能性もあるということだ。

固定比率による方法では、負けたときに取引枚数を減らし、勝ったときに増やすという資金管理の目標を達成できるだろうか。答えはイエスだ。トレードを行っている1枚ずつに対してデルタに見合うだけの利益が得られたら、枚数を増やしてもよい。損失を被って口座残高が前の水準まで減ったら、取引枚数も減らさなければならない。

図8.7は固定比率による方法で、幾何級数的に利益が増えることを示す。1万8000ドルのデルタで150万ドルを超える純利益を生んでいる。それは固定資金の場合ほど大きくないが、1枚での純利益25万5100ドルよりもずっと大きかった。さらに固定比率では、利益対ドローダウンが10対1になった。ドローダウンで1ドル痛みを味わうたびに、10ドルの利益を生んだわけだ。

資金管理の目標を達成すること以外にも、固定比率には魅力的な特徴がある。固定リスク額や固定資金のように、固定比率も、口座資金の少ないトレーダーに資金管理の戦略を提供してくれる。適切なデルタでトレードを始めれば、やがて着実に枚数、つまりポジションを増やすことができる。また、デルタにはトレーダーの慎重度や積極度に合わせられる柔軟性も十分にある。デルタを小さくすれば、ドローダウンを一定水準に維持しながら、より早く口座資金を増やせる。

図8.9はデルタを1万1000ドルに下げた場合、どれくらいの利益を稼げそうかを表す。

最大ドローダウンを半分にしてデルタを1万1000ドルに下げると、純利益が60％以上増えていたことが分かる！　また、ドローダウン率はデルタが高い場合とほぼ変わらないだけでなく、純利益対ドローダウンも一貫している。ドローダウンで1ドル痛みを味わうたびに、10ドルの利益を生んでいる。

　だが、固定資金と同じく、固定比率では個々のトレードリスクを見ない。個々のリスクにかかわらず、すべてのシグナルでトレードを行うと期待している。

1800万ドルの利益を求めるか150万ドルの利益を求めるか、それが問題だ

　これまでのところ、固定資金が最高の資金管理戦略のように思える。仮想純利益は固定比率の150万ドルに対して1800万ドルだ。

　しかし、固定資金で1800万ドルの利益を生むためには大きなリスクをとった。固定資金と固定比率が破滅的な損失を被ったときにどうなるかを調べると、このリスクが明らかになる。

　これらの例では、2万ドルという限られた口座資金から始めて、ドローダウンは両方とも1万4000ドルと仮定した。破滅的な損失は、過去の最大ドローダウンの70％を超える1枚での損失、すなわち1枚当たり1万ドルと定義する。この定義はこれまでの議論との関係では現実的でありながら控えめと言えるだろう。

　1枚につき1万ドルの破滅的な損失は、両方とも7枚でトレードを行っているときに起きると仮定する。これはデータの異なる時期に起きることを意味する。固定資金では固定比率の場合よりもずっと速く枚数を積み上げていくからだ。だがこの演習の目的からは、そのことは重要ではない。ここでの問題はトレードを行っている枚数に関するものだからだ。ここで意識しておくべきことは、同じ枚数の水準、つ

図8.9　デルタを小さくした場合のフォレックストレーダーのパフォーマンス

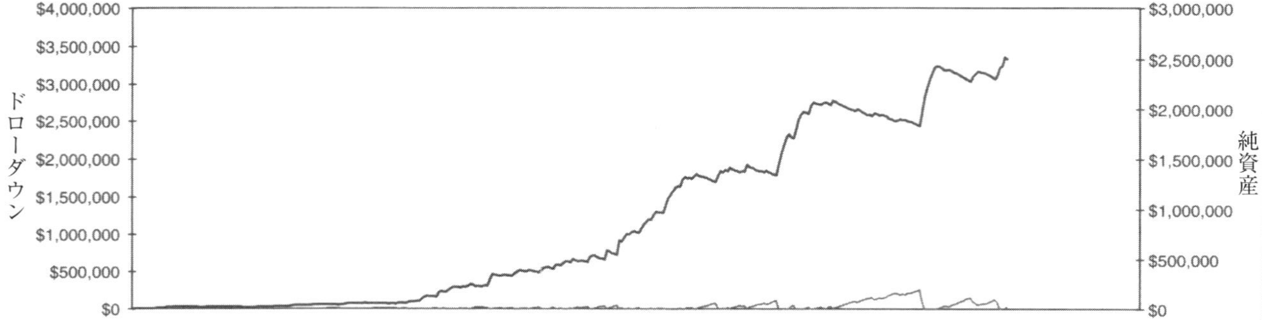

当初純資産	$20,000
当初証拠金	$4,000
最大ドローダウン÷2	-$7,000
小さいデルタ（ドローダウン＋証拠金）	$11,000
最大枚数	100

当初残高	純益	最大ドローダウン額	最大ドローダウン率	純益÷ドローダウン	トレード不成立数	追証回数	最大枚数	損益の標準偏差
$20,000	$2,500,988	**-$257,875**	-13%	10	0	0	21	4.5%

図8.10 破滅的な損失に固定資金はどう対応するか

取引枚数	口座残高水準	枚数ごとの必要総利益							
		1枚目 $33,893	2枚目 $23,893	3枚目 $16,393	4枚目 $11,393	5枚目 $7,643	6枚目 $4,643	7枚目 $2,143	8枚目 $0
枚数を増やす労力は異なる 8	$120,000	$2,143	$2,143	$2,143	$2,143	$2,143	$2,143	$2,143	
7	$105,000	$2,500	$2,500	$2,500	$2,500	$2,500	$2,500		
6	$90,000	$3,000	$3,000	$3,000	$3,000	$3,000			
5	$75,000	$3,750	$3,750	$3,750	$3,750				
4	$60,000	$5,000	$5,000	$5,000					
3	$45,000	$7,500	$7,500						
2	$30,000	$10,000							
1									
固定資金	$15,000 $20,000 当初資金								

最初の破滅的な損失 -$10,000

より少ない利益で枚数を増やせるが、破滅的ドローダウンで破産の可能性がある

破滅的な損失の影響			
ドローダウン		回復？	
現在の口座残高	$120,000	新しい口座残高	$50,000
トレード枚数	7	非対称のレバレッジ	140%
1枚当たりの破滅的な損失	-$10,000	(損失から立ち直るための利益率)	
総損失	-$70,000		
ドローダウン率	-58%	トレード枚数	3

まりポジションサイズが同じときに被る損失がどの程度の影響を持つかだ。さらに、この損失はそれぞれの主な変数——固定ユニット額と固定デルタ——にもかかわる。次の例は、あなたがどの枚数の水準で破滅的な損失が起きると考えているかに関係なく、ためになるだろう。

この1万ドルの破滅的な損失が突然、7枚の水準で起きたらどうなるだろうか？　図8.10は固定資金、図8.11は固定比率による資金管理を用いた場合の影響を示す。

固定資金を用いたトレーダーは7万ドルの損失で58%のドローダウンを被る！　固定比率を用いたトレーダーは7万ドルの損失で13%のドローダウンを被る。固定資金を用いたトレーダーにとって、これはほとんど破産と言ってよい！　これほどの破滅的な損失はなかなか起きそうにない。また、もし起きたら、固定資金には別れを告げているかもしれない。固定比率を用いたトレーダーのほうは不運を嘆くだろ

図8.11 破滅的な損失に固定比率はどう対応するか

取引枚数	口座残高水準	枚数ごとの必要総利益								
		1枚目 $126,000	2枚目 $108,000	3枚目 $90,000	4枚目 $72,000	5枚目 $54,000	6枚目 $36,000	7枚目 $18,000	8枚目 $0
8	$524,000	$18,000	$18,000	$18,000	$18,000	$18,000	$18,000	$18,000	
7	$398,000	$18,000	$18,000	$18,000	$18,000	$18,000	$18,000		
6	$290,000	$18,000	$18,000	$18,000	$18,000	$18,000			
5	$200,000	$18,000	$18,000	$18,000	$18,000				
4	$128,000	$18,000	$18,000	$18,000					
3	$74,000	$18,000	$18,000						
2	$38,000	$18,000							
1									
固定資金	$18,000	$20,000 当初資金							

最初の破滅的な損失 -$10,000

枚数を増やす労力は同じ

枚数を増やすために必要な1枚当たり利益は同じだが、破滅的損失を吸収する能力がある

破滅的な損失の影響

ドローダウン		回復？	
現在の口座残高	$524,000	新しい口座残高	$454,000
トレード枚数	7	非対称のレバレッジ	15%
1枚当たりの破滅的な損失	-$10,000	（損失から立ち直るための利益率）	
総損失	-$70,000		
ドローダウン率	-13%	トレード枚数	7

う。しかし、生き残ってゲームにとどまっているのだから、よくやったとも言えるだろう。

それぞれの資金管理戦略をもっと詳しく見ていこう。そして、どこで、なぜ固定資金は失敗し、固定比率は持ちこたえたのか確かめよう。

すでに述べたように、固定資金による方法では、枚数が増えるたびに1枚当たりに要する利益は減っていくため、枚数を早く増やしていける。2枚目のトレードを行うには、1枚目で1万ドルの利益を出すことが必要だ。しかし、7枚のトレードを行っているときに8枚目のトレードを始めるには、1枚につき2143ドルの利益を出せば済む。固定資金では、枚数を増やす労力は減っていく。

この労力の変化によって「投機的な仕組み」が生み出される。その仕組みによって、幾何級数的な利益は強烈な印象を与え、もろさが明らかになることもない。1枚につき1万ドルという破滅的な損失が出

ると、12万ドルの口座は58％のドローダウンを被る。それで破産ポイントに達しないとしても、140％の非対称のレバレッジにはきっと泣きたくなるだろう。元の水準に戻すためには140％の利益が必要だが、それを3枚のトレードから始めなければならないのは特につらいだろう。

固定比率のほうを見よう。**図8.11**は固定比率の資金管理戦略と、それが破滅的な損失を被ったときの影響を示す。

固定比率で取引枚数を増やすためには、1枚ごとに同じ利益を出す必要がある。枚数の水準を引き上げるには、1枚につき1万8000ドルの利益が必要だ。固定比率で1万8000ドルの利益が残り、口座が3万8001ドルに達する。そして、2枚のトレードを行えても、3枚のトレードを行うことを考える前に、各1枚につき1万8000ドルの利益を出す必要がある。7枚のトレードを行っているとき、8枚に増やすことを考える前に、まだ1枚につき1万8000ドルの利益が必要だ。

固定比率では、枚数を増やすために1枚につきデルタ分の利益を出さなければならない。このように、どの水準でも同じ労力を要求されることが逆に口座の揺るぎない基礎となる。

幾何級数的な利益という点では固定資金ほど目覚ましくは見えないが、それは本物の資産という感じがする。1枚につき1万ドルの破滅的な損失を被っても、52万4000ドルの口座では13％のドローダウンで済む。この対応可能なドローダウンでは、非対称のレバレッジで15％の利益を出せば元の残高に戻る。15％の非対称のレバレッジは固定資金での140％よりも少ない。それだけでなく、1枚につき1万ドルの損失を出したあとでさえ、固定比率では1枚減らす水準まで落ちずに済む。失った13％を取り戻すために15％の利益を稼ぐ間でも、7枚でのトレードを続けられるのだ。そのため、固定比率は固定資金よりも望ましい。

図8.12 固定ユニット数による資金管理でのフォレックストレーダーのパフォーマンス

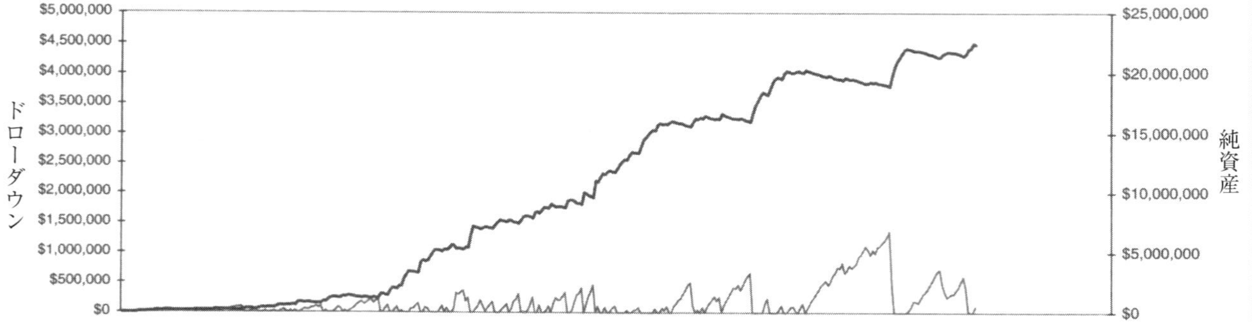

当初残高	純益	最大ドローダウン額	最大ドローダウン率	純益÷ドローダウン率	トレード不成立数	追証回数	最大枚数	損益の標準偏差
$20,000	$22,402,163	-$1,363,750	-32%	16	1	4	100	8.5%

当初純資産 $20,000
当初証拠金 $4,000
固定ユニット数 30
最大枚数 100

フォレックストレーダーで固定ユニット数による資金管理を用いる

　図8.12は固定ユニット数を当てはめた場合のフォレックストレーダーのパフォーマンスを示す。この意味について述べる前に、固定ユニット数による資金管理について検討しておこう。

　固定ユニット数による戦略は固定リスク額に基づいている。固定ユニット数による資金管理では、各トレードをあらかじめ定義したリスク額に限定する。このリスク額はあらかじめ定義したユニット数を使って計算する。まず、トレードを行いたいユニット数を決める。1トレードのリスク額は固定リスク額のときと同じで、トレードを始めたい資金の固定ユニット数で当初口座資金を割って計算する。計算は次のように単純だ。

　　1枚当たりリスク額＝口座残高÷資金の固定ユニット数

　ここでカギとなる変数は口座残高と資金のユニット数、つまり行いたいトレード数だ。固定ユニット数と固定リスク額では、口座残高が増えるときに違いが出てくる。口座残高が新たに増えると、固定ユニット数では1トレード当たりのリスク額を計算し直す必要がある。新しい固定リスク額は次のように計算する。

　　1トレード当たりリスク額＝新たに増えた口座残高
　　　　　　　　　　　　　　÷資金の固定ユニット数

　利益が出て口座残高が増えるにつれて、固定ユニット数では1トレード当たりにとるリスク額を増やしていく必要がある。取引ユニット数（口座資金がゼロになる前に行いたいトレード数）は固定されたま

まだが、1トレード当たりにとる実際のリスク額は増える。

さて、口座残高が増えているとき、ユニット当たりリスク額はこのように変わる。だが、負けているときのリスク額は減らない。ドローダウンのときでも、固定ユニット数では1トレード当たりのリスク額を同じままにしておく。トレーダーにとって、ここでカギとなる変数は、トレードを行いたいと思う固定「ユニット」数だ。

破産確率に関する第4章での議論から、トレーダーが最低限取るべきユニット数は20だということが分かっている。固定リスク額のときには40ユニットを使った。この例では、トレーダーの好みを30ユニットと仮定する。

当初の口座残高が2万ドルで、30ユニットでトレードをしたいと望むなら、口座残高を30で割れば1トレード当たりのリスク額が計算できる。これが各トレードでリスクをとる用意がある金額になる。この例では667ドルだ。したがって、667ドル以下のリスクになるトレードしか行わないだろう。トレード枚数を計算するには、単に個々のトレードリスク（すなわち、仕掛値と損切りの逆指値の差に手数料を足した金額）で固定リスク額を割ればよい。その際に小数点以下は必ず切り捨てよう。公式は次のようになる。

取引枚数＝リスク額÷トレードリスク

個々のトレードリスクが200ドルなら、この計算によれば、3枚（667ドル÷200ドル）のトレードを行うことになる。**表8.5**は固定リスク額が667ドルの場合の取引枚数を表す。

さて、固定ユニット数が固定リスク額と異なるところは、リスク額が一定のままではないという点だ。口座残高が増えるにつれて、リスク額も増える。**表8.6**は口座残高が増えてユニット数は固定されたままの場合に、リスク額がどのように増えるかを示す。

表8.5 トレード枚数

リスク額	トレードリスク額	取引枚数	
		実際の数字	端数切り捨て
$667	$800	0.8	0
$667	$350	1.9	1
$667	$265	2.5	2
$667	$200	3.335	3

表8.6 異なる口座残高でのトレード枚数

口座残高	固定ユニット数	リスク額	トレードリスク額	取引枚数	
				実際の数字	端数切り捨て
$20,000	30	$667	$800	0.8	0
$30,000	30	$1,000	$350	2.9	2
$40,000	30	$1,333	$265	5.0	5
$50,000	30	$1,667	$200	8.333	8

図8.13 取引枚数が増える口座水準

取引枚数	口座残高水準	枚数ごとの必要総利益							
		1枚目 $51,857	2枚目 $31,857	3枚目 $21,857	4枚目 $15,190	5枚目 $10,190	6枚目 $6,190	7枚目 $2,857	8枚目 $0
8									
7	$160,000	$2,857	$2,857	$2,857	$2,857	$2,857	$2,857	$2,857	
6	$140,000	$3,333	$3,333	$3,333	$3,333	$3,333	$3,333		
5	$120,000	$4,000	$4,000	$4,000	$4,000	$4,000			
4	$100,000	$5,000	$5,000	$5,000	$5,000				
3	$80,000	$6,667	$6,667	$6,667					
2	$60,000	$10,000	$10,000						
1	$40,000	$20,000							

固定ユニット数 30 $20,000
1トレードのリスク $667 当初資金

図8.13では、固定ユニット数を用いると、いかに早く枚数を増やしていけるかを示している。

説明のために、ここでは個々のトレードリスクを667ドルに固定した。当然だが、個々のトレードリスクはセットアップごとに変わる。しかしこの例でトレードリスクを一定にしたままでも、固定ユニット数がどれほど早く枚数を増やしていけるかを十分に示している。

２万ドルの口座で30ユニットから始めたトレーダーは、１トレードにつき667ドルのリスクをとることができる。口座が４万１ドルに達すると、１枚当たりのトレードリスクが667ドル（４万ドル÷30＝1333ドル）のままなら、２枚でトレードを行える。

２＝1333ドル÷667ドル

口座が６万１ドルに達すれば、３枚（６万ドル÷30＝2000ドル）のトレードを行える。

３＝2000ドル÷667ドル

図8.13で分かるように、枚数が増えるにつれて必要な利益は減っていく。そのため、取引枚数を素早く増やしていけるのだ。このため、戦略が相変わらずしっかりしていれば、幾何級数的な利益を出すことができる。

固定ユニット数による資金管理戦略をフォレックストレーダーの結果に当てはめるときにまず知りたいことは、固定ユニット数が資金管理の目標を達成したかどうかだ。つまり、取引枚数を負けているときには減らし、勝っているときには増やしているかだ。

答えはノーでもあり、イエスでもある。

ノーの理由は、負けているときでも固定ユニット数ではリスク額を

変えないことを予定している。そのため、ドローダウンのときでも枚数を減らしてリスクを下げる機会がないのだ。負けているときに、各トレードで口座残高のより大きな割合をリスクにさらすため、実はドローダウンのときに破産確率を上げていることになる。

そしてイエスの理由は、勝っていて口座残高が増えているときにリスク額が増えるので、トレード枚数も増やせるからだ。その結果、最大取引枚数に達し、固定ユニット数で2200万ドル以上の利益を出した！　これは1枚でトレードしたときの利益25万5100ドルを著しく上回る。固定ユニット数では確かに幾何級数的な利益が出る。

前にも述べたが、この戦略では取引枚数が急速に増えていくので、最大取引枚数を100枚に制限した。この方法では、調子に乗って1100枚［（2200万ドル÷30）÷667ドル］のトレードでも簡単に行えてしまう。だが、それは現実的ではないので、制限を置いたのだ。

まとめると、固定ユニット数は目覚ましい結果を達成した。純利益は2200万ドル以上だが、最大ドローダウン額は136万3750ドルで、最大ドローダウン率は32％だった。固定ユニット数では、高い純利益・ドローダウン比率を達成した。ドローダウンで1ドルの痛みを味わうたびに16ドルの利益を生み出し、トレード間の標準偏差は8.5％だった。

さて、固定ユニット数での利益は目を見張るものだが、固定資金と同じようにドローダウンの間は大きな影響を受けやすい。**図8.14**は、固定ユニット数が破滅的な損失にどう対応するかを示している。

幾何級数的な利益は強い印象を与えるが、かなりのリスクを伴うのだ。

7枚のトレードを行っているときに1枚当たり1万ドルという破滅的な損失を被れば、16万ドルの口座残高では44％のドローダウンになる。このドローダウンから回復するには、78％という大きな利益が必要になる。

取り戻すべき額は相当なものだが、固定資金とは違いがある。固定

図8.14　破滅的な損失に固定ユニット数はどう対応するか

取引枚数	口座残高水準	枚数ごとの必要総利益							
		1枚目 $51,857	2枚目 $31,857	3枚目 $21,857	4枚目 $15,190	5枚目 $10,190	6枚目 $6,190	7枚目 $2,857	8枚目 $0
8	$160,000	$2,857	$2,857	$2,857	$2,857	$2,857	$2,857	$2,857	
7	$140,000	$3,333	$3,333	$3,333	$3,333	$3,333	$3,333		
6	$120,000	$4,000	$4,000	$4,000	$4,000	$4,000			
5	$100,000	$5,000	$5,000	$5,000	$5,000				
4	$80,000	$6,667	$6,667	$6,667					
3	$60,000	$10,000	$10,000						
2	$40,000	$20,000							
1									

固定ユニット数	30	$20,000
1トレード当たりリスク	$667	当初資金

最初の破滅的な損失 -$10,000

より少ない利益で枚数を増やせるが、破滅的ドローダウンで破産の可能性がある

破滅的な損失の影響			
ドローダウン		回復？	
現在の口座残高	$160,000	新しい口座残高	$90,000
トレード枚数	7	非対称のレバレッジ	78%
1枚当たりの破滅的な損失	-$10,000	（損失から立ち直るための利益率）	
総損失	-$70,000		
ドローダウン率	-44%	トレード枚数	7

　資金の場合、破滅的な損失のあとでは3枚でトレードを再開するしかない。だが固定ユニット数では7枚の威力を保ったままトレードを行える。破滅的な損失を被ったあとでも、かなりの利益を出す力が依然として残っている。これは固定ユニット数の大きな利点だ。問題は、それによって破産確率をかなり上げているということだ。

　自分の戦略では安定した純資産曲線になると思うなら、驚異的な利益を生む固定ユニット数でトレードを行おうと考えるだろう。だが、ドローダウンのときには、リスクを減らせずに破産ポイントに達する危険が高まる。しかし、自分の戦略がしっかりしていて安定していると思うなら、それは考慮に値する積極的な戦略だ。純資産曲線が長期にわたって安定を保つなら、どの30回連続のトレード期間中でも破産ポイントに達する可能性は非常に低いからだ。さらに、より慎重にしたければ、40ユニットで始めることもできる。考慮に値するもうひと

つのアイデアはさまざまな「固定」ユニット数を使って、一定の口座水準でユニット数を増やすことだ。

　固定ユニット数はドローダウン期間中にリスクを減らせないが、それには利点もある。資金が限られていてもトレードを始められるし、取引枚数も素早く増やしていける。また、トレードを行う固定ユニット数を増やせるだけの柔軟性がある。そのため、どの連続的トレードで大きなドローダウンに陥っているときでも、さらに破産ポイントに近づく危険を減らせる。たしかに大きなドローダウンはあるが、取引枚数を維持して素早くドローダウンから脱する能力は持ち続ける。

　固定ユニット数のもうひとつ良いところは、個々のトレードのリスクをなんとか識別しているという点だ。トレードのリスクがあまりにも高ければトレードを行えないので、投資比率は下がるだろう。ドローダウンの期間にリスクを減らすという資金管理の目標は達成できないが、固定ユニット数は個々のリスク管理には役立つ。そして、幾何級数的な利益を生むのだ。

フォレックストレーダーでウィリアムズの固定リスク率による資金管理を用いる

　図8.15はウィリアムズの固定リスク率を当てはめた場合のフォレックストレーダーのパフォーマンスを表す。この意味について述べる前に、まずウィリアムズの固定リスク率による資金管理について検討しよう。

　この戦略はすでにラリー・ウィリアムズの著書『**ラリー・ウィリアムズの短期売買法**』（パンローリング）から抜粋したときに見た。

　取引枚数＝リスク額÷最大損失

図8.15 ウィリアムズの固定リスク額による資金管理でのフォレックストレーダーのパフォーマンス

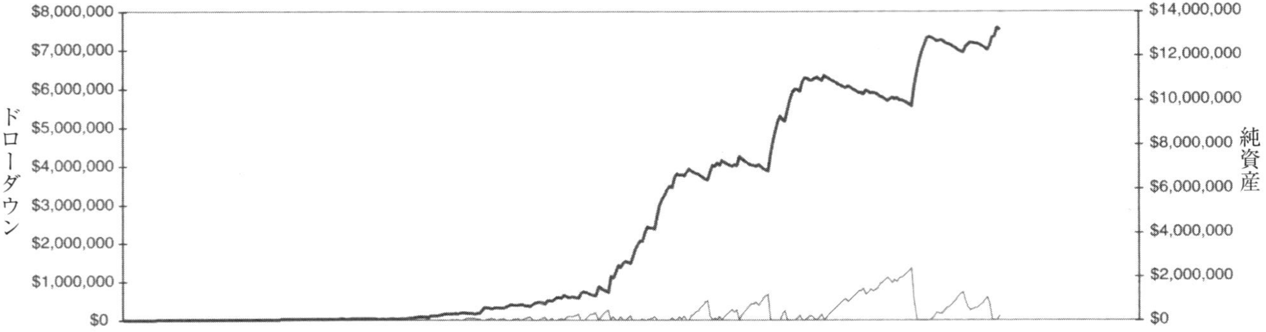

当初残高	純益	最大ドロー ダウン額	最大ドロー ダウン率	純益÷ドロー ダウン率	トレード 不成立数	追証 回数	最大枚数	損益の標準 偏差
$30,000	$13,199,288	-$1,363,750	-17%	10	0	0	100	6.3%

当初純資産 $30,000
当初証拠金 $4,000
最大損失 -$2,563
固定リスク率 10.0%
最大枚数 100

表8.7 トレード枚数

口座残高	固定リスク率	リスク額	最大損失	取引枚数	
				実際の数字	端数切り捨て
$30,000	10%	$3,000	$2,563	1.17	1
$50,000	10%	$5,000	$2,563	1.95	1
$70,000	10%	$7,000	$2,563	2.73	2
$90,000	10%	$9,000	$2,563	3.51	3

リスク額＝口座残高×リスク率

　リスク率は最大損失を被った場合に失う覚悟がある口座の金額を表す。

　今、3万ドルの口座残高があるとしよう。また、最大損失が生じたら口座残高の10％を失う覚悟があるとしよう。この場合、1トレードについて3000ドル（3万ドル×10％）を失う覚悟があるということになる。これが1トレード当たりのリスク額になる。あなたの戦略で実際に被った最大損失（または最大評価損）が2563ドルなら、1枚のトレードしか行えない。

1.0＝3000ドル（リスク額）÷2563ドル（最大損失）

　ほかの戦略と同じように、トレード枚数を計算するときには慎重を期して小数点以下を切り捨てよう。
　表8.7は固定リスク率を10％、最大損失を2563ドルとした場合のトレード枚数を表す。
　ここでカギとなる変数は固定リスク率と最大損失だ。
　口座残高が増えると、ウィリアムズの固定リスク率では1トレード当たりのリスク額を計算し直す必要がある。それから、そのリスク額

図8.16 取引枚数が増える口座水準

取引枚数	口座残高水準	枚数ごとの必要総利益							
		1枚目 $62,067	2枚目 $40,817	3枚目 $28,004	4枚目 $19,463	5枚目 $13,057	6枚目 $7,932	7枚目 $3,661	8枚目 $0
8									
7	$205,000	$3,661	$3,661	$3,661	$3,661	$3,661	$3,661	$3,661	
6	$179,375	$4,271	$4,271	$4,271	$4,271	$4,271	$4,271		
5	$153,750	$5,125	$5,125	$5,125	$5,125	$5,125			
4	$128,125	$6,406	$6,406	$6,406	$6,406				
3	$102,500	$8,542	$8,542	$8,542					
2	$76,875	$12,813	$12,813						
1	$51,250	$21,250							
最大損失	$2,563	$30,000 当初資金							
固定リスク率	10.0%								

枚数を増やす労力は異なる

取引枚数を増やすために必要な1枚ごとの利益は減る

を最大損失で割って、トレード枚数を計算する(忘れずに切り下げること)。

図8.16はウィリアムズの固定リスク率でどのように枚数が増えていくかを示す。

この例では、当初の口座を高めの3万ドルに設定した。これには理由がある。この戦略は最大損失が比較的小さいか、リスク率が比較的高くないかぎり、少ない資金では使えないからだ。

3万ドルの口座と10％の固定リスク率で始めた場合、口座が5万1250ドルに満たないうちは1枚でしかトレードを行えない。口座残高が5万1250ドルを上回ったら、2枚[(5万1250ドル×10％)÷2563ドル]のトレードを行える。口座残高が7万6875ドルを超えたら、3枚[(7万6875ドル×10％)÷2563ドル]のトレードを行える。7万6875ドルを下回り、5万1250ドルは超えているなら、2枚のトレード

しか行えない。

　図8.16で分かるように、枚数が増えるにつれて1枚ごとに必要な利益は減っていく。そのため、比較的早く枚数を増やしていける。このおかげで、トレーダーは幾何級数的な利益を出すことが可能になる。

　ウィリアムズの固定リスク率による資金管理戦略をフォレックストレーダーの結果に当てはめるとき、まず知りたいことは資金管理の目標を達成しているかどうかだ。つまり、負けているときには取引枚数を減らし、勝っているときには取引枚数を増やしているかだ。答えは両方ともイエスだ。

　負けているときには、リスク額は減るだろう。リスク額が下がれば、枚数を減らしてトレードを行う。つまり、ポジションサイズを小さくしてトレードを行うことになる。また、勝っているときのリスク額は増える。リスク額が上がれば、枚数を増やしてトレードを行える。つまり、ポジションサイズを大きくしてトレードを行える。その結果、取引枚数は最大枚数に達し、ウィリアムズの固定リスク率は1300万ドルを超える利益を出した。これは、1枚でのトレードの純利益25万5100ドルを大きく上回る。ウィリアムズの固定リスク率では、幾何級数的な利益を生むことができる。

　ほかの戦略と同様に、最大取引枚数は100枚に制限した。まとめると、ウィリアムズの固定リスク率は1300万ドルを超える純利益を生み出した。最大ドローダウン額は136万3750ドルで、率にすると17％だった。それは1ドルのドローダウンを被るたびに10ドルの利益を生み出した。また、この戦略のトレード同士の標準偏差は6.3％だった。

　さて、これらの数字は印象的だが、この戦略が1万ドルの破滅的な損失にどう対応したかも考えるに値する。図8.17はそれを語っている。

　幾何級数的な利益は著しいが、それにはリスクが伴っている。7枚でトレードを行っているときに1枚当たり1万ドルの破滅的な損失を

図8.17 破滅的な損失にウィリアムズの固定リスク率はどう対応するか

取引枚数	口座残高水準	枚数ごとの必要総利益							
		1枚目 $62,067	2枚目 $40,817	3枚目 $28,004	4枚目 $19,463	5枚目 $13,057	6枚目 $7,932	7枚目 $3,661	8枚目 $0
8	$205,000	$3,661	$3,661	$3,661	$3,661	$3,661	$3,661	$3,661	
7	$179,375	$4,271	$4,271	$4,271	$4,271	$4,271	$4,271		
6	$153,750	$5,125	$5,125	$5,125	$5,125	$5,125			
5	$128,125	$6,406	$6,406	$6,406	$6,406				
4	$102,500	$8,542	$8,542	$8,542					
3	$76,875	$12,813	$12,813						
2	$51,250	$21,250							
最大損失		$2,563	$30,000						
固定リスク率		10.0%	当初資金						

最初の破滅的な損失 -$10,000

取引枚数を増やすために必要な1枚ごとの利益は減る。

枚数を増やす労力は異なる

破滅的な損失の影響		
ドローダウン		回復?
現在の口座残高 $205,000		新しい口座残高 $135,000
トレード枚数 7		非対称のレバレッジ 52%
1枚当たりの破滅的な損失 -$10,000		(損失から立ち直るための利益率)
総損失 -$70,000		
ドローダウン率 -34%		トレード枚数 5

出すと、20万5000ドルの口座残高は34％のドローダウンを被る。このドローダウンから回復するには52％の利益が必要だ。私の見解では、破滅的な損失を被ったと考えるなら、これはかなり妥当な数字だ。さらに、ウィリアムズの固定リスク率の良いところは、2枚分落ちるだけという点だ。トレーダーは5枚でトレードを続けられるので、比較的早くドローダウンから回復できるという期待をかなり持つことができる。この戦略で批判を受ける点は、資金が少ないとトレードを始められないというところだ。

しかし、全体的に見てウィリアムズの固定リスク率では、負けているときにはトレードを減らし、勝っているときには増やすという資金管理の目標を達成するだけでなく、破滅的な損失にもかなりうまく対応している。

フォレックストレーダーで定率による資金管理を用いる

　図8.18は定率を当てはめた場合のフォレックストレーダーのパフォーマンスを表す。この意味について述べる前に、まず定率による資金管理について調べておこう。

　定率による方法は、おそらくプロのトレーダーが使う資金管理のうちで最も一般的な戦略だろう。今まで説明してきた資金管理戦略がなかなか理解できないのなら、「勝者に従って」彼らの使う定率を実行するほうがずっとよいだろう。

　定率では口座残高の一定割合に損失を抑える必要がある。定率に従ってトレードを行う場合の枚数を計算するには、次の公式を使えばよい。

取引枚数＝（定率×口座残高）÷個々のトレードリスク

　口座残高が3万ドルで、その2％までにリスクを抑えたいと考えている。そのときのトレードリスクが500ドルなら、1枚［（3万ドル×0.02）÷500ドル＝1.2または端数切り捨て後は1.0］のトレードを行うだろう。

　表8.8は口座残高と各トレードのリスクに応じて、トレードを行える枚数がどう変わるかを示す。

　慎重を期して、この表の数字は小数点以下を切り捨てている。あなたはトレードごとに口座残高の何パーセントのリスクをとりたいか決める必要がある。口座残高が増えるとリスクをとれる資金も多くなるので、取引枚数も増やすことができる。同様に、口座残高が減るとリスクをとれる資金も少なくなるので、取引枚数を減らすしかない。

　図8.19は定率による方法でどのように枚数を増やしていけるかを

図8.18 定率による資金管理でのフォレックストレーダーのパフォーマンス

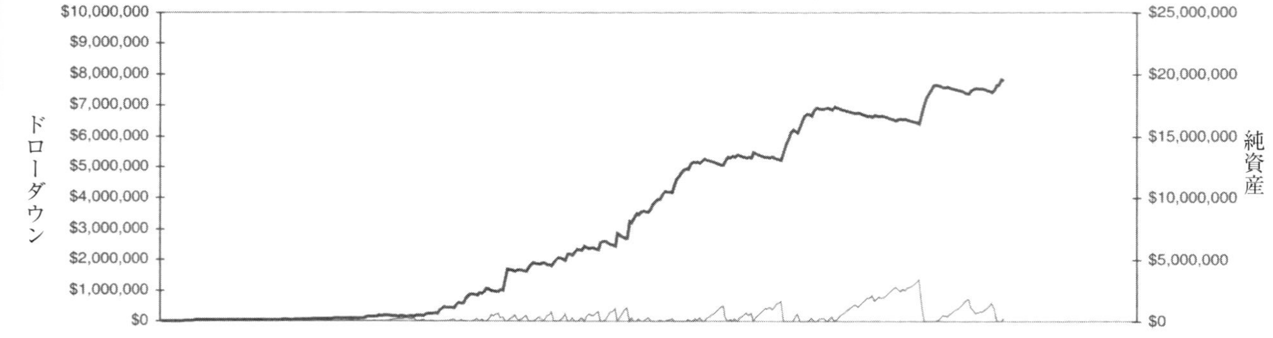

当初残高	純益	最大ドローダウン額	最大ドローダウン率	純益÷ドローダウン率	トレード回数	追証不成立数	最大枚数	損益の標準偏差
$30,000	$19,493,888	-$1,363,750	-19%	14	1	0	100	6.5%

当初純資産 $30,000
当初証拠金 $4,000
定率リスク 2.0%
最大枚数 100

表8.8 トレード枚数

口座残高	定率	定率の額	トレードリスク	取引枚数 実際の数字	取引枚数 端数切り捨て
$30,000	2%	$600	$200	3.0	3
$40,000	2%	$800	$650	1.2	1
$50,000	2%	$1,000	$350	2.9	2
$60,000	2%	$1,200	$265	4.5	4

図8.19 取引枚数が増える口座水準

取引枚数	口座残高水準	枚数ごとの必要総利益							
		1枚目 $59,821	2枚目 $39,821	3枚目 $27,321	4枚目 $18,988	5枚目 $12,738	6枚目 $7,738	7枚目 $3,571	8枚目 $0
8									
7	$200,000	$3,571	$3,571	$3,571	$3,571	$3,571	$3,571	$3,571	
6	$175,000	$4,167	$4,167	$4,167	$4,167	$4,167	$4,167		
5	$150,000	$5,000	$5,000	$5,000	$5,000	$5,000			
4	$125,000	$6,250	$6,250	$6,250	$6,250				
3	$100,000	$8,333	$8,333	$8,333					
2	$75,000	$12,500	$12,500						
1	$50,000	$20,000							
定率 トレードリスク	2% $500	$30,000 当初資金							

枚数を増やす労力は異なる

取引枚数を増やすために必要な1枚ごとの利益は減る。

示している。

　図8.19では当初の口座残高は3万ドルで、どのトレードでも口座の2％しかリスクをとっていない。説明を簡単にするために、すべてのトレードでとるリスクは500ドルに固定した。**図8.19**が示すように、口座残高が5万ドルに達したら2枚でトレードを行える［（5万

ドル×0.02)÷500ドル＝2.0]。2枚でトレードを行い、合計2万5000ドルの利益を出して7万5000ドルに達したら、3枚でトレードを行うことができるという具合だ。

　見て分かるように、定率では次の枚数の水準に移るために必要な1枚ごとの利益は減っていく。このように枚数の水準が上がるにつれて必要な利益が減っていくために、定率では着実に枚数が増えていく。

　図8.18は定率を使った場合のフォレックストレーダーのパフォーマンスを表す。3万ドルの口座から始めて、口座残高の2％にリスクを制限し、小数点以下を切り捨てた枚数で最大限度の100枚までトレードを行った。その結果、フォレックストレーダーは1900万ドルを超える利益を達成した。一方で、最大ドローダウン額は136万3750ドルになった。それは率にして19％だ。定率ではドローダウンで1ドルの痛みを味わうたびに14ドルの利益を生んだ。それはトレード間で6.5％の標準偏差になった。

　定率は資金管理の目標を達成しているだろうか。つまり、負けているときには取引枚数を減らし、勝っているときには増やしているだろうか。答えはイエスだ。定率では、負けているときにはリスクをとる資金を減らす必要があるので、取引枚数も減る。勝っていて口座残高が増えると、定率ではリスクをとる資金を増やして取引枚数を増やす必要がある。

　固定リスク額や固定ユニット数、ウィリアムズの固定リスク率と同じように、定率では個々のトレードリスクを管理するのにも役立つ。最大でも口座資金の一定割合までしか投資できないので、行えるトレードも制限される。フォレックストレーダーの例では、口座資金と比べてリスク額が高すぎたので、1トレードが成立しなかった。というわけで、定率は良い資金管理戦略を提供するだけでなく、個々のトレードリスクを管理するのにも役立つ。

　定率のひとつの問題は、口座資金が少ない場合はトレードを始める

表8.9　破産までの負け数

口座の定率リスク	破産までの負け数
5%	104
4%	130
3%	174
2%	263
1%	528
0.5%	1,058

のが難しいという点だ。リスク資金が1万ドルに限られていたら、十分に低いトレードリスクでトレードを行うのは難しいだろう。1万ドルの口座の2％までにリスクを抑えたければ、リスク額200ドル以下のシグナルでしかトレードを行えないが、そういう機会はあまりないだろう。

　プロのトレーダーが定率を好む主な理由は、破産確率を下げることに極めて効果があるからだ。思い出そう。プロのトレーダーはどれだけ利益を出せるかに焦点を合わせていない。彼らは可能なかぎりうまくリスク管理をしているかどうかに集中している。そして定率はリスク管理に極めて効果があるのだ。**表8.9**はこれをはっきりと示している。

　表8.9は口座残高がゼロになるまでに必要な連続負けトレード数だ。ここで各損失は口座残高の一定率までに抑えられている。例えば、口座残高がゼロになったときを破産ポイントと定義し、各トレードでとるリスクを残高の5％とする。この場合、残高がゼロになり破産するまでに、連続104回の負けトレードが必要だ。トレードでとるリスクを1％とすると、破産するまでに528回連続して負ける必要がある。大部分のプロのトレーダーはリスクを1％未満にしようとしている。口座残高の0.5％のリスクしかとらなければ、口座残高がなくなるま

図8.20 破滅的な損失に定率はどう対応するか

取引枚数	口座残高水準	枚数ごとの必要総利益							
		1枚目 $59,821	2枚目 $39,821	3枚目 $27,321	4枚目 $18,988	5枚目 $12,738	6枚目 $7,738	7枚目 $3,571	8枚目 $0
8	$200,000	$3,571	$3,571	$3,571	$3,571	$3,571	$3,571	$3,571	
7	$175,000	$4,167	$4,167	$4,167	$4,167	$4,167	$4,167		
6	$150,000	$5,000	$5,000	$5,000	$5,000	$5,000			
5	$125,000	$6,250	$6,250	$6,250	$6,250				
4	$100,000	$8,333	$8,333	$8,333					
3	$75,000	$12,500	$12,500						
2	$50,000	$20,000							

枚数を増やす労力は異なる

最初の破滅的な損失 -$10,000

定率	2%	$30,000
トレードリスク	$500	当初資金

破滅的な損失の影響			
ドローダウン		回復？	
現在の口座残高	$200,000	新しい口座残高	$130,000
トレード枚数	7	非対称のレバレッジ（損失から立ち直るための利益率）	54%
1枚当たりの破滅的な損失	-$10,000		
総損失	-$70,000		
ドローダウン率	-35%	トレード枚数	5

でに1058回連続して負ける必要がある。

　別の方法で説明してみよう。破産確率を低くしてトレードを行いたい場合、固定リスク額では少額の口座でも最低20ユニットに分ける必要がある。定率では、リスクを1％に制限すると、（少なくなりながらも）528ユニットが提供される。連続して負けながら、シグナルを余分に508回受けてトレードする機会があるということは、定率でトレードすれば生き残る機会が増えるということだ。

　図8.20は、破滅的な損失で定率がどのように対応するかを示している。

　前と同じ例では、定率が破滅的な損失にうまく対応しているように見える。口座残高が20万ドルで、同じ7枚の水準のときに1万ドルの損失を被ったとしよう。このときのドローダウンは7万ドルで、率にして35％になるだろう。これが起きると厄介で手痛いが、それでもま

だトレードを続けられるだろう。非対称のレバレッジのために、元に戻るには54％の利益が必要になる。しかし、2枚分しか水準が下がらないので、5枚でトレードを再開できる。こうした破滅的な損失が起きた場合にしては、これは悪い状況ではない。

フォレックストレーダーで固定ボラティリティによる資金管理を用いる

図8.21は固定ボラティリティを当てはめた場合のフォレックストレーダーのパフォーマンスを表す。この意味を検討する前に、まず固定ボラティリティによる資金管理について調べておこう。

固定ボラティリティは定率ボラティリティと呼ぶこともできるだろう。相場のボラティリティを口座残高の一定割合に抑えているように見えるからだ。

トレード枚数を計算するには次の公式を使えばよい。

取引枚数＝（定率×口座残高）÷ボラティリティ

ボラティリティとは定義された期間での値動きのことだ。ボラティリティの1尺度として、1日の値動きの10日か20日か30日の平均が考えられる。また、ボラティリティを測るのに、週や月の時間枠を使うこともできる。ボラティリティの尺度は自分のトレーディングの時間枠に合わせるのが一番よい。短期トレーダーは日を尺度に使えばよいし、口座資金の多い長期のトレンドトレーダーなら月を尺度に使える。ここでは、時間枠とボラティリティの尺度に日を使う。

相場のボラティリティ、つまり高値と安値の値幅を測るには、1日の実際の値動きを使ってもよいし、その真の値幅（トゥルーレンジ）を使ってもよい。真の値幅は、前日の終値と当日の高値か安値の間に

図8.21 固定ボラティリティによる資金管理でのフォレックストレーダーのパフォーマンス

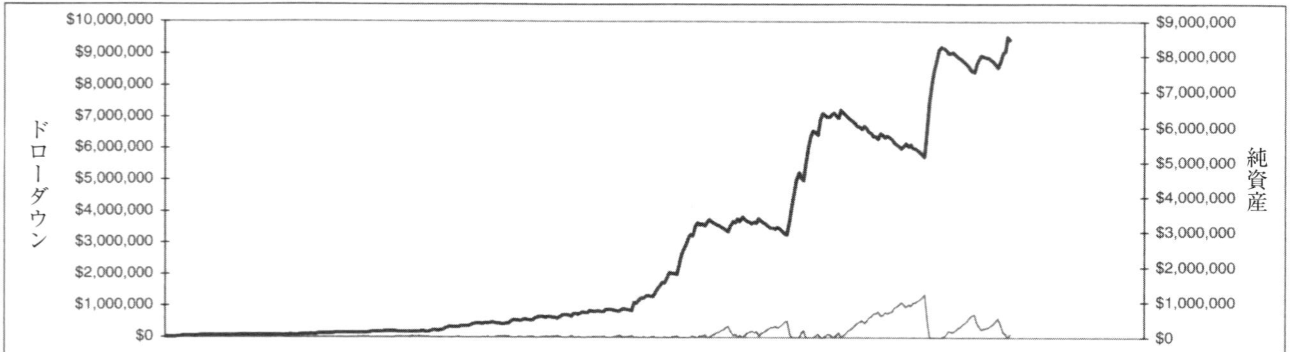

当初残高	純益	最大ドローダウン額	最大ドローダウン率	純益÷ドローダウン	トレード不成立数	追証回数	最大枚数	損益の標準偏差
$30,000	$8,466,425	-$1,350,750	-21%	6	0	0	100	4.8%

当初純資産	$30,000
当初証拠金	$4,000
定率リスク	2.0%
最大枚数	100

表8.10 さまざまなボラティリティでの取引枚数

口座残高	定率	定率の金額	トレードリスク(無視)	10日ATR ポイント	10日ATR 1ポイント額	10日ATR ATR額	取引枚数 実際の数字	取引枚数 端数切り捨て
$50,000	2%	$1,000	$200	0.0031	$125,000	$388	2.6	2
$50,000	2%	$1,000	$1,650	0.0045	$125,000	$563	1.8	1
$50,000	2%	$1,000	$150	0.0075	$125,000	$938	1.1	1
$50,000	2%	$1,000	$265	0.0125	$125,000	$1,563	0.6	0

ギャップがある場合も考慮する。

基本的に、前日の終値が当日の安値よりも安いか当日の高値よりも高ければ、前日の終値を用いて真の値幅を測る。値幅をどう定義するか決めたら、時間を選んで平均を計算すればよい。この例では、10日ATR（真の値幅の平均）で相場ボラティリティを測ると仮定する。

固定ボラティリティでは個々のトレードでのリスクを考慮しない。ボラティリティが口座の一定割合の範囲内であれば、個々のリスクにかかわらずトレードは行われる。同様に、ボラティリティが口座の一定割合を超えると、個々のトレードリスクに関係なくトレードは行われない。それがたとえ100ドルのリスクしかとらない場合でもだ。

これが、リチャード・デニスが有名になった彼の教え子であるタートルズたちに教えた資金管理戦略だ。

例をひとつ見よう。5万ドルの口座残高で始めて、ボラティリティを口座残高の2％に制限する。また、為替相場の現在の10日ATRを0.0031ポイントと仮定する。この0.0031に1ポイント分の金額12万5000ドルを掛けると、相場のボラティリティは388ドル（12万5000ドル×0.0031）になる。つまり、直近10日の為替相場で1日の真の値幅は平均して388ドルだった。ボラティリティを口座残高の2％（5万ドル×0.02＝1000ドル）に制限したければ、2枚（1000ドル÷388ドル＝2.6または2.0）のトレードしか行えない。

図8.22　取引枚数が増える口座水準

取引枚数	口座残高水準	枚数ごとの必要総利益							
		1枚目 104732.14	2枚目 59732.14	3枚目 40982.143	4枚目 28482.14	5枚目 19107.14	6枚目 11607.14	7枚目 5357.143	8枚目 0
8	$300,000								
7	$262,500	$5,357	$5,357	$5,357	$5,357	$5,357	$5,357	$5,357	
6	$225,000	$6,250	$6,250	$6,250	$6,250	$6,250	$6,250		
5	$187,500	$7,500	$7,500	$7,500	$7,500	$7,500			
4	$150,000	$9,375	$9,375	$9,375	$9,375				
3	$112,500	$12,500	$12,500	$12,500					
2	$75,000	$18,750	$18,750						
1		$45,000							
定率 10ATR	2% / $750	$30,000 当初資金							

（枚数を増やす労力は異なる）

取引枚数を増やすために必要な1枚ごとの利益は減る。

　ここでもほかの戦略と同じように、慎重を期して小数点以下は切り捨てた。

　表8.10はボラティリティに応じて取引枚数がどのように変わるかを表している。

　見て分かるように、10日ATRで測ったボラティリティに応じて取引枚数も変わる。さらに、口座資金が増えるか1日のボラティリティが下がると、トレーダーは取引枚数を増やせる。同様に、口座資金が減るか1日のボラティリティが上がると、トレーダーは取引枚数を減らす（すなわち、ポジションを減らす）必要がある。

　図8.22は、固定ボラティリティでどのように枚数を増やせるかを示す。この例では10日ATRつまりボラティリティは0.0060ポイント、あるいは750ドル（0.0060×12万5000ドル）で変わらないとする。当然ながら、これは非現実的だ。あらゆる相場と同じく、為替相場も常

に変動している。相場の状況によってボラティリティは絶えず大きくなったり小さくなったりしている。

だがここでは説明の都合上、2つの変数（定率とボラティリティ）を固定し、口座残高が増えるにつれて枚数がどう増えるかを見る。

固定資金や固定ユニット数、ウィリアムズの固定リスク率、定率と同じように、固定ボラティリティでは、次の枚数の水準に上がるにつれて1枚ごとに必要な利益は減っていく。このように必要な利益が減っていくために着実に枚数を増やしていくことができる。

注意しておくことがある。売買ルールで損切りの逆指値を置くときに10日ATRを使うと、定率でも固定ボラティリティでも資金管理の結果は同じになる。

図8.21は固定ボラティリティを使ったときのフォレックストレーダーのパフォーマンスをまとめたものだ。当初の口座資金は3万ドルで、口座残高の2％を10日ATRの範囲内に抑えて小数点以下を切り捨て、最大取引枚数である100枚までトレードを行った。その結果、フォレックストレーダーでの利益は840万ドルを超えた。また、最大ドローダウン額はわずか135万750ドルで、率にして21％だった。固定ボラティリティでは1ドルのドローダウンによる痛みにつき6ドルの利益を生んだ。トレード間の標準偏差は4.8％だった。

固定ボラティリティは明らかに資金管理の目標を達成し、1枚での利益25万5100ドルを大きく上回る。口座残高が減るかボラティリティが大きくなると、取引枚数も減る。それだけでなく、口座残高が増えるかボラティリティが小さくなると取引枚数を増やせるので、幾何級数的な利益を生むことができる。

固定ボラティリティでは、これまでのどの戦略も行えなかったことができる。口座資金のうちトレードする割合を管理する能力があるのだ。ボラティリティが高いときには相場が荒れていて危ないので、固定ボラティリティではトレードを減らすように指示する。相場が落ち

図8.23　破滅的な損失に固定ボラティリティはどう対応するか

取引枚数	口座残高水準	枚数ごとの必要総利益							
		1枚目 104732.143	2枚目 59732.14	3枚目 40982.143	4枚目 28482.14	5枚目 19107.14	6枚目 11607.143	7枚目 5357.143	8枚目 0
8	$300,000	$5,357	$5,357	$5,357	$5,357	$5,357	$5,357	$5,357	
7	$262,500	$6,250	$6,250	$6,250	$6,250	$6,250	$6,250		
6	$225,000	$7,500	$7,500	$7,500	$7,500	$7,500			
5	$187,500	$9,375	$9,375	$9,375	$9,375				
4	$150,000	$12,500	$12,500	$12,500					
3	$112,500	$18,750	$18,750						
2	$75,000	$45,000							
1									
定率 10ATR	2% $750	$30,000 当初資金							

最初の破滅的な損失
-$10,000

破滅的な損失の影響

ドローダウン		回復？	
現在の口座残高	$300,000	新しい口座残高	$230,000
トレード枚数	7	非対称のレバレッジ	30%
1枚当たりの破滅的な損失	-$10,000	(損失から立ち直るための利益率)	
総損失	-$70,000		
ドローダウン率	-23%	トレード枚数	6

着くと適切な動きをするので、固定ボラティリティではトレードを増やすように指示する。

　固定ボラティリティは個々のトレードのリスク管理には役立たない。トレードリスクにかかわりなく、ボラティリティが口座の一定割合の範囲内であれば、すべてのシグナルを受け取ることになっている。固定ボラティリティのもうひとつの問題は、ウィリアムズの固定リスク率や定率と同じく、口座資金が少ないとトレードを始められないという点だ。

　図8.23は固定ボラティリティが破滅的な損失にどのように対応するかを示す。

　頭に入れておいてほしいのだが、固定ボラティリティで破滅的な損失を見るのには限界がある。10日ATRを0.0060ポイントまたは750ドルに固定して使っているが、それは現実的ではない。相場の動きは

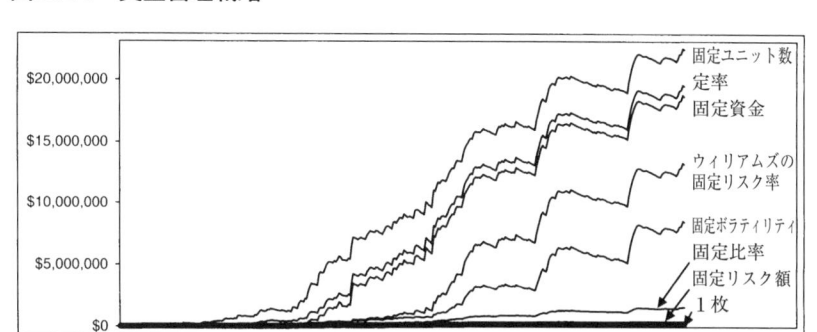

図8.24 資金管理戦略

```
               固定ユニット数
               定率
               固定資金
               ウィリアムズの
                 固定リスク率
               固定ボラティリティ
               固定比率
               固定リスク額
               1枚
```

日々の情報に影響されているため、ボラティリティが一定のままということはあり得ない。こういう限界はあるが、固定ボラティリティは破滅的な損失に極めてうまく対応している。30万ドルの口座で、同じ7枚の水準で1万ドルの損失を出すとする。この場合に被るドローダウン額は7万ドルで、率にして23％になる。これが起きても、まだトレードを続けられるだろう。非対称のレバレッジのために、元の水準に戻すためには30％の利益が必要だ。だが1枚分しか落ちていないので、6枚でトレードを再開できる。

これで逆マーチンゲール法による7つの資金管理戦略――固定リスク額、固定資金、固定比率、固定ユニット数、ウィリアムズの固定リスク率、定率、固定ボラティリティ――の説明を終えた。次に、個々の戦略をもっと詳しく見て、それらの戦略についてさらに洞察を得られるか確認したい。

どの資金管理戦略を選ぶべきか

図8.24と表8.11は資金管理の戦略によって、フォレックストレーダーのパフォーマンスがどう変わるかをまとめたものだ。

表8.11　資金管理戦略のまとめ

	当初残高	純益	最大ドローダウン額	最大ドローダウン率	純益÷ドローダウン	トレード不成立数	追証回数	最大枚数	損益の標準偏差
1枚	$20,000	$255,100	-$13,638	-9%	19	0	0	1	2.3%
固定リスク額	$20,000	$151,538	-$4,725	-5%	32	195	0	4	2.7%
固定資金	$20,000	$18,667,238	-$1,363,750	-22%	14	0	0	100	7.4%
固定比率	$20,000	$1,585,188	-$162,413	-12%	10	0	0	13	3.8%
固定ユニット数	$20,000	$22,402,313	-$1,363,750	-32%	16	1	4	100	8.5%
ウィリアムズの固定リスク率	$30,000	$13,199,288	-$1,363,750	-17%	10	10	0	100	6.3%
定率	$30,000	$19,493,888	-$1,363,750	-19%	14	1	0	100	6.5%
固定ボラティリティ	$30,000	$8,466,425	-$1,350,750	-21%	6	0	0	100	4.8%

　まず、固定資金、固定ユニット数、ウィリアムズの固定リスク率、定率、固定ボラティリティのドローダウンが等しい点について話しておきたい。一見するとこれは異常で、おそらく誤りではないかと思われるだろう。だが、そうではない。それは単にサンプルの気まぐれと、それらの戦略が最大100枚にトレードを制限していたせいだ。それらの戦略が限度いっぱいの100枚に達したときに、フォレックストレーダーが最悪のドローダウンに見舞われたのだ。それらの戦略すべてが100枚でトレードを行っていたときに、最悪のドローダウンにぶつかったのだ。そのため、それらのどれもが似たドローダウンを経験した。

　さて、これらの競い合っている戦略を見ていこう。まず受け入れなければならない事実がひとつある。優れた資金管理戦略を数値によって的確に選ぶための、確かでしっかりした指標はないということだ。あなたは戦略をひとつひとつ見ながら、すべての要素を検討するしかない。例えば、自分の純資産曲線は将来も安定しているという自信があれば、より積極的な戦略を選べるだろう。ただし、トレーディングの第一目標は生き残ることだということを忘れてはならない。マ

ーケットで最大の逆境は依然としてそこにじっと隠れている。そして、最も予期しないときに待ち伏せするのだ。だから自信があるときには、そのことを肝に銘じておこう。

さて、私は固定リスク額については、検討対象から外しても問題ないと考えている。たしかにドローダウンと標準偏差は最も小さく、純利益対ドローダウン比率は最も高いが、利益は少ししか出せなかった。これを考えると、あなたの選択は6つの戦略に絞られるだろう。

ひとつの方法は、ドローダウン率が最も低い戦略を選ぶことだろう。この場合は、ドローダウンがわずか12%の固定比率でトレードを行おうと考えるだろう。しかし、ウィリアムズの固定リスク率のドローダウンもわずかに高い17%だ。しかも、利益は8倍となると、ほとんどの人はおそらく固定比率よりもウィリアムズの固定リスク率を好むだろう。

だが、ウィリアムズの固定リスク率は高い利益を生むが、ボラティリティも大きい。個々のトレード結果の標準偏差は6.3%と、固定比率のほぼ2倍になっていることで、それが分かる。固定ボラティリティは1枚での結果よりも相当大きな利益を出している。しかも、ドローダウンは21%で標準偏差も4.8%と妥当な数字だ。これは総合的に見て非常に魅力的だ。このように、適用すべき標準的ルールというものはない。あなたは自分のリスク許容度と必要性とを考え合わせて判断するしかない。

使えるもうひとつの方法は、ドローダウン率を無視することだ。ドローダウン率は重要だが、方程式の半分であるリスクしか考慮していない。残り半分のリターンについてはいかなる情報も提供しない。これは覚えておいたほうがよい。自分のリスク許容度に見合う適切な戦略を選ぶ場合、予想リターンについても評価しなければならないのだ。

では、ドローダウン率の代わりに何を見ればよいだろうか。実際のドローダウン額を実際のリターン額と比較するのもひとつの方法だ。

これは単純なリスク対リターンの問題だ。生じるドローダウン額に対する最大の価値、つまりリスクに対する最大のリターンを生むのはどの戦略かだ。

この問題に答えるためには、純利益対ドローダウン比率、あるいはペイオフ値と私が呼ぶ公式を使って計算すればよい。

ペイオフ値＝純利益÷ドローダウン額

これは、ドローダウンを経験すると必ず味わう悲しみと痛みに対して最も大きなリターン額を生む戦略を選ぼうという考えだ。つまり、最大ドローダウンの期間に消える１ドルごとに何ドルの貢献があるかだ。リスクのみに焦点を合わせるのではなく、リターンにも注意を払ったほうがよい。**表8.12**は生じる各リスクに対して、どの戦略が最も大きなリターンを生むかを示す。

見てのとおり、最大ドローダウン期間に被るリスク額に対して最大のリターン額を生むのは固定リスク額だ。しかし、固定リスク額の生む利益は最も少ないので、トレーダーの多くは選ばないほうがよいと私は考える。１枚での結果も無視すれば、この基準に基づく好ましい資金管理戦略は固定ユニット数になるだろう。最悪ドローダウンの期間に生じる１ドルの痛みに対して16ドルの利益を出している。この基準を使う唯一の欠点は、固定ユニット数での結果はボラティリティが最も大きく、標準偏差が最も高くなっているという点だ（言うまでもなく、ドローダウン期間の破産確率は最も高い）。

リスク対リターンのペイオフ値は戦略を選ぶときの助けとなる妥当な指標だが、さらに考慮すべき問題がある。**表8.13**は各戦略のカギとなる特徴をまとめたものだ。これは考慮する必要のある問題を見極めるのに役立つ。

最も重要な指標は初めの２つの資金管理目標だ。負けているときに

表8.12　ペイオフ値の表

	純益	最大ドローダウン額	純益÷ドローダウン	損益の標準偏差
固定リスク額	$151,538	−$4,725	32	2.7%
1枚	$255,100	−$13,638	19	2.3%
固定ユニット数	$22,402,163	−$1,363,750	16	8.5%
固定資金	$18,667,238	−$1,363,750	14	7.4%
定率	$19,493,888	−$1,363,750	14	6.5%
固定比率	$1,585,188	−$162,413	10	3.8%
ウィリアムズの固定リスク率	$13,199,288	−$1,363,750	10	6.3%
固定ボラティリティ	$8,466,425	−$1,350,750	6	4.8%

表8.13　各戦略の主な特徴

カギとなる特徴	1枚	固定リスク額	固定資金	固定比率	固定ユニット数	ウィリアムズの固定リスク率	定率	固定ボラティリティ
資金管理の主要な目標を達成できるか？								
負けても破産しないように資金を守るか？	x	x	✓	✓	x	✓	✓	✓
勝っているときに幾何級数的利益を追求するか？	x	x	✓	✓	✓	✓	✓	✓
1枚ごとに同じ利益が必要か？	x	x	x	✓	x	x	x	x
破滅的損失を管理できるか？	✓	✓	x	✓	x	x	x	x
少額資金でも管理できるか？	✓	✓	x	✓	✓	✓	x	x
個々のトレードリスクを管理できるか？	x	✓	x	x	x	✓	x	x
ボラティリティを管理できるか？	x	x	x	x	x	x	x	✓
破産確率が一番低いか？	x	x	x	x	x	x	✓	✓

表8.14　各戦略の破滅的な損失

	口座残高	枚数	1枚当たりの破滅的損失	総損失	ドローダウン率	非対称のレバレッジ	回復時の枚数
1枚	$255,100	1	−$10,000	−$10,000	−4%	4%	1
固定リスク額	$151,538	1	−$10,000	−$10,000	−7%	7%	1
固定資金	$120,000	7	−$10,000	−$70,000	−58%	140%	3
固定比率	$524,000	7	−$10,000	−$70,000	−13%	15%	7
固定ユニット数	$160,000	7	−$10,000	−$70,000	−44%	78%	7
ウィリアムズの固定リスク率	$205,000	7	−$10,000	−$70,000	−34%	52%	5
定率	$200,000	7	−$10,000	−$70,000	−35%	54%	5
固定ボラティリティ	$300,000	7	−$10,000	−$70,000	−23%	30%	6

トレーディング枚数を減らすことも、勝っているときに増やすこともできていないのは固定リスク額だけだ。固定ユニット数も負けているときに減らせていないが、勝っているときにはトレード数を増やせている。

残りの戦略で重要な特徴は、利益を取り戻すために必要な取引枚数にかかわる。これは各戦略が破滅的な損失にどのように対処できるかに直接、影響する。可能性は低いが、マーケットにおける最大の逆境は考えに入れておく必要がある。マーケットは「予想外の」破滅的な損失をもたらすことがあり得るし、実際にもたらすだろうと思っておく必要がある。

戦略が幾何級数的な利益を生み出せるのは、枚数を早く増やしていけるからだ。最も早く枚数を増やせる戦略は、1枚ごとに必要な利益がだんだん少なくなっていくものだ。それらの戦略は取引枚数を早く増やし、より高い利益を出し始める。このように労力が減っていくために、それらの戦略（固定資金、固定ユニット数、ウィリアムズの固定リスク率、定率、固定ボラティリティ）は明らかに輝ける星に思える。しかし、1万ドルの破滅的な損失のような圧力が加わると、それらの星は輝きを失う。どうしてか。これらの戦略はより少ない利益に基づいて取引枚数を増やしている。だが、取引枚数が増えているときに破滅的な損失が起きると、それらは頼みの綱となる利益を積み上げていないことが裏目に出る。

表8.14は各戦略が破滅的な損失にどう対応するかを示している。

固定資金は最も早く枚数を増やせるので、利益の点では輝く星に見える。だがそれは、枚数を増やすために必要とされる利益が最も少ないために得られたものだ。そのため、破滅的な損失が起きると、固定資金はまったく悲惨だ。58％のドローダウンを被って、非対称のレバレッジから立ち直るために、1枚から始めながら140％の利益を出す必要がある。だから、固定資金はおそらくあなたのリストから消した

ほうがよいだろう。

　現段階で選べる戦略は、固定比率、固定ユニット数、ウィリアムズの固定リスク率、定率、固定ボラティリティに絞られた。

　固定ユニット数も破滅的な損失で苦しんだ。しかし、その取引枚数は依然として７枚のままで、妥当な期間内にドローダウンから抜け出せる力を保っている。

　残りの戦略はすべて破滅的な損失で生き残った。もっとも、固定比率と固定ボラティリティはほかのものよりも優れている。非対称のレバレッジから立ち直るために必要な利益は、固定比率で15％、固定ボラティリティでは30％だった。一方で、定率では54％、ウィリアムズの固定リスク率では52％の利益を必要とした。

　口座に１万ドルしかないトレーダーなら、ウィリアムズの固定リスク率や定率、固定ボラティリティの資金管理戦略を用いるのは難しいと気づくだろう。１トレードが十分に小さいものか、ボラティリティが十分に小さい時期を見つけてトレードを行うのは不可能に近い。そのため、資金に限りのあるトレーダーの従う戦略としては、固定比率と固定ユニット数がより適切に思える。そして、リスク管理に焦点を合わせることを望むなら、固定ユニット数よりも固定比率が好ましいだろう。それは破滅的な損失を被ってもドローダウンが小さく、個々のトレード結果でもボラティリティが小さいからだ。唯一の欠点は、固定ユニット数が2200万ドルの利益を生むのに対して、固定比率の利益は150万ドルにすぎないという点だ。残念ながら、簡単な判断などけっしてないのだ。しかし、慎重なほうを選びたければ、固定ユニット数よりも固定比率を選ぶほうが正しい選択だろう。思い出そう。プロのリスクマネジャーとしてのあなたの目標は生き残ることであり、巨額の利益を上げることではない。そして口座残高が増えたら、ウィリアムズの固定リスク率か定率か固定ボラティリティに切り替えることを考えればよい。

また、固定比率が破滅的な損失に極めてうまく対応できるのはなぜかを理解するのも大切だ。ほかの戦略とは異なり、それは枚数を増やすために必要な1枚当たりの利益が変わらないのだ。そのため、固定比率は複数枚で取引するためのしっかりした基礎を作る。連敗すると損をするが、ほかのどの戦略よりも1枚当たりの利益は多くなり、破滅的な損失にもうまく対応できる。

　しかし、固定比率は負けトレードが長く続くときに最もうまく対応できる戦略ではない。定率とは異なり、それはトレードの個々のリスク管理には役立たない。すべてのシグナルを受けてトレードを行うことになっているからだ。おまけに、負けトレードが長く続いているときにリスク額を減らせない。下の枚数の水準にすべり落ちたときに、枚数を減らせるだけだ。早めに枚数を減らしていかないかぎり、固定比率は1トレード当たりのリスク額を減らし遅れる可能性がある。

　破滅的な損失を被ったときに、各戦略がどの程度生き残れるかを調べるのは役に立つ演習だった。だが、トレーダーたちと彼らの資金管理戦略がふだんさらされるマーケットの状況はあまり反映していない。最もありそうなことは破滅的な損失ではなく、むしろ負けが長く続く状況だからだ。その場合、ウィリアムズの固定リスク率、定率、固定ボラティリティのほうが固定比率よりも望ましいと思う。それらは破産確率を最小にする最も優れた戦略を提供するからだ。そのため、プロのトレーダーは定率を好む。定率がそれらの中でも一番良いからだ。

最大取引枚数の限度

　知ってのとおり、私は各戦略で行えるトレードの最大枚数を制限した。そうすることで、分析を多少なりとも現実的にしたかったのだ。この場合の短所は、各戦略の持つ最大限の可能性を限定したという点だ。このため、私のしたことは各戦略の結果に重大な影響を及ぼした。

表8.15　100枚に達するまでの速さ

	トレード総数	最大許容枚数	実際の最大枚数	最大枚数に達したときのポジション	
				トレード数	トレード率
1枚	362	100	1	×	
固定リスク額	167	100	4	×	
固定資金	362	100	100	121	33%
固定比率	362	100	13	×	
固定ユニット数	361	100	100	93	26%
ウィリアムズの固定リスク率	362	100	100	207	57%
定率	361	100	100	153	42%
固定ボラティリティ	362	100	100	275	76%

例えば、戦略の大部分が100枚に達し、その枚数でトレードを行っていたときにドローダウンが起きたために、ドローダウン額の大部分は似た大きさになってしまった。その結果、各戦略のほとんどでドローダウン額に差がつかず、知りたい本当の情報が見えなくなった。それで、幾つかの異なる視点から各戦略のパフォーマンスを見ておくのが一番良いと思う。

取引枚数の限度に達するまでの速さ

　表8.15は各戦略がどれくらいの速さで100枚の最大限度に達せたかを示す。

　表8.15が示すように、100枚の限度に初めに達したのは固定ユニット数だ。データサンプルの26％以内でそこに達した。あなたが一番速く枚数を増やせる最も積極的な戦略を探しているなら、固定ユニット

表8.16 100枚に限定しない場合の戦略の可能性

	当初残高	純益	最大ドローダウン額	最大ドローダウン率	純益÷ドローダウン	トレード不成立数	追証回数	最大枚数	損益の標準偏差
1枚	$20,000	$255,100	−$13,638	−9%	19	0	0	1	2.3%
固定リスク額	$20,000	$151,538	−$4,725	−5%	32	195	0	4	2.7%
固定資金	$20,000	$12,144,227,375	−$4,194,172,650	−61%	3	0	0	866,672	13.8%
固定比率	$20,000	$1,585,188	−$162,413	−12%	10	0	0	13	3.8%
固定ユニット数	$20,000	$436,291,722,113	−$186,714,403,862	−83%	2	1	12	68,602,176	23.8%
ウィリアムズの固定リスク率	$30,000	$100,591,275	−$22,762,050	−42%	4	4	0	4,084	7.9%
定率	$30,000	$699,003,363	−$198,115,237	−40%	4	1	0	62,588	8.8%
固定ボラティリティ	$30,000	$12,188,113	−$2,332,475	−29%	5	0	0	607	5.2%

数にしようかと考えるだろう。逆にあなたが極めて慎重で、ポジションをゆっくり増やしたいと望むタイプなら、固定ボラティリティを考えるかもしれない。取引枚数の限度に達するのが一番遅く、データサンプルの76％までかかったからだ。固定ボラティリティよりは速いが、固定ユニット数よりは遅い戦略を好むなら、好ましい資金管理戦略としてウィリアムズの固定リスク率か定率をおそらく選ぶだろう。

枚数制限がない場合の可能性

 表8.16は100枚という制限を設けない場合に、各戦略が出した最大限の結果をまとめたものだ。
 さて、どうだろう。勝者は固定ユニット数だ。その超仮想的でまったく途方もない結果は4360億ドルだった！ だが、その代償はどうだ。ドローダウンは83％で、標準偏差は23.8％。しかも、データサンプルの終わりころに6800万枚を見つけてトレードを行う必要がある。だから、これらの資金管理戦略は収拾がつかなくなることがある、と話し

たのだ！

　面白いのは、これらの制限を置かないときの結果によって、戦略のドローダウンとボラティリティに関して理解が進むと考えられることだ。固定ユニット数は勝者だったが、自殺的な83％のドローダウンと極端に大きな損益のボラティリティを伴っていた。さらに、6800万枚という非現実的な取引枚数も必要だった。流動性のある先物取引で、1日に6800万枚の取引を単独で行える証券取引所は今日の世界に1カ所もない。

　固定資金も同じような代償を支払った。61％という大きなドローダウンや大きなボラティリティを被り、非現実的な枚数でトレードを行った。

　リスク管理が上手な人はウィリアムズの固定リスク率や定率、固定ボラティリティを好むだろう。利益とドローダウンの組み合わせが良いからだ。特に、固定ボラティリティは純利益・ドローダウン比率が最も高い。

　トレーディングをマラソンと見るなら、ドローダウンに対応できて大きな利益を生んだ定率か固定ボラティリティのどちらかを選ぶだろう。

　もちろん、トレーディングをマラソンとみなす必要はない。また、これらの戦略を単独で比べて、ほかよりも優れたものをひとつ選ぶ必要もない。自分の必要度に合わせてそれらを組み合わせてもよいのだ。つまり、トレーディングを始めた当初は資金を増やすために積極的な戦略をとり、失う資金が増えてきたらリスクを減らして、より慎重になることもできるのだ。

　ここで、利益目標という視点から戦略を見ておこう。

表8.17　10万ドルに達する速さ

	トレード総数	利益10万ドルのときのポジション	
		トレード数	トレード率
当初口座残高2万ドル			
1枚	362	150	41%
固定リスク額	362	176	49%
固定資金	362	68	19%
固定比率	362	128	35%
固定ユニット数	362	15	4%
当初口座残高3万ドル			
ウィリアムズの固定リスク率	362	119	33%
定率	362	32	9%
固定ボラティリティ	362	67	19%

表8.18　利益10万ドルのときの戦略のパフォーマンス

	当初残高	純益	最大ドローダウン額	最大ドローダウン率	純益÷ドローダウン	トレード不成立数	追証回数	最大枚数	損益の標準偏差
1枚	$20,000	$103,145	-$4,187	-9%	25	0	0	1	3.1%
固定リスク額	$20,000	$101,250	-$4,200	-5%	24	62	0	4	3.7%
固定資金	$20,000	$101,150	-$14,750	-22%	7	0	0	7	6.9%
固定比率	$20,000	$121,213	-$5,625	-9%	22	0	0	3	4.2%
固定ユニット数	$20,000	$126,013	-$3,163	-6%	40	1	1	11	22.8%
ウィリアムズの固定リスク率	$30,000	$120,063	-$9,738	-14%	12	12	0	4	4.1%
定率	$30,000	$102,600	-$14,163	-12%	7	1	0	15	10.3%
固定ボラティリティ	$30,000	$112,038	-$12,263	-13%	9	0	0	7	5.4%

利益目標——10万ドル

　トレーダーの最初の利益目標を10万ドルと仮定しよう。**表8.17**は、各戦略がどれほど早くこの目標を達成したかを表す。

　だれもが予想するように、固定ユニット数がデータサンプルの4％

以内に10万ドルの利益を出して、一番だった。**表8.18**は10万ドルの利益水準で各戦略がどのようなパフォーマンスを見せたかをまとめたものだ。

さて、これは興味深い。この仮想的なデータでは固定ユニット数のドローダウンが6％で、2番目に小さい。しかし、ボラティリティは一番大きく、22.8％の標準偏差になった。とはいえ、この高い標準偏差は、大きな利益を出したトレードが多かったことによるのだから、ボラティリティはこれでも問題ない！　このデータサンプルで10万ドルの利益を素早く達成したという点では、固定ユニット数が目立った戦略だ。利益は最大で、ドローダウンは最小、純利益・ドローダウン比率は最も高かった。

利益目標——100万ドル

今度は、トレーダーの利益目標は10万ドルではなく100万ドルだとしよう。**表8.19**は各戦略が新たなより高い目標をどれだけ早く達成できたかを表す。

予想どおり、今回も1位は固定ユニット数だった。データサンプルの25％以内で100万ドルの利益を達成した。**表8.20**は100万ドルの利益水準に達したときの各戦略のパフォーマンスをまとめたものだ。

その結果は前とは異なっている。固定ユニット数は今回も勝ったが、より多くの痛みを伴った。ドローダウンは額でも率でも一番大きかった！

このデータサンプルで100万ドルの利益を出したという点から、トレーダーはウィリアムズの固定リスク率や定率、固定ボラティリティを選ぼうかと考えるだろう。だが、スピードが最も重要なら、データサンプルの34％以内に100万ドルの利益を出した定率が好まれるだろう。ウィリアムズの固定リスク率や固定ボラティリティは定率とは対

表8.19　100万ドルを稼ぐまでの速さ

	トレード総数	利益100万ドルのときのポジション	
		トレード数	トレード率
当初口座残高2万ドル			
1枚	362	NA	NA
固定リスク額	362	NA	NA
固定資金	362	132	36%
固定比率	362	269	74%
固定ユニット数	362	89	25%
当初口座残高3万ドル			
ウィリアムズの固定リスク率	362	180	50%
定率	362	122	34%
固定ボラティリティ	362	204	56%

表8.20　利益100万ドルのときの戦略のパフォーマンス

	当初残高	純益	最大ドローダウン額	最大ドローダウン率	純益÷ドローダウン	トレード不成立数	追証回数	最大枚数	損益の標準偏差
1枚	$20,000	$255,140	-$13,638	-9%	19	0	0	1	2.3%
固定リスク額	$20,000	$151,538	-$4,725	-5%	32	195	0	4	2.7%
固定資金	$20,000	$1,075,263	-$54,275	-22%	20	0	0	61	9.6%
固定比率	$20,000	$998,050	-$66,250	-9%	15	0	0	10	4.2%
固定ユニット数	$20,000	$1,069,613	-$105,438	-32%	10	1	4	100	14.7%
ウィリアムズの固定リスク率	$30,000	$1,038,713	-$85,500	-14%	12	12	0	38	6.3%
定率	$30,000	$1,106,788	-$100,475	-19%	11	1	0	81	8.9%
固定ボラティリティ	$30,000	$1,040,563	-$58,850	-13%	18	0	0	27	5.2%

照的に、サンプルの50％以上を必要とした。

　もっとも、すでに述べたように、ほかの戦略を外してひとつだけを選ぶべき理由などない。資金量に応じた自分の好み次第で、それらを組み合わせても悪いはずがない。私が合理的だと考える方法は次のとおりだ。まず失うものが少ない初めのうちは積極的な戦略を好んで、

固定比率か固定ユニット数でトレードを行う。そして、口座残高が大きくなって失うものが増えたら、より慎重な戦略に変えるのだ。

すべてに合う戦略はない

　トレーダーはそれぞれ異なる。リスク許容度は人によって異なる。また、自分の売買ルールから得られる純資産曲線が安定であり続けるかどうかについても、自信の程度は人それぞれだ。個々のリスクや相場のボラティリティをどう管理すべきかについても、考えは異なる。トレーダーの資金量も違う。だが、これらの違いにもかかわらず、ここで提供する情報はあなたの望む資金管理戦略を選ぶ役に立つはずだ。
　資金に限りがあるなら、おそらく固定比率か固定ユニット数を採用したいと思うだろう。固定比率という慎重な手法では、1枚ごとに必要な利益がすべて同じだ。固定ユニット数なら取引枚数をすぐに増やせて、利益をより多く出せる。そして、少なくとも20ユニットでトレードを行うことで、確実に破産を避ける機会が大いにある。危ないのは、期待値がマイナスになって負けトレードが長く続いたときだ。固定比率では、困難から抜け出すトレード機会は十分にないかもしれない。固定ユニット数では、15回続けて損失を出して残り5ユニットになったら、あなたの自信が試されるかもしれない。
　資金が豊富にあれば、ウィリアムズの固定リスク率、定率、固定ボラティリティのどれかを考えてもよい。定率も、各トレードの損失を口座残高の小さな割合で抑えられるなら、破産確率は低くなり、着実に枚数を増やせて幾何級数的な利益を出すことができる。さらに取引枚数を100枚に制限した場合、定率はウィリアムズの固定リスク率や固定ボラティリティよりも高い利益を生んだ。ドローダウンは19％と適度な大きさで、純利益・ドローダウン比率は14と最高だった。
　各戦略をさらに知って不安を取り払う最良の方法は、自分のトレー

ドデータでそれらの検証を行うことだ。あなたはカギとなる変数の変化に各戦略がどれほど敏感かを調べておくべきだ。さらに、各戦略の破滅的な損失についても検証しておくべきだ。

モンテカルロシミュレーション

　戦略を選ぶのに役立つもうひとつの道具はモンテカルロシミュレーションだ。この手法はあなたの分析を堅牢にする手助けをする。

　あなたはすでに安定した純資産曲線を持つ堅牢な売買ルールを作り上げ、過去データ上で各戦略がどう見えるかを知って満足しているかもしれない。だが、将来も同じようなデータの繰り返しが起きるという保証はない。モンテカルロシミュレーションを用いると、資金管理戦略の実地性能テストを徹底的に行える。過去データを何度でもランダムに混ぜ合わせて、各データごとの重要な特徴、例えばドローダウンやペイオフ値（純利益・ドローダウン比率）を記録できる。それから、平均偏差や標準偏差を計算して、その結果の分布を調べられる。これらの結果から、戦略が売買ルールにどの程度合うか気づいて、さらに自信を得ることができる。とは言っても、これには限界があることも理解しておこう。シミュレーションは依然として同じトレード結果から生じたものに頼っている。純資産曲線が安定しているかぎり、それは構わない。だが、システムが悪い結果を出し始めたら、シミュレーションをどれだけ繰り返しても無意味で、現実の結果はひどいままだろう。

　モンテカルロシミュレーションについて詳しいことが知りたければ、私のホームページ http://www.indextrader.com.au/ から、私に尋ねていただきたい。

エクイティモメンタムを使う

　あなたはすでに適切な資金管理がいかに重要かを学んだ。また、その限界も知っている。資金管理によって普通の期待値を持つ売買ルールを金のなる木に変えることはできる。だが、マイナスの期待値を持つ売買ルールを、プラスの期待値を持つものに変えることはできない。さらに、それはあなたの売買ルールがいつ致命的な脱線をしたのか、プラスの期待値がいつマイナスになったのかを知らせてくれない。資金管理は破産リスクを避けるための最大の武器だが、早期の警戒シグナルを発してくれない。ここでエクイティモメンタムを用いたトレーディングが必要になる。ある戦略のエクイティモメンタムを監視しておけば、純資産曲線が不安定になり始めると早期警戒シグナルを出してくれる。それはあなたの戦略が完全に機能しなくなる前に、注意してくれる。戦略のパフォーマンスが悪化して、あなたのリスク資産がすべて吹き飛ぶ前に逃げることができる。

　言い換えるなら、資金管理戦略に指示されるまで待ってから、トレーディングをやめる必要はないだろう。逃げるのに役立つ、もっと賢い早期警戒シグナルがあってもよいではないか？　資金がなくなるまで付き従うというのは思い切った方針だ。しかし、これは売買ルールの期待値がマイナスになった場合に、資金管理が行き着く最終地点だ。

　5000ドルを失った時点でおそらく分かっていたのに、リスク資産の限度である1万ドルを失う必要はない。例えば、3000ドルで早期警戒シグナルを受け取って、これから困ったことになりそうだと知らせてもらえるなら、役に立つだろう。

　あなたはプラスの期待値を持つ売買ルールでトレードを行わなければならない。だがそれだけでなく、エクイティモメンタムがプラスの売買ルールで、つまり純資産曲線が安定している状態でトレードを行わなければならない。1枚を基準にした純資産曲線が下向きになり始

めたら、エクイティモメンタムがプラスになるまで一歩離れて、トレードをやめる準備をするべきだ。

つまり、あなたの売買ルールにいわば損切りの逆指値に当たるストップを置くということだ。トレードで損切りの逆指値を置くように、売買ルールにも損切りの逆指値に当たるものを置くべきだ。言い換えると、システムストップを置くべきだ。

システムストップ

トレードを行うときにはいつも損切りの逆指値を置くべきだが、同じようにシステムストップも使うべきだ。あなたはプラスの期待値を持つ堅牢な売買ルールを作り、それをTESTの手順に従ってきちんと検証したと思っているかもしれない。だがそうであっても、あなたの売買ルールの期待値が将来マイナスにならないという保証はない。システムストップはリスク管理に不可欠な道具だ。

私は自分の戦略がエッジ（優位性）を持っていると分かっているが、それらが将来もエッジを持ち続けるという保証はない。たしかに私は自分の戦略がうまく機能するような設定をしていて、それらが機能しないと驚くだろう。それでも、マーケットにおける最大の逆境を考えに入れて、最悪の事態に備えておく必要がある。エクイティモメンタムを測れば、戦略の期待値が下がり始めたかどうかの判断に役立つ。システムストップを各戦略で使えば全資金を失わずに済む。

システムストップには３つの目的がある。第一に、自分の売買ルールにもどのくらいの金額を失うと中止するか、つまりシステムストップの大きさが分かる。これで、自分の売買ルールでどれくらいの資金、あるいはリスク資産を投資する（または負ける）用意をすべきかが分かる。

第二に、売買ルールのエクイティモメンタムが揺らぎだしたときを

第8章 資金管理

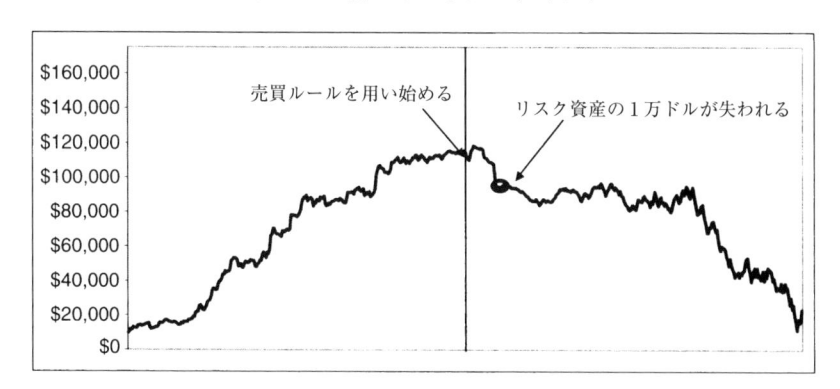

図8.25 システムストップを使わないトレーディング

(図中ラベル：売買ルールを用い始める／リスク資産の1万ドルが失われる)

見極めて、いつトレードをやめるべきかを知らせてくれる。

　第三に、エクイティモメンタムが勢いを取り戻したときを確認して、いつトレードを再開すべきか知らせてくれる。

　コツは効果的なシステムストップを選ぶことだ。トレードで使える損切りの逆指値がいろいろあるように、システムストップに使えるアイデアもたくさんある。限界はあなたの想像力だけだ。良いシステムストップはリスク資産を大きく損なわずに、売買ルールの実力を示す十分な余地を残す。

　すでに述べたが、あなたがトレーディングで成功しているなら、良いトレーダーだから成功するというわけではない、という事実をけっして忘れないようにしよう。むしろ、それはあなたが生き残ったからであり、リスク管理が上手だからだ。リスク管理の優れた人は、売買ルールが将来エッジを失ったときの用意ができている。

　図8.25は、新しい売買ルールでトレードを始めたほぼ直後に、純資産曲線が下向きになったことを示す。エクイティモメンタムが勢いを失ったためにリスク資産限度の1万ドルに達し、トレードをやめざ

るを得なかった。明らかに、リスク資産を資金限度いっぱいまで失う前に、トレードをやめるほうが望ましかった。ここでエクイティモメンタムが役に立つ。システムストップを使えば、1万ドルのリスク資産を失う前にトレーダーに警告してくれるだろう。

システムストップはメカニカルトレーダーしか使えないわけではない。トレーディング手法には関係ない。メカニカルトレーダーであれ裁量トレーダーであれ、システムストップを考案し、それを採用して実行すべきだ。裁量トレーダーのほうが難しいが、それでも使うことはできる。

1枚でのトレードに基づいた純資産曲線を作って、システムストップをそれに重ね合わせられるようにする必要がある。それは3つの要素から成るべきだ。

- 仮想トレードでのヒストリカルデータ
- 検証中に集めた、30通の電子メールでシミュレーションしたトレード（TEST）
- リアルタイムでの仮想トレードの結果

リアルタイムでの仮想トレードでは、実際のトレーディングで生じるどんなスリッページも無視しよう。ここでは、相場の動きが速いためにスリッページがどれだけ生じるかに関心があるわけではない。自分の売買ルールがエッジやエクイティモメンタムを維持できるかどうかに興味があるのだ。あなたはリアルタイムの結果に基づいてトレードを行うだろうが、それらは無視して仮想トレードの結果のほうを見るようにしよう。

あなたがメカニカルトレーダーでも裁量トレーダーでも、売買ルールの純資産曲線は絶えず更新して、「ライブ」の状態にしておくべきだ。さらに、純資産曲線は必ず1枚でのトレードに基づき、どんな資金管

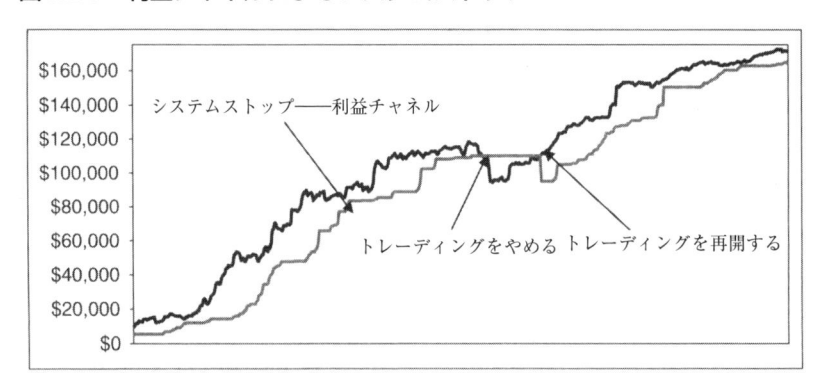

図8.26　利益チャネルによるシステムストップ

理も当てはめないことだ。あなたが興味を持つべきことは、1枚（あるいは同じポジションサイズ）でのトレードに基づいた、自分の売買ルールそのものが持つエッジだ。それは期待値であり、資産を増やし続けたりエクイティモメンタムを維持したりする能力である。資金管理戦略を当てはめると、これらを見ることができなくなる。

　システムストップに正しいとか間違っているということはない。コツは自分にとって意味のあるものを作ったら、それに従い続けることだ。適切なシステムストップとして考えられるものは、次に示す限界を超えたときにドローダウンを制限するものだろう。

- 資金限度である1万ドルのリスク資産
- 前のドローダウン額
- 前のドローダウン率
- 前の純資産曲線の安値を下回る位置
- 自分の純資産曲線の移動平均線
- 自分の純資産曲線のチャネルの下へのブレイクアウト

●平均月次利益の倍数

　このように、システムストップとして考えられるものはたくさんあり、ただ想像力に限りがあるだけだ。大切なのは、あなたの考えたシステムストップでエクイティモメンタムを測ることができるかだ。特にモメンタムが勢いをなくしたときと、再び勢いを取り戻したときが分かるかが重要だ。

　図8.26では、直近40回のトレードで最も低い純資産曲線を追う利益チャネルを作った。40トレード以内の純資産曲線で最も低いところは効果的なシステムストップになり得る。それはドローダウンが起きてもトレードを続けられるだけの余地を残し、純資産曲線が最も高い値を更新し続けられるようにしながら、あなたの売買ルールを追跡するだろう。

　純資産曲線とそれを追跡する利益チャネルとの差はシステムストップの金額を表す。その差が大きすぎるなら、純資産曲線にもっと近いほかのシステムストップを探せばよい。あるいはエクイティモメンタムが下げ止まり、純資産曲線とシステムストップ間の差が縮まってリスク資産を投入できるようになるまで待ってもよい。図8.26は、あなたの売買ルールの純資産曲線がシステムストップを下抜けたら、エクイティモメンタムが勢いを失った合図となり、あなたのシグナルまたはセットアップでトレードを行うのをやめたほうがよいことを示している。純資産曲線が損失から立ち直って、利益チャネル（システムストップ）を上抜けてトレードを行えるようになれば、トレードを再開したほうがよいことを示す。

　いったんこの状態になったら、利益チャネルは40トレードで最も低い純資産のほうに戻り、あなたの売買ルールで再び純資産を増やすための余地を生み出す。

　これはシステムストップのひとつの考え方にすぎない。あなたが使

えるものはほかにも数多くある。必要なのは多少の努力と想像力だ。また、システムストップはトレーディングでの損切りの逆指値と同じようにイラ立ちの原因となることもある。そのことを理解しておくことも大切だ。システムストップが近すぎると、その年最大の勝ちトレードの直前にあなたの売買ルールでのトレードをやめることになる！

システムストップに正しいも誤りもない。システムストップによって素晴らしいトレードを逃す可能性も高くなるが、それは良いリスク管理を行うために払う代償としては小さなものだ。

さらに、システムストップは収益を最大にするために作ったのではないということを理解しておくことも大切だ。システムストップを使えばあなたの収益は減るだろう。あなたの戦略がドローダウンから抜け出し始めても、あなたはそれを横目で見ているしかなくなるからだ。エクイティモメンタムがプラスになり次第にトレードを再開する機会を逃す。それであなたは欲求不満になるだろう。しかし、システムストップの役目は収益を最大にすることではないのだから、それで構わないのだ。システムストップは資金を守るために作るものだ。リスク資産を守るためには、利益を得る機会をある程度逃すという代償を支払うことが必要だと、私は信じている。

あなたが自分の売買ルールに、システムストップと適切な資金管理戦略とを取り入れることができれば、資金管理の賢明な解決法を作ることができたのだと私は思っている。

まとめ

これでトレーディングで成功するための第五の普遍的な原則——3本の柱——の1本目は終わりだ。

お分かりのように、資金管理は破産リスクを避けるための重要な武器だ。トレーディングの目的は生き残ることなので、あなたは適切な

資金管理を理解して実行する必要がある。資金管理が分からなければ、10％の勝ち組に入れない可能性が高い。

　この章ではさまざまな資金管理戦略を検討し、生き残って利益を得るうえで適切な資金管理がいかに大切かを示した。また、効果的なシステムストップを用いて、エクイティモメンタムでトレーディングを行うことの重要性も述べた。

　説明した戦略は次のものだ。

●固定リスク額
●固定資金
●固定比率
●固定ユニット数
●ウィリアムズの固定リスク率
●定率
●固定ボラティリティ

　あなたの資金量、リスク許容度、個々のトレードリスクについての考え方、相場のボラティリティについての考え方、破産をどの程度嫌うかによって、これらの戦略のひとつがあなたにとっての適切な資金管理を達成する役に立つ。ほとんどの戦略は、負けているときには取引枚数を減らし、勝っているときには取引枚数を増やしてトレードを行うように強いる。つまり、勝っているときにはポジションを増やし、負けているときにはポジションを減らす。

　システムストップを考案して選ぶときに、限界はトレーダーの想像力だけだ。効果的なシステムストップなら、次のことを行える必要がある。

●システムストップの金額を伝える

●エクイティモメンタムが勢いを失って、トレードをやめるところを見極める
●エクイティモメンタムが勢いを取り戻して、トレーディングが再開できるところを見極める

　適切な資金管理戦略にシステムストップを組み入れると、資金管理はもっと良くなる。次の章ではトレーディングの３本の柱の２番目――売買ルール――を見ることにする。

第9章
売買ルール

Methodology

　売買ルールとはあなたの日々の戦闘指示だ。それは期待値が良いからという理由で、どのようなトレードを行うかを明確に指示する。その要素は2つだ。

- セットアップ
- トレード計画

　セットアップはこれから支持線や抵抗線になりそうな水準を見極める。それらは、あなたがどちらを選ぶべきか——買いを目指すべきか、売りを目指すべきか——を見定める。
　トレード計画はセットアップをどう利用するかをあなたに伝える必要がある。それはどのように仕掛けて、損切りの逆指値を置き、手仕舞うかについて、明確であやふやでない指示を出さなければならない。
　売買ルールは単純で論理的であるべきだ。前に述べたように、それはマクドナルドテストに合格しなければならない。つまり、10代の子供たちがあなたの売買ルールを使って、トレーディングを行えるかだ。できなければ、あなたの売買ルールはおそらく複雑すぎて、ほぼ間違いなく破たんするだろう。
　自分の売買ルールを考え出したら、次にやることはTESTの手順に

従ってその期待値を検証することだ。その結果がプラスで、１～２の目立ったトレードのおかげで利益が出ているのではなく、純資産曲線もかなり滑らかならば、良い売買ルールを考え出せたと分かる。

最後に破産確率を計算する。これによって、資金管理戦略を売買ルールに組み込むことができる。TESTの結果から、あなたは自分の売買ルールについて、検証された勝率とペイオフレシオ（平均利益÷平均損失）を知る。これをあなたが選んだ資金管理戦略と組み合わせると、私の破産確率シミュレーター（**付録A**と**付録B**を参照）か、それと似たモデルによるシミュレーションを使って、あなたの破産確率を統計的に推定できる。その破産確率の推定値が０％なら、あなたは自分の売買ルールに自信を持ってよい。そうでなければ、考え直す必要がある。

この章では、売買ルールの要素を調べることにする。トレードを行う手順をきちんと決めておけば、相場の動きやさまざまな売買ルールについて競合する理論を調べるときに、自分の動いてよい限度がはっきり分かるだろう。

売買ルールの第一歩は、裁量トレードとメカニカルトレードのどちらの手法に従うべきかを決めることだ。

裁量トレードかメカニカルトレードか

トレーダーは通常、次の３グループのどれかひとつに入る。

●裁量トレーダー
●メカニカル（またはシステム）トレーダー
●裁量的なメカニカルトレーダー

裁量トレーダーは柔軟なトレード計画に従う。彼らは自分の行動を

決めるときに、自由度の大きいルールに基づいて戦略を作る。彼らのルールには普通、自分のセットアップに戸惑いを感じたり自信がないときにはトレードをしなくてもよい、というものが含まれている。彼らは何をどのようにトレードすべきかについて結局のところ柔軟で、トレードをすべきかどうかについて最終的な決定権を持っている。

メカニカルトレーダーは厳密なトレード計画に従う。彼らはルールに基づいた柔軟性のない戦略を作る。その戦略から外れることは許されない。どのようにトレードを行うかを裁量で決めることはできない。彼らは現れるすべてのセットアップに従って、自動的に整然とトレードを行う。彼らはなぜトレードを行うか考えない。トレードの執行について考えるだけだ。メカニカルトレーダーはどのトレードを執行するかを選べない。現れたすべてのシグナルに従って、トレードを行うしかない。私はメカニカルトレーダーだ。

裁量的なメカニカルトレーダーはその名のとおり、裁量トレーダーとメカニカルトレーダーの両要素を合わせ持つものだ。彼らは非常に体系化されたトレード計画を作って、それに従ってトレードを行う。だが、そのトレード計画にいつ従うかについては、自分で判断する。そして、トレードを行おうと決めたら、トレード計画に忠実に従う。

感情的には、裁量トレードとメカニカルトレードは両極端で、非常に異なる。メカニカルトレーダーはトレードを行うときに決めるべきものがない。彼らはチャートを更新し、シグナルが出たら自分のルールどおりにトレードを行う。裁量トレーダーは絶えず何かを決めなければならない。彼らが体系化しているほど、決めるべきことは減るだろう。裁量トレーダーは普通、メカニカルトレーダーよりも精神的に疲れる。

ほとんどの人は裁量トレードから始める。経験と失望を重ねるにつれて、彼らは裁量トレードを体系化し単純化するようになる。メカニカルな手法を使うと精神的にバランスがとれ、一貫性と規律を保つの

図9.1　支持線と抵抗線を決めるのに役立つ手法

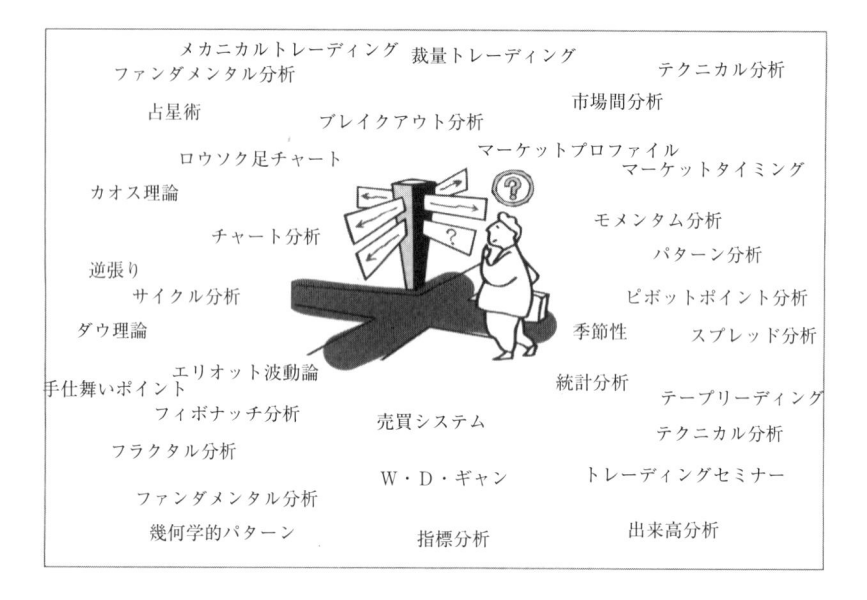

```
        メカニカルトレーディング　裁量トレーディング
   ファンダメンタル分析                         テクニカル分析
                                      市場間分析
        占星術        ブレイクアウト分析
                                   マーケットプロファイル
     ロウソク足チャート                        マーケットタイミング
   カオス理論
                                      モメンタム分析
          チャート分析
                                           パターン分析
     逆張り
        サイクル分析                      ピボットポイント分析
   ダウ理論                         季節性
                                              スプレッド分析
                エリオット波動論            統計分析
  手仕舞いポイント                               テープリーディング
        フィボナッチ分析                       テクニカル分析
      フラクタル分析       売買システム
                                         トレーディングセミナー
                         W・D・ギャン
   ファンダメンタル分析
        幾何学的パターン       指標分析        出来高分析
```

に役立つ。

あなたがトレーディングをこれから始めるのなら、最初からメカニカルトレードを行うか、非常に体系化されて厳密な裁量トレード計画を考えるように勧める。メカニカルトレードをずっと行い続けなくても構わない。だが、それはあなたが最終的に従う道を決めるための確固とした基礎になる。

トレード計画を実行して成功するためのカギとなる要素は一貫性と規律だ。そしてメカニカルな手法はこの点で優れた訓練になる。おまけに、メカニカルな手法は利用できる既製のソフトウエアが数多く出回っているので、設計と初めの検証が普通は簡単に行える。売買ルールの体系を始めから終わりまで見てみよう。

売買ルールを作る

　売買ルールとはトレーディングの方法のことだ。その核心を述べると、トレーディングとは支持線や抵抗線になりそうな水準を見極めて、次のことをできるようにすることだ。

●潜在的な支持線や抵抗線の水準が守られなかった証拠として、その位置に正確に損切りの逆指値を置く
●潜在的な支持線や抵抗線の水準が守られれば、利益を得る

　覚えておくべき大切なことがある。「単純であれ」ということだ。自分がやることを複雑にしてはならない。あなたは単に支持線や抵抗線になりそうな水準を見極めようとしさえすればよい。支持線や抵抗線になりそうな水準が守られて、利益をもたらしそうだと信じられたら、ポジションを取るべきだ。あなたの選んだ相場論や分析の流派に考えを支配されて、これを見失ってはならない。

トレーディングスタイル

　すでに述べたように、あなたの売買ルールで用いることのできる基本的なスタイルは2つある。

●トレンドに沿った順張り
●逆張り（またはスイングトレード）

　私はまずトレンドトレーディングの良い売買ルールを作ることにエネルギーを注ぐのがよいと思う。トレンドに沿ってトレードを行うのが最も安全だからだ。しかし、十分に時間を使って成功を積み重ねた

ら、補完的な売買ルールとして逆張りまたはスイングトレードの売買ルールを作ることも目指したほうがよい。相場にいつもトレンドがあるわけではない。そのため、トレンドトレーディングによる売買ルールはいつか損失を出し始めるだろう。そのときに、逆張りまたはスイングトレードによる売買ルールがかなりの利益を出し始めるはずだ。トレンドトレーディングと逆張りの両方で売買ルールを作ってトレードを行えば、純資産曲線もより滑らかになる。また、経験を深めて成功を積み重ねたら、さらに戦略を多様化し、複数の時間枠でトレンドトレーディングと逆張りの両方で売買ルールを作ろうと試みるべきだ。もっと短期や長期の売買ルールを作って、現在の戦略を補うことだ。目標は複数の時間枠で、売買ルールの似たもの同士ではなく、互いに補い合うものを組み合わせてトレードを行うことだ。各売買ルールの核心はセットアップだ。

セットアップ

セットアップは支持線や抵抗線になりそうな水準を見極めることができる必要がある。良い支持線は上昇トレンドで見られるというだけではない。上昇トレンドが本物だという確認もできる必要がある。良い抵抗線は下降トレンドで見られるというだけではない。下降トレンドが本物だという確認もできなければならない。セットアップは相場分析によって見つけるものだ。コツは支持線や抵抗線になりそうな水準を見極めるために、どの手法の分析を使うかを決めることだ。**図9.1**が示すように、支持線や抵抗線になりそうな水準を見極める分析法を選ぶとなると、選択肢は多い。

ほとんどのトレーダーは多くの時間を費やして相場の動きに関するさまざまな理論と格闘し、完璧な仕掛けのテクニックを探し求めている。こんなことをしていると財布にも精神にも痛手となり得るが、ト

レーディングキャリアのなかで最も魅力的で創造的な経験になることも多い。手に入れるのが難しいエッジ（優位性）を探すのは、いつでもスリルがある。トレードを行うときに、繰り返し注文を書き出してその注文をするよりも、売買ルールを考え出すほうがずっと創造的で満足できる。

　今の私の関心はトレーディングで成功するための普遍的な原則を教えることなので、これらの競い合うさまざまな分析手法にあまり時間を費やすつもりはない。「売買ルール」のなかにある「セットアップ」の検討は3本の柱の1本にすぎない。そして、売買ルールはトレーディングで成功するための普遍的な6つの原則の1つにすぎないからだ。しかし、これらのさまざまな分析がどのような関係にあるかは簡単に説明しておこう。

　時がたてばやがて気づくが、支持線や抵抗線になりそうな水準を見極めるときに、どれにエッジがあるかを見つけるのは簡単ではない。マーケットで使われているさまざまな売買ルールを見るとき、偏見を持たずに自分が選んだものを受け入れるべきだ。特定のテクニカル分析に対して持っているどんな先入観も捨てて、トレーディングに関するすべてのアイデアを歓迎できるようになったほうがよい。しかし、前に言ったように、あるアイデアが自分にとって価値があるかどうかを判断する権利は持っておく必要がある。トレーディングのアイデアについて読んだり聞いたりしたからといって、それをあなたが使えるとは限らないのだ、ということを常に思い出そう。トレーディング手法について聞いたり読んだりしたからといって、必ずしもそれらが真実というわけではない。私やほかの著者がトレーディングの考えについて書いても、それが必ずしも正しいというわけではない。トレーディングのアイデアはあなた自身が自分で検証して、初めてあなたの使えるものになる。そして、これは私がこの本で書いたすべてのことにも当てはまる。頭をスポンジのようにして、可能なかぎりすべてのア

イデアを吸収しよう。だがそのときでも疑うことを忘れないで、自分でそのアイデアを検証する心構えを持っていよう。そのアイデアがあなたのトレーディング戦略に期待値を与えてくれるか自分で確かめる用意をしておこう。そしてその際に、あるアイデアが支持線や抵抗線になりそうな水準を見極める役に立つかを自問し続けることが大切だ。

　心に留めておくべき２点目は、トレーディングで何がうまくいくかについて多くの意見があるということだ。これらの意見は本やDVD、講演、セミナーで説明される。これらの意見はすべて特定の分析を熱心に説いている。あなたは偏見を持たずに、できるかぎり多くの意見を聞く一方で、トレーディングで何が有効かに関して、すべての意見が正しいということはあり得ないということを頭に入れておくことだ。だれかが正しければ、だれかが間違っているはずだ。すべてが正しいということはあり得ない。どの意見があなたにとって最も意味があり、最大の価値をもたらしてくれるかを判断するのはあなたの仕事だ。「意見」を自分で検証できるまで疑ってかかることは、自分のためになるということを覚えておこう。

　あなたにとって望ましいトレーディング手法を探すときに、覚えておくべき大切なことがある。自分の選んだ分析で支持線や抵抗線になりそうな水準を見極めることができなくても、またTESTの手順で否定的な結果ばかり出ても、がっかりしないことだ。少なくとも、あなたが手にした分析にはエッジがないと分かったのだ。また、トレーディングで何がうまくいかないかを知っておくことは、何がうまくいくのかを知っていることと同じくらい役に立つのだ！

トレーディングの「パンドラの箱」——どの理論を信じるべきか

　相場の動きに関して競い合う理論、つまり支持線や抵抗線になりそ

うな水準を見極めるときにあなたが選ぶ幅広いテクニカル分析を、私は次の３グループに分ける。

●予測者
●夢想家
●現実主義者

予測者
予測者には次のものが含まれる。

●占星術
●サイクル分析
●エリオット波動論
●フラクタル分析
●ファンダメンタル分析
●幾何学的パターン
●W・D・ギャン

　これらの分析を使う人たちは、相場の方向性を自分たちは判断できるし、それに多くの人たちが引き付けられると信じている。これらの手法の中心となるアイデアはマーケットタイミングだ。つまり相場の重要な転換点で、いつ仕掛けてどこで手仕舞うべきかが分かるという考えだ。この手法のうちで有名な２つの理論はエリオット波動とW・D・ギャンである。
　これらの予測者には大きな欠点が２つある。第一に、将来の転換点を探そうとして、トレーダーは天井と底をつかもうとする。すでに言ったように、これはすべてのトレード初心者が陥る共通の間違いだ。将来の動きを調べようとしてこれらの分析を使い、転換点になる可能

性が高いところを決めると、必要はなくともそれらの地点でトレードを行おうとするだろう。転換点だという証拠を見つけるほど、自分が正しいという確信を持ち、それを利用しなければという気持ちはますます高まるだろう。知らないうちに、あなたは相場にずっと注文を置いている。そして、自分の分析が正しいと分かるまで待つようになる。

　第二の問題は、将来に集中し始めると現在を見失うということだ。相場が向かいそうなところを探すことに熱中していると、今あるトレーディングの機会をすべて忘れてしまう危険性がある。重要な将来の日付や価格水準を見極めると、ほかのものはすべて視界から消えてしまう。こうして注意がそれると、トレーディングの機会も限られてくる。

　非常に多くのトレーダーが予測者に引き付けられるのは、相場が将来どこに向かうか分かって、自分のトレーディングの運命をコントロールできるという魅力的な考えだからだ。それらによると、将来が確実であるかのように見える。予測者は知っていると錯覚する。そうなると、それによって今度は運命をコントロールしているという錯覚が生まれる。この錯覚から過剰な楽観主義と自信が生まれる。

　さらに、トレーダーは知的なワナと私が呼ぶものに陥ることがある。トレーダーは相場の謎を解くことに知的好奇心とやりがいを感じる。そこでは複雑なものが一番良い、と彼らは信じている。予測者は複雑さを好む。

　エリオット波動とＷ・Ｄ・ギャンのうち、秘伝の手法を探しているトレード初心者が興味を引かれるのは、おそらく後者だろう。私はギャンを研究したことはないが、幾何学的パターンを調べたことはあるので、その要素の多くは知っている。初心者の多くはギャンを取り巻く「謎」に引き付けられる。このため、トレーディングの経験はほとんどないが、マーケティングやセールス、説明能力に秀でた多くの人たちがギャンのトレーディング手法の販売促進に引き寄せられる。

　ギャンにまつわる宣伝は次のような文句に沿っている。

W・D・ギャンと相場について学ぼう

W・D・ギャンは史上最も優れたトレーダーのひとりだった。相場の転換点を判断する彼の能力はいまだに伝説的だ。商品市場と株式市場のトレードにおいて、90％以上という驚くべき勝率で利益を出した！ 彼がトレーディングで得た利益は20世紀前半で推定5000万ドルという驚異的な額になる。彼の手法を研究したトレーダーは世界中のマーケットで大きな成功を収めた。

（出所＝www.wdgann.com）

だれでも史上最も優れたトレーダーから学びたいと思うだろう。勝率90％以上で、5000万ドルを稼いだ人ならだれでも、何か価値あるものを提供できるはずだろう！

残念ながら、ギャンは現実というよりも神話のようだ。著名な投資家アレキサンダー・エルダー博士は著書『**投資苑――心理・戦略・資金管理**』（パンローリング）でギャンの伝説を調べ、次のように述べている。

いろいろな便乗商法で「ギャン講座」や「ギャンのソフトウエア」が売られている。それらは、ギャンがこれまでのトレーダーで最も優れたひとりであり、5000万ドルの財産を残したなどと主張する。私はボストン・バンクのアナリストをしているW・D・ギャンの息子と面談した。彼は私にこう言った。有名な父はトレーディングで家族を養うことはできなかった。それで、トレーディングに関する本を書いて売ることで生計を立てた。W・D・ギャンが1950年代に亡くなったとき、家を含む彼の遺産は10万ドルをわずかに超える評価額だった。トレーディング界の巨人であるW・D・ギャンの伝説は、だまされやすい顧客に講座やほかのツ

ールを売る人々によって不滅のものになっている。

ラリー・ウィリアムズは著書『**ラリー・ウィリアムズの株式必勝法**』（パンローリング）でさらに次のように述べている。

> 私はR・N・エリオットや数人の一流占星術師などに加えて、W・D・ギャンの著作も研究した。それらは結局のところ、すべて時間の浪費だった。やがて、私は幸運にもギャンの息子に会うことができた。彼はニューヨークでブローカーをやっており、彼の父は単にチャーチストだと私に説明した。父がみんなの言うように優れているのなら、その息子が今でも「ほほ笑みながら電話をして、顧客にトレードを勧めている」はずはないだろうと、彼は私に言った。父親が宣伝されるせいで多くの人が聖杯を求めて彼のところへやって来るので、彼はいくぶん迷惑しているようだった。聖杯があるなら、それは息子にはけっして手渡されなかったのだ。
> 　私はまた、ギャンの講演を手配したり宣伝をしたりしていたF・B・サッチャーにも会った。サッチャーが亡くなる5年前に、私は彼と手紙のやりとりをした。そのなかで、ギャンは必ずしも株式トレーダーとして優れていたわけではなく、宣伝が上手だっただけだとサッチャーは認めた。

私自身の「ギャン」に関する経験も似たようなものだ。私が相場の世界に足を踏み入れたのは1983年にバンク・オブ・アメリカに入行してからなので、何百人ものトレーダーに出会った。その多くがギャンを研究していた。私が出会って今日でも知っているギャン信奉者のトレーダーのうちで、ギャンに従ったトレードを活発に行って、一貫してお金を稼いでいる人は1人もいない。繰り返すが、1人もいないの

だ。間違いない。たしかに多くのギャン信奉者の「アナリスト」はギャンの手法のひとつをうまく選んでそれを当てはめ、後知恵で相場の転換点を確かめることができる。後知恵とギャンの多くの手法のひとつを使えば、それは難しいことではない。それがギャンアングル、角度、振動、リトレースメント、プロジェクション、アニバーサリーデート、スクエアチャートの点かどうかは関係ない。ギャンの手法のひとつでうまくいかなくても、彼らはほかのうまくいく手法をたいてい見つける。しかし公平に見て、ギャンは「カーブフィッティング（こじつけ）」と批判される唯一の手法とは言えない。ほとんどの手法は、自由度があまりにも大きすぎる。そのため、アナリストは普通、彼らの主張を正当化するために、いろいろな手法を考え出すことができる。

　ところで、1人の観察は統計的に有意とは言えず、ギャンについての権威あるコメントと認められないということは分かっている。そして、これまで述べたことは私の経験にすぎないということを覚えておこう。あなたが私とは逆の経験をしているなら、それは素晴らしいことだ。私があなたに勧められることと言えば、ギャンに関するあなたの経験をほかのギャンを学ぶ人と分かち合いなさいということだけだ。あなたがどうやってギャンの「秘密」を明らかにできたのか、知りたい人も多いということは分かっている。だがそのときには、自分が実際に活発なトレーディングを行ったときの結果も必ず示すようにしよう。

　あなたがギャンを学ぶ気になって、ギャンのセミナーに参加したいのなら、主催者が実際にトレーディングを行ったときの結果を送ってもらうことだけは忘れないでもらいたい。実際のトレーディング記録のコピーを見ることができたら、セミナー終了後にギャンのトレードのすべてについて説明してもらえるように、確約を取っておくべきだ。これは非常に理にかなった願いだ。彼らのほうがあなたにギャンについて教えると申し出ているのだし、彼ら自身はそれに基づくトレード

でお金を儲けているのだから（でしょう？）。

　今日、ギャンの支持者はギャンの足跡をたどっているように見える。必ずしもトレードは上手ではなく、「勝つ秘密」を明らかにするわけでもない。だが、ギャンの宣伝はうまく続けて、セミナーの売り上げで利益を得ているようだ。彼らはギャンの手法を派手に宣伝して法外な金額を請求するので、それらに価値がある可能性はあっても、たいていの人は検討しようという気も失せるだろう。

　もしもギャンに関心を持ったのなら、ギャンやほかの予測者を調べて、それが支持線や抵抗線になりそうな水準を一貫して見極める役に立つか確かめたほうがよい。それが役立つものであり、TESTの手順で売買ルールの期待値を検証できたら、あなたはそれを使うべきだ。

　予測者は最も利益を出せる分析ではなくとも、あなたがこれから出合う分析手法のなかで最も面白いものだ。私はここで告白しておかなければならない。私のトレーディングキャリアの最初の15年間、私はエリオット波動の信奉者だった。そしてその時期の後半では、それに幾何学的パターンを重ねていた。白状するが、相場分析で私が楽しんだ時期のなかでも、そのころが最も創造的で楽しかった。それに匹敵するものは何もない。1998年以降、私は退屈なメカニカルトレーダーになった。エリオット波動と幾何学的パターンを使い、複数の時間枠で価格と時間全体にわたって相場を分析することに比べると、それは面白くも楽しくもないと保証できる。しかし、私はエリオット波動で利益を生むことはできなかった。私は経験から学んだ。私にとっては、退屈は報われるのだと！

夢想家

　夢想家とはテクニカル指標を使うトレーダーのことだ。例えば、次のような指標だ。

●ADX（アベレージ・ディレクショナル・インデックス）
●DMI（方向性指数）
●エンベロープ
●指標分析
●MACD（移動平均収束拡散法）
●移動平均線
●価格変化率
●RSI（相対力指数）
●ストキャスティックス

　私はこれらのトレーダーを夢想家と名づける。ほとんどの指標は価格から派生させたものだが、それらには調整できる変数が含まれている。したがって、それらの指標は過去データにぴったり合わせた情報を表す。この種の調整可能な2次データでトレードを行って、利益を出せると信じているなら、トレーダーは夢を見ていると感じる。これは一般論で、すべての指標に当てはまるわけではない。だが、ほとんどの指標は相場の値動きに遅れるし、利益を得るために頼りにするには柔軟性がありすぎる。

　とはいえ、何かの指標があなたの注意を引くなら、それを調べるべきだ。一般的に、使う指標は少ないほど良い。さらに、指標を選ぶときに圧倒されないようにしよう。指標は次のものか、それらの組み合わせを見極めるものだ。

●価格
●トレンド
●押しや戻り
●モメンタム
●センチメント

●ボラティリティ
●出来高

　コツは各相場のパターンについて選ぶ指標をひとつにして、重ならないようにすることだ。支持線や抵抗線になりそうな水準を見極めるときに選んだ指標が役立ち、TESTの手順で売買ルールの期待値を検証できたら、それらの指標を利用すべきだ。

現実主義者
　現実主義者とは次のような分析を使うトレーダーだ。

●ブレイクアウト分析
●チャート分析
●ダウ理論
●市場間分析
●マーケットプロファイル
●パターン分析
●ピボットポイント分析
●季節性
●スプレッド分析
●統計分析
●テープリーディング
●出来高分析

　現実主義者は加工されていない価格と出来高に焦点を合わせる。彼らはコントロールできないものには興味を示さないし、将来を調べることにも関心がない。彼らは指標のような代替物を扱うことではなく、価格そのものという本物に焦点を合わせることを好む。

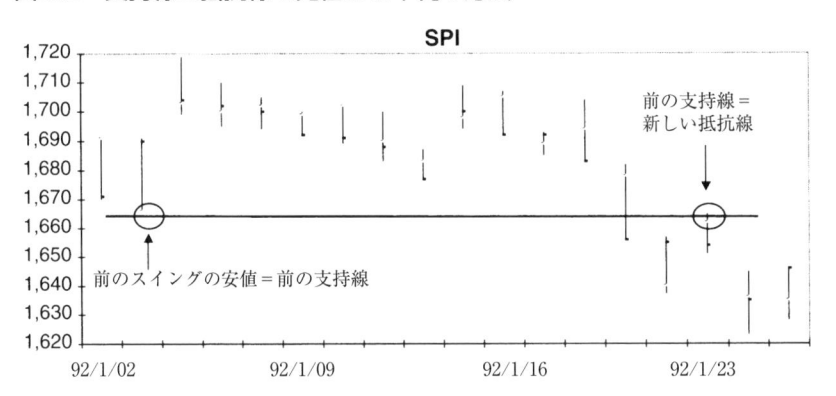

図9.2　支持線と抵抗線を見極める単純な方法

(SPIチャート：1,620～1,720のレンジ、1992/1/02～92/1/23)

前のスイングの安値＝前の支持線

前の支持線＝新しい抵抗線

　私の経験では、ほとんどの成功したトレーダーは現実主義者のなかに見つかる。1983年以降、私はこれらのいろいろなグループを出たり入ったりした。私は1998年以降、現実主義者グループに入っている。しかしその前に、私は合計15年を予測者――12年はエリオット波動で、残り3年は幾何学的パターン――として過ごした。その期間に時折、夢想家に飛び込んで、コンピューター画面のまばゆい色の配置にうっとりしたものだ。

　結局のところ、一貫して支持線や抵抗線になりそうな水準を見極めるために何が役に立つかは、自分で見つけるしかない。あなたの使うものが役に立ち、TESTの手順を用いて自分で検証できるなら、何を見るかに制限はない。

　あなたは自分が選んだものを受け入れ、それを調べるとよい。**図9.2**は、支持線や抵抗線になりそうな水準を見極めるための単純な方法の一例だ。

　この図は価格とチャート分析を使った、現実主義者の単純な方法を示している。前のスイングの安値を使って、抵抗線になりそうな水準を見極めようとしている。前の支持線は新しい抵抗線の働きをするこ

とがよくある。この例では、抵抗線が下降トレンドで現れているだけではなく、価格がさらに下げたために下降トレンドを確認する役目も果たしている。

トレード計画

　トレード計画はセットアップの利用方法を決める役目を果たすべきだ。それはどこで次のことを行うかについて、明確な指示をしなければならない。

●仕掛ける
●損切りの逆指値を置く
●利益の出たトレードを手仕舞う

　仕掛けて、損切りの逆指値を置き、手仕舞うための手法は数多くある。ここで、最高の仕掛けや、損切りの逆指値の位置や、手仕舞いの手法よりも重要で強力なアイデアを伝えておきたい。それは大部分のトレーダーが見落としているものだ。そのアイデアとは、効果的なトレード計画ならセットアップを裏づけて、それを確認できる必要があるということだ。

　セットアップで支持線になりそうな水準が見つかったら、トレードを行う前にトレード計画で価格の上昇を予想する必要がある。同様に、抵抗線になりそうな水準を見つけたら、トレードを行う前にトレード計画で価格の下落を待つ必要がある。つまり、支持線があるなら、仕掛け値はそれよりも高くなければならない。抵抗線があるなら、仕掛け値はそれよりも安くなければならない。トレードを行うときには、相場によって正しいことが証明されるまで、自分のセットアップは間違っていると考える習慣をつけておくとよい。

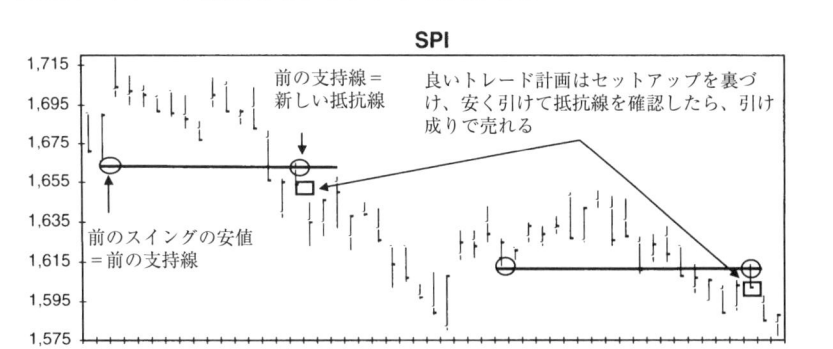

図9.3　トレード計画でセットアップを確かめる

```
SPI
1,715
1,695      前の支持線＝
1,675      新しい抵抗線      良いトレード計画はセットアップを裏づ
1,655                        け、安く引けて抵抗線を確認したら、引け
1,635                        成りで売れる
1,615  前のスイングの安値
1,595  ＝前の支持線
1,575
  02-Jan-92  16-Jan-92  31-Jan-92  14-Feb-92  28-Feb-92  13-Mar-92
```

　セットアップをトレード計画で確認するということは、相場をきちんと尊重するということだ。これは単純だが効果的な考え方だ。しかし、多くのトレーダーはそれが理解できない。セットアップは相場が向かいそうなところを伝えることしかできないのだ。それらが常に正しいということはない。良いトレード計画はやみくもにセットアップに従ったりしない。あまりにも多くのトレーダーがセットアップとトレード計画を切り離せずに、テクニカル分析をトレーディングと混同している。セットアップを相場で確認できるまでトレード計画に従って待っているからと言って、待っている方向に相場が動き続けるという保証はない。だがそうすることで、利益のほとんど出ない多くのトレードで仕掛けずに済むようにはなるだろう。要するに、良いトレード計画とは、買うときにはより高い価格で買い、空売りするときにはより安い価格で売らなければならない。**図9.3**はこの例を示す。

　このチャートには**図9.2**での抵抗線が示されている。それは前の支持線だったところが新しい抵抗線になったことを表している。この例では、抵抗線になりそうな水準を見極めているセットアップが２つある。良いトレード計画ならば、抵抗線のところに空売りの注文を置い

ておこうとするよりは、大引けに近づくまで待つだろう。トレード計画が有効ならば、相場が弱いときには仕掛けようとするだろう。前日の終値よりも安く、当日の始値よりも安く引けそうなら、良いトレード計画では相場が弱いと見て空売りをしようとする。そして、引け成り注文で売るだろう。図9.3のどちらの場合も、抵抗線は下降トレンドにあるだけでなく、相場がさらに下げることで下降トレンドを確認する役目も果たした。

相場パターンの多くの点を使えば、仕掛けの水準でセットアップを確認することができる。セットアップで支持線になりそうな水準を見極めたら、仕掛け前に次のことを確認すれば、トレード計画で相場の強さを確かめられる。

●当日の終値が始値より高い
●当日の終値が前日の終値よりも高い
●当日の終値が直近2日、3日、4日または5日間の終値よりも高い
●相場が前日の終値かそれ以上まで上昇した
●相場が前週の終値かそれ以上まで上昇した
●相場が前月の終値かそれ以上まで上昇した

同じように、抵抗線になりそうな水準では逆のことが当てはまるだろう。仕掛けの水準の決め方については、あなたの想像力次第だ。損切りの逆指値を置く位置と手仕舞いの水準についても、いろいろなアイデアが使える。そしてこれも、あなたの想像力次第だ。

売買ルールを考え出すのはトレーディングそのものほど面白くない。しかし、想像力をたくましくしすぎて、複雑なルールを作ってはならない。時の試練に耐えるのは単純な売買ルールだ。トム・デマークは非常に尊敬されている投資家で、マーケットの魔術師であるポール・チューダー・ジョーンズと仕事をしたこともある。現在は160億ドル

の投資ファンドSACキャピタルを率いるスティーブ・コーエンのアドバイザーだ。そのデマークがアート・コリンズの著書『**マーケットの魔術師　システムトレーダー編**』(パンローリング)で次のように述べている。

　　結論を言うと、17人のプログラマーを使って4～5年間テストを行ったが、基本的な4ないし5システムが最も有効だった。

また、カーティス・フェイスも『タートル流投資の魔術』(徳間書店)でこう述べている。

　　単純にしておこう。時の試練に耐えた単純な方法でうまく執行できれば、凝った複雑な方法を毎回打ち負かすだろう。

セットアップとトレード計画を設計するときに、従うとよい一般原則が幾つかあり、次のようなものが含まれる。

●複雑さよりも単純さを目指す
●売買ルールを論理的に裏づけ、アイデアを手当たり次第に集めない
●調整可能な変数を持つパラメータの数を最小にすれば、カーブフィッティングのリスクが減る
●最初の損切りの逆指値、順行したら損益ゼロの位置に置くブレイクイーブンストップやトレイリングストップを組み合わせる
●必要に応じて、一定の日数で仕切るタイムストップを使う
●手仕舞いの逆指値を金額で固定するよりも、相場に合わせて動かす
●利益目標には注意すること――一般にそれによって利益は減る
●順行しているポジションを手仕舞う効果的な方法として、トレイリングストップを使う

都市伝説——仕掛けはそれほど重要ではない

いや、重要だ。マーケットにある程度長くかかわっているなら、手仕舞いは重要だが、仕掛けはそれほど重要ではないという信念に、もう出くわしたかもしれない。この信念を支持する人たちは相場で強いトレンドが見られたチャートを指して、こうした大きな値動きでは仕掛けは重要ではないと言う。トレンドのほとんどを確実にとらえるために大切なのは手仕舞いだと言う。たしかに振り返れば、そうした観察も理解できる。大きな値動きのあとでは手仕舞いは非常に重要だ。できるだけ多くの利益をきちんと確保するためには、仕掛けと手仕舞いを比べるなら、後者のほうが重要だろう。利益を手放して、喜ぶ人はいない。だが、それは後知恵だ。支持者は強いトレンドがすでに現れている、絵に描いたように見事なチャートを示しながら話す。ポジションを取るときに、強いトレンドになるかどうかはまったく分からない。だから、私は彼らの立場にはまったく賛成できない。私がそういう話を読んだり聞いたりしたら、自動的にその人のトレーディングの経歴は怪しいと思ってしまう。

仕掛けは極めて大切だ。それによって損切りの逆指値を置く位置や当初のリスク、損失の可能性がある額そのものが決まる。利益と比べて損失がどれほど大きいかは直接、期待値に影響を及ぼすのだ！ 思い出そう。トレードを行うのは、期待値を上げる機会があるからだ。

仕掛けるときには、強いトレンドになるかどうかまったく分からない。仕掛けるときに、先は見えない。水晶球はない。あなたに振り返るぜいたくはない。あなたには現在しかない。リスクをコントロールし、期待値を上げる機会があるときにトレードを行うのは、すべて現在なのだ。

さらに、仕掛けで当初のリスクが決まるので、仕掛けはポジションサイズを決める資金管理戦略にも直接影響する。初めの逆指値を近く

に置くほど、ポジションサイズを大きくできる。思い出そう。生き残って大きな利益を生む秘密は資金管理なのだ。このため、時間枠に関係なく、仕掛けがとても大切になる。特に勝率が非常に低い長期トレーダーにとって、それは特に大切だ。つまり、彼らがついに勝ちトレードをつかんだら、そこで67％の負けトレードでの損失を埋められるようにポジションサイズを最大にする必要があるのだ！

それで、仕掛けはそれほど重要ではない、手仕舞いほど重要ではないと言う人々を私は内心ではいつも疑っている。私にとっては、それらはすべて非常に重要だ！　それらは当初のリスクに直接影響する。そして、今度はそれが資金管理でのポジションサイズに影響を及ぼす。さらに、それは生き残って大きな利益を生む可能性に影響を及ぼす。仕掛けは本当に重要だ。

逆指値を離して置きたいという致命的な誘惑に負けない

売買ルールが利益を生むもののように見せる最も簡単な手は、損切りの逆指値を離して置くことだ。損切りの逆指値を離して置くと、利益目標、つまり手仕舞いポイントに達するための余地と時間を大きくすることができる。しかし私の考えでは、損切りの逆指値を離して置いても、やがてそれに追いつかれて傷つくことになる。

一般的にトレーダーは、許容できそうな仮想純資産曲線が得られるまで損切りの逆指値を遠ざけ続ける。彼らは無意識のうちに、売買ルールをヒストリカルデータにぴったり合うように調整している。彼らは損切りの逆指値を遠ざけて、負けトレードが続くのを避け、何とか売買ルールを見劣りしないようにする。彼らは最適な損切りの逆指値を置く位置を見つけたと思っている。だが彼らが行ったことは、自分たちの売買ルールをデータに合うように調整しただけだ。

そして、相場には最大の逆境があるので、彼らがトレードを始める

と、予想もしていないときに途方もない損失が続くだろう。損失が非常に大きくなるので、彼らはトレードを思いとどまるか、口座資金に取り返しのつかないほどの損失が出て、トレードをやめざるを得なくなるかのどちらかだろう。彼らは破産ポイントに達するだろう。

　おまけに損切りの逆指値を離して置くと、資金管理戦略でポジションサイズを大きくするのが難しくなる。損切りの逆指値によって当初のリスクが直接決まる。当初のリスクはポジションサイズを決める資金管理戦略に直接的な影響を及ぼす。初めに置く損切りの逆指値が近いほど、ポジションサイズを大きくできる。損切りの逆指値を離して置くほど当初のリスクは大きくなり、ポジションサイズは小さくなる。思い出そう。資金管理が生き残って大きな利益を生む秘密である。

　これは極めて重要だ。よく聞いてもらいたい。仮想上では、1枚に基づいた売買ルールはプラスの良い期待値を生んで、よく見えることもある。だが、あなたの望む資金管理戦略を当てはめると、売買ルールのパフォーマンスが落ちることに常に気づくだろう。損切りの逆指値を離すと、枚数を積み上げてポジションサイズを大きくする資金管理戦略はあまりうまくいかなくなる。

　資金管理を当てはめた場合、期待値は小さいが損切りの逆指値を近くに置いた売買ルールのほうが、期待値は大きいが損切りの逆指値を離して置いた売買ルールよりもずっと多額の利益を出せるだろう。損切りの逆指値を離すと、資金管理のパフォーマンスは落ちる。損切りの逆指値を離して置くと、大きな利益を失う。資金管理が大きな利益の背後にある秘密なら、損切りの逆指値を近くに置くことは並外れた利益の背後にある秘密だ。

　季節性に基づいたトレーディングの支持者は普通、損切りの逆指値を遠くに置くことに賛成する。なかには値動きの3％を超える位置に損切りの逆指値を置く人もいる。季節性に基づくセットアップの多くは勝率を上げて、「季節性」の傾向を信頼できるように見せるために、

大変離した損切りの逆指値を必要とする。しかし、彼らの高い勝率はたいていは離した損切りの逆指値を使ったおかげであり、相場の季節性によるものではない。損切りの逆指値を遠くに離さないように注意しよう。離して置く損切りの逆指値は致命的となる。

TESTで期待値を確認する

　支持線や抵抗線になりそうな水準を見極めるためのセットアップを考え、そのセットアップを確認して利用するためのトレード計画を作ったら、次にやることはTESTの手順に従って売買ルールの期待値を検証することだ。
　期待値がプラスで純資産曲線が１つや２つの並外れたトレードに頼らずに比較的滑らかになれば、良い売買ルールを作ったと自信を持ってよい。
　最後にやるべきことは、検証した売買ルールにあなたの望む資金管理戦略を当てはめ、TESTで得た結果から勝率とペイオフレシオ（平均利益÷平均損失）を用いて破産確率を計算することだ。あなたの目標は統計的に０％の破産確率で相場に取り組むことだ。思い出そう。生き残れば、あなたはトレーディングで成功するのだ。
　まあ、それが理屈だ。それは良い理屈であり、私の経験では正しいものだ。しかし今は、売買ルールの実際的な意味について、トレンドトレーディングの観点から述べることに時間を割きたい。

トレンドトレーディング

　理屈について考えるのもよいが、売買ルールの実際的な意味を見ておくのも役に立つ。売買ルールは期待値を支えているし、期待値は破産リスクを避ける重要な武器のひとつだから、なおさら見ておく必要

がある。私がここまで述べたすべてのなかで、実際にトレーディングで成功することは別として、トレーダーが直面する最大の難問はプラスの期待値を持つ堅牢な売買ルールを作ることだと思う。名前が違うだけで、売買ルールとは実はあなたの期待値なのだ。だから、売買ルールに影響を及ぼすカギとなる問題を掘り下げることに時間を費やすのも大切だ。

まず、トレンドトレーディングについて４つの重要な事実を述べる。それから、トレンドトレーディングに基づく良い売買ルールの主要目標──支持線と抵抗線の水準を見つける──について説明する。その後、トレンドトレーディングがなぜ単純でなければならないかについて、少し述べる。それから、トレードを行う理由（勝つことではない）を思い出してもらい、多くの人がトレンドに沿ってトレードを行うことをとても難しいと感じる理由について、詳しく述べることにする。これによってカギとなる問題が出てくるだろう。

このように、売買ルールを作ることの実際的な意味を詳しく説明することで、あなたが自分のトレンドトレーディング戦略を作るときの枠組みとして役に立てばよいと思っている。これはあなたのアイデアを調整するための基準になるだろう。さらに今、あなたが売買ルールを持っているのなら、それがなぜあなたの望むほどにうまくいっていないのか、それに対して何ができるのかを本当に発見できればよいと思う。

重要な４つの事実

トレンドトレーディングについて非常に重要な４つの事実から始めよう。

●事実１　トレンドに沿ってトレードを行うのが一番安全である

- ●事実２　トレンドが相場を動かし、全利益の基礎はトレンドだ
- ●事実３　トレードの67％で負けているトレンドトレーダーは哀れだ
- ●事実４　トレンドに沿ってトレードを行う方法は２つある
  - ●ブレイクアウトでトレードを行う
  - ●押しや戻りでトレードを行う

　まず、トレンドに沿うトレーディングは最も安全なトレード法だ。反対に、トレンドに逆らってトレードを行うことは、天井をつかむスイングトレーダーになるということだ。私は逆張り、つまりスイングトレードがうまく機能しないと言っているわけではない。最も大物で最も成功したトレーダーのなかには、トレンドに逆らってトレードを行っている人もいる。ただ、それで成功するのは難しいのだ。また、トレンドに逆らってトレードを行う以上、それは本質的に危険だ。それはトレーディングで苦労している人に勧められる戦略ではない。逆張りには多くの知識と技術が必要だ。トレンドに沿ったトレーディングのほうが登りやすい山だと私は思う。

　第二に、相場が動くのはそこにトレンドがあるからだ。トレンドが相場を動かすのだから、それがすべての利益の基礎となる。トレンドに沿ったトレードを長く維持できるほど、大きな利益を得る可能性が大きくなる。デイトレーダーは大きな利益を得るのに苦労する。彼らは相場が１日に動ける範囲でしかトレードを行えないからだ。トレンドトレーディングでは２～３週から２～３カ月、あるいはそれ以上トレードを続けられる。

　第三に皮肉なことだが、トレンドトレーダーは最も安全なトレード法である一方、最も哀れなトレード法のひとつでもある。相場にトレンドが生まれることはまれなので、トレンドトレーダーは普通トレードの３分の１でしか利益を期待できない。そのため、彼らは平均して67％の時間を損することに費やす！　あなたがトレンドに沿ってトレ

ードをしたければ、そして私はそうしてほしいと思っているが、あなたはそれが惨めなものだという事実を受け入れなければならない。あなたはトレードの67％で負けることになるのだ。利益がいつ得られるかは分からない。ほとんどの時間はドローダウンのなかで過ごすだろう。それは苦痛だし、落ち込むことになるだろう。それは惨めだ。議論の余地なく、そうなる。トレンドに沿ったトレーディングは惨めなものだ。

だが、これらの３つの事実を受け入れられるなら、あなたはトレンドトレーダーとして成功できる良い立場にいる。それらが受け入れられないなら、あなたはなぜトレードに興味があるのか再検討する必要がある。そして、最後に。トレンドトレーディングには基本的な手法が２つある。それは両方ともうまくいく。

- トレンドの方向へのブレイクアウトでトレーディングを行う
  - メジャートレンドをけっして逃さない
  - 損切りの逆指値は離して置く
- 押しや戻りのあとにトレンドの方向にトレーディングを行う
  - メジャートレンドを逃す可能性がある
  - 損切りの逆指値は近くに置く

よく知られたタートルズのチャネルブレイクアウト戦略などのように、新高値や新安値へのブレイクアウトでのトレーディングは、トレンドに沿ったトレーディングで成功する戦略だ。ブレイクアウト戦略では、買う前に上昇トレンド途上での一時的な下落である押しを待っていてはならない。また、空売りをする前に下降トレンド途上での一時的な上昇である戻りを待っていてはならない。それらの戦略では、上昇トレンド途上での新高値を買うし、下降トレンド途上での新安値を空売りする。ブレイクアウトでトレーディングを行うことの利点は、

メジャートレンドをけっして逃さないということだ。不利な点は、ブレイクアウトでのトレンドトレーディング戦略は、押しや戻りでのトレンドトレーディングよりも逆指値を離して置く必要があるという点だ。

押しや戻りで仕掛けるトレンドトレーディングでは、相場の動きが一時止まって、上昇トレンドでの押しや下降トレンドでの戻りを待つ必要がある。押しや戻りで仕掛けるトレンドトレーディングの不利な点は、トレンドの強い相場では仕掛けの機会である押しや戻りが現れないという点だ。押しや戻りで仕掛けるトレンドトレーディングの場合、メジャートレンドを逃す可能性もあるし、実際に逃すことがある。しかし、この戦略の長所は最初の損切りの逆指値を非常に近くに置けるという点だ。

したがって、トレーディングの目標は良いリスクマネジャーになって生き残ることだと私は信じているので、押しや戻りで仕掛けるトレンドトレーディングに焦点を当てる。それによって損切りの逆指値を近くに置けるので、当初のリスクを低くできる。

支持線と抵抗線がすべて

実際の押しや戻りで仕掛けるトレンドトレーディングの要点は、買うための支持線や売るための抵抗線の水準を見つけることだ。それはロケット工学ではない。

相場に支持線ができたと思わないのに、なぜ買えるだろう？　また、相場が抵抗線にぶつかったと思わないのに、なぜ売れるだろう？　どちらの場合も、あなたは動くべきではない。トレーディングとは支持線や抵抗線の水準を見極めるだけでなく、良い支持線や良い抵抗線の水準を見極めることだ。良い支持線の水準とは上昇トレンドのなかにあって、そのトレンドを確認するものだ。良い抵抗線の水準とは下降

図9.4　値動きは直線的ではない

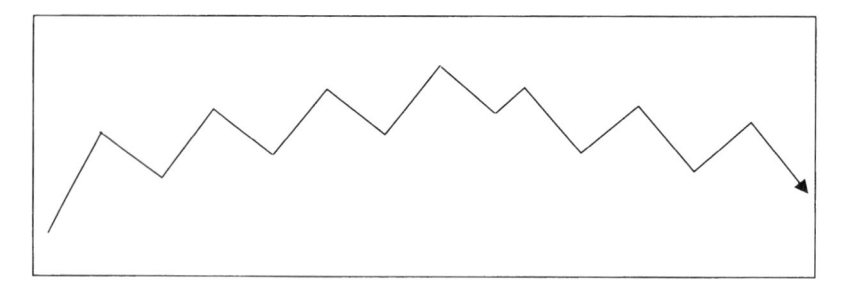

トレンドのなかにあって、そのトレンドを確認するものだ。

　これらの定義は押しや戻りで仕掛けるトレンドトレーディングで成功するための核心をまとめている。上昇トレンドでは、買うための良い支持線の水準を見極めることだけを目指すべきだ。下降トレンドでは、空売りするための良い抵抗線の水準を見極めることだけを目指すべきだ。

　またトレーダーは、価格は直線的には動かない、という値動きについての核となる考えを受け入れる必要がある。値動きは直線的ではなく、**図9.4**で示すように上下に蛇行する。

　価格は上か下の一方向にはっきり直線的に等しい長さで進むことはなく、一進一退を繰り返す。上昇トレンドは上昇と押し（リトレースメント）を繰り返す。下降トレンドは下落と戻り（リトレースメント）を繰り返す。

　相場が休むことなく一方向に進む、ということはない。押しや戻りで仕掛けるトレンドトレーディングで成功する人は、**図9.5**で示すように上昇トレンドでは押したあとに買い、下降トレンドでは戻ったあとに空売りをする。

　押しや戻りで仕掛けるトレンドトレーディングを行うトレーダーが

図9.5 押しや戻りでのトレンドトレーディング

下降トレンドでは売るために抵抗線を探す

上昇トレンドでは買うために支持線を探す

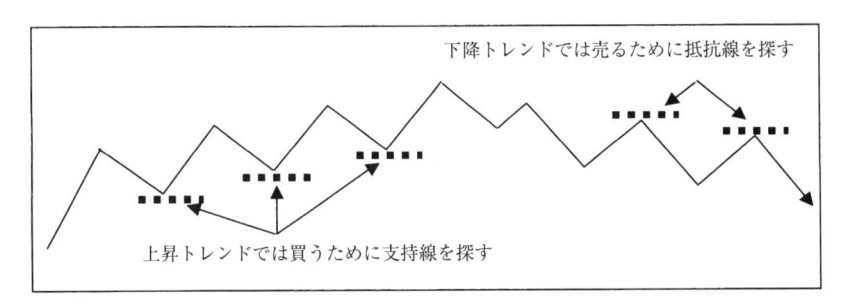

図9.6 上昇トレンドでの支持水準

成功する重要な要素は、押しや戻り、つまりリトレースメントを忍耐強く待つことだ。彼らは上昇トレンドで上げるためにはまず下げる必要があると分かっている。また、下降トレンドで下げるためにはまず上げる必要があると分かっている。実際の押しや戻りで仕掛けるトレンドトレーディングは、買う前には上昇トレンドで支持線の辺りまで

下げるのを待ち、売るためには下降トレンドで抵抗線の辺りまで戻るのを待つ忍耐力があるかどうかが決め手になる。実際の押しや戻りで仕掛けるトレンドトレーディングは、それ以上でもそれ以下でもない。それ以上のものがあるかのように言う人の話をまともに受け取ってはならない。

図9.6が示すように、押しや戻りで仕掛けるレンドトレーディングを上昇トレンドで忍耐強く行う人は、継続するトレンドをとらえるために、仕掛ける前に支持線の辺りまで押すのを待つ。このように、コツは支持線と抵抗線の本当の水準を見極める方法を学ぶことだ。だが、それが難しいのだ！　今後、私は押しや戻りで仕掛けるトレンドトレーディングを単に「トレンドトレーディング」と言う。

トレンドトレーディングが単純であるべき理由

多くの人はトレンドトレーディングを難しいと感じているかもしれないが、やさしくあるべきだ。トレンドトレーディングはとてもやさしいのだ。あるいは、そうあるべきなので、明確に定義できて、一緒に使える３つの要素に分類できる。

●哲学
●目標
●執行

これらを知れば、トレンドに沿ったトレードを行う方法が分かる。なんと簡単だろう！　哲学では次のことを信じている。

●上昇トレンドで上げるためには下げる必要がある
●下降トレンドで下げるためには上げる必要がある

目標は次のとおりだ。

●相場が上昇トレンドにあるなら、トレーダーは買いポジションを取って継続する上昇トレンドをとらえるために、良い支持線の水準を探す必要がある。
●相場が下降トレンドにあるなら、トレーダーは売りポジションを取って継続する下降トレンドをとらえるために、良い抵抗線の水準を探す必要がある。

執行は2段階の手順から成る。

●セットアップを探す
　●トレンドを見極める
　●押しや戻りの水準を待つ
　●押しや戻りのパターンを待つ
●トレード計画を実行する
　●仕掛けを確認できるシグナルを待つ
　●仕掛ける
　●損切りの逆指値を置く
　●トレードを管理する
　●できれば、利益を手にする

　トレンドトレーディングはこのように単純だ。これ以上でも以下でもない。そうでないと示唆する人がいれば、彼らはあなたをからかっているのだ。
　さて、私はトレンドトレーディングがいかにやさしいかを示したので、次になぜトレードを行うかを確認しておきたい。多くの人は、トレードを行う目的は相場の方向を正しくつかんで利益を出すことだと

考えている。そうではない。実は、それはまったく真実ではない。このことをあなたに思い出してほしいのだ。

トレーディングを行う理由

さて、なぜトレードを行うかを確認するときだ。トレンドトレーディングがなぜやさしいかを、私が示したからといって、すぐにトレードを始めて、何もないところからお金を稼ぎ始められるとは考えないでもらいたい！

あなたに話しておくことがある。トレンドに沿ってトレードを行うということは、必ずしも実際にトレンドに沿ってトレードを行うことを意味するわけではない。もちろんあなたがトレンドと信じているものに沿ってトレードを行おうとすべきだが、実際には、あなたの選んだトレンドの方向が間違っている可能性もある。相場の本当の方向を覆い隠すために、最大の逆行はあらゆることをあなたに仕掛けてくる。あなたができることは、相場が向かうと考えている方向でトレードを行うことだけだ。その結果、トレードの67％であなたは利益を出しているのではなく、損切りの逆指値に引っかかって、幾ら損したかを計算しているのだ！　思い出そう。トレンドトレーダーの生活なんて、そりゃ、惨めなものなのだ。

それで、なぜトレードを行うかを今思い出しておくのが適切だと思う。私の考えでは、トレーディングは期待値を上げる機会だけを求めて行うべきだ。すぐに利益を手にするという満足感のためにトレードを行うべきではない。自分の相場分析が正しいということを証明するためにトレードを行うべきではない。スリルを求めてトレードを行うべきではない。期待値を上げる機会があるときにだけトレードを行うべきだ。自分の売買ルールの勝率ではなく期待値を通じて、より長期にわたって利益を生む機会があるときにだけトレードを行うべきであ

る。

　あなたはトレンドの方向でトレードを行おうとしているだろうが、トレンドを予測するためにトレードを行っているのではない。トレンドに沿うトレーディングとは論理的で堅実な提案にすぎない。トレンドに沿うトレーディングはトレンドを正しくつかもうとすることではない。明らかに、あなたは自分がトレンドと信じる方向に相場が動き続けることを望んでいる。だが、それは当てにならない。あなたは期待値を上げ、利益を生む機会があると考えてトレードを行っている。そして、トレンドに沿うトレーディングがトレードを行う賢明な方向だと分かっている。

　さて、冷水を浴びせるようだが、トレンドトレーダーで味わう惨めさを確認しよう。

　相場はめったにトレンドを生まない。ほとんどはレンジ相場で上げ下げを繰り返し、トレンドトレーダーを二重に打ちのめす。それはあっという驚きよりは、痛いというものだ。トレンドトレーダーにとってこれが意味することは、勝つよりも負けるほうが多いということだ。せいぜい、彼らは平均してトレードの3回に1回で勝つことしか期待できない。トレンドトレーダーはつらい。しかし、すべてを失うわけではない。彼らはトレンドの方向でトレードを行うので、平均利益はたいてい平均損失よりも非常に大きいからだ。大きな利益があれば、より小さな多くの損失を埋め合わせることができる。だから、トレードを行う理由として、トレンドトレーダーは納得いくものだ。その勝率は低くてつらいが、期待値はプラスなので利益を生む。

　前に学んだ期待値の公式を思い出そう。**図9.7**に示したものだ。

図9.7　期待値の公式

1ユニット当たりの期待値＝［勝率×（平均利益÷平均損失）］
　　　　　　　　　　　　－［敗率×（平均損失÷平均損失）］

あなたが常に頭の片隅に置いておくべきことがある。トレンドトレーダーは期待値を上げる機会があると考えるからトレードを行うだけで、すぐに利益を手にしたり自分の正しさを証明したりするためにトレードを行うわけではない。相場の方向を選び出すために、トレードを行うわけではない。期待値を上げる機会があるからトレードを行うのだ。それは長い期間にわたって多くのトレードを行うことによってしか達成できない。途中で多くの損失を被ることによってのみ達成できるものだ。期待値は勝ちトレードと負けトレードからなる。トレンドトレーダーであるあなたが最低でもトレードの３回に１回は勝てるとする。そのときの平均勝率を平均損失の３倍にできれば、１トレードで１ドル当たり32セント稼げると期待してよい。あなたの期待値はプラスになると考えてよい。トレードでリスクをとる１ドルごとに32セントを稼げると考えられる（**図9.8**を参照）。

　それで、トレンドトレーダーのあなたは利益を手にできると期待し、各トレードで使う１ドルごとに32セントが手に入れば、それはプラスの良い数字だと思う！　だが、この32セントは実はお金ではなく、期待値なのだ。トレードでリスクをとった１ドルごとに純益32セントを生み出すには勝ちと負けの両方が必要だ。あなたが稼いでいるのは、すぐに手にできる利益ではない。少ない利益と多くの損失を出しながら、長期にわたって何度も行うトレードで生じるのは期待値なのだ！

　さて、高い損益レシオを維持しながら、勝率を50％に増やせるなら、**図9.9**で示すように、１ドルごとに100セント稼げると期待してよい。

　損益レシオを維持できずに２対１まで下げても、**図9.10**で示すように、トレードで使う１ドルごとにまだ50セント稼ぐと期待できる。

　だが、損益レシオが２対１のままで、勝率が33％まで下がると、**図9.11**で示すように、トレードで使う１ドルごとに１セントを失い始めると考えてよい。

　ここで覚えておくべき重要なポイントは、期待値はある過程を経て

図9.8　32%の期待値

```
勝率          33%
平均利益       3
平均損失       1
1ユニット当たりの期待値
 E(R)= [33% × (3/1)] - [67% × (1/1)]
     = 32%
```

図9.9　100%の期待値

```
勝率          50%
平均利益       3
平均損失       1
1ユニット当たりの期待値
 E(R)= [50% × (3/1)] - [50% × (1/1)]
     = 100%
```

図9.10　50%の期待値

```
勝率          50%
平均利益       2
平均損失       1
1ユニット当たりの期待値
 E(R)= [50% × (2/1)] - [50% × (1/1)]
     = 50%
```

得られるものだということだ。トレンドトレーディングで勝つ戦略を長期にわたって用い、数多くのトレードを行うという過程だ。それらのトレードでは、多くの惨めな損失が出る。それら多くの惨めな損失に並んで、驚くほど大きな利益が2～3回出る。それらの利益は非常に大きいので、これまでの損失をすべて埋め合わせても、なお利益が

残る。しかし、この利益はお金ではないということを思い出そう。勝ちトレードと負けトレードから生じるものは期待値だ。

さて、賢明なトレンドトレーディングの限界値として、あなたは常に最低でも勝率33％、損益レシオ3対1以上を維持するように目指すべきだ。

しつこく繰り返すようで、申し訳ない。だが、これを頭にたたき込んでほしいのだ。もう一度言わせてもらいたい。トレンドトレーディングを行うときには、この単純な目標を思い出す必要がある。すぐに利益を手にするためにトレードを行っているのではない。自分が正しいということを証明するためや、自分の相場分析が正しいと証明するためにトレードを行っているのではない。相場の方向を選び出すためや、相場に取り組むスリルを味わうためにトレードを行うのではない。期待値を上げる機会があると考えて、トレンドの方向と考えるところでトレードを行うだけだ。そして、最低でも勝率33％、損益レシオ3対1が期待値にとって必要だ。

表9.1はあなたがトレンドトレーダーとしてトレードを望むべき範囲をまとめたものだ。

私がこれをあなたに教え込もうとするのは、あなたが満足できるトレンドトレーディングの売買ルールを作ったのに、10回、20回、30回と続けて損失を長く出したあとで、それを捨てるのを見たくないからだ。そういうことは起きるものだ。自分は大丈夫だと思ってはならない。思い出そう。トレンドトレーディングはつらいのだ。

トレンドトレーダーはだれもがよく深く暗い場所に陥る。そのときあなたに思い出してほしいのだ。トレンドトレーディングでの成功とは生き残ることであり、破産リスクを避けてトレーディングの良い過程をたどることだと。そして、重要な過程とは期待値を上げることだ。期待値は数回のトレードで得られるものではない。期待値を上げるためには丸1年かかるかもしれない。なぜなら、どのマーケットでいつ

図9.11 −1％の期待値

```
勝率              33%
平均利益           2
平均損失           1
1ユニット当たりの期待値
E(R) = [33% × (2/1)] − [67% × (1/1)]
     = −1%
```

表9.1 期待値の範囲

勝率	平均利益	平均損失	1ユニット当たりの期待値
33%	3	1	32%
50%	3	1	100%
50%	2	1	50%
33%	2	1	−1%

トレンドが生まれるのか分からないからだ。あなたは過程について考える必要がある。思い出そう。トレーディングとは期待値を上げるために、機会があれば相場に積極的にかかわることだ。期待値は1週間や1カ月、あるいは四半期で得られはしないだろう。あなたはこれを理解できて、私の言ったことを覚えていてくれるだろう。ほんの2～3カ月ですぐに利益を手にできなかったというだけで、トレンドトレーディング戦略を投げ出さないでほしい。愚かなことをしてはならない。それは、バカげている。しつこいことを謝らなければならない。だが、軽く触れるにはあまりにも重要なのだ。

私はトレンドトレーディングで成功するために必要な段階を分析した。それによって、それがどれほど簡単であるべきかを説明した。さらに、なぜトレードを行うのかや、なぜ最低限の目標が損益レシオ3対1を維持しながら勝率33％を目指すべきなのかも指摘した。それが

できれば、あなたはトレードでとるリスク１ドルごとに32セント稼げるだろう。さて、私はトレンドトレーディングがやさしくあるべき理由を説明したので、多くのトレーダーがどうしてそれを難しいと思うのかを詳しく調べることにしたい。

なぜほとんどの人がトレンドトレーディングを難しいと感じるのか

　分かっている、分かっている。トレンドトレーディングがそれほどやさしいのなら、なぜ多くの人がそれを難しいと思うのかだろう。言いたいことは分かる。トレンドトレーディングは勝つよりも負けるほうが多いが、それでも利益を出せる。それはトレンドを見つけて、押しや戻りの水準でパターンが現れるまで待ち、仕掛けのシグナルを待つという単純なことだ。これが分かるなら、多くのトレーダーがそれでも負けるのはなぜかと問いたいのだろう。良い質問だ。それを尋ねてもらえて、うれしい。

　もうあなたはトレンドトレーディングが次に述べるほどにやさしいと分かっている。

- ●最初に、セットアップを探す
  - ●トレンドを見極める
  - ●相場が押しや戻りの水準になるまで待つ
  - ●押しや戻りのパターンが現れるまで待つ
- ●それから、セットアップを利用してトレード計画を実行する
  - ●仕掛けてよいかを確認するシグナルを待つ
  - ●仕掛ける
  - ●損切りの逆指値を置く
  - ●トレードを管理する

●うまくいけば、利益を手にする

　各段階を検討し、少し答えが見つかるか確かめよう。検討するのはセットアップとトレード計画だけにする。人が失敗するそのほかの理由については、すでにこれまでの章で詳しく説明してきたからだ。トレンドに沿った売買ルールでトレードを行うのはとても難しい、と多くのトレーダーが思っている。その理由について、さらに真実を明らかにできるか確かめたい。

トレンドを見極める
　トレーディングで成功する方法で最も引用される言葉は何かと尋ねたら、あなたは何と答えるだろうか？　そのとおりだ。「……トレンドに沿ってトレードしよう。トレンドはあなたの味方だ……」。そして、これがトレンドトレーディングで成功するための一番の執行ルールだ。
　私自身は非常に多くの人がこのメッセージを聞いて理解していると信じている。だが控えめに見積もって、すべての活発なトレーダーの60％だけが分かっているとしよう。これが本当なら、なぜ活発に取引を行っている人の90％がそれでも負けるのだろうか？　たしかに、彼らがトレーディングで成功するための一番の執行ルールは「トレンドに沿ってトレードを行う……」ことだと分かっているのなら、いったいなぜそれほど多くのトレーダーが負けるのだろうか？　これは興味深い。
　活発に取引をしている人の60％以上がトレンドに沿ってトレードを行うべきだと知っているのに、90％以上の人が失敗するとは、皮肉にしか思えないだろう。すべてのトレーダーは自分のことを賢いと思いたがっているだろう。だが、彼らが実際にそれほど賢ければ、トレーディングをやめて、相場に手を出す前の家族との暮らしに戻るだろう。彼らはパソコンの画面を見るのをやめるだろう。トレンドに沿ってト

レードを行うべきだとほとんどの人が知っているのにもかかわらず、彼らの大部分が失敗するということは何か非常におかしなことが起きているのだから。私がずっと昔に自分が賢いと思っていたほどに実際にも賢かったら、私はトレーディングをやめていただろう。大部分の人が何をすべきか分かっているのに失敗するなら、相場は操作されているに違いない。さて、私は自分がそれほど賢くないとすぐに認める人間なので、トレーディングをしつこく続けた。しかし、操作された相場を切り抜けられるようになるまでには、非常に長い時間が必要だったし、多くの傷や欲求不満、失望を味わい、あまりにも多くの損失を被った。最大の逆境によって、私の不利なように仕組まれたツールをうまく切り抜けるまでに、私はほぼ15年を費やした。私が不利になるように仕組まれたツールだ！

　そのとおり。今、ほとんどのトレーダーは自分に不利なツールでトレードを行っている。トレーダーの役に立つようにと考え出したツールが、実は最大の逆境の言いつけどおりに動いているのだ。こう言うのは残念だが、大部分の売買ルールはトレーダーの利益を最優先にしていない。

　話を元に戻そう。あなたは知っている。大部分のトレーダーがトレンドに沿ってトレードを行うことも、そのほとんどのトレーダーが失敗していることも。それはなぜかと問う必要がある。トレーダーが失敗する理由はたくさんあるが、ここではトレーディングで成功するための３本の柱についてだけ議論することにしよう。

- **まずい資金管理**　ほとんどの人は口座資金を投入しすぎていて、賢明な資金管理ができていない。このため、彼らの破産確率は０％を上回り、破産の一原因になる。
- **まずい売買ルール**　ほとんどのトレーダーには、プラスの期待値を持つ安定した戦略がない。彼らの大部分が持つ戦略の期待値はマイ

ナスだ。それによって破産確率は０％を上回り、破産の一原因になる。
●まずい考え方　大部分のトレーダーは自分の売買ルールがたとえ優れていても、それに従えない。彼らは売買ルールをきちんと検証できていないので、自分の戦略に自信を持てない。彼らは闘う意欲を持ち続けられない。彼らには自信や集中力、一貫性、規律が欠けている。

この章は売買ルールについての章なので、そこに焦点を当てよう。

まずい売買ルール

　大部分の人はまずい売買ルールでトレードを行っているのだが、それを理解していない。あなたが私と同じように、トレンドトレーディングで成功するには単にトレンドを見極めて、押しや戻りを忍耐強く待てばよいのだと認めるなら、トレンドトレーディングは２つに分けられる。「トレンド」と「押しや戻り」だ。これが本当で、ほとんどのトレーダーの売買ルールが良くないのなら、そのなかで使っているトレンドのツールと押しや戻りのツールが良くないと考えるべきだ、と私は言いたい。違うだろうか？　もっと簡単に言えば、ゴミを入れるとゴミしか出てこないということだ。
　トレンドトレーディングで成功する売買ルールで、核となる価値を左右する要素はトレンドを見極めるツールと押しや戻りを見極めるツールだろう。それなら、売買ルールが良くないのはその２大ツールに問題があることの反映だと認めざるを得ないはずだ。
　もう一度言わせてもらうが、大部分のトレーダーが使っている、ほとんどのトレンドを見極めるツールと押しや戻りを見極めるツールは良くない。私としては、彼らはそれらを使うべきではないと思う。それらのツールは劣っている。トレンドをきちんと見極めるために使う

のは非常に難しい。ほとんどのトレーダーはいろいろなツールでトレンドを見極めたと思ったときに仕掛ける。ところが、そこで相場は反転するのだ！　それにはイライラさせられる。

　そういうわけで、これはテクニカル分析で本当に途方に暮れるところだ。テクニカル分析のかなりのものはトレンドを見極めることに焦点を合わせる。それがトレンドトレーディングで成功するために最も重要なルールだからだ。それでも、極めて多くのトレンドトレーダーは負ける。すでに述べたように、人が負ける理由は数多くあるので、あまり単純化はしたくない。私が言いたいのは、トレンドや押しや戻りを見極める技術自体も大きな理由のひとつということだ。たしかに、それらを見極める技術が良ければ、活発に取引を行っているトレーダーで勝っている人が10％ということはないだろう。

トレンドを見極めるための劣ったツール

　おそらくトレーダーが今利用できる、トレンドを見極めるための最も一般的なツールには次のようなものが含まれる。

- ●移動平均線
- ●MACD（移動平均収束拡散法）
- ●ADX（アベレージ・ディレクショナル・インデックス）
- ●トレンドライン

　私の考えでは、これらはトレンドを見極める手段としては劣っている。だが、その理由を説明する前に、私は少し告白をしておかなければならない。第一に、個人的には、単純移動平均線はおそらくトレーダーが利用できる最高のトレンド指標のひとつだと思う。それはトレンドを見極めるのにかなり役立つ。第二に、私自身は中期のトレンドトレーディングで移動平均線を使っている。私はメジャートレンドを

見極めるために、より長期の200日単純移動平均線を使う。私がそうするのは、私が長期のトレンドと考えるものに逆らって、中期のトレンドトレーディングのトレードを行わないようにするためだ。私が移動平均線を使うのは事実だが、セットアップやトレード計画では使わない。私が移動平均線を使うのはあくまでも、長期のトレンドに逆らったトレードを行いたくないからだ。私は移動平均線を使ってトレンドを決めることはないし、押しや戻りを見極めることもない。それによって、仕掛けや損切りの逆指値や手仕舞いの水準を見極めることはない。また、私のメカニカルモデルから200日移動平均線を取り除けば、実はもっと利益を出せるということも言っておきたい。しかし、そうすれば、1トレード当たりの平均利益は落ちる。だから、私の考えるトレンドと200日移動平均線で測ったメジャートレンドが合っているときにトレードを行うのは割に合うのだ。

また、移動平均線で200日を使うことに何も神秘的なことはない。私はそれをずっと使ってきたが、その日数が適切な平均なのか分からないし、また気に掛けることもない。ただそれを使っているだけだ。

というわけで、移動平均線はおそらくトレーダーの利用できる最高の指標のひとつだし、私も200日単純移動平均線を使っている。にもかかわらず、トレンドを見極めるツールとしては良くないと思うし、批判を免れないと思っている。さて、移動平均線をもっと詳しく見て、私がなぜそれを良くないと思うか説明したい。また、私がこれから行う批判は、私が触れたほかのトレンドを見極めるツールにも当てはまる。

移動平均線

さて図9.12で示すように、今使える最も単純でおそらく最も効果的な指標のひとつである単純移動平均線を取り上げよう。移動平均線には変数がひとつある。トレンドの解釈は変数の値で変わる。指標に

図9.12　変数を変えた場合の影響

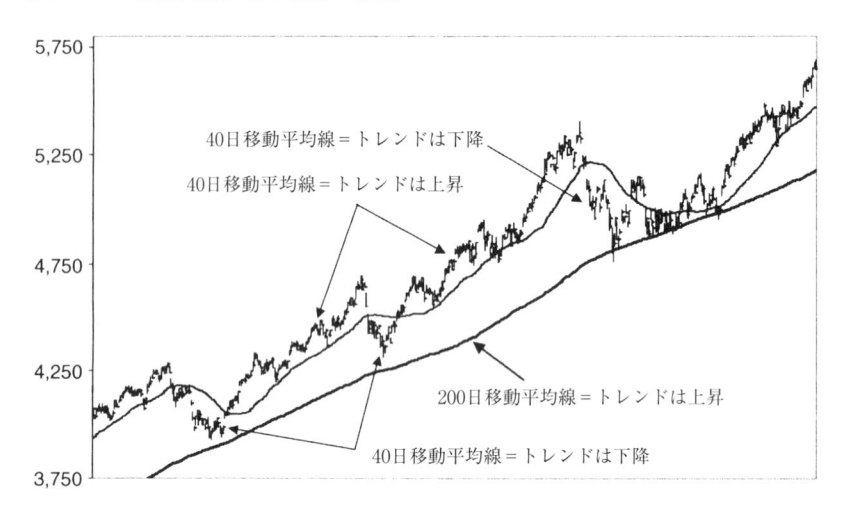

　よって値動きは滑らかになる。価格が移動平均線を上回っているときは上昇トレンドとみなす。価格が移動平均線を下回っているときは下降トレンドとみなす。あるいは、移動平均線はその前日の値と比べることもできる。そして、それが上昇していれば、トレンドも上昇しているとみなせる。その値が前日よりも下げているなら、トレンドも下げているとみなせる。非常に単純だ。

　唯一の問題は移動平均線でどの期間を使うかだ。10日を使うべきだろうか、それとも20日、40日、100日を使うべきだろうか？

　図9.12は変数の異なる2つの移動平均線を表している。ひとつは200日、もうひとつは40日だ。価格が移動平均線を上回っている間は上昇トレンドとみなせる。価格が移動平均線を下回っている間は下降トレンドとみなせる。200日移動平均線に従えば、チャート上で示す全期間でトレンドは上昇していると考えられる。より短い40日移動平均線に従えば、価格が移動平均線の上下を行き来するにつれてトレン

ドも上下に転換していると考えられる。そして、これがトレンドを見極めるツールとして、移動平均線は良くないと私が考える理由だ。

　3人のよく似たトレーダーを別々の防音室に座らせるとしよう。彼らは互いに相談できないし、声も聞こえない。彼らには20年のトレーディング経験がある。彼らの身長は同じだ。髪の色も目の色も同じで、同じパスポートを持っている。全員が同じ大学を卒業して、修士号を持っている。すでに言ったように、防音室で隔てられているこれら3人のトレーダーはそっくりだ。彼らを識別するものは何もない。彼らに同じ期間の同じチャートを示すとする。そして、彼らの助けになる同じひとつのツール、移動平均線を与える。そこで、彼らに同じことを尋ねる。「今日はあなたのパソコン画面上にある相場でトレードを行ってほしい。今のトレンドを言ってもらえますか？」

　さて、彼らが使う移動平均線の値次第で、3つの異なるトレンドの解釈を私は受け取るかもしれない。ひとりは上昇トレンドと言うかもしれない。もうひとりは下降トレンドと言うかもしれない。さらにもうひとりはどちらでもないと言うかもしれない。すべては彼らの使う変数次第だ。ちょっと待った。「そのとおりだ。だが、3人のトレーダーに君の望む時間枠を伝えることが大切なのではないか？　それは確かに意味があることだから」と、あなたは言うだろう。

　私は答えるだろう。トレーディングは討論クラブではないと。相場は私の時間枠が何かなど気に掛けない。それは私の必要性に気を配ってはくれない。そして、私は3人のそっくりなトレーダーに同じ単純な質問をした。「今日はあなたのパソコン画面上にある相場でトレードを行ってほしい。今のトレンドを言ってもらえますか？」

　相場は私の時間枠など気にしない。私も気にしない。私はただトレンドが上げているのか、下げているのか、横ばいなのかを知りたいだけだ。そのトレンドを使って、私の好む時間枠で何をするかは私の仕事だ。私はトレンドが何かを知りたいだけだ。3人のトレーダーに言

ったように、私はトレードをしたい。それは本当に単純な質問で、行きすぎた分析や話し合い、吟味や議論をしていない。トレーディングの問題をあまり複雑にしないようにしよう。

　私の正当な問いはまだ答えられていない。たとえ3人のトレーダーがそれぞれ18日から28日までの狭い範囲の値を使っても、3つの異なるトレンドの解釈を受け取る可能性はまだある。そして、どのトレーダーの意見が正しいのか間違っているのかをだれが判断できるだろうか？　あるトレーダーの意見がほかの人のものよりも優れていて、私がその人の意見を聞くべきだとだれが言えるだろう？　だれもいない。彼らは皆そっくりなので、裁量で選ぶこともできない。移動平均線で彼らの使う値次第で、彼らが皆正しいことも、皆間違っていることもあり得る。また、18日から28日までの狭い範囲を使うことが正しいとだれが言えるだろう？　35日から45日の範囲を使うのは良くないとだれが言えるだろう？　だれもいない。正解を持つ万国共通の試験委員会はない。正解がないからだ。唯一の万国共通の達人は、相場そのものだ。そして最大の逆境を経験するために、真のトレンドの意図は知らされない。相場は皆をじらすのが大好きだ。

　それで私には戸惑いがあるし、移動平均線を使うあらゆるトレーダーにも戸惑いがある。私はだれを信じればよいのか？　変数にどの値を使うべきか？　私の移動平均線でどの値を使うべきか？　これは重要な問題だ。

　移動平均線には変数がある。トレンドの解釈は変数の値次第で変わる。変数があるためにこの指標は主観的になる。そのため、トレンドの解釈も主観的になるので、私の考えでは、移動平均線は解釈に使う頼りにはならない。

皮肉

　そして、ここにほとんどのトレーダーが理解できない皮肉がある。

だから、よく聞いてほしい。トレーダーであるあなたはトレンドを解釈する助けとするためにこの移動平均線というツールに目を向ける。あなたはこの小さなツールを見下ろして、「指標よ頼む、トレンドを決める手伝いをしてくれないか？」と言う。

この小さな移動平均線という指標は喜んで従う。それで小さな指標は見上げて、無邪気にあなたをまっすぐ見て、「トレーダーさん、喜んでトレンドの解釈を手伝いましょう。ただ、私の移動平均線の変数に入れる値をください。そうすれば、あなたの望みどおりのものを差し上げましょう」と言う。

それで、あなたが変数の値を入力すると、その変数の値に基づいて、対応するトレンドの解釈を受け取る。移動平均線は、まさにあなたの望みどおりのものを与える！　あなたが小さな値を入力すれば、それは短期トレンドの解釈をする。より大きな値を入力すれば、長期トレンドの解釈をする。中間の値を入力すれば、中期トレンドの解釈をする。それは、あなたがまさに求めたもの――チャートで見れば自分ですぐに分かる情報――を与えてくれる。そのツールはあなたがまだ知らないものは何も与えてくれない。それはあなたの求めたものを与える。それは客観的で、公正で、独立したどんなアドバイスも与えてくれない。

そのツールは自分の望むものを与える。入力に合うものを返してくる。それはあなたの顔に鏡を向けて、あなたが与えた値を映し出す。あなたはこのツールに助けてもらおうとした。だがとても皮肉なことだが、無意識のうちにあなた自身がうっかりツールになってしまったのだ！　移動平均線というツールは下手に変装したあなたにすぎない。そのツールから得られる解釈にあなたは非常に大きな影響力を持っている。あなたが値を入力するとツールはその値を返す。ただ、異なっているように見えるだけだ。それはおかしな反射をする鏡で、あなたの姿をゆがめるカーニバルの鏡に似ている。ツールは変数の値を受け

て、あなたの意見を返しているだけだ。あなたはそれが自分の姿だとは認めないかもしれない。だが、それは紛れもなくあなただ。それは主観的に値を選んだあなたそのもので、ツールはそれをあなたに親切にも正確に返してくれたのだ。

　そして極めて皮肉なことだが、あなたは多分それに気づいていない。移動平均線にトレンドを解釈するのを手伝ってほしいと頼んでいたとき、あなたは実際には自分に語りかけていたのだが、それに気づいていないのだ。

　私の考えでは、移動平均線はあなたに大きく依存しているので、トレンドを独自に解釈できない。それはトレンドを判断するための効果的ツールとしては従属しすぎている。そのツールでトレンドを効果的に判断できたとしても、それがツール独自の技術のせいだったのか、それともツールの変数に対してあなたが幸運にも良い値を与えたからだったのかは分からない。その値はツールのどこに位置づけられるのだろうか？　判断は計算法によるのだろうか、それともあなたがツールに入力した値によるのだろうか？　ツールはあなたが変数に入力する値に依存しすぎる。そして、これがトレンドを見極めるためによく使われているほかのツールも、同じように良くない理由だ。それらにはどれも、あなたの主観的な入力が必要な変数がある。それらもあなた自身のゆがんだ姿にすぎない。個々のトレンドの解釈に対して、あなたが大きな影響を及ぼしているからだ。私の考えでは、それらはトレンドを解釈するときに、あまりにもあなたに依存しているので、当てにならないのだ（**表9.2**を参照）。

　トレーダーの利用できるトレンドを判断するツールで、移動平均線が最良の部類に入るのは、変数が１つだからだ。トレンドの解釈に影響する自由度がそれだけ少ないのだ。３つの変数を持つMACDとADXに比べて１つしかない！　３つも変数があれば自由度が大きすぎるので、トレンドの解釈に影響する。３つも変数があれば、あなた

表9.2　トレンドツールの変数

トレンドツール	変数の数
移動平均線	1
MACD	3
ADX	3
トレンドライン	2

の柔軟性や発言権、影響力があまりにも大きくなり、どうにでも解釈できる余地が大きくなる。そのため、過去データに対して利益を生む上向きの純資産曲線という、あなたの望むものをつかみ出せる。3つの変数は言うまでもなく、1つの変数でも自由度が大きすぎるので、あなたの売買ルールをヒストリカルデータに合わせて調整してしまう。

　これらのトレンドツールが良くない理由はここにある。変数に入れる値を変えると、トレンドの解釈も変わる。変数が増えるほど、トレンドの解釈も変わりやすくなる。変わりやすくなるほど、解釈できる余地も大きくなり、トレンドの解釈は信頼できなくなる。

　変数を持つツールは主観的すぎる。それらはあまりにも柔軟だ。それらはあなた自身を電子的に複製するだけだ。それらは進んであなたの家来になり、あなたが入力したものを喜んでそのまま返してくれる。それらはあなたが与えたものの姿が変わっているだけだ。それらは頼れるだけの客観性や独立性を持っていない。それらは売買ルールをヒストリカルデータに合わせて調整することに、進んで協力するようになるのだ。

カギとなる問題

　私の考えでは、ここが問題のカギとなるところだ（忘れないでほしいが、ここで述べていることはすべて私の意見にすぎない。あなたは私と異なる意見を持って構わないし、そのことで心配する必要はまっ

たくない。ただ、自分の立場の裏づけとなる客観的な証拠を見つけることを忘れないでほしい)。トレンドを見極めるための良いツールはトレーダーから独立していなければならない。良いトレンドツールは百パーセント客観的であり、どういう主観的な解釈や入力にも頼らない。それは自立していて、うまく機能するためにトレーダーによる主観的な操作を必要としない。トレーダーから独立したものだ。それはトレーダーのかかわらないところにあるので、トレンドの解釈にトレーダーは影響を及ぼせない。トレンドツールはトレンドの解釈に必要だと私が考えるこれらの特徴を一度に限って持つことができる。一度だけトレーダーから自由になって独立できれば、トレンドツールが役に立つかどうかを評価する必要がある。それで、独立した良いトレンドツールがうまく機能するか、しないかが分かる。それがうまく機能するように見せるために、変数の操作をする必要はない。単純なことだ。

　トレーダーによるどのような入力でも必要なトレンドツールは客観的ではなく、独立していない。それをトレンドの解釈と考えてはならない。私の考えでは、どんな主観的なツールやアイデアも、トレーディングで使うには危なすぎる。私は「主観的な」ツールはどんなものでも危険だと信じている。「主観」はトレーダーにとって致命的になり得ると思っている。

　客観的で独立したツールだけを考えるべきだ。私の考えでは、トレーディングの判断に役立つどんなものでも、客観性と独立性のテストに合格できる必要がある。合格したら、次はそれらが機能するかどうかだ。それらが単純で客観的なトレード計画でうまくいくなら、あなたは頼りになるツールを手にするだろう。

　あなたは手助けが必要だと分かっているので、役に立つツールを探す。トレーディングを始めたころは、相場ソフトに入っているツールが役に立つと考える。あなたは、ツールの柔軟性が実は利益ではなく、障害になるということに気づかない。ずっとあとになって、戸惑いや

欲求不満を味わい、代償を支払った末にこれを学ぶのだ。

　トレーダーが利用できる最良のテクニカル指標のひとつである移動平均線がいかに主観的か、そのトレンドの解釈がいかに変わりやすく当てにならないかは簡単に分かる。すると、トレーダーが普通に用いるトレンドツールで苦労しているのは、おかしくないだろうか？

　移動平均線やMACD、ADXといったトレンドツールはすべて主観的だという同じ批判を受ける。それらは同じマーケットでトレードを行う２人の使う変数に応じて、２つの異なるトレンドの解釈をする可能性もある。伝統的なトレンドラインにも同じ批判が当てはまる。同じチャートを見ている２人のトレーダーがスイングのどこを選ぶかで、異なるトレンドラインを引く可能性があるのだ。トレンドの解釈にこれほど一貫性のないツールをなぜ使うのだろうか。トレーダーによってトレンドの解釈が大きく変わり得るのに、どうやってその効果を客観的に評価できるだろうか。これらのツールは経済学者に似ている。彼らは過去に起きたことを説明するのには役に立つように思える。だが、将来について客観的で効果的な分析をするには役に立たない。

　さて、私のこうした批判はこれらの一般的なトレンドを見極めるツールにとどまらない。もっとよく使われている押しや戻りを見極めるツールにも当てはまる。

押しや戻りを見極めるための劣ったツール

　いったんトレンドを見極めることができれば、あとは押しや戻りの水準まで待てるかという忍耐力の問題になる。残念ながら、伝統的な押しや戻りを判断するツールもトレンドを判断するツールと同じ批判を受ける。それらも変数に従属している。似ているトレーダーが変数に使う値次第で逆の結論に達する可能性もある。そして、この問題はさらに悪化する。押しや戻りの水準を判断する「主観的な」ツールは、まず「主観的な」トレンドの判断に依存しているからだ！　ほとんど

のトレンドトレーダーが成功できないのも当然だ。
　押しや戻りを見極めるのに用いる一般的な方法には次のものが含まれる。

●買われ過ぎや売られ過ぎ
●ダイバージェンス
●チャートパターン
●押しや戻りの比率

　買われ過ぎや売られ過ぎの状態を判断する指標には次のものが含まれる。

●ROC（変化率）
●RSI（相対力指数）
●ストキャスティックス

　ダイバージェンスは勢いがなくなるところを見極めるために用いる。それは価格がもうすぐ反転するか、押しや戻りの時期が終わるという合図になり得る。ダイバージェンスを測るには、買われ過ぎや売られ過ぎを判断する多くの指標のどれかに頼る。
　トレンドを見極める指標と同じで、これらの押しや戻りを測る指標も変数依存症にかかっている。いったん変数を導入すると、結果は主観的になり、当てにできなくなる。それは不安定になる。トレンドに沿ってトレードを行うためにそれらを使おうとする人は、さらに不利になる。トレンドを見極めるツールで苦しい選択を迫られたときと似ているが、ごまかしようのない「固定された」押しや戻りの測定法を見つけるのが一番だ。
　トレーディングのために使うツールは主観ができるだけ入らない、

百パーセント客観的に近いツールが望ましい。あなたは「……どうにでも解釈できないもの、どうにでも解釈できないもの……」という新しい呪文を唱えるようになるだろう。

売買ルールを作るときに、トレーディングのツールやアイデアを厳しく検討するようになるだろう。主観的で頼みにならないツールは追い出すようになるだろう。そこで再び、信頼できる押しや戻りの水準を見極めるという、トレンドトレーダーの仕事がいかに難しいかに気づく。よく使われているツールは変数や値が多すぎる。そのため、あまりにも主観的で不安定で、頼みにならない。

表9.3に、押しや戻りを見極める一般的なツールで使う変数の数をまとめた。

変数の値が変わると、押しや戻りの解釈も変わる。変数が多くなるほど、押しや戻りの解釈も大きく変化する。その変化が大きいほど、解釈の余地も大きくなり、押しや戻りの解釈は当てにならなくなる。

マイナスが2つでもプラスにはならない

さて、ここにはマイナスが2つある。マイナスのトレンドツールとマイナスの押しや戻りのツールだ。残念ながら、トレーディングでは2つのマイナスを合わせてもプラスにはならない。ただ、失望するだけだ。**表9.4**に、トレンドと押しや戻りを判断するツールのうち、平均的なトレーダーが利用できる最も一般的なものをまとめた。

ここで、各ツールの弱さとなる変数を確認しておいた。ツールの変数が多いほど、データにぴったり合わせるためにツールを操作する余地または柔軟性が大きくなる。私の考えでは、解釈の余地が大きくなるほど当てにならなくなる。そのうえ、これらのトレンドと押しや戻りを判断する劣った指標は価格から派生したものであり、値動きよりも遅れる。そのためトレンドの変化を見極めたり、押しや戻りの終わりを見極めたりするのも遅れる。さて、これらのツール自体はそれほ

表9.3 押しや戻りのツールの変数

ツールの種類	押しや戻りのツール	変数の数
押しや戻りの比率	フィボナッチ	4
	調和比	2
	算術比	2
買われ過ぎや売られ過ぎの指標	RSI	3
	ストキャスティックス	4
天底のパターン	ダブルトップ・ダブルボトム	2

表9.4 トレンドと押しや戻りのツール

トレンドのツール	変数	解釈の余地	押しや戻りのツール	変数	解釈の余地
移動平均線	1	小さい	フィボナッチ	4	非常に大きい
MACD	3	大きい	RSI	3	大きい
ADX	3	大きい	ストキャスティックス	4	非常に大きい
トレンドライン	2	中間	ダブルトップ・ダブルボトム	3	中間

表9.5 システムとその変数のまとめ

システム	トレンドと押しや戻り		変数	解釈の余地
システム1	移動平均線		1	
	RSI		3	
		合計	4	非常に大きい
システム2	MACD		3	
	ストキャスティックス		4	
		合計	7	非常に大きい
システム3	移動平均線		1	
	ADX		3	
	フィボナッチ		4	
	RSI		3	
		合計	11	非常に大きい

ど悪くなくとも、売買ルールに合わせると致命的と言えるほど危なくなる。

致命的なほど危険

表9.5はトレンドと押しや戻りを判断する人気のツールを使ったシステムを幾つかまとめたものだ。

まずシステム１を見よう。RSIで押しや戻りを確認したあと、単純移動平均線で見極めたトレンドの方向に沿ってトレードを行う。移動平均線には１つの変数しかなく、その自由度は限られているため、単独では一般に無害である。しかし、３つの変数を持つRSIと組み合わせると、この売買ルールは４つの変数を含むトレーディング戦略になる。このような単純な戦略でも柔軟性や解釈の余地は極端に大きくなる。そのため、ヒストリカルデータに合わせるために変数の値を操作するトレーダーの影響を大きく受ける。これほど変数が多いと、きれいな純資産曲線が将来も安定しているとは期待できないだろう。

この単純な売買ルールがそれほど悪くないなら、システム３はどうだろう。ある意味で、私はこの売買ルールに拍手を送りたい。この慎重な設計では、セットアップを見つける前に二重の確認を必要とする。この戦略は、ADXの指標でトレンドが強いと判断したら、移動平均線で見たトレンドの方向に沿ってのみトレードを行う。私はこの慎重な方針が好きだ。これはフィボナッチのリトレースメントとRSIの値が低くなったことを確認して押しや戻りを忍耐強く待つ。ここでも、２つの独立した押しや戻りのツールが一致することを要求するという、この慎重な方針を私は気に入っている。それで慎重な方針という点では、システム３が二度の確認で行おうとしていることは好きだ。だが、私の気に入ったところはそこまでだ。

私が気に入らないところは、ツールを組み合わせたこの戦略には11もの変数が含まれるというところだ！　私の考えではこれは危険なほ

ど多い。あまりにも解釈の余地が大きいので、勝てるエッジ（優位性）を作り出したと勘違いしてしまう。

　広い範囲にわたる変数の値で戦略がうまくいき続けるかぎり、その変数を使っても問題ないという考え方もある。ほんの少しの変数、例えば１つしか使わないのであれば、私も同じ意見だ。変数が１つの場合は、広い範囲の値でうまくいけば、その戦略に価値があるかどうか簡単に分かる。だが、変数が２つ以上になると、そんなに簡単ではない。特に変数が11もある戦略ではなおさらだ！　変数のうち10を固定して、11番目の変数を広範囲にわたって動かすとしよう。そこで分かることは、その１つの変数が役に立っているか、固定したほかの10の変数の裏づけになっているように見えるということだ。しかし、10の変数のうちの１つの値を変えるなら、前に固定していた10の変数はもう固定されていないので、最初のテストで行ったことはもう関係ない。私は数学者ではないが、１つの方程式に11の独立変数があり、それが実は売買ルールのすべてである方程式なら、テストしなければならない変数の組み合わせは限りないほどあるだろう。ほかの10の変数を固定した場合と動かす場合の両方で、それらに対して11の変数それぞれの自由度（変数の値の範囲）に応じて、11の変数を個別に徹底して負荷テストすべき回数は限りがない。このことを考えるだけでも、実は、私の頭は痛くなってくる！

　私の言いたいことは、独立しているが相関もしている11の変数全体について、きちんと戦略の負荷テストをすることはおそらく不可能だということだ。動かせる部分があまりにも多いので、正しい変数の値をきちんと入力したという自信が持てないのだ。

　私の言うことが信じられなければ、身の回りを見てみるとよい。ほとんどすべての相場ソフトにはこれらの一般的なトレンドのツールと押しや戻りのツールが入っているので、だれでもそれらを使える。それらは多くの本で説明されているし、多くのDVDや講習会でも紹介

されている。そして驚くなかれ、活発に取引をしているトレーダーの90％以上が負けている。ほとんどのトレーダーは新しい聖杯であるトレーディングシステムでトレードを始めるとすぐに、純資産曲線が下がり始める。それはなぜだろうか？　彼らはあまりにも多くの変数を含む指標を使うので、個々の変数の値を微調整してなんとか見つけた正しい値で、ヒストリカルデータになんとかぴったり合わせたきれいな純資産曲線を生み出す。この純資産曲線は不安定なので、トレードを始めるとすぐに下がる。

　これらの一般的なツールをトレーディング戦略に組み込むと、個々の要素よりも主観的になり、柔軟で不安定で頼りなくなる。そしてこれが、ほとんどのトレード計画が失敗する理由だ。それらは百パーセント客観的ではなく、トレーダーから独立していない。

主観的なツール

　トレンドトレーダーにとってトレンドは味方なので、彼らはトレンドに沿ってトレードを行うことを知っている。だが、哀れなことに、トレンドや押しや戻りを見極めるために利用できるツールはとても貧弱なので、当然ながらトレンドに沿ってうまくトレードを行えないのだ。彼らが失敗するのも当たり前だ。ゴミを入れるとゴミしか出てこない。トレーダーを破滅に追いやるのは主観的なツールだ。

　これらのツールは疑うことを知らないトレーダーを柔軟性という魅力で引き付ける。それらがトレーダーの意見に取って代わろうとしても、彼らの不安定な自尊心は脅かされない。それらは快適で協力的な存在となる。それらは温かく安全な協力をする。極めて柔軟で主観的なツールと、何でも知っている賢いトレーダーとが一緒になって明るい未来を提供しようとする。それらは理想の結婚を申し出る。そして、トレーダーはすっかり大災難に引き付けられる。

　画面上の華やかさにたやすく誘惑されるとは、あなたもただの人間

だ。なんと愚かなのだ。それほど信じて疑わないとは、なんと無知で幸せな愚か者なのだろう。そして、主観的な売買ルールでトレードを行うという同じ誘いに乗ったトレーディングキャリアの最初の15年間、私はなんと幸せで無知な愚か者だったことか。

というわけで、私の考えでは、変数を含むどんなツールも主観的すぎるのだ。それは柔軟すぎて頼りにならない。それは単にあなた自身を電子的に複製するだけだ。それらは進んであなたの家来になり、あなたが入力したものを喜んでそのまま返してくれる。あなたがまだ知らないことは何も教えてくれない。それらはあなたが与えたものの姿を変えているだけだ。それらは頼れるだけの客観性や独立性を持っていない。それは売買ルールをヒストリカルデータにぴったり合わせるのを、進んで助ける協力者になるのだ。

客観的なツール

一番良いことは、自分でいじれないように初めから保護されたトレンドと押しや戻りを見極めるツールを選ぶことだ。初めから保護されている最も優れたツールはパラメータ、つまり調整できる変数のないものだ。最高のツールは客観的で、あなたから独立している。最高のものは固定されている。だから、変数を含むどんな指標またはツールも不利になる。調整できるパラメータは結果を調整できる。調整できる結果はトレーディングで決定をする際の頼みにならない。

考え方としては、トレンドの方向と押しや戻りの水準を判断するための、客観的で「固定された」ツールを選ぶことだ。それらを使うときに、いかなる解釈もあってはならない。12歳の子供があなたと同じようにそのツールを解釈できなければ、それは捨てるべきだ。解釈の余地はない。それは固定されていなければならない。単純明快で、白黒がはっきりしている。あちこちに灰色の部分はない。いったんそうしたツールを見つけられたら、それらを戦略にまとめて、単純で客観

的なトレード計画に当てはめることだ。つまり、客観的なトレンドの
ツールと押しや戻りのツールによって、あなたの客観的なセットアッ
プを見つけたら、客観的な仕掛けと損切りの逆指値と手仕舞いの基準
を当てはめる。すると、戦略は利益を出すか出さないかのどちらかに
なる。あなたはTESTの手順に従って、その期待値を検証する必要が
ある。それで利益を出せるなら、あなたは順調に進んでいる。そうで
なければ、最初の段階に戻ることだ。

　難問はトレーディングで用いる客観的なツールを見つけることだ。
完璧ではなくとも、意見によって変わらないもの、調節できないもの、
いじくり回せないものだ。簡単に当てはめて簡単に解釈ができるもの
で、単純で客観的なトレード計画に当てはめられるものだ。願わくば
期待値がプラスになり、やがてTESTの手順で検証できるものだ。

　「トレーダー不要の」ツールが必要だ。すると、トレーダーはトレ
ンドや押しと戻りの解釈に影響を及ぼせないので、ツールはうまく機
能するかどうかしかない。それらは、あちこちで変数をいじくり回す
あなたからのどんな助けもなしに、独立して動く必要がある。私の意
見では残念ながら、ほとんどの指標は注目に値しない。変数による
影響を受けすぎるからだ。あなたが純資産曲線に影響力を及ぼさない、
「トレーダー不要」の戦略を作る必要がある。

　たしかに、どういう戦略を立てるかに関しては、百パーセント主観
的だ。また、そうでないとならないのだ。あなたの主観的な判断と創
造的なアイデアがなければ、あなたは何も得られない。あなたが作り
手なので、あなたの創造的で主観的な考えを百パーセント使って、売
買ルールを作るだろう。しかし、いったん戦略を立てたら、それはト
レーダーの手を離れなければならない。それは客観的なツールになる
必要がある。あなたが内部の働きに少しでも影響力を及ぼしてはなら
ない。売買ルールのあちこちに操作できる主観的な変数があってはな
らない。

それはあなたから独立している必要がある。あなたが入力しなくてもうまくいく売買ルールが必要だ。戦略が有効だという客観的な証拠をあなたは受け取る必要がある。あなたの入力が必要な戦略は客観的ではなく、自分の主観的な考えを反映したものだ。ここのところは理解してもらえるだろうか。

ここまで、私はトレンドトレーディングの２つの主な価値を左右する要素――「トレンドを見極めること」と「押しや戻りの水準を待つこと」――について説明した。それらはトレンドトレーダーの行うことのおそらく80％で、ほかにもやることがある。

思い出そう。トレンドトレーディングは２段階の手順を踏む。まずセットアップを探すが、そこには３つの要素がある。

- トレンドを見極める
- 押しや戻りの水準を待つ
- 押しや戻りのパターンを待つ

次にトレード計画を実行するが、５つの要素がある。

- 仕掛けを確認するためのシグナルを待つ
- 仕掛ける
- 損切りの逆指値を置く
- トレードの管理をする
- （うまくいけば、）利益を得る

次は、押しや戻りのパターンを待つことについて見ていこう。

押しや戻りのパターンを待つ

トレンドトレーダーのほとんどは、実際には押しや戻りのパターン

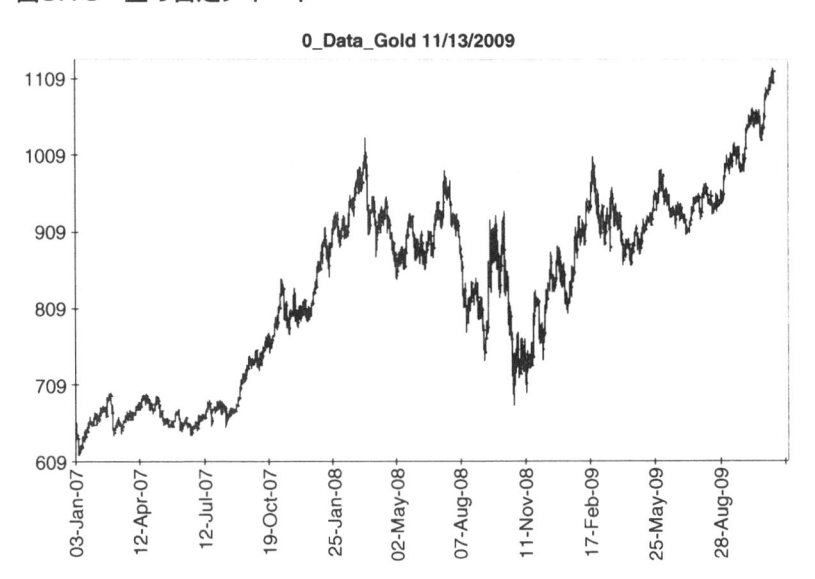

図9.13　金の日足チャート

が現れるのを待って、押しや戻りの水準を確認したりしていない。彼らのほとんどは押しや戻りの水準が何であれ、それらを押しや戻りのパターンとみなしている。トレンドがその動きを再開する前に押したり戻ったりしながら休んでいるとき、押しや戻りのパターンは基本的に揉み合いを表している。

　押しや戻りのパターンは保ち合っていることを意味していて、フラッグやペナントやトライアングルといった伝統的なチャートパターンがそこに現れる。トレンドトレーディングはここで問題にぶつかる。特定のチャートパターンを主観で見極める必要があるのだ。

　図9.13は金のチャートだ。

　チャートを読むのはやさしくない。伝統的な押しや戻りのパターンをセットアップのなかで使うのなら、トレーダーは揉み合いでの押しや戻りのパターンを見極めるだけの目を養わなければならない。これは主観的な仕事で、私は簡単ではないと思う。**図9.14**は伝統的な揉

図9.14 伝統的なチャートパターン

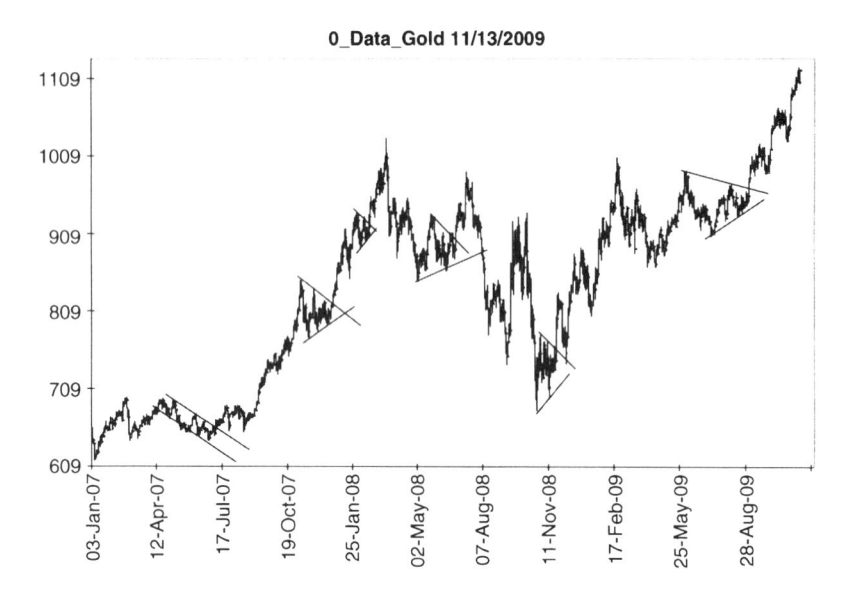

み合いパターンを見極めようと最善を尽くして、私に見えたものだ。

これを行っていたとき、私は図9.15に載せた三角形のパズルを思い出した。

あなたもおそらくこのパズルを見たことがあるだろう。図9.15に幾つ三角形があるか、ざっと数えて答えを書き留めてみよう。ごまかしはしないように。あれこれ考えないで、素早く数えよう。

さて、この視覚パズルは伝統的なチャートパターンを見極めようとするのと非常に似ている。これは主観的だ。数え直せば、あなたの感じ方次第で三角形の数は増えることも減ることもあるだろう。

図9.16は、私の見逃した押しや戻りのパターンで、私の友人が見つけたものを加えている。

さらに図9.17では、私が見逃したもうひとつのパターンを加えた。それはチャートを見るように頼んだ別の友人から今、受け取ったものだ。さあ、主観的なツールを使うことの問題点が分かっただろうか？

図9.15 三角形のパズル

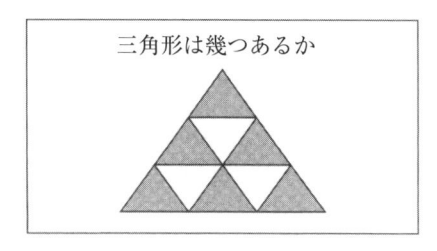

　チャートを読むのは簡単ではないし、相場のパターンが完成する前に何回か試しがあるかもしれない。そのうえ、パターンには変種もある。例えば、トライアングルには、対称、上昇、下降という形がある。またしても、押しや戻りのパターンを見極める主観性のために、それらのパターンは不安定で当てにならず、トレンドトレーディングで成功する妨げになる。

　私の言うことが信じられないなら、**図9.15**に戻って、三角形の数を数え直してみたらどうだろう。数が変わっていないだろうか？　本当にその数で正しいだろうか？　もう一度、数えてみたらどうだろうか？　面白いだろう。しかも、このパズルは子供の遊び用なのだ。あなたがこの三角形で苦労するなら、本物の、しかし微妙なチャートパターンの見極めに基づいて、現実の相場でリアルタイムに本物のお金でトレーディングを行った場合に、どんな望みを持てるだろうか？　私の意見では、あなたは押しや戻りの客観的なパターンを見つけて使う必要がある。

仕掛けを確認するシグナルを待つ

　私の経験では、トレンドトレーディングでもスイングトレードでも、ほとんどのトレーダーは確認のシグナルが出るのを待って仕掛けてはいない。セットアップを見つけるとすぐに仕掛けている。例えば、多

図9.16　伝統的なチャートパターン２

図9.17　伝統的なチャートパターンの見極めは難しい

くのトレーダーは単に50％押した水準で買う。賢いトレーダーなら、セットアップ方向にまず相場が動いて、セットアップが正しいと分かってから買うだろう。50％押す必要があれば、彼らはまずそれを待つ。相場が上昇を始めたら、そこで買おうとする。その場合、おそらく直近1本か2本か3本の足の高値を抜いたところで買うだろう。この確認の過程を省くと、トレンドトレーディングは難しくなるに違いない。

仕掛ける

これは成功するかどうかは別として、どのトレンドトレーダーでもできる段階だ。

損切りの逆指値を置く

今日では、トレーディングの本やセミナーが非常に多いので、ほとんどのトレーダーが損切りの逆指値を置いてトレードを行うことを知っているだろう。知らないのなら、それを使い始めれば、結果はきっと良くなるだろう。

トレードを管理する

私の場合、トレードの管理ではトレイリングストップを使う。これにはトレンドが続いているときに、手仕舞いの逆指値を調整して利益を確定することも含まれる。だれも利益を手放したくないからだ。

利益を確定する

明らかに、利益が出るほどこれを行っているトレーダーは多くない。

それで、何をすべきか

これで分かるように、トレンドトレーディングの手順は単純だが、

多くの問題に苦しむ。トレンドを判断し、押しや戻りの水準を見つけて、そのパターンを見極めるためには、変数に依存した指標かチャートの主観的な解釈に頼る。それらはすべて主観的な判断の影響を受ける。

　仕掛けを確認するシグナルを待つには経験が必要だ。一方、仕掛けて、損切りの逆指値を置き、トレードを管理して、利益を確定するにはどの場合でも規律と一貫性が必要になる。

　残念ながら、トレンドを判断し、押しや戻りの水準を見つけ、そのパターンを見極めるという、トレンドトレーディングのトレード計画で最大の価値を左右する３つの要素は、執行の過程全体で最も主観的だ。極めて多くのトレンドトレーダーが失敗しても当たり前だ！　それで、こう尋ねる必要がある。どうすべきか？

　完璧な世界では、トレンドトレーダーはトレンドの識別と押しや戻りを測るツールに、入手できる最高のものしか使わないだろう。

　残念ながら世界は完璧ではない。相場で出合う最大の逆境のせいだ。

　私の知るかぎり、トレンドを見極める完全なツールも、押しや戻りの完璧な測定も、毎回大儲けする完璧な押しや戻りのパターンも、ひとつとして存在しない。トレーディングは確実なものではなく、確率を含むものなので、完璧なトレンドや押しと戻りを見極めるツールを探し求めることは無意味だ。そういうものは存在しないのだ。だが、トレンドを判断し、押しや戻りの水準を見つけて、そのパターンを見極めるうえで、指標や伝統的なチャートパターンのような変数に依存する主観的なツールに頼るよりも、うまくやる方法はあると思う。

　それはこれまでのトレンドトレーディングの主な弱点を克服することだ。すでに述べたように、価値を左右する３大要素に共通する重要な欠点を一言で言えば、主観的ということだ。それらは皆、変数の値を選ぶかチャートパターンを解釈するときに、主観的な判断に頼る。主観的なものを客観的なものと取り換えることができれば、トレンド

トレーディングのパフォーマンスの向上に大いに役立つと思う。忘れないでもらいたいが、客観的だからといって完璧を意味するわけではない。トレーディングにそういうものは存在しない。

　トレーダーはトレンド、押しや戻りの水準、そのパターンについての解釈で、百パーセント客観的で独立した情報が必要だ。トレンドのツールと押しや戻りの良いツールは、うまく機能させるためにトレーダーからのいかなる入力も必要ない。トレンドと押しや戻りの良いツールは独立していて、それ自身の真価で判断される。それらはうまく機能するか、しないかのどちらかだ。うまく機能して、トレーダーの介入がないものだ。それらはトレードで頼れるほど独立していて、機能しなければならない。

独立

　これはほとんどの売買ルールを妨げる重大な問題だ。図9.18で示すように、この売買ルールはあまりにもトレーダーに依存しているので、うまく機能しているように見せることができない。

　図9.18は実際のトレーディングにおける3本の柱を表す。「資金管理」と「売買ルール」と「心理」だ。それはまた、トレンドと押しや戻りを見極めるための主観的なツールに変数を幾つか入力する必要がある売買ルールを示す。ここではツールがトレーダーに頼りすぎている。ツールは変数に主観的な値を入力するか、押しや戻りのパターンを主観的に解釈しなければならない。これらのツールは単にトレーダーの延長になるので、トレーダーそのものだ。ここが皮肉なところだ。彼らがこれらの主観的なツールを頼みにしているとき、実は鏡のなかの自分を見ているだけなのだ。トレーダーはうまくトレードを行うためには手助けがいると分かっている。彼らには客観的で自分から独立したツールが必要だ。

　彼らがツールの解釈に影響を及ぼさないときにしか、ツールの有効

図9.18　独立していない戦略は頼りない

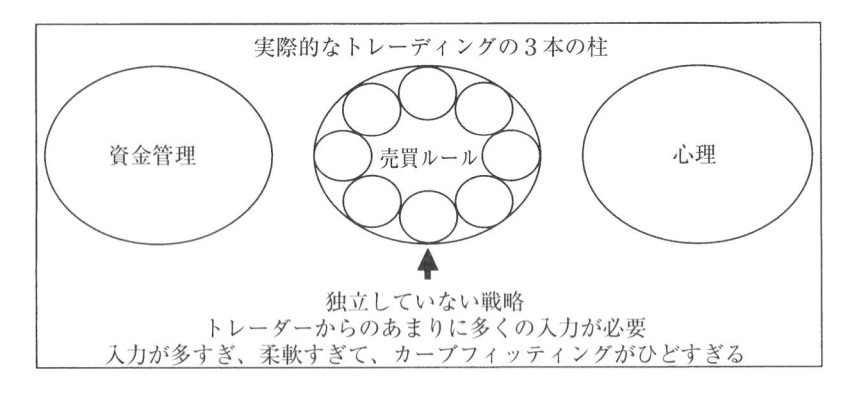

```
         実際的なトレーディングの３本の柱
   ┌─────────┐    ┌─────────┐    ┌─────────┐
   │         │    │ ○ ○ ○  │    │         │
   │ 資金管理 │    │○ 売買 ○ │    │  心理   │
   │         │    │ ルール  │    │         │
   │         │    │ ○ ○ ○  │    │         │
   └─────────┘    └─────────┘    └─────────┘
                      ↑
               独立していない戦略
         トレーダーからのあまりに多くの入力が必要
    入力が多すぎ、柔軟すぎて、カーブフィッティングがひどすぎる
```

性は当てにならない。ツールを客観的なトレード計画と組み合わせたときに、それが過去データに対してプラスの期待値を持つ純資産曲線を生み出せるなら、トレーダーは勝てる売買ルールを手にしたかもしれないと分かる。そこで、彼らはTESTの手順に従って戦略を検証できるようになる。

　トレーダーは自分から独立した売買ルールを作る必要がある。たしかに、売買ルールを作る作業は百パーセント主観的だ。しかし、いったん作ってしまえば、それは独立したものでなければならない。そうでないと、トレーダーは頼ることができない。それは機能するか、しないかだ。うまくいくように見せるために、いじりやすい変数を操作する必要はない。図9.19で示すように、トレーダーに必要なものは独立した戦略だ。

　トレーディングでは、一度に多くの球を投げるジャグリングのような仕事をしなくても十分に難しい。図9.19で示すように、私は３つの球を管理するだけでトレードを行いたい。客観的で独立した売買ルールを執行している間、賢明な資金管理に集中し、首尾一貫していたい。図9.18のように、３個以上の球を管理したくはない。変数の値を正しく入力したかまで心配しなければならないからだ。また、私

図9.19　独立した戦略

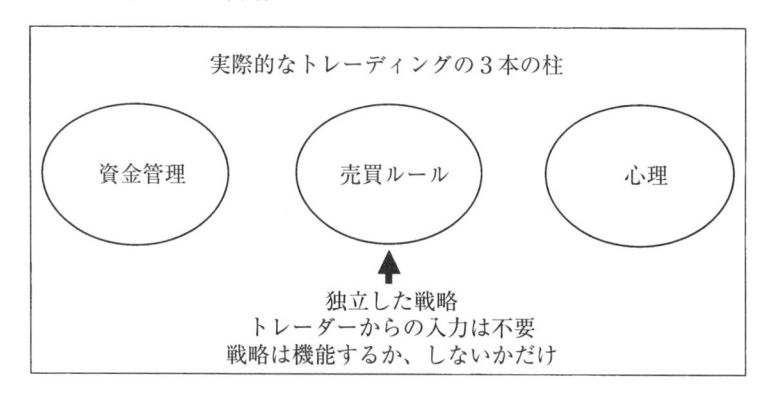

```
┌─────────────────────────────────────────────┐
│        実際的なトレーディングの３本の柱        │
│                                             │
│    ╭─────╮      ╭─────╮      ╭─────╮        │
│   (資金管理)    (売買ルール)    ( 心理 )        │
│    ╰─────╯      ╰─────╯      ╰─────╯        │
│                    ↑                        │
│              独立した戦略                    │
│         トレーダーからの入力は不要            │
│       戦略は機能するか、しないかだけ          │
└─────────────────────────────────────────────┘
```

の売買ルールが戦略として有効ではなく、ヒストリカルデータにぴったり合わせられただけなのかまで絶えず心配しなければならない。そうなると、私はトレーディングの心理に役立つものにいつも手を伸ばすだろう。トレーディングで机に向かうよりも、トレーディングコーチのソファーで多くの時間を過ごしているだろう。私はどんな日でも、管理するのは10個よりも３個のほうがよい！　ただし、それは私の話だ。私は自分の経験に基づいたことしか話せない。

　ほとんどの売買ルールが現実のトレーディングでなぜうまくいかないのか、私の説明で理解が深まればよいと思う。私は主観的なツールをまったく許容しないが、それらのすべてが悪いと考えているわけではない。そのことを説明しておきたい。

すべての指標が悪いわけではない

　私の意見は極端だし、一般にトレーディングの世界を白か黒で見るということも分かっている。私はトレーディングは単に数字のゲームだと考えている。数字を理解し、客観的なエッジを定義し、小さな資金で一貫したトレードを根気よく行えば、リスク資産に対してかなり

の収益を得ることができるだろう。逆に、数字が理解できなければ、０％を超える破産確率でトレーディングを行うことになるだろう。期待値はマイナスになるし、自分の口座に対して過大な資金を使っているだろう。せっかちで、神経質で、ためらいがちにトレーディングを行うだろう。そして、自分のトレード計画に従えずに、失敗するのだ。

　ただし、それは私の場合だ。主観的なツールや指標に基づく売買ルールに対して、私は少しも許容しようとしない。それは分かっている。それが私だ。だが、あなたは違う考えかもしれない。あなたは指標やほかの主観的なツールを好むかもしれない。そうであれば、すべてが負けるわけではないと言っておこう。指標に基づいた売買ルールでも成功しているものがあることを私は知っているからだ。しかし、私が話すものは単純な売買ルールだ。そして、最も成功しているものは１つの変数の指標を１つしか使わない。それは単純そのものだ。この戦略は広範囲にわたる変数の値で利益を生む。だから、すべての指標に対してがっかりすることはない。２～３の指標は役に立つし、エッジがある。だが、それらの効果は単純な戦略のなかに秘められている。

　あなたの売買ルールにほかの主観的なツールや分析を考えたければ、それも結構だ。それらを使ってはならない理由はない。トレードで使えるエッジを生み出すのが難しくなるというのは、私の意見にすぎない。結局のところ、あなたはどんな売買ルールでも選んで作ることができる。しかし、それでトレードを行おうと考える前に、TESTの手順に従って売買ルールの期待値を検証する必要がある。それは売買ルールの効果を確かめる最後の関門、最後のハードルであり、最後の審判だ。

　主観的なツールを考えるもうひとつの方法は、トレーダーが長年うまく使っている主観的なツールを確認することだ。あるツールが現実の相場で長い間、実際にお金を稼ぐ役に立っているという、寿命の長さより大事なものはない。

もうひとつの方法は、裁量トレードに対してソフトウエアで解決することだ。ソフトウエアは独立して分析し、セットアップを探し出してくれる。あなたは指標に基づく売買ルールをそこに取り入れることさえできる。ただしこの場合のコツは、出荷時に設定された変数に触れないことだ。それらを固定されているものとして扱うべきだ。あちこちの変数の値を触りたくなったときは、売買ルールは独立性を失い、客観的でなくなる。そうなると、それはあまりにも主観的で柔軟すぎて不安定で、頼りにするにはあまりにも当てにならなくなる。だからコツは、ソフトウエアまたは指標をそのまま受け入れて、触らないようにすることだ。

　例えば、エリオット波動に関心があるトレーダーなら、エリオット波動に基づいて相場を解釈し、あなたから独立してセットアップを見つけるアドバンスト・ゲット（Advanced GET）のようなプログラムを検討できるだろう。あなたはプログラムの変数を何も変えない。プログラムが波動を数えて分析するのに任せる。それから、売買ルールがうまく働くかを判断するために、セットアップをTESTの手順で検証する必要がある。アドバンスト・ゲットは相場の変化に応じて波の数え方やセットアップを変えるので、イラ立つだろう。だが、そのイラ立ちは少なくとも一貫しているし、独立している。そして、ここが重要なところだ。それは相場の状況を解釈するうえで首尾一貫している。その手法は主観的ではあるが、あなたに客観的に伝える。変数の設定をあなたがまったくいじらないので、それは独立していて、首尾一貫している。あなたは部屋の片隅にあるパソコンでそのプログラムを動かし、それに任せる。あなたは影響を及ぼさない。覚えておこう。いじくり回さないことだ。さて、そのプログラムが見つけるセットアップが利益をもたらすほど良いものか、私は知らない。あなたはTESTの手順に従って、あなたのトレーディングパートナーそれぞれで別に判断する必要がある。しかし、そのソフトの好きなところは、

トム・ジョセフが1986年に公表する前に、1981～1986年に書いた古いプログラムだという点だ。それが出回ってから、ずいぶん時がたっている。私はそこが気に入っているのだ。あなたが変数を出荷時の設定のままにして、TESTの手順でシグナルの検証ができたら、検証済みで、客観的であると同時に主観的でもある売買ルールをあなたは手にするだろう。プログラムはあなたから独立して分析をするので客観的であり、エリオット波動は主観的なので主観的でもあるというわけだ。これはひとつのアイデアであり、考える材料にすぎない。

しかし、ひとつ注意しておきたい。あなたが幸いにも主観的なツールを含み、期待値がプラスの売買ルールを見つけたとする。それをTESTの手順で検証もできたとしよう。だが、理解しておくことがある。百パーセント客観的で独立した単純な売買ルールに比べると、それは安定した状態を長く維持できないだろう。単純な売買ルールのほうが動かせる部分が少ないため、うまくいかなくなる可能性も減るからだ。

そして、水を差す男だと言われるのを承知で、アート・コリンズの書いた**『マーケットの魔術師　システムトレーダー編』**（パンローリング）の中でチャーリー・ライトが述べたことをあなたに伝えたい。

> 私たちは調査で面白いことを見つけた。そのひとつは、結局のところ、指標は重要ではないというものだ。

この観察はチャーリー・ライトによるものだ。彼は資産運用会社の経営で成功している。彼は30年以上もマーケットにかかわっているメカニカルトレーダーだ。長年のトレーディング、調査、開発、資産運用の経験から、指標はあまり重要ではないと、彼は信じているのだ。もちろん、これは彼の意見にすぎない。それは非常に経験豊かで成功したトレーダーの意見であり、彼には言う資格がある。だが、あ

なたにも私にも意見を言う資格はある。そのうえ、それは一般論であり、前にも言ったように例外もあり得るのだ。

だが、マーケットは変わらないのか？

　変化するマーケットの状況に適応するためには、売買ルールは柔軟であるべきだと考える、トレーディング思想の有力な一派がある。彼らはマーケットは変化すると言う。そのため、売買ルールも新しい状況に合わせて変えなければならないと言う。

　彼らは正しい。たしかにマーケットは絶えず変化する。また、あなたがうまくやれたと思ったときにたいてい変化する。マーケットはレンジ相場でちゃぶついた状況と、そこから放れて強気相場と弱気相場の期間にトレンドを描く状況とを絶えず行き来する。だからマーケットは、表面的には変化する。そして公平に見て、マーケットが常に変わるなら、あらゆるマーケットの状況で単一の売買ルールを使うのは無理ではないか？　そういう意見が出るのは分かる。私はただ、それには賛成しない。

　良い売買ルールはあらゆるマーケットの状況でうまく機能すると、私は考えている。これはひとつの売買ルールが毎年、全マーケットで利益を出せるはずだと言っているのではない。そんなことはまず不可能だ。だが、うまく設計された単純な売買ルールは、多くのマーケットで長期にわたって利益を出せるはずだと私は考える。そして、多くのマーケットはレンジ相場でちゃぶついたり、強気相場と弱気相場の期間にきれいにトレンドを描いたりと、あらゆる状況を見せる。

　さて、だれが正しく、だれが間違っているのだろうか？　両方とも正しく、両方とも間違っている。非常に経験豊かなトレーダーは兆候に気づき、弱気相場から強気相場に対応する戦略にいつ切り替えるべきか分かっている。そして、レンジ相場でのスイングトレードか

ら、はっきりした押しや戻りとブレイクアウトでトレンドトレーディングに切り替える。しかし、彼らは非常に経験豊かだ。それでも、彼らが常に正しくできるわけではない。彼らは選ばれた人々だ。トレーダーの先頭に位置する人々なので、平均的なトレーダーは彼らを見ることができない。彼らはほとんど見えない、伝説上のトレーダーなのだ。そう、伝説だ。

　もっと普通に近いトレーダーはすべての状況でひとつの方法を用いるほうを好む。単純で客観的で堅牢な売買ルールでトレードを行い、成功するための資金管理、一貫性、規律、忍耐に頼る。例えば、広く知られたタートル流のトレーディング戦略を使う人々だ。それについては、あとで述べる。平均的なトレーダーの場合は、必要な専門技術を身に着けるまで、すべての状況で良い売買ルールひとつだけを使ってトレーディングを行うことを考えたほうがよいと思う。専門技術を身に着けるのは非常に難しいのだ。

複数の売買ルール

　考えられるもうひとつの方法は、トレンドトレーディングの順張りと、逆張りまたはスイングトレードの2つの独立して補い合う売買ルールを開発することだ。

　理想的には、それらは百パーセント客観的で独立していて、多くのマーケットのあらゆる相場状況でうまくいく。利益を出せて、それぞれが独立している。しかし、2つの純資産曲線を組み合わせると、口座残高はより滑らかに動く。トレンドトレーディングの売買ルールが困難な時期に入ると、あなたは自分の逆張りの売買ルールが利益をもたらすと思っているだろう、そして、その逆も同じように考えるだろう。

　補い合う独立した売買ルールを作り、それらを組み合わせることを目標にすべきだ。それを達成したら、さらに時間枠を広げて、戦略を

多様化することを目指すべきだ。トレンドトレーディングの順張りと逆張りの売買ルールを、もっと短期のものともっと長期のものでも作ることだ。これが私の行っていることだ。私は複数の時間枠で、世界中の指数と通貨をトレードしている。トレンドトレーディングの順張りと逆張りの売買ルールを用いたメカニカルトレードだ。

さて私はこれまで、非常に多くのトレンドトレーディングの売買ルールが失敗する理由について、私の考えを説明してきた。次は、勝てる売買ルールの基本的な特徴と私が考えるものを見ることにしたい。すでに述べたように、この章での私の目標のひとつは、あなた自身の売買ルールを作るための枠組みを提供することだ。トレンドや押しと戻りを見極める従来のツールがほとんどのトレーダーに役立たなかった理由について、あなたの理解が深まっていることを望む。では、良い戦略には何が必要かを見ることにしよう。

勝てる方法の基本的な特質

良い戦略は次に挙げる単純な２つの条件を満たす。

- トレーダーが致命的な間違いをしないように手助けする
- トレーディングで成功する基本的な戦略要素を取り扱う

表9.6はほとんどのトレーダーが陥る致命的な間違いをまとめたものだ。

良い売買ルールはトレードサイズを控えめにし、どのトレードでも口座資金のごく一部しかリスクをとらないようにする。良い売買ルールは負けトレードを素早く手仕舞う。一般的に、最初の損切りの逆指値は比較的近くに置く。そして、相場がトレーダーに有利な方向に動くにつれて、その逆指値を相場に合わせて動かしていく。また普通は、

表9.6 ほとんどのトレーダーが陥る致命的な間違い

> 自信過剰で1トレード当たりの投資額が多すぎる
> 下手な敗者は損切りできない
> ●損切りの逆指値を使わない
> ●損切りの逆指値を守らない
> ●損切りの逆指値を近くに置かない
> ●損切りの逆指値を調整しない
>
> 下手な勝者は利益を早く確定しすぎる
> ●1～2の市場に集中しすぎる
> ●信じすぎて疑わない
> ●主観的すぎる
> ●あまりにも多くの変数に依存した遅れる指標を使う
> ●アイデアを検証しない

勝ちトレードを手仕舞うまで時間をかける。いつ利益を確定すべきかについて、相場から売買ルールに伝えられるまで待つ。一般的に、良い売買ルールは利益目標を使わない。普通、各マーケットで構成したポートフォリオ全体でうまく機能する。また、普通は客観的で、だれがトレードを行っても同じ結果になる。一般に、主観的な変数を含むどんなツールもほとんど使わない。

　私の経験では、これらが勝てる売買ルールの一般的な特徴だ。私は一般論として語っている。常に例外があるからだ。だが、例外は例外だ。たしかに、利益をすぐに確定して成功しているトレーダーを私は知っている。2～3のマーケットでのみ有効な売買ルールを使うトレーダーもいる。主観的なツールによる売買ルールを使うトレーダーもいる。また、利益目標を使うトレーダーも知っている。だが、彼らは例外なのだ。

　図9.20に示したように、成功する売買ルールはトレーディングで成功するための普遍的な原則における、基本的な戦略要素に焦点を当てる。

図9.20　成功するトレーディングの特質

- 最大の逆境
- 探求
- 破産
- 資金管理
- 体系
- 単純さ
- 客観的
- 測定可能
- 分散化
- 期待値
- TESTによる検証
- 情緒的安定
- 規律
- 一貫性
- 忍耐
- 控えめ

売買ルールが有効だという信頼できて、独立した客観的な証拠が必要！

　勝てる手法は無計画なアイデアに基づいたりしない。それらには体系があり、相場がどのように動くかについて論理的な信念がある。押しや戻りを利用するトレンドトレーディングでは、平均回帰のせいで、相場はトレンドの動きに沿って上下に変動すると考える。相場は常にトレンドを作るわけではないが、トレンドができたときには進んでは休む。相場は放れては押しや戻りで逆行し、それからトレンドの方向に再び動き続ける。押しや戻りを利用するトレンドトレーディングでは、押しや戻りを追いかけながら、トレンドが続くかぎりその値動きをとらえる機会があると考える。

　もう一例を挙げると、エリオット波動ではトレンドは普通、上昇の５波動と下降の３波動から成ると考える。そして、多くの相場でこのような動きを幾らでも見ることができる。

　勝てる手法は一般的に単純だ。それらは複雑ではない。単純なら、うまくいかなくなる割合も確実に減る。単純なら、勝てる手法は堅牢さを維持できる。複雑な戦略は動かせる部分が多すぎ、いわば空中に

投げている球が多すぎるので、理屈からして「球を落とす」可能性が高くなる。そのため、売買ルールはエッジを失う。複雑な戦略で、動かせる部分が多くなるほど失敗する可能性が高くなる。

　マーケットの魔術師であるポール・チューダー・ジョーンズと仕事をしてきたトム・デマークは尊敬されているアナリストであり、トレーダーだ。現在は160億ドルの投資ファンド、SACキャピタルの経営者、スティーブ・コーエンのアドバイザーを務めている。彼の見解は私がこれまでに読んだり聞いたりしたものでも最も優れたもののひとつだ。彼はアート・コリンズの著書『**マーケットの魔術師　システムトレーダー編**』（パンローリング）で次のように述べた。

　　……最終的に、17人のプログラマーで4～5年間テストを行った結果、基本的な4つか5つのシステムが最も有効だった……。

　あなたが私の本から何かを書き写すつもりなら、デマークのこの言葉を写して、トレーディングを行うディスプレーの上方のよく目立つところに張っておくのも悪くない。重要な調査と開発プロジェクトの結果、得られたことを話し、彼はトレーダーに驚くべき貢献をした。4～5年間にわたって17人のプログラマーを雇い、マーケットと戦略について集中的な研究を行う余裕のある、ポール・チューダー・ジョーンズのようなトレーダーは少ない。そんなトレーダーは限られている。17人は言うまでもなく、1人のプログラマーを4～5年間、雇うのでもかなりの大金がいる。極めて多額の費用だ。

　私たちはデマークの観察に注目すべきだ。それだけの時間と労力を費やした結果、最もうまくいったのは、彼の基本的な、つまりは単純な4つか5つのシステム（戦略）だったのだ。私を信じられなくても、彼を信じてほしい。そして、車輪を再発明しようとして、流れに逆らって泳ごうとしないでほしい。単純なものがうまくいくのだ。

余談だが、ほんの昨晩、お互いの家族が集まってピザでも食べながらおしゃべりしようと、友人と話していた。そして、いつものように、相場に話が及んだ。私の友人は絶対リターンを追求する資産運用会社を経営するオーナーだ。彼の運用資産は数億ドルにも達する。私たちは別のトレーダー仲間の観察について話していた。それは相場についての単純な観察だった。それは単純だが、力強くもあった。私たちはお互いに、単純さがトレーディングの最もよく守られた秘密のひとつだと言い合った。単純なものはうまくいく。

勝てる売買ルールは単純で客観的だ。それらには主観的な解釈が不要だ。同じ単純な売買ルールに従う10人のトレーダーは同じセットアップを見つけるはずだ。ある売買ルールが客観的であって初めて、測定もできる。単純なトレード計画を当てはめて、勝ちトレードも負けトレードもすべてを測り、過去データに対して売買ルールがどういう期待値を持つかを判断することができる。勝てる手法の期待値はプラスだ。そして、それらは複数のマーケットでうまくいく。

これらが勝てる売買ルールのカギとなる特質だ。それらは単純で客観的だ。そして、期待値を測ることができる。さらに、売買ルールが有効だという、信頼できて、独立した、客観的な証拠があなたに必要だと私は思う！　それを手に入れたら、あなたはトレードでの成功に一歩近づくだろう。売買ルールを単純にしておくことの重要性はいかに強調しても、し足りない。

単純にしておくことの利点

利益が出る堅牢な売買ルールを作ることのほかに、戦略を単純にしておくことで得られる利点はほかにも数多くある。

自己啓発

単純なトレーディング手法を作って受け入れるということは、トレーディングの重要な現実を受け入れたことを示す。それは、聖杯というトレーディングの解決法はないという「悟り」の境地に達したことを意味する。それは、あなたがトレーディングの次善のアイデアをいつまでも探し続ける必要をもはや感じていないということだ。単純さを受け入れると、自己啓発と心の平和が得られる。

つまり、相場が将来どこに向かうか、だれにもはっきりとは分からないということを理解し、受け入れたという意味だ。そして、そんなことをしても無意味だと認めたということだ。トレーディングでコントロールできることは適切なロジックと良い資金管理を採用することだと気づいたという意味だ。相場がどこに向かうかはっきり分からなければお金を儲けることができない、というわけではないと気づいたということだ。単純さを受け入れると、本当の理解が得られる。

単純さは簡単

単純な売買ルールに複雑なところはない。指標を解釈したり、アングルを描いたり、波動を数えたり、サイクルを見つけたり、押しや戻りの比率を計算したりする必要はない。何もない。単純さは簡単だ。

客観的

単純であれば売買ルールは客観的になる。単純であれば、ごまかしたり、操作したり、いじり回したりするものは何もない。単純であれば、セットアップは見つかるか、見つからないかのどちらかだ。ほかに解釈することは何もない。

堅牢性

堅牢性とは、売買ルールが長期にわたって現実に利益を上げること

を指す。売買ルールが口座資金を増やし続けるほど、それはますます堅牢になる。堅牢でない売買ルールは指標などの主観的な変数を使う。単純な売買ルールは普通、変数を使わない。そうすれば、堅牢にしておくのに役立つ。つまり、売買ルールがうまくいかなくなる可能性が減るということだ。動かせる部分が少ないほど、堅牢になる。

情緒的な安定

単純な売買ルールでトレーディングを行うのは、主観的な裁量トレーディングに比べて心理的に楽だ。裁量トレーディングはどんな決定をするときでもはるかに柔軟で、トレーダーに大きく依存している。セットアップを見極め、トレードを行うかどうかを決め、損切りの逆指値をどこに置くのが一番良いかを決め、利益を確定する決定もすべてトレーダーが行う。単純な売買ルールでは、市場が開く前にセットアップが存在するかどうか、トレーダーは分かっている。彼らはセットアップがあれば、どこで仕掛けて、どこに損切りの逆指値を置くか分かっている。彼らのトレーディングはなぞり絵を描くのと同じくらい単純だ。彼らはどこで仕掛け、どこに損切りの逆指値を置き、どこで利益を確定したらよいか分かっている。意思決定は必要ない。絶えず意思決定をしないで済むため、単純で百パーセント客観的なトレーディングは楽だ。

時間管理

単純な売買ルールでトレードを行えば、うまく時間管理ができるようになる。することがほとんどないので、トレーダーの自由時間が増える。彼らは相場の奴隷になって、絶えずセットアップを探し、トレードを行うべきかどうかを決めることはない。単純であれば、時間がかからない。

単純さの皮肉

単純な売買ルールを作ることには大きな皮肉がある、ということも言っておくべきだろう。たしかに私の経験では、戦略が単純であるほど堅牢だ。そして、堅牢であるほど良い。皮肉なのは、売買ルールが単純なほど、普通、その純資産曲線は起伏が大きくなる。そして、純資産曲線の起伏が大きくなるほど、トレードを行うのは難しくなるのだ！

これは、単純な戦略のほうが本当の戦略に近いためだ。単純な戦略は変数に頼る指標を使わない。変数に頼る指標は大きな負けトレードを都合よく見逃し、トレーディングの不利な期間が続くのを避けるために使える。使える指標を選び、ある特定の相場状況を避けるフィルターを導入することは非常に簡単だ。滑らかそうな純資産曲線を生む、複雑な指標に基づいた戦略を作ることは簡単だ。

そこに皮肉がある。単純であれば純資産曲線は普通でこぼこになる。ドローダウン期間は現実によく起きるもので、極めて正常だ。しかし、このためにトレーディングは難しくなる。それで、単純なことは素晴らしいことだが、普通それでトレードを行うことは最も難しいのだ！

さて、私は何をすべきでないか、なぜ百パーセント客観的で独立したツールを用いて単純な売買ルールを作るべきかについて、すべてを話した。私は今話していることの例を提供し、単純で百パーセント客観的で独立した売買ルールを示すのが公平だと考える。それは勝てる戦略だ。

勝てる方法の例──タートル流のトレーディング戦略

タートルズとは1980年代にリチャード・デニスと彼のパートナーであるウィリアム・エックハートによって訓練された、有名なトレーダ

図9.21　タートル流トレーディングのルール

買いのシグナル	
仕掛け	直近20期間の最高値をブレイクしたら買い
最初の損切りの逆指値	固定ボラティリティの資金管理を元に置く リスク資産の2％にリスクを制限 20日ATRでボラティリティを定義
手仕舞い	直近10期間の最安値を切ったら売り
売りのシグナル	
仕掛け	直近20期間の最安値を切ったら空売り
最初の損切りの逆指値	固定ボラティリティの資金管理を元に置く リスク資産の2％にリスクを制限 20日ATRでボラティリティを定義
手仕舞い	直近10期間の最高値をブレイクしたら買い戻し

一集団だ。彼らはジャック・D・シュワッガーの著書『**マーケットの魔術師──米トップトレーダーが語る成功の秘訣**』（パンローリング）で注目されるようになった。今日でも、タートルズの多くは資金運用をうまく続けているし、おそらく彼らが20年以上前に学んだ最初のタートル流トレーディング戦略をまだ使っているだろう。

　自身もタートルズの一員だったカーティス・フェイスが『タートル流投資の魔術』（徳間書店）で、その戦略をまとめている。それはブレイクアウトを用いるトレンドトレーディングのための、勝てる売買ルールの一例だ。**図9.21**に、その基本戦略をまとめた。

　これは単純だ。戦略にはいじるところがほとんどない。カーティス・フェイスの本を読めば、戦略について詳しく知ることができる。だが、ここでの議論では基本戦略で十分だ。

　さて、この戦略を考え出したのはリチャード・デニスではない。リ

チャード・ドンチャンが1960年代に考え出して、1970年代にその長所を公表した。それはドンチャンの4週（20本の足）チャネルブレイクアウト戦略として知られている。

　これは勝てる売買ルールの完璧な例だ。相場の動きについて、体系と論理に基づいた信念がある。トレンドはモメンタム、つまり価格の勢いから始まると考えている。上昇トレンドでは、高値がさらに高値を呼ぶと考えている。下降トレンドでは、安値がさらに安値を呼ぶと考えている。単純だ。最高値で買って、最安値で空売りすることほど単純な戦略は多くない。日々の価格に変数は含まれない。直近20本の足の最高値や最安値に、だれも影響を及ぼすことはできない。それは客観的だ。トレーダーは皆、20まで数えて、最高値と最安値を判断できる。たしかに、「20」日あるいは「4」週ルールは変数だ。だが、それはリチャード・ドンチャンが1960年代にアイデアを考え出したときから、ずっと「出荷時」の設定のままだ。「20」日も「10」日も実際には変数なので変数とみなせるが、それらは40年以上も初期設定の値のままだ。また、4週間ルールは何も変数のない1カ月ルールとみなすこともできる。それで私としては、ブレイクアウトでの仕掛け方は固定されていて客観的だが、トレーダーが広い範囲にわたって変数の値を変えても、この戦略は依然として利益が出ると思う。私が触れた、いじれる部分には大きなチャネルブレイクアウトが含まれるからだ。20日ATRの計算は難しくないし、口座の2％がどれだけの金額になるかを計算するのも難しくない。この戦略の資金管理で用いる逆指値は、広い範囲にわたるATRの値で有効だ。ポジションを手仕舞う場合、トレーダーは直近10本の足の最高値か最安値を見ればよい。それは単純で客観的だ。ということは、収益性と期待値を測りやすいということだ。

　この戦略はトレンドトレーディングで最も成功し、広く知られている戦略のひとつだ。そして、40年以上も使われている。それはトレー

ディングでは非常に長い時間だ。私は長く生き延びるものが大好きだ。勝てる売買ルールがどのようなものかについて、これで実際的な理解を得られたと思う。

さて第5章で述べたように、タートル流トレーディング戦略の唯一の問題は、トレードを行うためには多額の口座資金が必要だという点だ。多額の口座資金が必要な理由は2つある。第一に、多くのマーケットを含むポートフォリオでトレードを行うからだ。第二に、ドローダウンに対応する必要があるからだ。この戦略が機能するためには、20～30のマーケットを組み込んだポートフォリオでトレードを行えるほどの口座が必要だ。相場はめったにトレンドを生まないからだ。また、第5章で示したように、この戦略は2007年に非常に大きな利益を出したが、その年に75万ドルのドローダウンに苦しんだことも事実だ。痛っ！　それで、あなたにも起きるドローダウンに対応するためには、多額の口座資金が必要となる。しかし、勝てる戦略として、ここで議論するためには完璧な例である。

ここまで、売買ルールの多くの面について説明してきた。押しや戻りでのトレンドトレーディングが簡単でなければならないと私が考える理由を説明した。トレードを行う理由について思い起こせるようにした。また、トレンドと押しや戻りを見極めるときに劣ったツールを使っているから、多くのトレーダーはトレンドトレーディングをうまく行えないのだと私は考えているが、その理由についても述べた。「主観的」と「依存している」はトレーディングの禁句だと私が考えていることを、あなたは知っている。私は勝てる売買ルールの基本的な特質と信じていることについて説明した。そして一例として、タートル流のトレーディング戦略を取り上げた。

売買ルールについての説明を終える前に、例を付け加えておきたい。トレンドを見極めるための客観的なツールがどのように見えるべきかについての例と、押しや戻りを見極めるときに主観的なツールを使う

ことがなぜ危険かについての例だ。まず、客観的なトレンドツールから見ていこう。

客観的なトレンドツールの一例

　ご存じのように、私は移動平均線や指標など、変数を持つどんなトレンドツールも主観が入りすぎるので信じていない。私はもっと良い選択肢があると思う。代わりに、タートル流トレーディング戦略が行ったのと同じように、価格そのものを使ってトレンドの方向を判断する手助けにすることも考えられる。
　価格を使う一例はスイングチャートを見ることだ。スイングチャートは価格を滑らかにするのに役立つ。スイングチャートを使う場合、次のように定義をする。

- ●スイングの安値を切り上げたら、上昇トレンドと定義する。スイングの安値を切り下げた場合、上昇トレンドは下降トレンドに変わる。
- ●スイングの高値を切り下げたら、下降トレンドと定義する。スイングの高値を切り上げた場合、下降トレンドは上昇トレンドに変わる。

　私はスイングチャートを使うほうが、主観的な変数を含むツールを用いるよりもトレンドの方向の良い尺度になると思う。スイングは価格に基づく。それらは日、週、月、四半期、年の価格に基づくことができる。価格に基づいているので、スイングの転換点は百パーセント客観的だ。どんなトレーダーもどんな機関も日、週、月、四半期、年の高値や安値に影響を及ぼすことはできないからだ。だれにもできないのだ。相場はどんな個人や機関も超えている。
　スイングの転換点が生まれるとき、それらは百パーセント客観的で、独立している。トレンドを解釈するために、裁量で解釈したり判断し

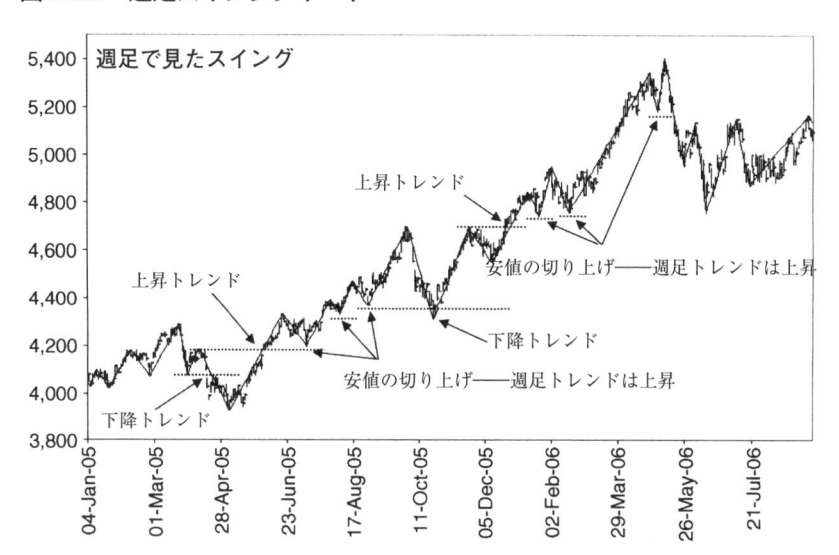

図9.22　週足スイングチャート

たりする必要はない。スイングチャートで、スイングの安値を切り上げているなら、トレンドは上昇している。スイングチャートで、スイングの高値を切り下げているなら、トレンドは下げている。単純だ。客観的だ。そして、トレーダーの考えから独立している。

　トレンドを判断する場合にあなたがどの時間枠を好むかによって、週足（**図9.22**）か月足（**図9.23**）のスイングチャートを使えばよい。

　図9.22は日足チャート上に、週次データによるスイングを重ねたものだ。週足によるスイングで安値を切り上げている間は、週単位のトレンドは上昇している。それがスイングの高値を切り下げたとき、週単位でのトレンドは下落する。また、月次データでのスイングチャートを使ってトレンドを判断することを考えてもよい。

　図9.23は日足チャート上に、月次データによるスイングを重ねたものだ。月次データによるスイングで安値を切り上げている間は、月

図9.23　月足でのスイングチャート

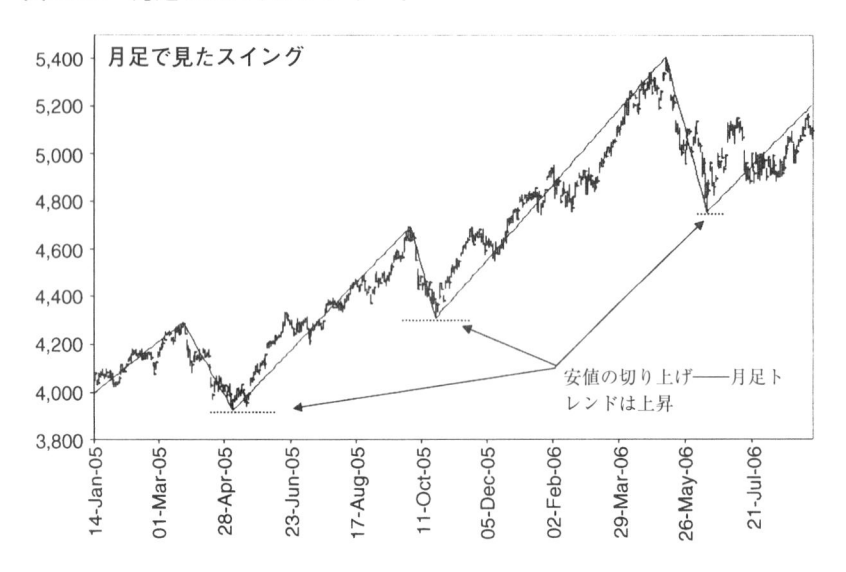

月足で見たスイング

安値の切り上げ——月足トレンドは上昇

単位でのトレンドは上昇している。それがスイングの高値を切り下げたとき、月単位でのトレンドは下落する。月次データでのスイングは月単位のトレンドを判断するのに用いることができる。それは長期なので、利を大きく伸ばすのに役立つ。

長期の時間枠でスイングチャートを使うことは、百パーセント客観的なトレンドツールの一例だ。これが理解できたら、あなたも百パーセント客観的で独立したほかのトレンドツールを探せるだろう。次に、トレンドトレーディングの売買ルールで主観的な押しや戻りのツールを使うべきでない理由について、一例を示したい。

フィボナッチ——事実か虚構か

リトレースメント比率は押しや戻りを測るツールとして非常に人気

がある。最も人気があるか、広く知られているのはフィボナッチ比率だ。図9.24は、広く認められている比率をすべてまとめたものだ。

さて、見てのとおり、選べる比率はかなりある。図9.25は大きい比率から順に並べたものだ。

これで本当に、リトレースメント比率の大きな弱点を分かってくれると思う。あまりにも多すぎるのだ！　そして、それらは小数第1位のすべての数字を含んでいるようだ！　それらすべてが正しいはずはないだろう？　それでは、どれが正しいのだろう？　フィボナッチ比率だろうか？　算術比だろうか？　調和比だろうか、それともW・D・ギャンの比率だろうか？

トレーディングを始めたとき、私が懐疑論者だったらと思う。もしそうだったら、非常に多くの比率を見て、各理論がそれぞれの比率についていかに自信を持っているかを読んだときに、すぐ疑いを持っただろう。だって、それらすべてが正しいはずはないだろう？　1組の比率が正しければ、ほかのすべての理論は間違っていることにならないだろうか？　そのとおりなら、一番優れた比率はどれだったのか、私はどれに注意を払うべきか？　だが、私は懐疑論者ではなかった。

私はトレーディングキャリアの最初の15年間、エリオット波動の信奉者だった。そして、エリオット波動に入れ込んでいるときは、フィボナッチにも熱中している。だが、私は支持線でも抵抗線でも正しい比率を見つけられなかったようだ。私はエリオット波動とフィボナッチを調べていたので、それらの比率に焦点を合わせたい。

図9.25が示すように、人気のあるフィボナッチ比率は38.2％、61.8％、78.6％を含む。フィボナッチ比率ではないが、50％の押しや戻りの水準も重要だと考えられている。問題は、押しや戻りで支持線や抵抗線が見つかったかどうかを判断するために、どの比率を使うかだ。押しや戻りが終わるのは38.2％だろうか、それとも50％だろうか？　使える比率の選択肢が多いので、これは難問だ。残念ながら、選択肢

図9.24　人気がある押しや戻りの比率

```
フィボナッチ比率
  0.236, 0.382, 0.618, 0.786
調和比
  0.50, 0.707
算術比
  0.333, 0.667
W・D・ギャンの8分割
  0.125, 0.250, 0.375, 0.500
  0.625, 0.7500, 0.875
```

図9.25　大きいほうから並べた人気の押しや戻りの比率

押しや戻りの比率	
0.875	W・D・ギャン
0.786	フィボナッチ
0.750	W・D・ギャン
0.707	調和比
0.667	算術比
0.625	W・D・ギャン
0.618	フィボナッチ
0.500	調和比
0.500	W・D・ギャン
0.382	フィボナッチ
0.375	W・D・ギャン
0.333	算術比
0.250	W・D・ギャン
0.236	フィボナッチ
0.125	W・D・ギャン

があるためにツールは主観的になる。

　だが「選択肢」は、フィボナッチで直面する２つの問題では小さいほうだ。実際にフィボナッチの水準で支持線や抵抗線が見つかるなら、トレーダーはどの比率を使うべきか喜んで選ぶ必要があるだけだ。だが、フィボナッチに特化したあらゆる文献やプログラムにもかかわら

ず、私の研究では、フィボナッチ比率がほかの比率よりもうまく支持線や抵抗線になる水準を見極めるということはないようだ。

あなたがフィボナッチに夢中なら、フィボナッチの証拠を自然界でだけでなく（それは見つけていると思う）、相場でも見つけたいだろう。あなたはフィボナッチ比率の水準で、支持線や抵抗線が見つかると期待しているだろう。

それで私は作業を行って、フィボナッチ比率が相場で支配的かどうかを判断するための調査をした。非常に多くのトレーディングに関する文献がフィボナッチに向けられている点から判断すると、実際に人々はそう信じ込まされているからだ。テストは簡単に実行できた。ここにそれを再現しよう。基本的に私がしたことは、私の手元にあるデータからスイングチャートを作って、チャート上のすべてのスイングの比率を計算しただけだ。

図9.26で示したように、私はすべてのリトレースメントの比率を記録しただけでなく、エクステンションの比率も記録した。フィボナッチが支持線や抵抗線になる水準を見極めるための信頼できるツールになるのなら、私のサンプルで38.2％、61.8％、78.6％、161.8％の比率が目立っているはずだ。それらの比率がほかのすべての比率と比べて統計的に有意に異なっていると期待してよいはずだ。それらはフィボナッチ比率ではない比率と比べて異常に量が多い、外れ値として現れると予想される。

集めたスイングのデータで、フィボナッチ比率が現れるすべての機会をとらえるために、複数のマーケットで複数の時間枠によるスイングチャートを作ることにした。

図9.27に示したように、各マーケットで1990年以降の日次データから始めた。

図9.28で示すように、日次データから日単位のスイングチャートを作った。

図9.26 スイングの両方の比率を測定

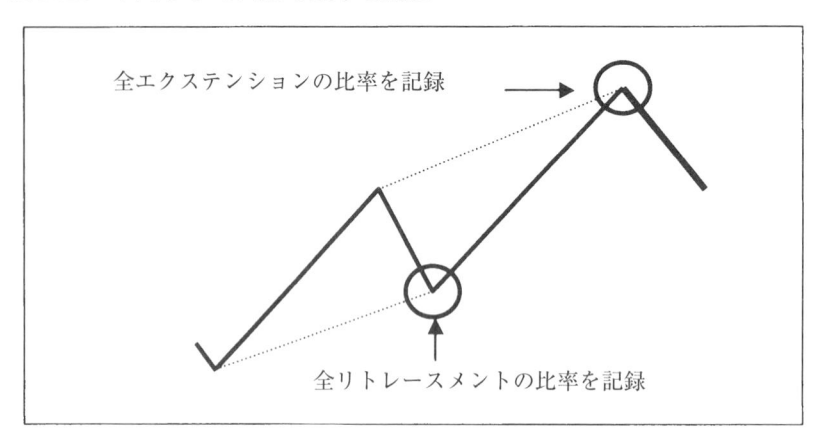

全エクステンションの比率を記録

全リトレースメントの比率を記録

図9.27 日足チャート

0_Data_FX_BP 11/27/2009

日次データから週次データを作った。そのデータから、**図9.29**で示すように週単位のスイングチャートを作った。

日次データからは月次データも作った。そのデータから、**図9.30**で示すように月単位のスイングチャートを作った。

日次データから、四半期データも作った。そのデータから、図

図9.28　日単位のスイングチャート

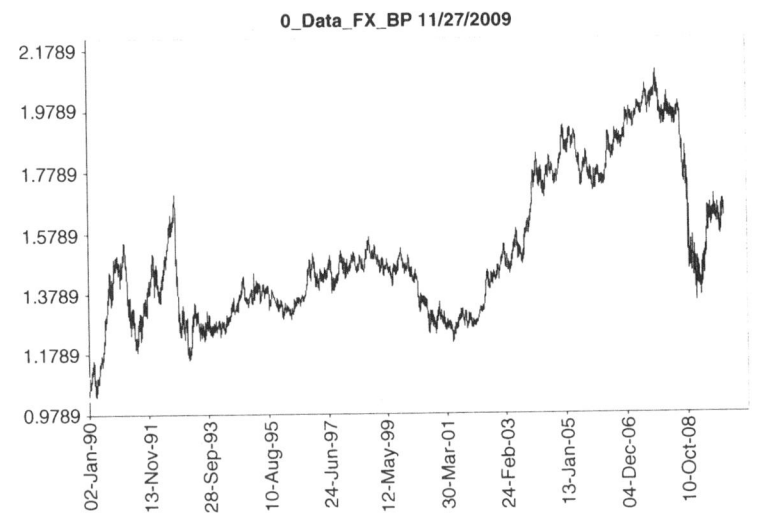

```
0_Data_FX_BP 11/27/2009
```

9.31で示すように四半期単位のスイングチャートを作った。

そして最後に、日次データから年次データを作った。そのデータから、**図9.32**で示すように年単位のスイングチャートを作った。私はこの調査で、複数の時間枠での重要なスイングに漏れがあると非難されたくなかったのだ。

これらすべての複数の時間枠でのスイングチャートを、主要な5つの通貨のペアで作った。

●ユーロ
●英ポンド
●日本円
●スイスフラン
●オーストラリアドル

さらに、金、原油と次の主要な指数でも作った。

図9.29　週単位のスイングチャート

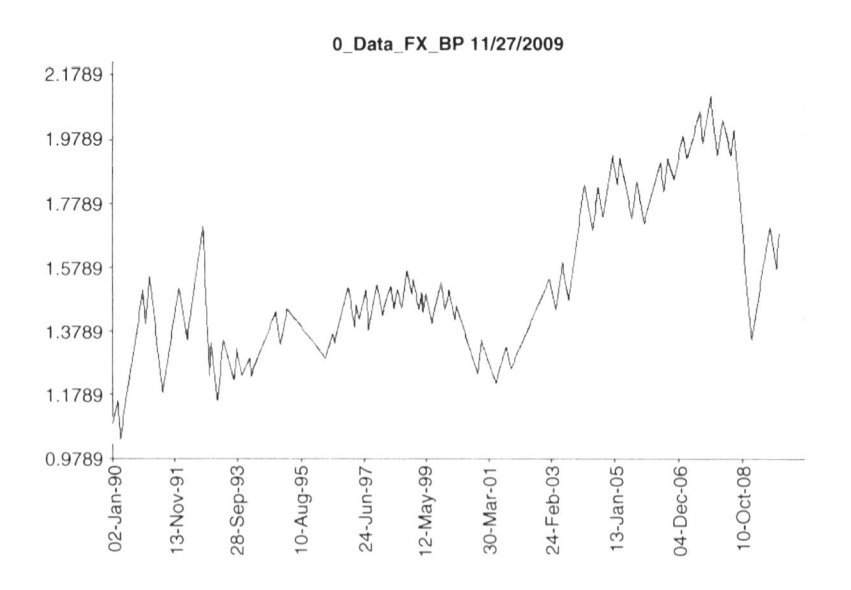

図9.30　月単位のスイングチャート

図9.31 四半期単位のスイングチャート

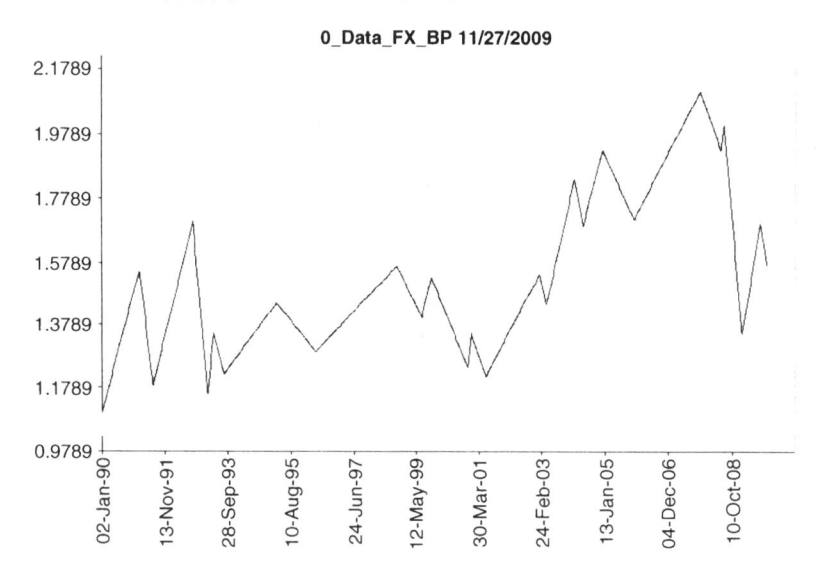

図9.32 年単位のスイングチャート

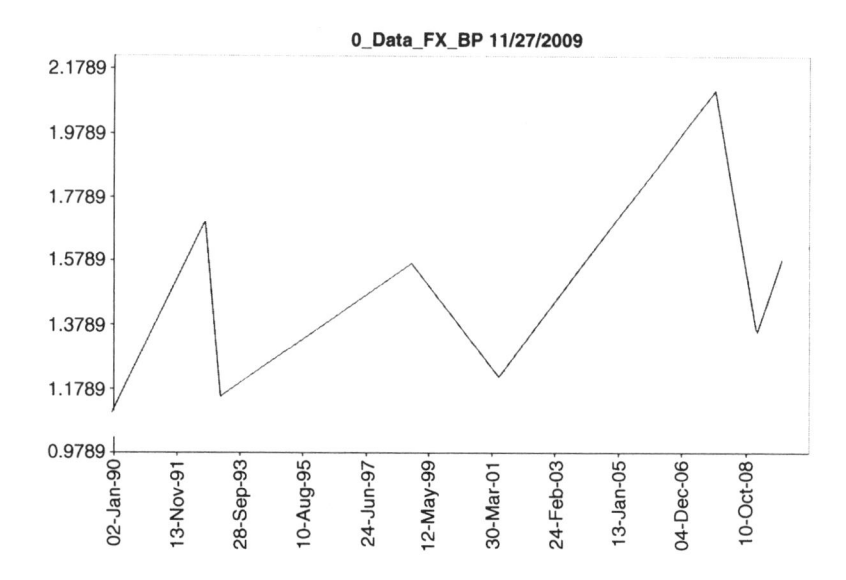

図9.33 リトレースメントとエクステンションの度数分布

フィボナッチ——事実か虚構か？

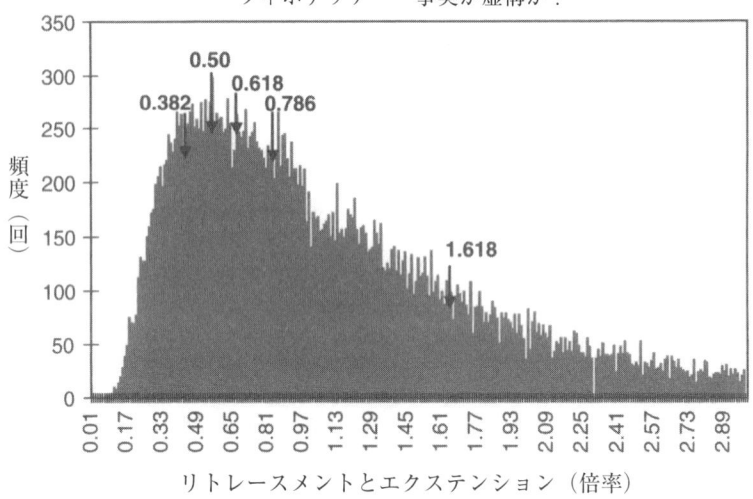

- SPI（オーストラリア）
- 日経平均
- 加権指数（台湾）
- 香港ハンセン
- シンガポールMSCI
- クアラルンプール総合指数
- ダックス（ドイツ）
- ユーロストックス50
- FT指数
- ナスダック
- S&P500

合計で18銘柄だ。

表9.7 フィボナッチ比率の出現頻度

フィボナッチ比率（％）	出現回数	出現割合（％）
38.2	228	0.6
50.0	249	0.7
61.8	248	0.7
78.6	222	0.6
161.8	87	0.2

　これら18銘柄を対象に複数の時間枠のスイングチャートで、全スイングのリトレースメントとエクステンションを測った。それらは合計で3万6411スイングになった。それから、私はカギとなるフィボナッチ比率が優位な割合を占め、外れ値となっているのを確かめるために、全3万6411スイングの度数分布図を作った。それが**図9.33**だ。

　私はこれを見て、ひどくがっかりした。見てのとおり、伝説のフィボナッチ比率のどれも、優位を占めるリトレースメントでもエクステンションでもなかった。

　3万6411スイングのうち、フィボナッチ比率の占める割合は**表9.7**の示すとおりだった。

　これらの「魔法の」フィボナッチ比率はどれもその期間中で1％未満だった！　1％に満たないのだ。そして、特に重要な黄金分割である1.618は、3万6411スイング中で87回しか現れなかった！

　たしかに複数の時間枠において、フィボナッチ比率で押しや戻りが終わり、支持線や抵抗線になる水準が見つかるとも言える。実際に、多くの例もある。38.2％のリトレースメントは228例あった。61.8％のリトレースメントは248例あった。そして、78.6％のリトレースメントは222例あった。心配ない。フィボナッチ比率で押しや戻りが終わることは多い。マーケットにおけるフィボナッチの重要性を説くトレ

ーディング関係の本の資料を満たせるほど、絵に描いたように見事な例は幾らでも見つかる。フィボナッチ比率の重要性を示すチャート例が不足することはけっしてない。

だが、フィボナッチ比率のどちら側でも、比率の重要性を示すチャート例が同じ数ほど見つかる。**図9.33**が示すように、押しや戻りの比率は一般につり鐘型の分布を示す。ということは、それらが正規分布をしていることを示唆している。フィボナッチ比率に例外的なことや特別なことは何もない。

たしかに、相場はリトレースメントとエクステンションを繰り返す。だが、その比率は正規分布に従っているように見える。言えることは、これだけだ。つまり、それらは正規分布に従っていて、どの比率を取っても不思議なことは何もない。何もだ。

それでも、支持線と抵抗線の水準を見極めるための素晴らしく信頼できるツールであるとして、フィボナッチを擁護し続ける研究がトレーディング界にある！　信じ難いことだ！　押しや戻りの水準を見極める主要ツールのひとつが基本的に役立たないのであれば、多くのトレーダーがトレンドトレーディングで失敗するのも当然ではないだろうか？

初めてフィボナッチ比率に出合ったとき、私がうたぐり深かったらなぁと思う。私はそれらの無意味さを確かめる作業をするまで、15年も費やしてしまった！

このちょっとした作業によって、トレーディングのアイデアを個別に証明したり、誤りを立証したりすることがどれほど大切か分かってもらえたらと思う。思い出そう。トレーディングのアイデアはすべて歓迎すべきだ。だが、あるアイデアがあなたにとって価値があるかどうかを判断する権利も残しておくべきだ。そして、それはあなた自身の作業と努力によってしか得られないのだ。

フィボナッチ比率に関するこのちょっとした調査で、トレンドトレ

ーディングの売買ルールがいかに主観的なツールに頼るべきでないか、特にまだあなたが調べていないものに頼るべきでないかを示すことができていればと願う。

プラシーボトレーダー

　これで、フィボナッチトレーダーは皆、クリスマスカードの送付リストから私を消したことだろう！　私に対するどんな好意も、これからないだろう。だがまあ、心配は無用だ。私がこれから話すことで、私に対する彼らの感情はおそらく和らぐと思う。

　調査によって、フィボナッチ比率はほかのすべての比率と同じく重要でないと、私には分かった。事実が明白にそのように私に告げたのだ。だが、フィボナッチを信じ切っているファンの大軍がいる。また、エリオット波動を信じるトレーダーを仲間に入れると、おそらくフィボナッチ比率に頼るファンであふれかえるだろう。エリオット・ウエーブ・インターナショナルのロバート・プレッチャーはおそらく世界で最も古く、発行部数が多いという意味で最も成功したニュースレターを発行したひとりだ。それだけの数のフィボナッチ比率を使っている人たちが皆、お金を儲けていないと、どうして私は言えるのか？　彼らはセットアップの裏づけにフィボナッチ比率を使っているが、中には確かにトレードで利益を出している人がいると想像すべきなのだ。それなら、私はどうして間違いを指摘して、反対のことを言うのだろうか？

　ここで、非常に重要な疑問がわき上がる。フィボナッチ比率は統計的に有意ではない。だが、それに従うトレードで利益を出していると誓って言う人たちがいるなら、彼らは単なるプラシーボトレーダーなのだろうか？　彼らはうまくトレードを行っているが、統計的な基礎を持たないツールのおかげで成功したと誤って考えているのだろう

か？　面白いではないか？

　それで、これらの比率が統計的に絶対ではないとしても、フィボナッチトレーダーの考えでは、それらは相場のパターンの真実を表していて、相場に取り組む自信を与えてくれているのだ。彼らは相場に取り組んで、勝つ。彼らは、自分たちの成功がフィボナッチ比率のおかげだと信じている。フィボナッチ比率によって、彼らはトレードを行う自信を得ている。彼らはトレードを行って、勝っている。彼らの考えでは、成功はレオナルド・フィボナッチのおかげなのだ。それで、フィボナッチ比率は事実なのだろうか虚構なのだろうか、信仰なのだろうか？

　私の考えでは、それは明らかに信仰だ。統計的な裏づけがないからだ。フィボナッチトレーダーはそれを事実と考えているが、ここで私が議論していることは、それが持つ意味についてにすぎないのだろうか？

　私は彼らをプラシーボトレーダーと呼ぶ。つまり、彼らはテクニカル分析を信じ込んでいるので、自分の信じる特定のテクニカル分析が相場とトレーディングの真実だと確信している。彼らはその信念からトレードを行う自信を得ている。トレーディングの難しい世界に向こう見ずに飛び込む自信を、彼らの信念が与えてくれる。

　彼らはフィボナッチ比率かほかの主観的なツールが統計的に有意ではないことに気づいていない。だが、皮肉なのはその点ではない。皮肉は、自分の成功を自分の技術のおかげだと認めていないことだ！彼らが勝つ唯一の理由は彼らが優れたトレーダーだからだ。小さくトレードを行い、損失を素早く受け入れ、ゆっくりと利益を確定するからだ。彼らの口座残高が増えていく唯一の理由は、彼らが客観的に優れたトレーダーだからだ。素晴らしいトレーダーであり、驚くべきトレーダーだ。ずば抜けたトレーダーだ。彼らは思い違いをしているかもしれない。だが、彼らはトレードをうまく行う方法を知っている。

そして、これは別の面白い疑問につながる（そして、彼らのクリスマスカードのリストに私をまた載せてもらえるかもしれない）。私はあえて問うが、すべてのトレーダーは単にプラシーボトレーダーなのではないだろうか？　トレーダーはそれぞれのセットアップに対する信念から、トレードを行う信念と自信を得ているのではないだろうか？

　私はほとんどの人が合理的ではないという確信をますます深めている。状況の裏づけがあるとき、ほとんどの人は自分が合理的だと考えたがる。しかし、状況が不利になると、人は不合理になり、自分の判断を裏づける方法を適当に探し始める。人は確認に関して偏りがあるかのようだ。トレーダーが買いポジションを持っていて、それが間違っているとき、強制決済させられるよりは仕切りの逆指値を動かし、彼らのポジションを裏づけて、確認となる情報や事実を求めてインターネットを検索し始める。彼らは反対の示唆をするどんな情報にも気づかないふりをする。彼らは自分のしていることが正しいという確認を求めている。彼らには確認に関する偏りがある。多分、すべてのトレーダーが同じだろう。トレーダーには常にトレードを行う理由がある。セットアップだ。セットアップはトレードを行うための確認の偏りにすぎないのではないだろうか？　そして、トレーダーが成功しているなら、それは彼らが良いトレーダーだから、素早く損切りをして、利を大きく伸ばすからではないか？

　そろそろ終わりに向かうことにしよう。だが先を続ける前に、これまで述べたことを要約させてほしい。これまで、私はトレーディングで成功するための私の普遍的な原則を教えてきた（と望んでいる）。私は最も初歩の段階から始めた。そして、準備から始めて、普遍的な６つの原則のうちの５つまで案内した。準備に続いて自己啓発、トレーディングスタイル、マーケット、そして今説明している３本の柱へと進んだ。私は資金管理の説明をし、今は売買ルールの説明をしてい

る。これを終えたら、心理についての私の考えを明らかにして、6番目であり最後の普遍的な原則を終わる。そこにはトレーディングが含まれる。実行する部分、相場と実際にかかわるところだ。あなたが手を汚し、血まみれになるところだ。

　トレードを行う個々の相場や時間枠、銘柄、テクニックに関係なく、すべての成功したトレーダーが基づく普遍的な原則を私は教えたと思っている。これらの普遍的な原則はトレーダーの口座の利益として現れる。その利益はトレーダーの個々のトレード計画によってもたらされる。どこで仕掛け、どこに損切りの逆指値を置き、どこで手仕舞うかだ。彼らがトレードを行う理由であるセットアップは、トレーダーによって大きく異なり得るし、実際に異なるものだ。セットアップで普通、トレーダーの違いが分かる。だが、トレード計画の結果はすべての成功したトレーダーで同じだ。口座の利益である。結果は同じなのだ。この点では、利益の大きさを除いてトレーダーに違いはない。利益はトレーディングで成功するための普遍的な原則の積み重ねである。それは、成功したトレーダーの共通点だ。にもかかわらず、彼らは非常に異なるトレーダーであり得る。彼らのセットアップ、トレーディングを行う理由は大きく違うことがある。それでも否定できない事実がある。彼らのトレーディングによる成功は利益として実を結ぶということだ。彼らは一般に賢明な資金管理を行う。彼らは口座資金に比べてトレードを行う割合を小さくしておく。彼らは普通、素早く損切りを行い、ゆっくりと利益を確定する。彼らは定義できるエッジがあるときにトレードを行う。彼らは普通、完璧にトレード計画を執行する。彼らは負ける回数よりも勝つ回数のほうが多い。トレーディングで成功するためのこれらの普遍的な原則は否定できないものだ。しかし、彼らがトレーディングを行う理由や売買ルールやセットアップは大いに異なることがある。一般に、彼らのほとんどは客観的で定義可能なエッジを持ってトレードを行う。そして私の想像では、その

ようなエッジを持たないのに、成功している人もいる。それらのトレーダーについて、少し語りたい。

　私の計画は最初から順番に書き進めることだった。だが、今は終わりから始めたい。これを書いているとき、私のこの月の口座は0.5％プラスになっている。これに対する否定できない事実はひとつだけだ。この月の私の総利益は現在のところ、総損失よりも大きい。私の利益と損失は、つまるところ私の仕掛けと損切りの逆指値と手仕舞いだ。私はトレードを行って、これまで利益を上げている。それは否定できない真実だ。それで、私の口座のお金は良いトレーディングだけから得られたものだ。私がトレーディングを行う理由であるセットアップは、百パーセント客観的で独立したツールの裏づけがある、と私は信じている。それが私の好む考えで、私のモデルとコンピュータープログラムが私に指示するものだ。それによってトレードを行う自信が得られる。信頼が得られる。百パーセント客観的で独立したセットアップに対する私の信頼だ。トレードを行うときの私の信頼だ。私の今月の口座残高が増えているのは、セットアップによって相場に取り組むときの信頼が得られ、実際のトレーディングが純益を生んだからだ。

　それで振り返ると、口座に新たなお金がある。それは私が素早く損切りをし（私は負けるのがうまいことを誇りにしている）、利益を確定するまでに時間をかけるからだ。私はトレードに取り組み、執行をしてきた。私がトレードを行う理由は私のセットアップにある。セットアップによって、私はトレードを行う自信を得てきた。そこで、私の客観的なセットアップはフィボナッチトレーダーの主観的なセットアップよりも良いと、だれが言えるだろうか？　私たちのどちらも利益を出しているのなら、ひとつのセットアップがもうひとつのセットアップよりも優れているとだれが言えるだろう？　両方ともその目的——仕掛ける自信や信頼感を私とフィボナッチトレーダーに与えること——に役立ったか、それを達成した。いったん仕掛けたら、利益を

生み出すのは私たち自身の個々のトレーディングだ。損失よりも多くの利益を確保することだ。そして、これが私の言いたいことのすべてだ。両方のセットアップともトレードを正当化するだけの自信を生み出すという目的を達成している。

いったん相場に入ると、実際のトレーディングが引き継ぐ。本当に重要なのは実際のトレーディングだ。そして、フィボナッチトレーダーが利益を確保しているのなら、彼らのトレーディングの動機を私はなぜ疑うのだろうか？

私個人としては、信念ではなく、定量化できて測定できる事実に基づいて、トレードを行う自信が得られるほうがよい。また、あなたも同じであってほしい。そのほうが簡単だと分かるだろう。それで、トレーダーの多くは彼らが考えるほど合理的ではないと、私は感じている。もちろん私が言っているのはフィボナッチトレーダーのことだ。また、数量化できない測定値に基づいたセットアップを使う、似たトレーダーの多くのことだ。彼らはセットアップを裏づけるために、何気なく頭に浮かんだアイデアを使うのを好む。結局のところ、執行されたトレードはすべて次の関数だ。

- **買うか売るかの事前の判断** セットアップ
- **賢明な資金管理** 確実に適切なポジションサイズにすること
- **トレード計画** どこで仕掛け、損切りの逆指値を置き、手仕舞うべきかのルール
- **意志力** トレード計画に従って執行できること

トレーダーはこれらの４つの関数をすべてコントロールしている。

私はここで危険を冒そうとしている。客観的で独立したツールを信頼している私がこう言うのは矛盾していると思われるかもしれない。だが、言おう。トレーダーが破産するリスクを冒してポジションを取

っていないかぎり、トレード計画に従って執行するかぎり、トレーディングのすべてで最も重要な要素はトレード計画であり、口座のお金を増やすものだ。ポジションを取り、損切りの逆指値を置き、利益の出たトレードを手仕舞うことだ。良いトレーダーであるかぎり、つまり素早く損切りをし、時間をかけて利益を確保するかぎり、どういう動機でトレードを行おうと構わない。それで、トレーダーがポジションを取る理由をだれが気にするだろう？　何が有効で何が有効でないかという議論があふれている。そして、私もそれに加わってしまっている。だが結局、あなたが可能なかぎりうまく負けて、可能なかぎりうまく勝てるなら、あなたがポジションを取る方法や理由など、だれも気にしないだろう。だからトレーダーは皆、単にプラシーボトレーダーであって、それぞれのセットアップから信念を得てトレードを行っているのではないだろうか？

　前にも言ったが、私個人はきちんと定義できて、客観的で独立していて、測定できるエッジがあるときにトレードを行うのが好みだ。だがそうでない人にとって、トレードをうまく行えるかぎり、それは本当に大切なことだろうか？　売買ルールの期待値を検証するために、トレーディングパートナーとTESTの手順に従って30回、トレーディングのシミュレーションを行うかぎり、どうでもよいことだろう。

　そして、ここで重要なことは、30回のTESTの手順に従ったトレードだ。TESTの手順はあなたがトレーディングを行えるかどうかの最終的な審判だ。TESTの手順に合格するかぎり、あらかじめ定義された客観的に測定できるエッジを用いてトレードを行うほうを好むか、あるいはプラシーボトレーダーとして主観的なエッジに従ってトレードを行うほうを好むかは関係ないかもしれない。

　だが、30回のTESTによるトレードを省略するのなら、あなたの証明されていない売買ルールでトレードを行う手助けに、トレーディングの心理についてこれまでに書かれた本をすべて読むしかないだろう。

不確かなトレード計画を執行するためには、基本的には頭を必死に使って自分の意識をねじ伏せ、潜在意識にある勝てない敵を無視するあらゆるコツを見つける必要がある。トレーディングの心理はあなたが克服すべき最大のハードルになるだろう。潜在意識は意識的な自己よりも優位に立とうと、あらゆることをするからだ。それは死闘になるだろう。そして、それによって幸せになり裕福になるのはすべてのトレーディングの指導者なのだ。

まとめ

　これで３本の柱の第二の要素、トレーディングで成功するために欠かせない第五の普遍的な原則を説明した。私は多くのことを話したのではないだろうか？　私はその必要があった。売買ルールは実際のトレーディングの３本の柱で２番目に重要な要素だと考えているからだ。売買ルールはあなたのエッジを明確にし、相場とかかわる根拠を示す。本当にエッジがある本物の売買ルールを持たないかぎり、トレードを行う資格はない。それで、売買ルールに関する私の考えを伝えることに多くの紙面を費やせて、私は満足している。

　この章で私が説明したのは次のようなことだ。一般にトレーディングには、「裁量」「メカニカル」「裁量的メカニカル」という３つの手法がある。新たにマーケットに参加したほとんどの人は初めに裁量トレーダーになり、やがてもっと体系化された手法かメカニカル手法へと進む。メカニカルトレーディングは、裁量トレーディングにつきまとう感情的な混乱の多くを取り除いてくれる。プロのトレーダーの中にはやがて、裁量的なメカニカルトレーダーへと進む人もいる。彼らは非常に体系化されたセットアップかメカニカルなセットアップから、自分の経験と判断を使って適切なものを選ぶ。こうしたプロのトレーダーは長年の経験を使えば、自分のメカニカル戦略よりも裁量的に勝

てると考えている。

　あなたはトレンドトレーディングの売買ルールでも逆張りの売買ルールでもトレードを行えるということを知った。完全な売買ルールは次の2つの要素から成ると、私は説明した。

●セットアップ
●トレード計画

　セットアップは支持線や抵抗線になりそうな水準だけを探すべきだ。テクニカル分析のいろいろな流派は予測者、夢想家、現実主義者に分類できる。

　トレード計画はどこで仕掛け、どこに損切りの逆指値を置き、どこで利益の出たトレードを手仕舞うべきかについて、明確なルールを持たなければならない。仕掛けは期待値とポジションサイズに直接影響するので、仕掛けは重要ではないと言う多くの人の信念は無視すべきだということを学んだ。仕掛けは重要だ。また、損切りの逆指値を離して置きたいという破滅的な誘惑を無視するようにとも言った。そうすることは命取りになるからだ。

　有効なトレード計画は仕掛ける前にセットアップを裏づけて、確認できるものであるべきだ。また、売買ルールはTESTの手順によって得られる検証以上でも以下でもない。

　あなたが検証した売買ルールにあなたの好む資金管理戦略を取り入れて、破産確率を推計する必要があると、私は説明した。あなたはトレーディングでの目標——破産せずに生き残って、0％を超える破産確率ではトレードを行わないこと——を思い出した。

　私はトレンドトレーディングを賢明で好ましい売買ルールだと述べた。あなたは相場にはトレンドがあり、トレンドがすべての利益の基礎だということを知った。トレンドトレーディングは67％という高い

敗率のために惨めだということも分かった。ブレイクアウトでトレンドに乗る方法と、押しや戻りでトレンドに乗る方法があることを知った。押しや戻りでのトレンドトレーディングは仕掛けるときのリスクは低いが、時にメジャートレンドをつかみ損ねることもあると分かった。ブレイクアウトでのトレンドトレーディングはメジャートレンドをけっして逃さない。だが、普通それには損切りの逆指値を離して置き、大きなドローダウンを被るという代償が必要だ。

　売買ルールに押しや戻りでのトレンドトレーディングを使う実際的な意味について述べよう。あなたは押しや戻りでのトレンドトレーディングがなぜ単純である必要があるかを知った。そして、トレードを行う理由を思い出した。また、押しや戻りでのトレンドトレーディングが一歩ずつ手順を追うこと以上に難しいものであるべきではない、ということも学んだ。

　トレードを行う最も安全な方法はトレンドに沿ってトレードを行うことだと、ほとんどのトレーダーは知っているのに、彼らの極めて多くがうまくトレードを行えない理由も分かった。トレンドや押しと戻りを見極める人気のツールは変数を使い、主観的な解釈をするために効果がないと分かった。変数を用いるツールはトレーダーに頼りすぎるので、あまりにも柔軟で不安定であり、トレードの基礎とするには当てにならないことを学んだ。トレーダーにとって重要な問題は、客観的で独立したツールを使えるかということだと知った。トレンドと押しや戻りを見極めるための良いツールは機能するかしないかのどちらかだと分かった。良い売買ルールはトレーダー不要の領域にあるもので、トレーダーはトレンドと押しや戻りの解釈に影響を及ぼせないと知った。

　私はすべての指標が悪いわけではないことを説明した。指標を使って成功している売買ルールもあることを、あなたは知った。そのなかでも最も成功したものは、広い範囲の変数に対して有効で、１つの変

数しか持たない指標を1つだけ使うことだと知った。

　私は成功した売買ルールの基本的な特質について述べた。あなたはタートル流の戦略がその良い例だと分かった。売買ルールを単純にしておくことには多くの利点があると分かった。長期のスイングチャートがトレンドを見極める客観的なツールの良い例だと知った。私はあなたにフィボナッチ比率の調査を示して、押しや戻りを見極める主観的なツールを売買ルールで利用する前に、自分で調べることがなぜ重要かを説明した。

　それから私は、すべてのトレーダーはプラシーボトレーダーにすぎないのではないか、彼らはそれぞれのセットアップを強く信頼しているから、トレードを行っているのではないかと考えた。彼らのセットアップが合理的な客観性に基づいているか、あるいは不合理な主観性に基づいているかにかかわらず、重要なのは自分のセットアップをどれだけ信頼しているかだ。彼らがマーケットにかかわり、素早く損切りをして、ゆっくりと利益を確保するという良い技術を使う機会を彼らに与えているのは彼らの信念だ。トレーダーが成功する主な理由は、彼らがトレードをうまく行っているからだ。あなたは、私が創造力よりもむしろ事実に基づいた信念を好むことを知った。

　ほとんどの人は普通、裁量的な売買ルールでトレードを始める。根気強くトレードを続ける人の大多数はやがて、メカニカルな売買ルールを作るほうへと進む。トレーディングを続ける人は結局、メカニカルトレーディングを身に着け、相場で利益を得られるようになる。並外れて優れたトレーダーはそこからさらに、裁量的なメカニカルトレーダーへと移る。長年の経験（あるいはラリー・ウィリアムズに言わせればトレーディング術）を使い、非常に体系化されたセットアップかメカニカルセットアップを自ら選びながらトレードを行う。まさしくえり抜きのトレーダーは、彼ら自身の非常に体系化された売買ルールを上回る方法を身に着ける。私はこういう過程が普通だと言ってい

るので、絶対だと言っているのではない。裁量トレーダーのなかにも成功したトレーダーは常にいたし、今もいるからだ。これからトレーディングを始める人への私のアドバイスは、まずメカニカルな売買ルールを作ることに集中するようにということだ。私の考えでは、それが最も簡単に登れるトレーディングの山だからだ。

　次章では、心理について説明し、３本の柱を終わることにする。

第10章
心理

Psychology

　この章で、3本の柱の検討は終わる。これらは実際のトレーディングでカギとなる次の3つの要素だ。

● 資金管理
● 売買ルール
● 心理

　トレーディングで成功するための第五の普遍的な原則は、この章で説明し終える。私は心理を、資金管理と売買ルールに次いで3番目に置いているが、心理を哀れな3番目だと考えているわけではない。
　心理は重要だ。ただし、あなたを含めてすべてのトレーダーにはそれぞれの破産確率がある、と意識していることほど重要だとは思っていない。心理は大切だが、単純で百パーセント客観的で独立した売買ルールを、知恵を働かせながら調べて、それを作る知識や気持ちを持ち、実際にその努力をすることほど大切ではない。TESTの手順できちんと売買ルールの期待値を検証する知識や気持ちを持ち、実際にその努力をすることほど大切ではない。
　心理は重要だが、破産確率を0％にするために、売買ルールに賢明な資金管理を取り入れるだけの知識や気持ちを持ち、その努力をする

ことほどではない。それよりも重要ということはけっしてないのだ。私の考えでは、どう想像してもそんなことはない。そのうえ、あなたが「動きだして」、本当に資金を投入するまで心理は関係ない。本当にトレードを始めると、心理は明らかにかなりの影響力を持つ。

心理は基本的に、望みと強欲と恐怖という３つの主な感情のコントロールにかかわっている。心理は資金管理と売買ルールをまとめる、いわば接着剤だ。私のこの発言は矛盾している、と言う人もいるかもしれない。しかし、資金管理と売買ルールがなければ、心理でまとめるものは何もない、と私は主張したい！

生き残って最終的に成功するために、心理は大切だ。だが、それは程度問題だ。まず資金管理と売買ルールを適切な状態にすれば、意識的にも潜在意識でもトレーディングを心地よく感じるのに大いに役立つだろう。それらはまとまり始めるだろう。TESTの手順に従って売買ルールの期待値を検証すれば、潜在意識でテスト走行をきちんとする機会が生まれ、さらに自信が付く。資金管理と売買ルールを適切なものにすれば、０％の破産確率でトレードを始められる。すると潜在意識はうれしくて、あなたの意識に「ハイタッチ」をしているだろう。そうでなければ、あなたがトレードを行うのを全力で止めるだろう。あなたの不安やストレスを高めて、トレードをやめさせるだろう。

覚えておくと良いことは、トレーディングでストレスを感じているときには、それに手を出すべきではないということだ。潜在意識の声を聞こう。潜在意識はおそらく、あなたの周りの皆が知っていること——実際のトレーディングで何が有効か分からず、まず間違いなく手に負えない状態だということ——を伝えようとしているのだ！

先を進める前に、トレーディングにおいて心理が重要だという大多数の見方について、私が感じていることを述べておきたい。あらかじめ言っておくが、私は心理学者ではない。私は心理学について正式な訓練を受けていないし、トレーディングの心理に関する本をこれまで

読んだこともない。私はただ、この熱い議論が交わされる主題について、自分の意見を述べておきたいのだ。あなたが私の話を聞くかどうかは、あなたの自由だ。だが、私は話を進める。

大多数の見方

　一般的に信じられていることは、人は潜在意識が生み出す限界を知り、潜在意識に近づく方法を理解して、自分の可能性の扉を開く必要があるということだ。つまり、すべては心のなかにあるというわけだ。さて、私の考えを今から説明すれば教育界から追い出されるのは分かっている。心理に関する私の考えは、私というひとりの会員しかいないからだ！

　とは言っても、話には常に2つの側面がある。そして、すべてのトレーディングには買いと売りという2つの逆の意見が含まれていないだろうか？　それで、心理に関する大多数の見方については、私は買っていないのだ。

　私の理解では、心理はトレーディングを始めてからのみ重要になる。私は、トレーディングでの成功が潜在意識によって生み出される限界を理解することにかかっているとは思っていない。また、潜在意識に近づく方法を理解して、自分の可能性の扉を開けることができるかどうかで成功が決まるとも思っていない。私が一般向けの本を書いていなければ、おそらくここで品のない言葉を使うことだろう。私はここで語られる「限界」や可能性の「扉を開ける」といったことを、まったくバカげたものだと思っている。

　私の考えでは、トレーダーが意識的なレベルで何をしているか分かっていても、潜在意識が納得しないときには、心理は成功のじゃまをするように思える。そういうことだ。

　ほとんどのトレーダーは先が読めない。あらゆる講座やセミナーや

講習会に出席し、あらゆる本を読み、パソコンにあらゆる相場ソフトを導入しても、彼らはまだ百パーセント無知だ。そして、彼らの潜在意識はこのことを知っている。だから、潜在意識はトレーダーが相場で仕掛けるのを止めようと全力を尽くすのだ。心拍数を上げ、手のひらを汗まみれにし、動悸を激しくして、彼らを心配にさせるのだ。彼らをトレード計画からそれるように仕向けるのだ。

　それでも、心理学を利用して潜在意識を押さえ込むべきだと思っている多くの人は、トレード計画を信じて最後まで頑張り、トレード計画どおりに執行するようにと言う。潜在意識では、トレーダーにトレーディングを行う能力がないことが明らかなのにだ。

　私の考えでは、トレーダーが賢明な資金管理戦略を用いて、それを単純で堅牢な売買ルールと組み合わせれば、０％の破産確率でトレードを始められると思う。彼らがそれを達成できれば、彼らの潜在意識は彼らの能力に気づき、喜んで後ろに退いているだろう。

　あなたが学んだように、資金管理とプラスの期待値に基づく戦略は破産リスクに対抗する２つの重要な武器だ。トレーダーが自分の破産確率を０％に下げる方法を学び、単純で客観的で独立した売買ルールできちんとそれを実行すれば、彼らの潜在意識はそれを理解するだろう。潜在意識は、トレーディングとは数字のゲームにすぎないと知り、彼らに勝ち目があると見るだろう。彼らがトレードを始めると、潜在意識はもっとくつろぐだろう。それはトレーダーがエッジを持ち、０％の破産確率でトレードを行っていると知っているので、彼らがトレード計画に従えるようにするだろう。潜在意識はトレーダーが利益を出すのを望むだろう。それは愚かではないのだ。

　それで、心理的に潜在意識を縛り付けるよりも、トレーダーはそれが語ることを聞くべきだと私は思う！　トレーダーがうまく破産確率を０％まで下げることができれば、潜在意識は彼らのじゃまをしないはずだ。

破産確率を０％にできて、TESTの手順を踏んだら、だれでもずっとリラックスできるだろう。意識がトレード計画に従えるのは潜在意識のおかげだ。私の考えでは、資金管理が売買ルールよりも上位にあり、売買ルールは心理よりも上位にある。しかし、いったんトレードを始めたら、心理が重要になるだろう。それが資金管理と売買ルールをまとめる接着剤の働きをするからだ。その接着剤は重要だ。そして、トレーダーが闘う意欲を持ち続けられることが大切だ。とにかく、これが心理についての私の簡単な理解だ。
　先を続ける前に、ちょっとした観察について話しておきたい。
　心理が成功の最も大きな妨げになると考えているのなら、世界中のマーケットでトレードを行って何十億ドルもの資金を運用している人々は、その大金のせいで自殺しかねない状態だと思うだろう。違うだろうか？　「頭」が重要なら――そして心理がトレーディングで登る最高峰だと思っているなら、そう考えているはずだ――、大金を運用しているそれらのトレーダーは、自殺しないように監視している必要がある。あるいは、家族も含めてだれもが忘れてしまうような施設に預けられているのに近い状態ではないだろうか？　違うだろうか？
　しかし、それらのトレーダーは普通の人々だ。
　私は個人的に10億ドル以上のトレーディングを行っているオーストラリア最大のトレーダーたちを何人か知っている。まあ、通りですれ違っても、彼らが明けても暮れても毎週５日と半日、それだけの大金を世界中の金融市場で運用しているとは思わないだろう。彼らが通りを歩いているのを見ると、世界的な大物トレーダーではなく、郊外に住む普通のビジネスマンとすぐに勘違いしてしまうだろう。あなたは彼らをありのままに、成功している落ち着いた人と見るだろう。彼らは薬物依存症患者ではない。彼らは頭が変でもない。トレード計画に従うのに苦労はしていない。彼らは潜在意識との格闘に巻き込まれてはいない。彼らはトレーディング指導者のソファーで横になってはい

ない。彼らはくつろいでいるし満足している。それに、彼らは裕福だ。とてつもなく裕福だ。これで、私の意見はおしまいだ。

　ともかく、これが心理に関する私のちょっとした見解だ。もう少しだけ、これについて掘り下げておきたい。すでに述べたように、私は心理を、主として望みと強欲と恐れという主要な３つの種類の感情をコントロールするものだと言った。

希望をコントロールする

　トレーディングの最中に知らず知らずのうちに、自分は負けない、自分は勝てると思っているときに希望が現れる。希望は３つの種類の心理的な障害のなかでは、少しはましなほうだ。自分のトレードはうまくいくといつの間にか考えているとき、ほぼ間違いなく負けると言ってよい。希望は強制的に決済される前に生まれる最後の感情で、相場が損切りの逆指値から２～３ティック離れると、普通その希望は大きく膨らむ！　トレーダーは負けることにうんざりしているので、勝ちたいと思っている。二度と負けないことを望んでいる。負けると、口座に損害が出るからだ。

　希望は正しい資金管理を当てはめないということと、自分の期待値を知らないという２点から生まれるようだ。暗闇でのトレーディングだ。これに対する解決法はトレードをやめて、破産確率を０％に下げることだ。適切な資金管理を使えばトレードサイズは小さくなる。そうすると、口座に損失が出るという不安も減るだろう。トレードの結果を心配しすぎていると気づいたら、それは普通、売買ルールの期待値や最悪のドローダウンや口座の資金量を考えた場合、あまりにも多くのお金をリスクにさらしているためだ。口座に比べて過大な資金でトレードを行っているのだ。単純で、客観的で、独立した売買ルールを考え出せば、プラスの期待値でエッジを持つ戦略が得られるだろう。

期待値がプラスの売買ルールに賢明な資金管理を組み合わせれば、0％の破産確率が得られるだろう。TESTの手順で売買ルールを検証すれば、売買ルールのエッジが確認できる。もう暗闇でのトレードではなく、知識を持ってトレードを行っている。潜在意識は、トレーダーがやるべき仕事を行っているのを見て、トレーディングを許すだろう。彼らは次のトレードで勝つことをもはや望んでいない。売買ルールがさらにセットアップを見つけて、期待値を稼ぐ機会をもっと与えてくれることを望み始める。その過程に集中し始める。

　TESTで期待値を検証すれば、自分がしていることを知り、売買ルールでリスクをとっている資金で長期にわたって何を稼ぐことを期待すべきか実際に分かっている、という自信が得られる。彼らは望むことをやめて、期待し始める。

強欲をコントロールする

　もっと多くと望み始めると、強欲が現れる。すると不安になる。ほかの人たちのほうがずっと上手にやっていると考え、自分はその機会を逃していると思い始める。もっとお金を欲しいと思い始める。そして、トレーディングの回数を増やせば、それが可能だと思うだろう。もっと欲しいと思い始めると、衝動的なトレーディングをするようになる。すると必ず、証拠金取引をし、損失を膨らませ、その損失を取り返そうとするという悪循環に陥る。正気を取り戻すか口座が破たんするまで、この悪循環は次第に回数を増やしながら続くだろう。

　自分の持っているものに満足していないときに、強欲が生まれる。精神的に混乱していると、強欲が問題になる。精神的な混乱は、目標と期待値に問題があるときに生じる。それが生じると、ほとんどのトレーダーは勝率100％を目標にする。自分が正しいか間違っているかを心配するのはやめるべきだ。彼らはまた、口座の50％以上か100％

以上の利益を期待する。

第3章で私は感情をコントロールすることの重要性について述べた。適度の期待でプロが持つような目標を設定できれば、自分の強欲をコントロールするのに役立つ。現実を受け入れよう。毎年、統計的に一貫して非現実的な利益を生み出すことはだれにもできない。だれにもだ。だれかがそうできるという証拠はない。自分の持っているものに満足しよう。適度の期待をしよう。リスク資産に対して適度のリターンを目標にしよう。それは20％かもしれないし、30％か40％かもしれない。思い出そう。期待値を上げるにつれてリスクも高くなり、破産確率も高くなるのだ！

自分のリスク資産に対して望ましいリターンを明らかにしよう。年末に12カ月のトレードを振り返っている自分を想像し、自分の適度なリターン目標を達成したらどれほど気分が良いか、思い浮かべよう。その感覚を忘れないことだ。喜んで自分の適度な期待値にこだわるべきだ。

恐怖をコントロールする

感情をコントロールして強欲を抑えられたら、負ける恐怖、失敗する恐怖をコントロールする方法を学ぶ必要がある。恐怖は知らないために起きる。将来が不確実なために、コントロールできないのではないかという心配から生まれる。

恐怖をコントロールするのは大切だ。それができなければ、トレード計画をうまく実行できない。トレードを執行し損なったり、損切りの逆指値を動かしたり、早く手仕舞いすぎたりする。恐れに関係なく、自分の売買ルールに従ってトレードを行い続けるためには、適切な考え方ができるようになる必要がある。

負ける恐れを克服できる唯一の方法は、それに立ち向かうことだ。

恐れに立ち向かって、それをコントロールしよう。期待値は確実にマイナスだとみなせば、将来の不確実さはなくなる。最悪の事態を予想しよう。それができれば、売買ルールのシグナルに従うべきかどうかと悩む必要はまったくない。あなたはすべてのセットアップでトレードを行うのだ。そうすればいつか必ず負けるが、売買ルールの期待値はプラスなので、長期的には利益が得られる。トレーディングは割と単純だが、やさしくはない。

　恐怖は個人によって異なる。「フリーサイズ」の解決法はない。ここで私自身の恐怖のコントロール法を説明しよう。そこから何かが得られることを望む。

　私は先物のトレーディングを専業にしている。この本を書いている間も、私はトレーディングを続けている。私は1日に24時間、週に5日半、世界の9つの株価指数と主要な5つの通貨のペアでトレードを行っている。世界のどこかで、何らかの銘柄を毎日必ずトレードしている。それはオーストラリアのSPI、日経平均、台湾の加権指数、香港ハンセン、DAX、ユーロストックス50、FT指数、ミニナスダック、EミニS&P500という株価指数先物のどれかかもしれない。今、これを書いているときには、短期の逆張りとして、ミニナスダックとEミニS&P500という2つの注文を出している。また中期のトレンドトレーディングでは、FT指数を2週間、買い持ちしている。私のブローカーは私のトレイリングストップを動かしている。私はトレードを行っている主要な5つの通貨のペアのひとつで、セットアップを持っていることがある。ユーロ、英ポンド、日本円、スイスフラン、豪ドルの先物だ。だが今日は持っていない。普通は平均して1日に2トレードを執行し、絶えず自分が負けるのではないかという恐怖に対応する必要がある。私がこれから説明することは自分の恐怖をコントロールするうえで役に立っている。

　私の売買ルールは長期的にはプラスの期待値を提供してくれるが、

短期でも中期でもマイナスの期待値でトレードを行っている。私はトレードを行うときには悲観主義者だ。

短期的にマイナスの期待値

　短期的にマイナスの期待値ということは、トレードを行うときはいつでも、私は常に負けると思っているということだ。私は自分が間違っていて、おそらく強制的に決済されるという前提でいつもトレードをしている。そのため、トレードを行うセットアップがあるときにはいつも、マーケットが開く前に予想損失額を損益スプレッドシートの借方に記入する。実際のトレード前にそうすることで、予想される損失を受け止めるのだ。すると、トレードに関するすべての感情が消えうせる！

　気づくと、私は恐れもなくトレードを行っている！　これは奇妙に聞こえるかもしれない。だが、トレードを行うたびに損をすると思うことで、私は損をする恐れを受け止めている。恐れを認めると、それを征服できる。すると、得られるすべてのセットアップでトレードを行えるようになる。負けると考えると、将来の不確実性が取り除かれる。私は負けると予想する。私は将来を知っている。だから、私には恐怖心がない。私は気づいたのだ。自分が負けると思っていれば、実際に負けても損失から受ける影響は小さいのだ。さらに、そのおかげで私は可能なかぎりうまく負けることができる。そして負けるのが上手なら、長期的には勝者になれると私は知っているのだ！

　私はあなたが自分の損失を歓迎できるようになってほしいと思う。損失を予想することだ。そうすれば、将来についての不確実性がなくなり、セットアップをえり好みせずに、それらすべてでトレードを行える。それで、損失の痛みが減るだけではない。負けるのがうまくなって、長期的には勝者になれるのだ！

中期的にマイナスの期待値

　私のマイナスの期待値は個々のトレードで始まって終わる、というわけではない。私はセットアップが現れたその日に負けると思っているだけではない。これから負けトレードが最も長く続くと思っている。前のトレードで損失を出していたら、私は最悪のドローダウンでトレードを行っているところだと思う。

　負けトレードがこれまでで最も長く続き、最大の損失をもうすぐ被ると思っている。私は相場での最大の逆境がいつ襲ってきてもけっして忘れない。予想外のものに備えるために、私はこのように考えざるを得ない。つまり、私は「守り、守り」と絶えず考えているのだ。失敗の恐怖に立ち向かえば、それは克服できるのだ！

　短期と中期で確実にマイナスになると予想しておけば、将来の不確実さを取り除くことができるだろう。確実なものを作ればトレーディングにまつわる恐怖は消え、トレード計画に従ってそれることもなくなる。あなたはトレード計画にためらいなく従って、成功したトレーダーになる。

苦痛をコントロールする

　さて、私はトレーディング心理の世界にひとつ貢献をしたい。私が驚くのは、トレーディングの成功にとって心理が最大の障害になると主張する人が数多くいるのに、「希望」や「恐怖」や「強欲」について語られても、「苦痛」についてはめったに触れられないという点だ。私はそれを正したい。

　そして、実際のトレーディングの3本目の柱を「苦痛」という極めて重要で実践的な議論で終われば、釣り合いがうまく取れるだろう。トレードを行うときの「苦痛」に対応できなければ、トレーディング

で成功するための普遍的な原則として私が書いたことは、すべて見当違いになるだろう。

　トレーディングを行うのは比較的やさしいが、それをうまく実行するのは難しいし、さらに難しくなる。いったん実際にトレーディングを始めると、それは難しい。そこにはトレーディングの本やDVD、セミナー、講習会では触れられない苦痛があるからだ。

　私の苦痛に満ちた活発なトレーディングの世界にあなたを招待しよう。すでに、あなたはトレンドトレーダーの生活が惨めだと分かっている。相場ではめったにトレンドが生まれないと知っている。そのため、トレンドトレーダーは普通、トレードの67％で負ける。トレンドに沿うトレーディングは惨めで、トレンドトレーダーの生活は哀れだ。しかし、哀れなのはトレンドトレーダーに限った話ではない。

　トレーディングの世界は苦痛に満ちた世界だ。それはマーケットで出くわす最大の逆境のせいだ。最大の逆境のために、めったに楽な金儲けをさせてくれない。それでも、あなたはトレードをしたい。ここまで私が書いてきたことのすべてとは言えないにしても、ほとんどをあなたが受け入れていて、これから先も受け入れる気があるなら、あなたはトレーダーとして成功できる良い位置にいる。それでも、あなたは最後にとてつもない障害に対処する必要がある。それは、絶え間ない苦痛を受け入れるということだ。

　あなたはトレーディングで被る絶え間ない苦痛をコントロールできると思っているだろうか？　ほとんどの人はそれができないのだが、あなたは苦痛にうまく対処できると思うだろうか？　お分かりのように、うまくトレードを行うことについては、ここまでにすべて説明してきた。しかし、長期にわたってトレードを続けるためには、成功し続けるときに受ける絶えざる苦痛をコントロールする方法も学ぶ必要がある。信じてほしい。成功は傷つくものだ。それは苦しい。

　苦痛は心でコントロールするものだ。だから、あなたは潜在意識に

ある希望と恐怖と強欲を脇に置いて、「苦痛」のための場所を空ける必要がある。

トレーディングの心理を語るときには、希望と強欲と恐怖という3つの主な感情をコントロールする重要性に触れるだけでなく、精神的な苦痛をコントロールする重要性にも触れるべきだ、と私は信じている。

さて、私はトレーディングで成功するための普遍的な原則を説明しようと最大限の努力をしてきた。にもかかわらず、あなたたちの多くはたとえ私が書いたことの多くに賛成であっても、私が提案したことの多くを無視してすぐにトレードを行うだけだろう。自分の考えや直観力に従って、したいことをするだろう。それがまさに人の性（サガ）というものだ。私はただ、あなたがこの本で読んだことを思い出して、例えば12カ月後にまた読み返してほしいと思う。あるいは私が書いたものを読むだけでなく、聞いて、吸収して、理解して、実行したいと本当に思ったときにまた本を手に取ってほしい。だが、まずあなたは全力でトレーディングに飛び込むだろう。

私の経験によると、ほとんどの人は本当に学ぶ準備ができる前に、自分で失敗して苦しむ必要があるようだ。彼らが失望を我慢している間は、トレーディングは簡単なはずだという宣伝を信じ続けるだろう。たしかに仕組みと執行は単純でも、トレーディングは簡単ではない。それはとんでもなく難しい。まったく新兵訓練並みだ。ひどくがっかりさせられる。百パーセントが苦痛だ。極めて多くの水準で、百パーセント苦痛だ。

トレーディングは苦痛に満ちた世界だ。損をすると傷つく。何カ月も損が続くと、傷つく。利益が出ると、もう少し長くトレードを続けていたら、あとどれだけ利益を得られていただろうと考える。前にもそう考えたことがある。取り損なった利益を想像すると、傷つく。トレーディングのもっともらしい理論の研究にかなりの時間とエネルギ

ーを費やしたのに、利益が出なかったら傷つく。信頼できると思ったセミナーやワークショップにかなりのお金を使い、そこで学んだアイデアを実行して損をすると、苦痛を味わう。かなりの時間とエネルギーを費やして、あるアイデアを調査し、開発し、プログラムを作ってテストをした。それなのに、得られた期待値がマイナスだったら、苦しむ。

あなたとあなたのトレーディングパートナーはかなりの時間とエネルギーを費やし、TESTの手順に従って売買ルールの期待値を検証した。その結果が良くなければ、傷つく。

長年にわたってかなりの時間とエネルギーを費やし、自分のエッジを高める努力をしたにもかかわらず、うまくいかなければ落ち込んで傷つく。トレンドに沿ってトレードを行っていて、トレードの67％で負けていると、苦しい。トレードを行ってドローダウンに陥っている。売買ルールの勝率は高いのに、大部分の期間にそういう状態であれば、苦痛を感じる。相場に参加せず、次のトレードのために待っているとき、次の大きな動きになるかもしれない相場に参加していないことが不安なら、苦しい。トレーディングは傷つき、苦痛を味わう世界だ。

成功したトレーダーは経験でこのことが分かっている。彼らは苦痛をコントロールする方法を知っている。彼らはその感覚を味わわない方法を知っている。苦痛が消えることはけっしてない。だが、経験によって、その絶え間ない雑音を和らげる方法を学んでいる。あなたは最後まで頑張るように、自分で苦痛を和らげる方法を学ぶ必要がある。苦痛が絶えず続くと、自分のトレード計画や売買ルールに従い続けてよいのか疑うようになる。あなたは負けトレードが長く続くこともあり得ると認め、そのときの苦痛にどうすれば対応できるか、学ぶ必要がある。あなたは小さなドローダウンや不愉快なほど大きなドローダウンを絶えず味わいながらトレードを行うだろう。そのひとつひとつ異なる特定の苦痛にどれくらい耐えられるか、知る必要がある。

しかし、経験の浅いトレーダーは苦しむ覚悟ができていない。彼らはトレーディングも金儲けも簡単にできるはずだと思っている。彼らはトレードを簡単に行えると示唆する最も抵抗の少ない方針を渡り歩く。苦しむ気配が少しでも見えたら、彼らは尻込みをする。苦しみを乗り越えることがトレーディングで成功し続けることにつながる、ということに気づかないのだ。
　あなたは苦痛に対処する方法を学ぶ必要がある。頭痛薬に頼ろうとしても、役に立たない。トレーダーの置かれた状況によって、その方法は異なるだろう。それでも、私自身がどのように苦痛に対応しているかを説明すれば、幾らかあなたの役に立つかもしれない。
　私はシステム運用を行うメカニカルトレーダーになって、苦痛を克服している。小さくトレードを行って苦痛を乗り越えている。私はどの１回のトレードにおいても、口座の大きな割合をリスクにさらしたりしない。私は賢い資金管理を行う。非常に小さくしかトレードを行わないので、個々のトレードの結果には興味がない。個々の結果は年間のパフォーマンス全体に影響を及ぼさない。小さくトレードを行うので、負けてもちょっと迷惑と思うだけだ。苦痛は少ししか感じない。私は単純で、客観的で、独立した戦略でトレードを行う。それは将来も堅牢であり続ける可能性が非常に高いと分かっている。粗く起伏の多い、最適化されていない純資産曲線でトレードを行うのは苦しい。だが、私は本当の相場パターンでトレードを行っていて、そのパターンは自分に有利だと分かっている。私は期待値がプラスの売買ルールに、慎重な資金管理戦略を組み合わせて、破産確率０％でトレードを行っていると知っている。私のトレーディングは苦しいが長続きし、報われると知っている。それは絶え間ない苦痛を受け入れるだけの価値がある。
　毎日、注文を出す前に、私は損益スプレッドシートの借方に記入をする。私は負けると思っていて、その損失を歓迎する。私はなじみの

ブローカーにすべての注文を出す。彼らが働いている証券会社では24時間取引ができる。すべての注文を出して、確認の電子メールを受け取るとすぐに、その日はもう相場を無視できる。相場のことをあれこれ考えないように、日中は忙しくするように心掛ける。私は日中に相場を見ない。画面にチャートを残しておいたりしない。ティックごとの相場の動きを見たりしない。相場を無視すれば、自分が負けると思っているトレードも無視しやすくなる。忙しくしておけば、トレーディングのことを考えないで済む。トレーディングのことを考えなくて済めば、その苦痛も少なくなる。この本を書くようなことも素晴らしい。それで、個々の相場の細かな動きを頭から締め出せるからだ。すると私の心はマーケット以外のことに向く。それで、私はほとんど苦しみのないトレードを行えるのだ！

メカニカルトレードは感情を交えずにトレーディングをする役に立つ。そうすれば、トレーディングをビジネスのように扱える。損をしても、痛みの感覚がなくなる。手にし損なった利益があると分かっても、苦しみを感じないで済む。徹底的な調査やプログラミング、テストの結果で裏打ちされたメカニカルトレードなら、苦痛は和らぐ。

そして、経営がうまくいっているすべてのビジネスと同じように、それは利益を生むだろう。大笑いするほどではないかもしれない。勝ったというよりも、がっかりという感じかもしれない。だが少なくとも、それは利益を生む。真剣にトレーディングに取り組むトレーダーに報いる。そして、それは単に日々トレードを執行するよりもずっと多くの作業を必要とする仕事だ。

これが苦痛を和らげるために、私が個人的に行っていることだ。あなたがトレードを始めたときに、これであなたの苦痛も和らぐことを願う。私はトレーディングで成功するための普遍的な原則を説明しようと最善の努力をした。だが、ほとんどの人は私の言ったことにあまり耳を貸さずに、全力でトレードを始めるだろう。それでも、私は驚

かない。それが人間というものだ。私も含めて、あなたよりも前にトレードを行ったことのあるほとんどの人が過去にしたことを、あなたも繰り返すだろう。

だれかが若者の肩に賢い頭を載せる方法を知ってさえいれば、歴史は大いに変わり、トレーディングはもっと簡単になっていたのではないか！　というわけで、あなたがトレードを始めるなら、すぐに苦痛を味わう覚悟をしたほうがよい。私の苦痛をコントロールする方法は、私の普遍的な原則を受け入れて、０％の破産確率でトレーディングを始めようとしている人向けに考えたものだ。しかし、多くの人がすぐに相場の世界に飛び込むことは、経験から分かっている。

あなたがそのひとりなら、すぐに苦痛を避ける防壁を築くべきだ。トレーディングで成功するための普遍的な原則を実行するために必要な作業をすべてきちんと調べてからでは遅いのだ。防壁はすぐに自衛手段になるだろう。最大の逆境が次から次へと襲ってきて、これまでに経験したことのないような猛攻撃を経験するだろう。あごひもを締めて、身を隠そう。あなたの成功を祈る。

もしあなたが苦痛にさらされたらすぐに隠れるような、落ち着きのないトレーダーなら、深呼吸をして、それが普通のことだと受け入れよう。私も含めてほとんどのトレーダーはそうした経験がある。それが普通の学習曲線の一部だと考えよう。落ち着くことができないなら、口座に多額の資金を入れないことだ。かなり控えめにしておこう。

私が説明した普遍的な原則、特に売買ルールについての私の考えは比較的単純だ。単純なアイデアがうまくいくと実感できるには普通、経験を積み重ね、苦痛を味わう必要があると考えるべきだ。トレーダーは経験と苦痛を通じて、初めて単純さの価値を理解するようになる。まだ知らないことだらけの初心者トレーダーにはそれを評価できない。そうした単純なアイデアでうまくいくとは理解できない。残念ながら、間違ったトレードを行っている初心者のほとんどは、成功して利益を

生むには、複雑さに頼るしかないと思っている。彼らは頭を悩まし、(こちらのほうが重要だが)面白いアイデアに自然に引き付けられる。

　私がこんなことを言うのには理由がある。あなたは私の言うことを聞いて学びたいという率直な気持ちがあるだろう。にもかかわらず、本当に学ぶ用意ができる前に、自ら失敗や苦痛を経験する必要があるのだ。ちょうど親にやるなと言われたのに、ローソクの炎に指を突っ込んでしか、言われたことが分からない子供と同じだ。人は多くのトレーダーに踏み固められた失敗への道を進む必要がある。普通、経験豊かなトレーダーにはなじみのある道を歩んだあとでしか、実際に有効なことを学ぼうという気にならないのだ。伝統的なテクニカル分析を自分で調べて失敗して苦しむまで、誤った可能性に影響されるだろう。まさに、セイレンの魅惑的な音楽によって死に誘い込まれたギリシャ神話の船人のように、楽に成功できるという誘いに弱いままだ。

　それは不幸なことだが、成功する前に自分で失敗を経験する可能性は大いにある。失敗には苦痛がつきものだ。何がうまくいかないかを自分で直接経験するまで、トレーディングの世界にあふれている実のないうたい文句に影響を受けるだろう。経験を通してしか、トレーディングについて書かれていることのほとんどが純粋に幻想だとは気づかないのだ。だから十分に経験を積むまでは、相場の動きについての誤った理論に影響されやすいのだ。難解なアイデアや華やかな取引画面で脇にそれてしまったり、それらに誘われたりしやすい。残念だが、まず自分で失敗を経験しないと、相場の世界に散らばっている誤ったうたい文句に影響される可能性が高い。

　失敗の苦痛を一度、経験すれば、トレーディングで成功するための普遍的な原則を受け入れる用意ができるかもしれない。そのときにはこの本を思い出してほしい。時間を取って、これらのページを読み直し、本当に私の言うことを聞いてほしい。

　ここで皆の楽しみに水を差しただけではなかったことを望む。だれ

にでも希望はある。ただほとんどの人には、朝飯前とはいかないというだけだ。さて、トレーディングで成功するには大変な努力が必要だし、絶えず苦しみがつきまとう。だが、それも報われるということを覚えておこう。結局、あなたは利益を生み出せるのだから。それはあなたの「痛みを伴う」あらゆる努力に対する報酬としては、それほど悪くない。

さらに、マーケットでの第一原則を常に頭の隅に置いておこう。

最大の逆境

「ほとんどのトレーダーを失望させるために、マーケットは何でもありとあらゆることをする」という最大の逆境が来ることを約束しておこう。あなたはこれをけっして忘れるべきでない。最大の逆境からは苦痛しか味わえない。最大の逆境が襲ってくるということを常に思い出そう。控えめであり続け、最大の逆境を意識しながら守りの姿勢を取り続ければ、苦痛に耐えられる可能性は高い。

控えめでなくなり、相場で起きることを考えに入れなければ、トレーディングキャリアはすぐに終わる。カーティス・フェイスが著書『タートル流投資の魔術』(徳間書店)で、そのことを最もうまくまとめている。

> 優れたトレーダーになりたければ、プライドを捨てて謙虚になることだ。謙虚になれば、未来は知り得ないものだと受け止められる。謙虚になれば、予測しようとしなくなる。相場が思惑とは逆に動いて損切りをしても、謙虚であればそれでむきになることもない。謙虚であれば、秘密を手に入れて、自分は特別だと感じる必要もなくなるので、単純な考えに基づいたトレーディングを受け入れられるだろう。

そして謙虚であれば、最大の逆境が襲ってきて、トレーディングで成功するためにあなたが選んだ道を踏み外させようと、考えられないほど多くの苦痛を思う存分に与えるということも受け入れられるだろう。

まとめ

心理は実際のトレーディングにおける3本の柱の最後の要素だ。これでトレーディングで成功するための第五の普遍的な原則も終わる。心理は、生き残ってトレーディングで成功するために不可欠な要素だ。

あなたは私の心理に対する見方が多くの見方と異なっていることを知った。私が心理よりも資金管理と売買ルールのほうが大事だと信じていることが分かった。しかし、心理は資金管理と売買ルールをまとめる接着剤の役目を果たしているので、とても大切だと私が考えていることも、あなたは知っている。ただ、資金管理と売買ルールほど重要ではないというだけだ。トレーディングの心理学はトレーダーの希望、強欲、恐怖、苦痛をコントロールすることがすべてだと思っている、と私は説明した。

資金管理を正しく用いて、売買ルールの設計、開発、検証をきちんと行えば、希望が生み出す心理的な障害を和らげる効果がある。期待を控えめにしておけば強欲をコントロールできる。また、マーケットが開く前に損益スプレッドシートの借方に記入して、損失に向き合っておけば、損をするのではないかという恐怖をコントロールするのに役立つだろう。

勝ち組のえり抜きトレーダーでさえ、トレーディングは苦痛に満ちた世界だということをあなたは知った。苦痛から逃れる方法はない。私がトレーディングの苦しみをどうやって和らげているかも説明した。最大の逆境が襲ってくると認めるなら、できるかぎり苦痛をコントロ

ールできる準備はできている。

　これらの心理的な障害をコントロールする手助けとして、私は自分のコンピューター画面の上のほうに、コラムの宣誓を張っている。あなたも同じことをしようと思うかもしれない。

　これで実際のトレーディングの基本である３本の柱も終わりだ。３本の柱で、トレードを実際に行う過程──資金管理、売買ルール、心理──を説明した。

　次章ではトレーディングを始めるという、最後の普遍的な原則について述べる。私が検討してきた、トレーディングで成功するための普遍的な原則のすべてが、そこで一緒になる。

コラム

強欲をコントロールする
　トレードを行うときの私の目標は、正しいかどうかではなく、控えめな期待でリスク資産を管理することである。

恐怖をコントロールする
　今日トレードを行えば、私は負けるだろう。そして最も長く負け続けて、最悪のドローダウンを経験するだろう。私は注文を出す前に、予想する損失を損益スプレッドシートの借方に記入する。私は最も上手に負けて長期的に勝ちたいので、損失を歓迎する。

希望をコントロールする
　今日損をしても、長期的には期待値がプラスのトレード計画に従っているので、楽しい日を過ごせる。

苦痛をコントロールする

　トレーダーの私は、自分の生活が苦しみでいっぱいだと知っている。負けると傷つく。勝っても、逃した機会について考えると傷つく。私がポジションを取っていないとき、次の大きな動きを逃していると考えて傷つく。新しいアイデアを調べてうまくいかないと分かれば傷つく。私は、最大の逆境がいつか襲ってきて、トレーディングで失望と苦痛をたっぷり味わわされると知っている。それは私のリスク資産を減らして、トレーディングをやめさせようとするのは分かっている。私は最大の逆境が必ず襲ってくることを知っている。私はそれがどんなことでも引き起こし得ることを知っている。私はその苦痛に耐える。私は我慢する。そして、私は成功するのだ。

第11章

原則6——トレーディングを始める

Principle Six : Trading

　6番目で最後の普遍的な原則であるトレーディングは、これまでに説明したトレーディングで成功するための5つの普遍的な原則をまとめたものだ。

　最初に、私から離れず、ここまでたどり着いた人におめでとうと言いたい。私が説明してきたことは特に刺激的でもなかった。おそらく、あなたはトレーディングの刺激的な世界よりも学校を思い浮かべただろう。それを考えると、よくここまでついてきてくれたと思う。そして、終わりが非常に近いことを知って、満足だろう！

　さあ、先端部に到着だ。ここが実際に楽しめる部分だ。と言うよりも、楽しいと思われているところ、トレーディングだ。実際にトレードを始めると、思ったよりも簡単で楽だと気づくだろう。だが、次第に目新しさがなくなってくると、それはおそらく同じことの繰り返しであり、退屈で、苦痛だと気づきだすだろう。このとき、がっかりしないで、満足すべきだ。あなたは正しい目的地にたどり着いたのだ。あなたは今、トレーディングをビジネスとみなして、プロが仕事をこなすように実行しているのだ。もうスリルと興奮を求めてトレードを行ってはいない。利益を得るために行っているのだ。あなたはトレーディングをビジネスとみなしている。どんな仕事でも同じだが、自分のしていることが気に入らないときが何度もあるだろう。トレードを行う

ことに腹を立て始めたら、ワクワクすべきだ。もう個々のトレード結果には無関心になったという意味だからだ。それは適切な資金管理を用いる方法をついに学んだというしるしだ。結果そのものよりも、成功するトレーディングビジネスの運営過程に焦点を合わせるようになったのだ。あなたはもうプロのトレーダーになったのだ。

まとめると

トレードを始めたら、日課は次のような順序になる必要がある。

売買ルール

初めに、セットアップがあるか確認する。それがあれば、あなたのトレード計画で仕掛けの水準と逆指値の水準と仕切りについて、どういう指示を出すか決める。あなたが判断した仕掛けと逆指値の水準から、１枚またはポジションサイズ当たりでリスクをとる金額を計算する。

資金管理

生き残るための最初の仕事は、リスク資産がまだ資金限度の範囲内かどうかを判断することだ。トレーディングでの損失がリスク資産の限度を超えたら、トレーディングをやめて立ち去るときだ。そうでなければ、続けていける。

生き残るための第二の仕事は、自分のシステムストップを見て、売買ルールのエクイティモメンタムがプラスかどうかを確かめることだ。思い出そう。あなたは売買ルールの１枚を基準にした仮想上の純資産曲線にシステムストップを置く必要があるのだ。

純資産曲線は３つの要素から成るべきだ。

●仮想トレードでのヒストリカルデータ
●検証中に集めた30通の電子メールでシミュレーションしたトレード（TEST）
●リアルタイムでの仮想トレードの結果

　あなたの売買ルールで、１枚を基準にした純資産曲線がシステムストップを上回っていれば、注文を出すだろう。それがシステムストップを下回っていれば、トレードを行わないだろう。その代わりに、あなたは純資産曲線を更新し続けて、それがシステムストップを上回るまで待ってからトレーディングを再開する。
　トレードを行うことになったら、生き残るための第三の仕事は、資金管理戦略と、口座の資金額でトレードを行える枚数またはポジションサイズを計算することだ。いったんポジションつまりトレードサイズを計算したら、自分の損失を歓迎する必要がある！

心理

　あなたがポジションを取っているなら、損をすると考えておくべきだ。知ってのとおり、トレーディングの唯一本物の秘密は負けるのが最もうまい人が長期的に勝つということだ。だから、あなたは予想できる損失を損益スプレッドシートの借方に記入しておくべきだ。それから希望、強欲、恐怖、苦痛をコントロールする手助けとして、肯定的な誓約を読んでおいたほうがよい。自分の損失を受け止めたら、次の段階は注文を出すことだ。

トレーディング——発注

　この段階で、あなたは発注前のチェックリストを使って、次のことを確かめておく必要がある。

●セットアップが存在するかどうか
●仕掛けと損切りの逆指値の水準
●手仕舞いの指示
●1枚あるいはポジションサイズ当たりのリスク額
●リスク資産は資金限度の範囲内にあるか
●1枚を基準にした純資産曲線がシステムストップを上回っているか
●ポジションサイズはどれだけの大きさか

　これらを確かめたら、次のことをしておこう。

●あなたの予想する損失を損益スプレッドシートに記入する
●その予想した損失を受け入れる
●希望、強欲、恐怖、苦痛のコントロールに役立てるために、前向きな誓約を読んでおく

　これらのすべてをやり終えたら、仕掛けと損切りの逆指値の水準を含めて、ブローカーに注文を出す用意ができた。ブローカーが注文を受け取って確認をしてくれたら、相場のことは忘れてよい。ネット取引をしている人は、注文が受け付けられたときのスクリーンショットを保存しておいたほうがよい。
　あなたは注文が約定したとブローカーから連絡があるまで、待つ必要がある。約定したら、トレード計画に従ってポジションを管理しなければならない。いったんポジションを手仕舞ったら、損益スプレ

ドシートと1枚に基づいた純資産曲線（スリッページは無視）を更新することだ。取引計算書を受け取ったら、トレード記録と照らし合わせよう。差があるときは、ブローカーと話し合う必要がある。

それでは、注文を正しく書く方法について少し説明しておきたい。

注文

正しく売買注文を出す方法を知ることはあまり難しそうに思えないかもしれないが、使われる一連の用語や出せる注文の種類はいろいろとあるので、初めのうち初心者は混乱することもある。

株取引を行ったことがある人なら、単に買いか売りの指示を出すよりもはるかに多くの注文方法があることに気づくだろう。先物取引、通貨のスポット取引、FXの証拠金取引、インターバンク市場の外国為替取引、オプション、CFD（差金決済取引）では、多くの種類の注文方法と表現が使われる。注文はブローカーに出すか、オンラインのプラットフォームに入力する方法がある。これ以降の例では、私はブローカーに注文を出していると仮定する。

先物の注文を出す場合、トレードを行いたい限月をいつも確認する習慣を付けるほうがよい。ほとんどの先物取引では当限、つまり、納会が一番近い限月で取引される。だが、プロらしい正確な発注方法を学んで、今のうちに良い習慣を付けておくのも価値がある。

注 FXの証拠金取引やスポット取引、外国為替取引、CFDには決済期限がないので、「限月」を気にする必要はない。以下の注文例では、3月限のFT指数先物取引を指すことにする。

単純な注文

成り行き注文 「成り行き」注文はすぐに注文を出したいと考えていて、約定価格には関心がないときに使う。成り行き注文とは、相場

の気配値が幾らでもすぐに執行するように、とブローカーに指示することだ。あなたがFT指数を売りたければ、彼らは最も近い「買い気配」値(最良の買値)を出すだろう。あなたの注文は次のようになるだろう。

　FT指数3月限を1枚、成り行きで売り。

　ベスト注文　「ベスト」注文は成り行き注文に似ている。しかし、ブローカーはあなたに最良の価格を出そうとするので、時間と価格について彼らの裁量が入る。あなたの注文は次のようになるだろう。

　FT指数3月限を1枚、ベスト注文で売り。

　指値　「指値」注文はトレードを行う特定の価格を見極めて、その価格でのみ取引したいときに使える。例えば、FT指数を今の上昇価格6455からの押し目である6445で買いたければ、あなたの注文は次のようになるだろう。

　FT指数3月限を1枚、6445の指値で買い。

　逆指値注文　「ストップ(逆指値)」注文はポジションを不利な動きから守るために置く成り行き注文だ。それは一定の「トリガー」条件を満たしたときに、執行される。逆指値注文は普通、トレードを行っているときに損失を限定するのに用いる。よくストップロスとも言われる。逆指値注文の水準は、あなたがトレードでリスクをとることが可能な限度を表す。
　例えば、私がFT指数を6425で売り建てしていて、トレード計画に従えば6464を超えたら手仕舞うことになっていれば、私は次のように注文を出すだろう。

FT指数3月限を1枚、6464の逆指値で買い戻し。

FT指数が上昇し続けて、6464で取引されたら、ブローカーは私のためにFT指数を1枚、成り行きで買うだろう。彼らはそのときの価格には関心を示さない。彼らの関心は私のために1枚、買うことだ。

あるいは、新しくポジションを取るために逆指値注文を使うこともできる。あなたはカギとなる支持線か抵抗線の水準を6470で見つけたかもしれない。そしてFT指数がその水準で取引されていたら、そこで買いたいと望むかもしれない。そうであれば、あなたの注文は次のようになるだろう。

FT指数3月限を1枚、6470の逆指値で買い。

ストップリミット注文　「ストップリミット」注文には2つの要素がある。最初に、逆指値で指示する条件が起きる必要がある。第二に、注文を執行してもらいたい価格に指値をする。例えばFT指数が強くて、6600を超えると年初来高値を付けるので買いたいと考えているならば、次のような注文を出せる。

FT指数3月限を1枚、6600の逆指値、6602の指値で買い。

これがブローカーにとって意味することは、FT指数が6600まで上昇すればすぐに1枚を買いたい。しかし、6602を超えるところでは買いたくない、ということだ。ほとんどの場合、おそらく6600で約定するだろう。だが、そこがカギとなる抵抗線水準で、出来高が大きく増えるなら、FT指数は6600を飛び超えて上昇するかもしれない。ストップリミット注文の不利な点は、6600の値が付いたあと、FT

指数の次の価格が6605になる場合もあるというところだ。その場合、あなたのマーケットの見方は正しかったが、指値買いをしようとしたのでポジションは取れなかったということになる。

MIT（マーケット・イフ・タッチト）注文　トレードを行っているときに出来高が少ないと、必ずしも注文が約定するとは限らない。例えば、相場があなたの出した逆指値注文の価格に達したあと、すぐに下げることがある。すると、ブローカーはあなたの注文を約定させることができない。この場合、あなたの分析は正しいかもしれないが、ポジションは取れない。こうした状況を避けるために、MIT注文を用いることができる。

例えば、あなたの分析では、FT指数が6480で強い抵抗に遭いそうだ。そこであなたはその水準で売りたい。また、あなたは空売りが大好きで価格は気にしないというのなら、MITで指示を出すことができる。あなたの注文は次のようになるだろう。

　　FT指数３月限を１枚、6480のMITで売り。

いったんFT指数が6480に達したら、ブローカーは空売りのための取引をする。

寄り成り　「MOO（寄り成り）」注文はブローカーに、寄り付きに成り行きで執行するようにと指示する。例えば、前夜中に米国で良いニュースがあり、寄り付きで買いたいとする。あなたは幾らで買えるかには興味がない。日中に大きく上昇すると予想しているので、寄り付きでFT指数を買っておきたいのだ。あなたの注文は次のようになるだろう。

FT指数3月限を1枚、寄り成りで買い。

　引け成り　これは寄り成りの反対だ。「MOC（引け成り）」での注文はブローカーに、引けに成り行きで執行するようにと指示をする。例えば、米国で発表された重要データが気になるので、引けにポジションを手仕舞いたいとする。あなたの注文は次のようになるだろう。

　FT指数3月限を1枚、引け成りで売り。

　ブローカーは、FT指数の取引が終わる4時半の直前に、あなたのFT指数1枚を売ろうとする。

　SCO（ストップ・クローズ・オンリー）注文　SCO注文は2つの要素から成る。最初は、逆指値による指示がトリガーとなる条件付きの部分だ。2番目は、その逆指値注文は引けでのみ有効だと言っている。例えば、買い持ちのFT指数が6450だとする。あなたの分析では、このまま持ち続けるには終値が6461以上で高値引けする必要がある。FT指数が6460以下で引けるなら、手仕舞いたい。この場合、あなたの注文は次のようになるだろう。

　FT指数を3月限で1枚、6460のSCOで売り。

　FT指数が6460以下で引けそうなら、ブローカーは引けに成り行きで、あなたのポジションを手仕舞わなければならない。
　例えば、引け間際のFT指数が6455なら、それは6460以下なので、ブローカーはあなたのFT指数1枚を成り行きで売るだろう。

　FOK（フィル・オア・キル）注文　FOK注文はすぐに約定しなけ

れば取り消される条件付き注文だ。例えば、FT指数が寄り付きで弱く、6450を下回っていたら、あなたの注文は次のようになるだろう。

> FT指数3月限が6449以下で寄り付いたら、FT指数3月限を1枚、寄り成りのFOKで売り。

FT指数が6449以下で寄り付けば、あなたの注文は成立するだろう。しかし、FT指数が6450以上で寄り付けば、あなたの注文は取り消され、「キル（殺）」される。

FAK（フィル・アンド・キル）注文 FAK注文では取引が成立する枚数を執行し、残りがあればそれは取り消される。前の例で、寄り付きにFT指数5枚を売りたければ、あなたの注文は次のようになるだろう。

> FT指数3月限が6449以下で寄り付けば、FT指数3月限を5枚、寄り成りのFAKで売り。

FT指数が6449以下の、例えば6445で寄り付いて、3枚だけがその始値で取引されたあと、下げていった場合、始値6445で約定しなかった残り2枚は取り消される。

条件付き注文

条件付き注文では、注文が執行される前に、指示したことが起きる必要がある。次がよくある注文だ。

エクスパンションオーダー これは寄り付き後に、一定幅上げるか下げるかしたときに仕掛ける場合に用いる。取引前に、さらに相場で

確認をしたいとき、例えば買う前に上昇するか売る前に下落するかを確認したい場合に使う。例えば、FT指数が寄り付き後に10ポイント下げたら売りたいと考えている。しかし、上昇する可能性もあると思うので、寄り付き直後には売りたくない。あなたの注文は次のようになるだろう。

　　FT指数を3月限で1枚、始値マイナス10ポイントの逆指値で売り。

　ブローカーはFT指数を見守り、寄り付き後に10ポイント下げたらあなたのためにFT指数1枚を売るだろう。

　イフダン注文　「イフダン」という指示は、前の指示が成立したらという条件だ。前の例を使うなら、注文が約定したあと、間違っている場合に自分を守るために逆指値を置きたいかもしれない。
　例えば、FT指数が空売りした水準から少し上げても、売り持ちしたままで満足かもしれない。だが、20ポイントも上昇したら不満になるかもしれない。FT指数が寄り付き後に10ポイント下げたら、20ポイントの逆指値で損失を限定したうえで売りたいと考えるなら、次のように注文を出すだろう。

　　FT指数3月限を1枚、始値マイナス10ポイントの逆指値で売り。これが約定したら、FT指数3月限を1枚、始値プラス10ポイントの逆指値で買い戻し。

　「イフダン（成立したら）」という条件は、FT指数が10ポイント下げたときにのみ有効になり、最初の指示が執行される。これが約定した場合、FT指数が上昇して始値を10ポイント上回って取引されたら、ブローカーはあなたの空売りを買い戻そうとするだろう。

OCO（ワン・キャンセルズ・アザー）注文　OCO注文では、同時に２つの注文を出すが、ブローカーは最初に条件を満たした注文だけを執行する。

　例えば、FT指数に関するあなたの今の分析では、面白いが矛盾する２つのシナリオがある。あなたは、FT指数が安く寄り付けばすぐに下げていくと考えている。しかし、高く寄り付いて10ポイント上昇すれば、大幅上昇の可能性があるとも考えている。どうなるかは指数の寄り付き次第だ。

　あなたは指数のカギとなる寄り付きを知ったときに、どちらの機会も逃したくない。この場合にあなたができることは、OCO注文を出すことだ。

　あなたの分析では、安い寄り付きが6420で、高い寄り付きが6460だとする。この場合、あなたは次の条件付き注文を出すことができる。

> FT指数３月限が6420以下で寄り付けば、FT指数３月限を１枚、成り行きで売り。
> OCO
> FT指数３月限が6460以上で寄り付けば、FT指数３月限を１枚、始値プラス10ポイントの逆指値で買い。

　もう一例は、FT指数を買い持ちしている場合だ。あなたは利益目標――相場が到達すると考えていて、そこで利益を確保して満足できる水準――と、逆指値による損切りの両方で、ブローカーに働いてもらいたいと考えている。

　例えば、FT指数が6450で買い持ちしていて、6480まで上昇すれば利益を喜んで確定したい。しかし、6440に下げたら損切りしてもらいたいとする。あなたの注文は次のようになるだろう。

FT指数3月限を1枚、6480で売り。
　OCO
　FT指数3月限を1枚、6440の逆指値で売り。

　ブローカーは最初に条件を満たした注文だけを執行する。それが約定すれば、もうひとつの注文は取り消される。

注文の有効期間

　あなたがブローカーに出す指示次第で、注文の有効期間は異なる。

当日限り注文
　あなたが異なる指示を出さないかぎり、すべての注文は当日限り注文だ。注文が当日の立ち会い中に約定するか執行されなければ、注文は失効する。とはいえ、一番良いのは常にブローカーか電子プラットフォームで、これが間違いないかを確かめることだ。

GTC（グッド・ティル・キャンセルド）注文
　GTC注文は約定するか取り消されるまで有効だ。あなたが逆指値による損切り注文を使っていて、ブローカーに毎日その注文を出し直したくないなら、GTCの指示を出せばよい。あなたが買いポジションを持っていて、6400でそのポジションを手仕舞う逆指値を置くなら、次の注文を出すだろう。

　FT指数3月限を1枚、6400の逆指値をGTCで売り。

　あなたのブローカーは、あなたが6400で売るか注文を取り消すまで、この注文を有効にしておく。

GTD(グッド・ティル・デイト)注文

GTD注文は指定された日付まで有効な注文だ。例えば、あなたが6450でのFT指数の買い注文を置いておきたい。そして、1カ月はその水準で買って満足するなら、次のように注文を出すだろう。

FT指数3月限を6450で1枚、2008年3月14日までのGTDで買い。

完全な注文

FT指数を買うにしろ売るにしろ、仕掛け注文を出すときは、「イフダン」条件のあとに逆指値による損切り注文を出す習慣を付けておくのがよい。損切りの逆指値を置かないトレードをけっして行ってはならない。

例えば、FT指数を6400の押し目で買いたいと思っていて、20ポイントしかリスクをとりたくなければ、あなたの注文は次のようになるだろう。

FT指数3月限を6400で1枚、MITで買い。
イフダン
FT指数3月限を1枚、6380の逆指値で売り。

6400でいったん取引されたら、ブローカーは成り行きでFT指数を買おうとする。仕掛けたあと、価格が6380に下げたら、彼らはあなたのFT指数3月限1枚を成り行きで売ろうとする。

さらに、あなたが自分の利益水準を知っていれば、仕掛けと損切りの逆指値の指示にそれを含めることもできる。

注文タイプについて一言

　私がこれまでに述べた注文の種類は一般的なものだが、新しいブローカーには常に、あなたが伝えたいことを確認しておくほうがよい。注文の種類はトレーダーとブローカーとの共通言語だ。しかし、新しいブローカーとトレードを始めるときには、何らかの行き違いが生じる可能性は常にある。

　トレーダーはまた、指値注文を使うことに慎重でなければならない。ここでもトレーディングで幾ら儲けられるかよりも、リスク管理に集中しなければならない。トレーダーにとって最大のリスクは、逆指値であれMIT注文であれ、仕掛けるときに2～3ポイント損するというリスクではなく、仕掛けで指値をしたために良いトレードを逃すというリスクだ。相場でスリッページがあるのは普通、良い兆候だ。それはあなたに対する供給か需要がないということだが、それはあなたが正しい側にいることを示しているからだ。同様に、指値で手仕舞いたいからという理由で、負けポジションにこだわらないほうがよい。

　さらに、私ならGTC注文を使いたくない。たとえ利益確定や損切りの水準がけっして変わらないとしても、私は毎日注文を出し直したい。私がそうするのは、それが私のリスク管理戦略の一部であり、私の注文をブローカーが「見逃さない」ようにするのに役立つからだ。私にとっては、それは賢明なリスク管理に必要なちょっと余分の努力にすぎない。

注文の確認

　オンラインの電子プラットフォームを通じてであれブローカーを通じてであれ、どういう方法で注文を出しても常にブローカーから通知を受け取るようにしよう。通知を受け取ることで、あなたの注文が有

効だと確認できる。すでに言ったように、私はすべての注文を電子メールで送る。

思い出そう。それがリスク管理だ。私は送った注文の総数を確認するメールをブローカーから受け取ると予想している。そして普通は毎朝9時までにそれを受け取る。その後、私はくつろげる。すべての作業をするのは私の担当のブローカーだ！

トレードの通知

注文が執行されると、ブローカーは約定数量と価格を通知してくる。最後にブローカーはトレード、手数料、証拠金の変動、全ポジションを要約した取引明細を送ってくる。

また毎日の終わりに、ブローカーに自分のポジションを確かめておくことも意味がある。自分が持っていないと思っていたポジションがあると知ったときほど、ドキドキすることはないだろう！

これで分かるように、注文を出すときには、単に売買したいと考えるよりもはるかに多くのことがある。時がたてば、そういうこともすぐに分かるようになるだろう。

月次報告

あなたはトレーディングをビジネスのように扱うべきだ。毎月、あなたはトレーディングパートナー向けに1ページの報告書を作る必要がある。それはあなたの規律と一貫性を保つ役に立つ。彼らが見ていると分かっていると、トレード計画からそれるのは難しくなる。

あなたの報告書には投資基準の要約を入れておくべきだ。その中には次のものも含まれる。

- 資金限度の範囲内にあるリスク資産の限度
- 控えめな期待値
- 資金管理のルール
- システムストップ
- トレーディングの月次結果
- 累積結果
- 口座残高

　投資活動について月次報告を作れば、トレーディングをいっそうビジネスとして扱うようになれる。そのためには、これ以上に簡単な方法はないだろう？
　成功したトレーダーになる旅の中では、トレーディングが最も短い段階だと分かるだろう。前の５つの原則で、成功するための努力をして基礎を築いたら、トレーディングがかなり簡単だと分かるだろう。絶えざる苦痛のコントロールこそが、難問になるだろう。

まとめ

　これで、トレーディングで成功するための普遍的な６つの原則も終わりだ。前にも言ったが、ほかのだれかが27年前にこの本を書いていてくれたらと思う。そうすれば、私個人の旅はもっと楽になっていたはずだ！
　これで、あなたが本当に勝者と敗者を分かつもの——トレーディングで成功するための普遍的な以下の６つの原則を意識して受け入れること——をよく理解してくれたと思う。

- 準備
- 自己啓発

- ●トレーディングスタイルを作る
- ●トレードを行う市場を選ぶ
- ●3本の柱
- ●資金管理
- ●売買ルール
- ●心理
- ●トレーディングを始める

　えり抜きのトレーダーたちがどのマーケットや時間枠に従い、どの証券やテクニックを使うかに関係なく、彼らがトレーディングで成功するための普遍的な原則から外れることはない。この原則はえり抜きのトレーダーたちを結び付ける金の糸であり、これによって、彼らはほとんどの負けるトレーダーのはるか上にいる。

　あなたは今、この金の糸が何かを知っている。さて、あなたがそれでトレード計画を織り上げるかどうかはあなた次第だ。私はあなたがそうすることを望む。**図11.1**は成功するための普遍的な6つの原則から成る、トレーディングの過程を表している。

　その6つの原則を学んだ今、生き残ってトレーディングで成功するために必要な準備がどういうものか、あなたは気づいているはずだ。あなたは自分が動ける限度にも気づいているはずだ。この限度内にとどまれば、ほとんどのトレーダーが共通して陥る多くの間違いを避けて、10％の勝ち組に加わる役に立つ。

　普遍的な原則を受け入れることができれば、**図11.2**で示したような、ほとんどのトレーダーが共通して陥る間違いを避けられるだろう。

　今のあなたには、トレーディングキャリアで前に進む用意があるか判断できる知識がある。正直で自分に忠実なほとんどのトレーダーは、成功に必要な努力をする気になれないと気づくだろう。トレーディングの準備に必要な作業があまりにもきついことに気づき、トレーディ

第11章 原則6——トレーディングを始める

図11.1 トレーディングで成功するための普遍的な原則

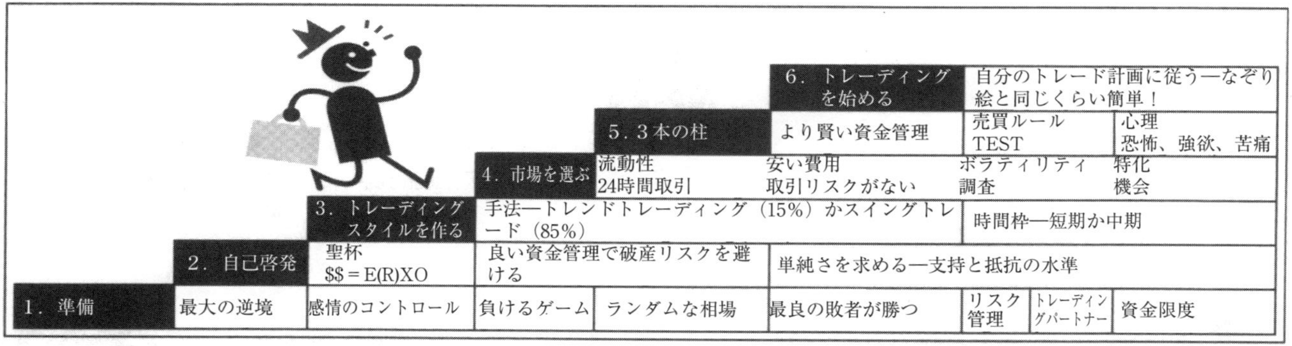

1. 準備	2. 自己啓発	3. トレーディングスタイルを作る	4. 市場を選ぶ	5. 3本の柱	6. トレーディングを始める		
	最大の逆境	聖杯 $$=E(R)XO	手法——トレンドトレード (85%)	流動性 24時間取引	より賢い資金管理	安い費用 取引リスクが少ない	自分のトレード計画に従う——なぞり絵と同じくらい簡単！
	感情のコントロール		良い資金管理で破産リスクを遅ける		取引リスク (15%) がスイングトレ	売買ルール TEST	心理 恐怖、強欲、苦痛
			負けるゲーム	ランダムな相場	単純さを求める——支持と抵抗の水準	ボラティリティ 調査	特化 機会
					最良の敗者が勝つ	時間枠——短期か中期	
						リスク 管理	トレーディングパートナー	資金限度

図11.2 普遍的な原則で落とし穴を乗り越える

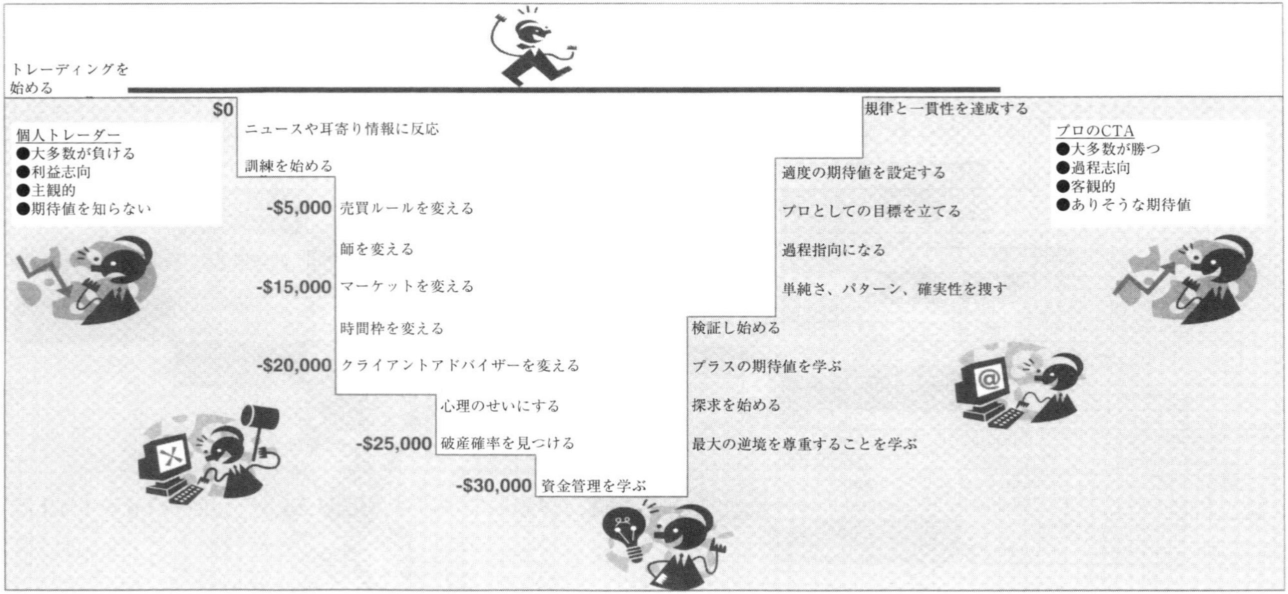

トレーディングを始める

個人トレーダー
● 大多数が負ける
● 利益志向
● 主観的
● 期待値を知らない

$0 ニュースや耳寄り情報に反応
調練を始める
-$5,000 売買ルールを変える
師を変える
-$15,000 マーケットを変える
時間枠を変える
-$20,000 クライアントアドバイザーを変える
心理のせいにする
-$25,000 破産確率を見つける
-$30,000 資金管理を学ぶ

検証し始める
プラスの期待値を学ぶ
探求を始める
最大の逆境を尊重することを学ぶ

規律と一貫性を達成する
適度の期待値を設定する
プロとしての目標を立てる
過程指向になる
単純さ、パターン、確実性を捜す

プロのCTA
● 大多数が勝つ
● 過程志向
● 客観的
● ありそうな期待値

ング自体もうまい話への近道ではないと分かる。彼らは必要な厳しい訓練をするまでの熱意はないと気づき、自分が有利なうちにやめるだろう。

　彼らは利口だ。彼らは敗者のゲームを避ける。彼らは銀行にお金を預けておく。そして、疑うことを知らずに準備もしていないトレーダーが、マーケットの最大の逆境から受ける感情の嵐を避ける。彼らは比較的、苦痛のない生活を送る。

　あなたがそういう人なら、おめでとう。自分のことを分かっていると思っているが、自分の信じたいことしか分かっていない90％のトレーダーよりも、あなたはずっと自分を分かっている。さて、あなたたちのなかには、私がトレーディングの魅力から遠ざけるために怖がらせようとしているだけだと思っている人がいるだろう。信じてほしい。そう考えている人がたくさんいるのだ。私の最初の本『トレーディング・ザ・SPI（Trading the SPI）』を読んだ読者から、私はそうした電子メールをたくさん受け取っているのだ。あなたがそういう人なら、それでも結構だ。ただ、どうかあとで参考にできるように、私の本を手近なところに置いておいてほしい。と言うのも、同じ彼らが自分のお金やプライド、魂、人間関係で傷ついたあげく、これらの普遍的な原則が真実だと学んだという謝罪のメールも受け取っているからだ。

　成功するという不屈の精神と強い性格を持つ人は、待ち構える多くの仕事と苦しみに対する準備をしてほしい。あなたは普遍的な原則を受け入れて、そこでのメッセージを信じる必要がある。売買ルールをTESTで検証するためにはそれらが必要になる。破産ポイントを避けるために、それらが必要になる。容赦ないトレーディングの状況を進むときの参照点として、また羅針盤としてそれらが必要になる。それらを無視しないように。口先だけの褒め言葉を言わないでほしい。あなたが生き残ってトレーディングで成功するために、それらを受け入れて実行してほしい。さもなければ、あなたのトレーディングは確実

に破たんする。

　これで私の普遍的な原則は終わるが、トレーディングで成功するための洞察はまだ終わりではない。次章では成功したトレーダーたちを紹介している。彼らは長年の経験と成功に基づいてひとつのアドバイスをすることに気前よく賛成してくれた。彼らは私がマーケットの魔術師と呼ぶトレーダーたちだ。それでは彼らと会うことにしよう。

第12章
一言アドバイス
Just One Piece of Advice

　さて、ここからがお楽しみだ。これまでにあなたが聞いたのは私ひとりの意見だ。私がどれほど有用な情報を与えていると思っても、私の話にはそろそろ飽きてきたことだろう！　それで一息ついてもらい、もっと大切なことだが、あなたの役に立つ新しく貴重な意見を聞くことにしよう。

　これから登場するのはマーケットの魔術師たちだ。彼らは成功したトレーダーであり、その経験に基づいて重要なアドバイスを一言してくれる。私はみんなに同じ質問をした。それはあなたが聞きたいだろうと私が思った質問だ。私は彼らにこう尋ねた。成功を望んでいるトレーダー、つまりあなたに一言アドバイスができるとしたら、それは何ですかと。

バランスをとる

　私が本書にこの章を入れた理由はバランスを取るためだ。私が書いたことは、私が自分にとって正しいと考えていることだ。私はトレーディングで成功するための普遍的な原則について書いてきた。私が成功してきているのだから、私が成功にとって重要だと考えることをあなたはよく分かってくれると思う。とはいえ、そこには私の考えや言

葉しかない。それらはトレーディングの成功に向かう古いでこぼこ道を進みながら、私個人が身に着けたものだ。それらはトレーディングの世界に対する私の考えだ。私自身の目を通して見て、経験したことを反映したものだ。

　さて、私は本書の初めのほうで、トレーディングに関するアイデアはすべて歓迎するようにと言った。同時に、疑うことを忘れないようにとも言った。トレーディングには大げさな売り込みがつきまとうからだ。トレーディングのアイデアがあなたにとって価値があるかどうかは自分で判断するようにと、私は言った。私のものであれ、ほかの著者のものであれ、書かれたものというだけで役に立つとは限らないと、私は強く信じている。自分で努力して自分の目で確かめて、初めてそれが正しいと分かるのだ。

　あなたがこの本でここまで読んできたことは、私というひとりのトレーダーの個人的な考えにすぎない。当然ながら私は、普遍的な原則を譲れないものと考えている。だが、あなたは自分で調べて、それに価値があるかを自分で決める必要がある。あなたが私の普遍的な原則に慎重であっても構わない。ただ、ひとつだけ注意しておきたい。意図的にそれらに逆らわないことだ。それらに逆らえば、間違いなく、最大の逆境によってあなたの行く手は阻まれるだろう。けっして忘れられない経験をすることになるだろう。

　だが、ここで私が言いたいことは、私の信念とは関係なく、私の書いたことは私ひとりの個人的な考えにすぎないということだ。そこで、私ひとりの意見とほかの人の意見とのバランスをとりたい。普遍的な原則についての私の考えと、実践的な知恵とのバランスをとりたい。それだけでなく、成功したトレーダーの心を個人的にのぞくという幸運な機会を提供したいのだ。

　この章は本当に楽しみとなるだろう。これをまとめた私にとっては、確かに楽しかった。

マーケットの魔術師たち

　あなたはこれからマーケットの魔術師たちに会うことになる。彼らは成功したトレーダーたちで、あなたに重要なアドバイスを一言してくれる。それはあなたの助けとなり、何らかの示唆になるだろう。

　私は彼らにこの本がどういう内容かを簡単に説明した。つまり、成功したトレーダーすべてに共通する、成功するための普遍的な原則に焦点を当てたものだと話した。私は彼らに各章の見出し案を渡して、彼らのアドバイスがどこに位置するかを示した。そして、彼らすべてに、「あなたはトレーディングの知識や経験が豊富なので、多くの人に助けてほしいと言われるでしょう。成功したいと考えるトレーダーに一言だけアドバイスをするなら、それは何でしょうか。また、その理由は何ですか？」という同じ質問をした。あなたはその一言アドバイスをこれから受け取るだろう。

　マーケットの魔術師と言われる、これほど多くの成功したトレーダーたちの心をこれほど近くからのぞく機会はそれほどない。彼らの寛大さを分かっていただけたらと思う。

　それで、これらのマーケットの魔術師とはどういう人たちなのだろうか？　あなたがよく知っている人や、それほどよくは知らない人もいるだろう。また、まったく知らない人もいるだろう。しかし、彼らをどの程度知っているかにかかわらず、彼らは皆、成功したトレーダーだ。そして、彼ら全員が非常に貴重なアドバイスをしてくれる。

　あなたはトレーディングの大会で優勝したばかりのトレーダーたちからも学ぶだろう。また、マーケットの伝説的人物であり、40年以上も相場に積極的にかかわっているトレーダーたちにも会うだろう。彼らはテクニカル分析の世界に重要な影響を及ぼした。彼らはトレーディングを始めたときと同じように、今日でも活発にトレーディングを行っている。また、あなたはＥミニS&P500を最も大規模かつ活発に

取引している個人トレーダーのひとりにも会う。若者と年配トレーダーだけではなく、その間にいる多くのトレーダーにも会う。彼らは全員、マーケットの魔術師で、世界金融危機を生き残ったトレーダーだ。彼らは自らの経験を進んであなたに分け与えてくれる。

　彼らはさまざまなトレーダーを代表している。裁量派もいればメカニカル派もいるし、2つを合わせて行う裁量的なメカニカルトレーダーもいる。昔ながらのテクニカル分析を使うトレーダーもいれば、もっぱらたった1つの投資理論を用いてトレードするトレーダーもいるし、システムトレーダーもいる。目立ちたがらない個人トレーダーもいれば、トレーダー教育の有名人もいる。トレーディング関係の本を数多く著した人もいる。トレーディングでの成功のほかに、たやすく書けるという、うらやましい才能を持つ彼らが自分の考えを知りたい人に教えてくれる。ニュースレターの発行や推奨銘柄の提供で成功した投資助言業の運営者もいれば、個人口座や大規模ファンドのマネジャーもいる。株式をトレードする人もいれば、オプションをトレードする人もいる。ETFをトレードする人もいれば、先物をトレードする人もいる。通貨をトレードする人もいれば、商品をトレードする人もいる。CFDのトレードをする人もいれば、金融商品のトレードを行う人もいる。それらを組み合わせてトレードを行う人もいる。デイトレーダーもいれば、短期トレーダーもいる。中期トレーダーもいれば、長期トレーダーもいる。複数の時間枠でトレードを行う人もいる。トレーディング大会で優勝した者もいる。一度も人前に出たことがない人もいる。というわけで、彼らはさまざまなトレーダーを代表している。

　彼らの手法が多様であるだけでなく、地理的にも多様だ。マーケットの魔術師のなかからあなたが会うのはシンガポール、香港、イタリア、英国（現在はアラスカ在住）、アメリカ、オーストラリアのトレーダーたちだ。

彼らは手法的にも地理的にも多様だが、全員が成功したトレーダーだ。そして、彼らの皆が世界金融危機を生き残ったので、私にはマーケットの魔術師だ。彼らはひとり残らず成功していて、あなたと分かち合いたいと思う非常に貴重なアドバイスをひとつ持っている。

　さらに言っておくと、この多様性で、トレーディングを行う方法がひとつではないと分かってもらえると思う。あなたは自分にふさわしい方法を見つける必要がある。あなたは自分にとって意味のある手法か、その組み合わせを見つける必要がある。エッジが得られて自分で使ってうまくいき、０％の破産確率でトレードを行えると検証された手法を見つける必要がある。

　私は自分に有効な手法をあなたに説明した。そして、それを普遍的な原則という名で簡潔にまとめた。ここで取り上げるマーケットの魔術師たちも、彼ら独自の強調をあちこちにした普遍的な原則を簡単にまとめることができるはずだ。あなたと分かち合いたいのは、彼らの強調したいところだ。

　さて、これらのマーケットの魔術師は本書の全部を使って、考えを伝えることはできない。それでも、彼らがとりわけ大切だと思っているアドバイスを一言だけ、私たちに言ってほしかった。私は彼らが個人的に「強調」したいことが何かを伝えてもらいたかった。彼らの最も重要な考えをひとつ教えてもらい、私の考えとバランスを取りたかった。

　私は、あなたが会おうとしているこれらのマーケットの魔術師の近くに座る。私が彼ら全員に同じ質問をして、彼らがあなたに与えたいと思う独自のアドバイスをするのを、一緒に聞いてほしい。

　まず初めに、それぞれのマーケットの魔術師がどういう人物で、テクニカル分析の混乱する世界でどういう立場を取っているのかを紹介する。それから、彼らにひとつの質問をして、彼らの返事を続ける。アドバイスの終わりには、ネット上での彼らの連絡先を書いておいた。

彼らについてもっと知りたいと思えば、そこで問い合わせられるだろう。だれの賢い言葉が謎を解くのに役立つか、あなたはけっして分からないだろう。だが、あなたの感情に訴える人がいたら、その人とそのトレーディング手法についてもっと学ぶことを勧める。
　では、これらのマーケットの魔術師たちをアルファベット順に紹介しておこう。

●レイ・バロス
●マーク・D・クック
●マイケル・クック
●ケビン・デイビー
●トム・デマーク
●リー・ゲッテス
●ダリル・ガッピー
●リチャード・メルキ
●ジェフ・モーガン
●グレッグ・モリス
●ニック・ラッジ
●ブライアン・シャート
●アンドレア・アンガー
●ラリー・ウィリアムズ
●ダール・ウォン

　これらのマーケットの魔術師たちがトレーディングで成功するための「一言アドバイス」を与えてくれるので、注意して慎重に聞いてもらいたい。静かに座って、トレーディングのひらめきが得られるかもしれないアドバイスを聞こう。それであなたは「アハ体験」をするかもしれない。では始める。よく聞いてほしい！

レイ・バロス

　レイ・バロスはおそらく私が知っているトレーダーで最も勇敢だと思う。今日でも、彼がトレーディングセミナーで標準偏差について教えているのを目の当たりにして、私は驚いた。彼は人々にトレーディング結果の標準偏差を資金管理戦略に取り込むようにと勧めていた。私の考えでは、統計を資金管理戦略に組み入れるのは極めて難しい挑戦だ。特に話を聞いている人たちが普通、マーケットもトレーディングもまだ知らない場合はなおさらだ。そして、ほとんどの人と同じく、彼らは学校で統計を学んだときに、特に面白かったという記憶はないだろう！　勇敢であるにしろ愚かであるにしろ、彼はたしかに難しい仕事を避けたりしないのだ！

　彼は勇敢なだけでなく、トレーディングの本となると、特に衝動的すぎる行動を取ることがある。トレーディング関係の本屋に入ると、彼が１冊も買わずにいるのは非常に難しい。私がこれを初めて目撃したのは、２人がトレーディングエキスポのためにインドにいたときだ。私たちはムンバイの本屋にいて、CNBCの生放送でインタビューを受けていた。インタビュー後、彼は我慢できずに、そこを去る前に１冊買わなければならないと皆に説明した。そして、彼は実際に２冊買った。トレーディング本を集めたがる彼の情熱と行きすぎた衝動のために、彼はおそらく最も幅広く読んでいるトレーダーのひとりだ。トレーディング関係の本については、今おそらく世界でも指折りの蔵書家だと思う。読む本があまりにも多いので、彼は余分な本を保管するために倉庫代を払わなければならないのだ！

　ところで、彼のトレーディングや本に対する情熱は、後年になるまで開花させることを許されなかった。彼が初めてマーケットを意識したのは彼の父のせいだった。彼の父親は活発に取引をして成功したトレーダーだった。だが、彼はトレーディングに手を出すことを許して

もらえなかった。彼の支配的で慎重な父は、彼が相場に関心を持つことを禁じた。彼は学校の勉強で良い成績を取り、学問の分野で優秀になるように仕向けられた。権威的で何事も支配したがる父親に育てられた多くの息子によくあるように、彼は父が他界するまでトレーディングに対する熱い思いを追いかけることができなかった。

そのため、1975年にトレーディングを始めたとき、彼はすでに成功した弁護士だった。当時の彼は直観的な裁量デイトレーダーで、正しいと感じる機会を探してトレーディングを行っていた。彼は成功とは無縁だった。それで、成功するためにはフルタイムでトレーディングにかかわる必要がある、と彼は考えた。そこで1980年に弁護士を辞めて、父親の必死の努力にもかかわらず、人生で一番情熱を注げるトレーディングに百パーセント、集中するようになった。だが残念ながら、成功は手に入らなかった。彼は何度も失敗を繰り返し、大きな損失を被った。

彼はやる気を失わないように、彼自身と彼の戦略の分析に専念した。そして、よりよく自分を知り、マーケットプロファイルを発見したことで、ついに成功が訪れた。マーケットプロファイルを考案したピーター・スタイドルマイヤーは、一番早い時期の彼の師のひとりになる。マーケットプロファイルのおかげで、彼は日中の相場の流れをよく理解できるようになり、トレーディングで初めて本物のエッジを手に入れた。マーケットプロファイルに熟達してからは、トレーディングで利益を出し始めるまで長くかからなかった。1986年までには一貫して成功できるようになり、マーケットプロファイルを超える自分の売買ルールを開発していた。

まもなく、彼の成功は銀行業界に知れ渡った。そのため、銀行の資金運用を依頼されると同時に、銀行のトレーダーたちに彼のトレーディング戦略を教えるようになった。彼は世界で初めて外部委託された通貨トレーダーのひとりとなった。また、機関投資家を教える数少な

い外部トレーダーのひとりになった。

　機関投資家の教育で成功すると、彼は情熱の対象をもうひとつ発見した。他人に教えることだ。彼はトレーディングの書籍を扱う本屋をのぞいたときは、楽しそうにまた飢えたように２～３冊は必ず買い求める。それは他人を教えて、正しく学べるように手助けすることが大好きだからだと思う。

　彼は投資教育でも成功し、トレーディング指導者として引く手あまたの人気者となった。最近まで、彼は５人という極めて限られた人を受け入れて、24カ月指導者養成プログラムを開いた。彼の指導はとても人気があったので、指導を受けたい人は３年待ちだった！

　彼は深くものを考える人だと思う。特にトレーダーのパフォーマンスに心理が重要な影響を及ぼすという点についてそう言える。彼はNLP（神経言語プログラミング）の支持者で、トレーダーはまず自分の心理的な特徴を知って理解しなければ、マーケットでの成功はおぼつかないと強く信じている。

　今日、彼は自分の考案したバロメトリックの売買ルールに従って、裁量トレードを続けている。彼の売買ルールはバロススイング、レイウエーブ、マーケットプロファイルを組み合わせたものだ。彼のトレーディングは非常に体系化されていてルールに基づくものだが、彼には自分のルールを破ってよいというルールがある。このため、直観力を働かせる余地がある。彼はバロメトリックでセットアップを見つけるために、主としてマーケットアナリストを使っている。また、その裏づけとしてＥシグナルとチャネライズでサイクル分析を行う。彼は月足チャートで18日スイングに従って、Ｓ＆Ｐ500、主要な通貨ペア、金、30年債のトレードを行うのが好みだ。彼は記録を残すことにうるさく、カムタジアスタジオを用いて各トレードの根拠となるものをすべて記録している。カムタジアスタジオを使えば、チャート画像をキャプチャーできるだけでなく、各トレードの根拠を口述しながら録音する

こともできる。その後にビデオを再生して、自分のトレードを見直す。そうすれば、自分の良いトレーディングの習慣を補強でき、矛盾した行動が入り込んでいても、それを特定する役に立つ。こうして、彼は自分の指導者となることができる。賢い人だ！

　彼はCNBCに定期的に出演しているので、アジアではおなじみの顔だ。彼は著書『ザ・ネイチャー・オブ・トレンズ（The Nature of Trends）』で、トレンドの判断に関する彼の考えを述べている。トレーディングと教育以外で彼が最も情熱を注いでいるのは、あなたの想像どおり読書だ。トレーディングに関する本以外に、ファンタジーからカオス理論まで、どんな主題でも読みあさっている。彼が熱中し、気晴らしにもしているのは読書だが、彼の妻にとっては迷惑だ！　彼が新しく本を買い込むたびに、それらを保管する場所を探さなければならないからだ。彼とその妻は香港、シンガポール、オーストラリアの間を行き来して過ごしている。それでは、彼の一言アドバイスを聞こう。

　「レイ、あなたはトレーディングの知識や経験が豊富なので、多くの人に助けてほしいと言われるでしょう。成功したいと考えるトレーダーに一言だけアドバイスをするなら、それは何でしょうか。また、その理由は何ですか？」

　隠れた原則

　私たちは皆、初心者トレーダーの80〜90％が失敗するということを知っている。
　問題はなぜそうなってしまうかだ。教育を受けていないからではない。投資とトレーディングの世界では、セミナー業は絶えず成長している。もっと重要なことは、どうすればもっと効率的に学べるかという点の理解は大きく進んでいるにもかかわらず、トレーダーと投資家

の成功率は、私が1970年代初期にトレーディングを始めたころと少しも変わらないということだ。

　その理由のひとつは、トレーディングの性質自体にある。確率のゲームとしては、初心者のトレーダーも経験を積んだプロも、１回のトレードで勝てる可能性は同じだ。連勝が続くと、初心者のトレーダーは幸運で勝ったのに、自分の腕前のおかげだと勘違いすることが多い。相場はまもなくこの誤解を正す。そして、初心者は自分で稼いだお金だけでなく、もっと多くのお金を失う。

　もうひとつの理由は、トレーディングでどうすれば成功できるかについての初心者の見方にある。彼らは「素晴らしいトレーディング戦略」さえあればよいという間違った考えを持っていて、聖杯――少額の資金で膨大な富を生み出し、損失が比較的少ない売買ルール――を求めてむなしい努力をする。

　経験豊富なプロなら知っていることだが、売買ルールは次に示す成功方程式のひとつにすぎない。

　勝つための心理×効果的なリスク管理×［エッジのある］トレーディングルール

　ペンフォールドは本書で、従来からあるこの原則を説明している。
　しかし私の考えでは、しばしば見落とされていて、あまり話題にならない原則がある。この原則は1934年に、安全飛行の分野ではっきり分かった。その年の冬、米陸軍航空隊では熟練パイロットたちの墜落死が多いように見えた。
　後知恵では、墜落の主な原因が訓練計画にあったことは明らかだ。訓練計画は次のようになっていた。

●パイロット志願者が飛行機に乗り、インストラクターが宙返りや横

回転を行う。志願者が吐き気をもよおさなければ、パイロット養成学校に入るのを許可された。
● 学校では、生徒は黒板での授業に加えて、インストラクターとの実地訓練で飛行方法を学んだ。
● 数週間後から、生徒は徐々に操縦装置を扱うことを許されるようになった。

トレーニング結果はどうだったか？
死亡率は25％に及ぶ学校もあった。
今日の航空業界が持つ素晴らしい安全記録は、リンク・シミュレーターを発明したエドワード・リンクのおかげだ。このシミュレーターによって、パイロットは間違っても、リスクなしでそこから学べるようになった。要するに、リンク・シミュレーターによってパイロットはより深い訓練ができるようになった。

「深い訓練」というこの考え方は、ダニエル・コイルの著書『ザ・タレント・コード（The Talent Code）』で紹介された。だが、訓練について詳しく述べる前に、パイロットが1934年に受けた教育とトレーダーが受ける教育との類似点に注目しておきたい。

トレーダーとして、私たちは2〜4日のセミナーに出席したり読書をしたりして、技術を学ぶことが多い。その後は自分の貴重な資金を使いながら、試行錯誤で学んでいく。これは1934年のパイロットが試行錯誤から学んだのと似ている。唯一の違いは、彼らは命を危険にさらしたが、私たちは自分の資金や、時には自分の財産面での命運を危険にさらすところだ。

図12.1は深い訓練の考え方を説明している。
私の考えでは、この概念はトレーディングの教育に革命をもたらすだろう。
セミナーや指導は知的内容を伝える部分と、その後の深い訓練の部

分に分けられるようになるだろう。

　私たちは「感じよう」という見出しで、「深い訓練」方法を見るだろう。こうすることで、何かを学ぶためには理性と感情がかかわる必要がある、というコイルの信念が取り入れられる。どんな訓練期間でも、まず落ち着ける範囲をちょっと超えたところに目標を決める。しかし、これらの目標が何かを知るために、まず状況（まとまり）を設定する。私たちは学習の核となる信条を確認して、それらを構成要素にまとめ上げる。

　目標を決めたら、シミュレーションによるトレーディングの訓練をする準備ができる。達成したい成果を頭に置いて、行動を起こす。訓練を終えたら、その行動結果を達成したかった成果と比べる。言い換えると、私たちは両者の隔たりに注目する。それから反省して、その隔たりを埋めるために行動することに決めて、次の行動に移る。隔たりがなくなるまで、このサイクルを繰り返す。

　この「誤りから学ぶ」過程によって、学習時間は飛躍的に減る。私の考えでは、コイルのモデルを適切に実行すれば、トレーディングの成功率は上がると思う。

レイ・バロス

　バロスは読書家で深く考えている、と私が言ったとおりではないか！　あなたは少し時間を割いて、彼の考えを読み直したいと思うかもしれない。そして、あなたがダニエル・コイルの『ザ・タレント・コード』をまだ読んでいなくとも、バロスのおかげで、まずここで深い訓練について知ったのだ！　深い訓練を適切に実行すればトレーディングでの成功は早まるだろう、と彼は確信している。あなたはトレーディングについての最高の知識をすべて手に入れることができる。賢明な資金管理戦略を持つこともできる。期待値がプラスで堅牢な売

図12.1　深い訓練

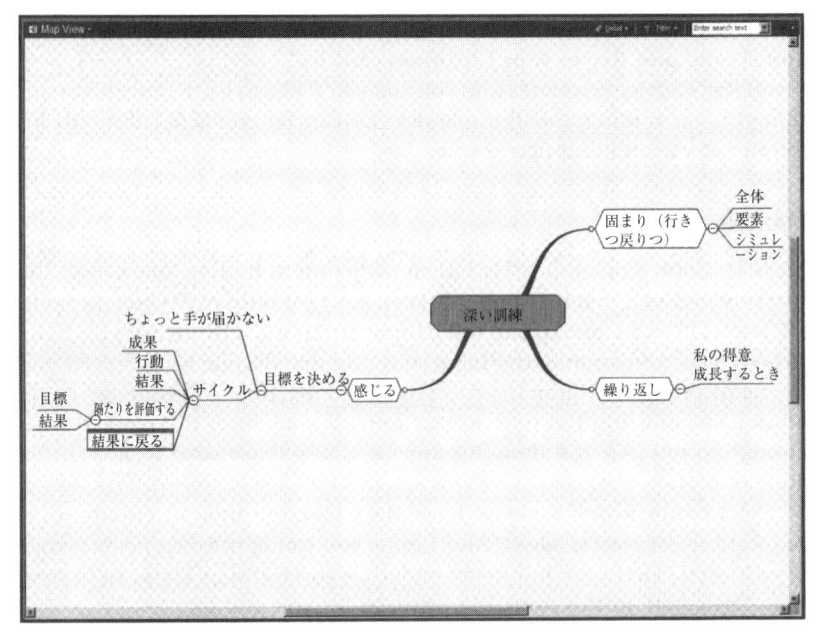

出所 = Daniel Coyle, The Talent Code (Bantam Dell, Random Hose 2009)

買ルールを持つこともできる。闘う意欲さえ持てるかもしれない。しかし、訓練に次ぐ訓練、さらにより深い訓練がなければ、マーケットを襲う最大の逆境にもまれる縫いぐるみのように感じるだろう。あなたは方向感覚を失い、トレード計画からそれてしまうだろう。買うべきか売るべきかも分からなくなるだろう。しかし、きちんと訓練をし続ければ、定期的に襲ってくる最大の逆境に対しても覚悟ができる。トレード計画からそれずに、最後まで、それに従い続けられる。あなたは自分の方針を貫く用意ができる。だが深い訓練をしなければ、マーケットのつゆと消えることになる。また、TESTの手続きに従って売買ルールを検証すれば、深い訓練の役に立つと分かるだろう。バロスのおかげで、あなたはトレーディングの兵器庫に新たな武器を加え

た。私の知るかぎりでは、それはほかのトレーディングの本でこれまで一度も指摘されなかったものだ。あなたは彼をクリスマスカードの送付リストに加えたほうがよい！

彼のアドバイスに共鳴して、トレーディングや相場に関する彼の考えをもっと知りたいと思ったら、http://www.tradingsuccess.com/ で彼と連絡を取ることができる。

マーク・D・クック

マーク・D・クックは依存症だ。彼はトレーディングに傾倒している。彼は相場が大好きなので、長い間そこから離れることが絶対にできない。彼は自分が依存症だと分かっていて、聞かれただれにでも喜んでそれを認める。トレーディングにひどく傾倒しているので、トレーディングで成功し、本を書いてほしいという要望も多くあるのに断り続けている。彼はペンを取って紙に自分の考えを書き記すほど、相場から離れる時間を見つけられないのだ。それを、私は強い依存症と言ったのだ！

だから、アドバイスを一言してほしいという私の要望を彼が聞き入れて時間を取ってくれたのは、私にとって幸運だった。そして、あなたも彼がここに登場することを喜んでくれたらと思う。彼ほどの成功を収めたトレーダーはそれほど多くないので、彼がこの本に加わってくれたのはあなたにも私にも光栄だ。

彼はEミニS&P500で、大規模かつ最も活発に取引をしている個人デイトレーダーのひとりだ。EミニS&P500は世界で最も取引されている先物のひとつで、そのために彼は世界でも屈指の個人デイトレーダーになったのだ！

忙しい日になると、彼は最高で40回ものトレードを行うこともある。あなたが私や多くのほかのトレーダーのようにジャック・シュワッ

ガーの『**マーケットの魔術師**』(パンローリング) シリーズを読んでいるなら、彼のことをすでに知っているだろう。彼は『**マーケットの魔術師――米トップ株式トレーダーが語る儲ける秘訣【株式編】**』(パンローリング) で、S&P先物トレーダーとして唯一取り上げられた人物だ。

彼の話を聞くと、本当に啓示を受ける。彼は強い決意と意志力で、繰り返し見舞われる損失から早く立ち直ることができた。一度など損失の割合が破滅的だったので、破たん寸前になった。そこから、世界で最も成功したデイトレーダーのひとりになったのだ。彼は「けっしてあきらめるな」という古い格言の生きた証明だ。彼はまた、子供に対する母親の愛情と信頼の生きたあかしでもある。彼の母親は息子が資金的に危ない状況に陥っていても、うまく切り抜けてくれると信頼していた。それが動機となって、彼はやがてトレーディングで成功した。

あなたが自分のトレーディングで落ち込んでいるのなら、『マーケットの魔術師』でジャック・シュワッガーが彼にインタビューを行っていることを思い出して、そこを読み直すとよい。そうすれば、自分の状況を正しく見ることができる。そして、本当にトレーディングで成功したいと考えているなら、それは可能だと奮起させられるだろう。インタビューでは、マーケットで成功するためには働く意欲が大切だということも強調している。彼は最も勤勉なデイトレーダーかもしれない。インタビューは、きつい準備をする気になれないのならトレーディングはあなた向きではない、と気づいて悟るのにさえ役立つかもしれない。忘れないことだ。あなたがＥミニSP500のデイトレーダーなら、おそらく彼と同じ側か反対側でトレーディングをしているだろう。彼はマーケットが開く前に毎朝、準備に何時間かをかけているということを知っておこう。あなたが彼の反対側ではなく、同じ側でトレードを行いたければ、彼と同じくらいの時間を準備に費やす必要があるということだ。

EミニSP500のデイトレーディングで成功するために、多くの準備をする気はないというのなら、何かほかにやることを見つけたほうがよいかもしれない。デイトレーディングで成功するための近道はないということを理解しておく必要がある。近道があると思うなら、彼のインタビューを読み直したほうがよい。

　彼はもともとアメリカのオハイオ州イーストスパルタで農業を営んでいた。1870年代から家族が所有している農場で暮らし、トレードを行っている。その成功によって、近隣や地元の不動産が売りに出されているときにはそれを購入し、家族の土地を増やすことができた。彼は保守的なので、トレーディングで得る大きな利益は毎年、耕作に適した農地に変えたほうがよいと堅く信じている。彼は幸運にもトレーディングと農業という、彼の愛する2つのものを、一方を使ってもう一方を築き上げるという形で結び付けることができた。

　だが、彼がいつもそれほど幸運であったわけではない。彼は印刷されたチャートを使って、1977年から裁量トレードを始めた。若いころは失敗の連続だった。強欲で得たわずかの利益も、1982年に吹き飛んでしまった。原資産を持たずにコールオプションを売って、口座に35万ドルの不足が生じたのだ。口座の赤字を穴埋めするために、彼は両親と銀行からお金を借りざるを得なかった。「借金で集めたお金を証券口座に入れて赤字をゼロにすることほど、気がめいることはない」と彼は言う。

　だが、彼にはお金を取り戻す能力がある、という母親の信頼もあって、その経験が彼の経歴の分岐点となった。それは彼の転換点だった。もっとも、彼が大きな年間利益を生み出したのは、ようやく1986年になってからだ。それは彼が商標登録したクック累積ティック指標という、買われ過ぎや売られ過ぎの状態を見極める指標の開発と時期が重なった。累積ティックが大幅にマイナスだったりプラスだったりすると、必ず相場が急転する傾向があることに彼は気づいた。極端なティ

ック値の逆に賭ければ、利益を得る機会になると知ったのだ。

クック累積ティック指標によって、彼は探していたエッジを手に入れた。それはトレーディングでの成功に大きな貢献をしたし、今日でも依然として貢献している。彼は非常にうまくトレードをし続けたので、1982年にオプションの損失を穴埋めするためにやむなくした借金35万ドルを、1987年には返すことができた。彼の成功はその後も続き、1992年にはアメリカ投資コンテストで563％のリターンで優勝した。翌1993年には322％のリターンを出した。彼は1986年以降、一貫して利益を出している。

今日でも彼は裁量デイトレーダーであり、累積ティック指標に従ってトレードを続けている。彼は複数の時間枠で指標を見張っている。デイトレードが圧倒的に多いが、彼の指標でうまくいく保証があるときには、3日間の短期スイングトレードや中期的なトレードも行う。中期的なトレードでは、累積ティック指標が中立になるまで保有している。彼はまた記録することに熱心で、自分の行ったすべてのトレードを日記に付けている。彼は自分の過去トレードを検討すれば、学ぶことが大きいと強く信じている。

トレーダーとして、彼は勝率の高い戦略に焦点を合わせる。そして、彼の累積ティック指標に敏感に反応するどの銘柄でもトレードを行う。彼はEミニS&P500のトレーディングで知られているが、うまくいく根拠があれば、オプションでも株式でもETFでもトレーディングを行う。

今日、彼は自分の資金でトレードするほかに、100万ドル以上という大口の個人口座の資金運用を行っている。さらに、CMG絶対リターン戦略ファンドの10％を運用している。2000年代の初期から、彼はトレーディングコンテストで彼に挑みたいと思うどんなトレーダーでも受けて立つことにした。それは勝者が100万ドルをひとり占めできるという挑戦だ。彼が驚いたことに、これまでこの申し出を受けたト

レーダーはだれもいない！ さらに彼は1日投資相談を運営している。また時間が許せば、彼の農場にあるオフィスでトレーディングの講習会を開く。生徒はトレードで成功するために必要なことをそこで学ぶだけでなく、彼のパートナーであるジルの素晴らしい家庭料理も楽しむようになる！

トレーディングのほかに、彼は講演の仕事やトレーディングを教えることを楽しんでいる。彼はアンティークのトラクター収集に熱心だが、相場依存症から長く気をそらせるには不十分だ。彼は常に向上したいと熱く望んでいる。その飽くなき欲求は、月100万ドルを稼いでいてもけっして満たされない！

さて、あなたは熱心に耳を傾ける用意ができたと思う。知ってのとおり、彼はトレーディングの本を1冊も書いていない。また、トレーディングに深くかかわっているので、彼には自由な時間がほとんどない。だから、彼が言うことには特に注意を払ってほしい。そして、この一言アドバイスをするのは、世界で最も大規模かつ最も活発なトレーディングで最も成功している個人デイトレーダーであり、マーケットの魔術師なのだということを頭の片隅に置いておいてほしい！

それでは、彼にアドバイスを頼もう。

「マーク、あなたはトレーディングの知識や経験が豊富なので、多くの人に助けてほしいと言われるでしょう。成功したいと考えるトレーダーに一言だけアドバイスをするなら、それは何でしょうか。また、その理由は何ですか？」

まず、成功は失敗で敷き詰められた道だと言っておきたい！

トレーディングについて私が述べたいこの言葉は、これを読んだひとりにしか影響を及ぼさないかもしれない。だが、そのひとりの人生は永遠に変わるだろう。テキストに載っている無数の言葉が、あらゆる投資でお金を儲けることに費やされている。だが、その利益を守る

ことについて書かれることはほとんどない。「お金を稼ぐことはとても簡単だが、それを守ることはほとんど不可能だ」という格言はすべての年配トレーダーの心に響く。

あなたが私の初めの言葉のあともこの話をまだ読んでいるなら、あなたには希望がある。ほとんどの人はトレーディング「術」を理解していない。それはチャートを読む能力でも、ファンダメンタル分析でも、テクニカル分析でもない。それは一言で言えば、自分を知ることだ。33年間のトレーディング人生で、私は幾つかの真実を学んだ。最も重要なのはこの絶対不変の真実だ。あなたは損をするだろう。そして、それに対処しなければならない。プロのアスリートはいつかけがをすることもあると考えている。彼らがそのときの苦痛にどう反応するかが、成功と失敗の分かれ目になる。

私は投資の世界で何百万ドルも負けたが、幸いにもそれをはるかに上回るお金を稼いで、プラスになっている。その理由はこうだ。私は損失を現実の一部と認めて、回復するためにトレーディング生活を改めた。

トレーディングを始めたころは、ずっと負け続けた。こんなことが自分に起きるはずがない！　そう考えた。やがて私は成熟したトレーダーになり、現実に向き合った。私は犠牲者ではなかった。自分で損害を与えていたのだ。経験の浅いトレーダーはトレーディングの事業計画を作らない。経験豊かなトレーダーは彼らの事業計画に文字どおりに従う。プロは壊滅的打撃を避けるために、それに対処する計画を練っておく必要があると分かっている。素人は手遅れになるまで、破滅的な打撃のことはけっして考えない。あなたは真実を読んで記憶し、自分自身のものとしなければならない。

以下は私が指針としているマーク・D・クックの真実だ。

真実1──私はお金を損するだろう。私はそれを受け入れる

トレーディングで負けているときには、私は活動を停止し、休みを取る。私は個人にもサイクルがあると強く信じている。人の下降サイクルとは、生活でどんな冒険をしても傷つきやすい時期だ。私は自分が負けやすい月を知っているので、自衛策を考えている。35％のドローダウンはひどすぎる！

　真実２――意見を避けなさい。事実に従ってトレードを行いなさい

　私はトレーディングのための事実を見つけるという儀式を、毎日行っている。働きすぎると、能力以上の成績を収めることがある。それは悪いことだろうか？　いったん、すべての事実を吟味したら、意見の入る余地はない。雨が降っているときに晴れていると言ってはならない。架空の理想郷ではなく、現実に生きなさい。

　真実３――機会を見つけなさい。そこでトレードを行いなさい。だが、長居をして売り時を失ってはならない

　負けたとき、私は自分に厳しい。私が見つけられなかったお金を儲ける機会が、そのときにあったと分かっているからだ。私の初期のトレーディングでは機会を見つけることを意識しなかった。また、私が読んだどの本でも、機会を見つけることに触れているものは１冊もなかった。相場は変動する。それが事実だ。だから私は流れを見てそれに気づき、参加しなければならない。だが、そこで歓迎されてもけっして長居をしてはならない。素人はトレードで長居をしすぎる！　プロは早く抜け出しすぎる。より多くのお金を儲けているのはだれだろう？

　真実４――自信を持とう。勝つためにトレードを行いなさい。損失

を避けるためにトレードを行ってはならない

　自信と現実主義は血を分けた兄弟である。自信と損失はすぐに縁が切れる。人生というゲームでは、平和を維持するためにバランスをとる。バランスをとるためには、攻めと守りが必要だ。私たちは皆、ただあきらめてしまう人に会ったことがある。そういう人はまもなく、体も衰える。生きようと、攻めることをやめる。そのため、彼らの人生も見込みがなくなる。守りとは見張りであり、逆境に襲われると自覚したうえでの自衛計画だ。真のバランスとはあらゆるシナリオを検討して、それらが起きる確率を判断するものだ。そして、その確率を認めて、進む方向を計画するのだ。勝つ方法はある！　そして、敵が勝つのを止める方法もある。その両方を発見しなさい！
　素人は聖杯を探す。プロは聖なる真実に従ってトレードを行う！

マーク・D・クック

　さて、どうだろう。おそらく、あなたも含め多くの人がかなりの時間とエネルギーを費やして、マーケットの秘密――得難い聖杯――を解く万能のカギを探したことがあるに違いない。そうではなく、聖なる真実を探すべきだったのだ！　うまくトレードを行うためには、自分の損失を認めて、どうすれば利益を守れるかを学ぶことのほうが、利益を出す以上に大切だと知るべきだったのだ。お金を儲ける方法については多くの本があるが、稼いだお金をどう守るかに焦点を合わせた本はほとんどない。そして、大切なのは負けを認めることだ。トレーディングを始めたころに、これが分かっていたら、今どれほど裕福になっていることか！　さらに、マーク・D・クックの3番目の真実には、一般に認められているトレーディングの教えに逆らうものが含まれている。彼は利益が出ているトレードを長く続けない。だが、ト

レーダーは含み益をすぐに確定するのではなく、「利を伸ばす」ようにと教え込まれている。それなのに、彼はまったく正反対のことをする。それで、あなたは考え込むだろう。

しかし、忘れてはならないことがまだある。小さめの利益を数多く取って、時に大きな損失を出す余裕があるのは、彼が極めて勝率の高いトレーダーだからだ。それでも、彼の言葉は千金に値する。それらはトレーディングの教科書からの引用ではなく、S&P500のトレーディングという容赦ない本物の世界から生まれた言葉だからだ。そこで生き残って成功するトレーダーは極めて少ないのだ。前に言ったように、彼の言葉は千金に値するので、あなたがデイトレーディングを考えているのなら、彼のアドバイスを耳に残しておくべきだ。彼のおかげで、今あなたは彼の個人的な聖なる真実をトレーディングの旅案内にすることができる。その旅は失敗で敷き詰められた道を行くだろうが、よく言われるように、備えあれば憂いなしだ！

彼のアドバイスに共鳴して、トレーディングやマーケットに関する彼の考えをもっと知りたければ、http://www.markdcook.com/ から連絡を取ることができる。

多様なトレーダーグループ

私が取り上げたマーケットの魔術師はさまざまなトレーダーたちを代表している。目立っている人もいれば、まったく人目に付かず知られていない人もいる。また、トレーディングコンテストで優勝した人もいる。私個人としては、これほど多様な成功したトレーダーを集められて、とても幸運だったと思っている。そして、寛大にも本書に寄稿してもらえて、私はうれしく思っている。先に進む前に、言っておきたいことがある。マーク・D・クックは1992年のアメリカ投資コンテストで優勝しているが、ほかにも優勝したトレーダーを紹介するつ

表12.1　ワールドカップ・チャンピオンシップ・オブ・フューチャーズ・トレーディングの１位のパフォーマンス（全部門）

2009年	アンドレア・アンガー	115%
2008年	アンドレア・アンガー	672%
2007年	マイケル・クック	250%
2006年	ケビン・デイビー	107%
2005年	エド・トワードス	278%
2004年	カート・サカエダ	929%
2003年	インターナショナル・キャピタル・マネジメント	88%
2002年	ジョン・ホルシンガー	608%
2001年	デビッド・キャッシュ	53%
2000年	カート・サカエダ	595%
1999年	チャック・ヒューズ	315%
1998年	ジェイソン・パーク	99%
1997年	ミシェル・ウィリアムズ	1000%
1996年	ラインハルト・レンチュ	95%
1995年	デニス・ミノーグ	219%
1994年	フランク・スラー	85%
1993年	リチャード・ヘドリーン	173%
1992年	マイク・ラングレン	212%
1991年	トーマス・コウバラ	200%
1990年	マイク・ラングレン	244%
1989年	マイク・ラングレン	176%
1988年	デビッド・クライン	148%
1987年	ラリー・ウィリアムズ	11376%
1986年	ヘンリー・セアー	231%
1985年	ラルフ・カサッツオーネ	1283%
1984年	ラルフ・カサッツオーネ	264%

出所＝ロビンス・トレーディング・カンパニー（http://www.robbinstrading.com/worldcup/standings.asp）

もりだ。**表12.1**でそのトレーダーたちを強調しておいた。見てのとおり、幸運にもロビンスワールドカップで最近優勝した人に登場してもらえる。ケビン・デイビー、マイケル・クック、アンドレア・アンガーで、順にアメリカ、イギリス、イタリアのトレーダーだ。彼らはウォール街の若き大物たちだ。これら最近の優勝者に加えて、25年のコンテスト史上で最も成功した勝者であるラリー・ウィリアムズもい

る。また彼との連想で言うと、彼の娘ミシェル・ウィリアムズも1997年に16歳で優勝している。

それでは、2007年のコンテストで優勝したマイケル・クックを紹介しよう。

マイケル・クック

マイケル・クックはトレーディングのチャンピオンだ。彼は2007年のロビンスワールドカップで250％のリターンを出して優勝した。また、2008年は2位になった。彼の野心のひとつは3年連続で優勝することだ。このコンテストの25年の歴史で、それを達成したトレーダーはまだひとりもいない。

彼はトレーディングを始めた当初から多くの成功を繰り返したという点で、たぐいまれな存在だ。ただ勉強するという理由で大学に通うほとんどの学生とは異なり、彼は新たに民営化される企業の株式売却に応募して時間を費やした。その後、上場された初日にそれを売るのだ。そのことで、彼の勉学は損なわれたかもしれないが、彼の資金が損なわれなかったことは間違いない！

彼はその点で珍しいというだけではない。他人のお金を用いてトレード方法を学ぶ機会を持てたという点でも珍しかった。彼の場合、それはロンドンのバンク・オブ・アメリカだった。彼は1997年にそこに雇われた。彼は新興成長市場の債券デスクに加わり、経験豊富な機関投資家からマーケットとトレーディングについて学ぶ機会を得た。

銀行では基本的に裁量トレーダーで、マルチタスクのブルームバーグターミナルでトレードを行った。それはチャートや分析、ニュース発表を提供するだけではなく、立派なコーヒーコースターになった！

10年にわたって、彼は銀行とヘッジファンドを含め、さまざまな機関の上級トレーダーとして、トレーディング技術を磨き、高めること

ができた。

　2007年に、自らフルタイムでトレードを行うために、金融機関でのトレーディングという安全を捨てた。金融機関での技術を自身の個人口座のために使って大成功をした彼は、ワールドカップで250％のリターンを出して優勝した。これは普通ではない。私の経験では、金融機関の元トレーダーが自分の口座でうまくトレードを行うことはそう多くないからだ。プロらしく感情を切り離すということは、トレードをうまく行うのに必要なことだが、自分のお金となると、それができなくなるのだ。毎回のトレード結果が彼ら自身の純資産に影響を及ぼすとなると、感情を切り離すことはできなくなるのだ。ディーリングルームが自分の家にあると、負けているトレードを毎日そのままにしておくのは難しい！　だから、彼が機関投資家から個人投資家にうまく移行することができたのは、珍しいのだ。

　現在、彼は短期から中期の裁量メカニカルトレーダーだ。彼は2～3日から数カ月のトレードを行う。彼は自分のモデルで機会を見つけると、どの銘柄でもトレードを行う。それは通貨や株式、オプションのこともあるし、指数や貴金属、エネルギー、金融市場の先物のこともある。彼のモデルでは、統計に基づいた指標を使ってトレーディングの機会を見極める。そのモデルは特定の条件を満たすと、きちんと重なるフィルター群を使って、モメンタムでセットアップを見極めようとする。彼は画面をあまりごちゃごちゃさせない単純なモデルでトレードを行うのが好みだ。彼のモデルではオシレーターやストキャスティックスのような、前からある買われ過ぎや売られ過ぎを判断する指標を使わない。「私の方法はロケットサイエンスでない。それらは20～30行のコードで書かれている」と彼は言う。そして、彼は主にメカニカルトレーダーだが、必要と判断したときには自分の裁量を用いて、裁量メカニカルトレーダーになる。

　彼はモデルの調査、開発、検証のためにジェネシスとエクセルを組

み合わせて使う。相場ソフトにはeシグナルのフューチャーソースとジェネシスを切り替えて使う。

　トレーディングを行っていないときは、ちょっとした事故に遭ったというどこかの記事で、彼を見かけるだろう。なぜそうなるのか、彼には説明できない。だが、イギリスからアラスカに引っ越して以来、スキー中に落下したり、スノーモービルやバギーカーで衝突したりした回数に自分でも驚いている！　彼も彼の妻もイギリス人だが、今はアメリカのアラスカ州に住んでいる。では、彼の一言アドバイスを聞こう。

　「マイケル、あなたはトレーディングの知識や経験が豊富なので、多くの人に助けてほしいと言われるでしょう。成功したいと考えるトレーダーに一言だけアドバイスをするなら、それは何でしょうか。また、その理由は何ですか？」

　成功したいと考えるトレーダーにとって、この一言アドバイスは何よりも重要だ。小さくトレードをしなさい、ということだ。

　もちろん、例外はある。だが一般的に、トレードの初心者はリスク資産に対して適切なポジションの大きさや数を極端に大きく見積もりがちだ。

　トレーディングは絶対に投資比率が大切な分野で、それは小さいほど良い。

　野心に燃えるトレーダーのほとんどは『マーケットの魔術師』シリーズを読んでいる。これらの本は数千万ドルから数億ドル、何人かは数十億ドルを稼いでいるトップトレーダーたちとのインタビュー集だ。このトレーダーたちはトレーディング界のタイガー・ウッズかロジャー・フェデラーかペレに相当する。彼らの話の多くに共通して目立つテーマのひとつは、トレーディングを始めたころに多くの損を出したか破産したということだ。これはトレーディングを始めたばかりの普

通の男女にとって、有益な教えになるはずだ。彼らは世界屈指のトレーダーなのに、始めたころはほとんどすべてを失いかけたのだ。

　トレーディングを始めようとしている人はきちんと認識しておかなければならない。このゲームは厳しい。この競争は厳しい。そして儲けたお金か、もっとよくあるのは損したお金で点数をつけられる。

　小さくトレードをするのは「ぶんぶん振り回す」ほど刺激的ではない。だが、忠誠を望むなら犬を飼えと言う。これと似た言い方をするなら、興奮が欲しければスカイダイビングを始めろ、ということだ。トレーダーになりたい人はまず、トレーディングで何を望むかを決めておく必要がある。そして、それはスリルを求めることではなく、お金を儲けることであるべきだ。

　トレーディングを初めたころに小さくトレードをしても、利益は出ないだろう（それは、かなり見込みが薄い）。それでも、利益を目標にしてはならない。目標は長く生き残って、ほかの教訓をすべて学ぶことであるべきだ。そうすれば、やがて利益を得られるようになる。そうなったら、あとは好きなようにすればよい。

　これを読んでいる人の多くは思うだろう。「そんなことは新しくも独創的でもない。それくらい、私でも知っている。私は何らかの形でそのアドバイスをすでに100回は聞いた。私がいつも聞かされることはリスク管理ばかりだ。さあ、トレーディングで金持ちになるために、ほかに何を知っている必要があるか、話してほしい……」

　こういう反応は、医者のところに行ってやせる方法を相談する患者を思い出させる。医者は患者に、やせたければもっと運動をするか、食事の量を減らすしかないと説明する。「はい、はい。それは分かっています。似たようなアドバイスはもう100回も聞いています。やせるために、ほかに私が知っておくべきことを言ってもらえませんか……」と、患者は言う。

　この教えを無視しても構わない。そういう人にほかの教訓は必要な

いだろう。その成功を望んでいるトレーダーは、ほかの教訓を必要とするほど長くそのゲームをしてはいないからだ。小さくトレードを行えば少なくとも、素晴らしいことが起きる可能性があるのだ！

マイケル・クック

　さて、だれかここにある皮肉が分かるだろうか？　彼のアドバイスの力強さや深さを強調すると皮肉になるのだ。彼は元金融機関のトレーダーだから、普通は何百万ドル単位のトレードを行っていた。その彼が小さく小さくトレードを行うようにと勧めているのだ。彼のアドバイスに従って行動できれば、０％の破産確率でトレードを始める第一歩となるだろう。そして彼が言うように、小さくトレードを行えば、成功のために必要なほかのことをすべて学べるだけの時間が得られるだろう。小さなトレーディングをしても、必ずしも利益が出るわけではない。だが、それで利益を得られると気づけばあなたのためになる。そして、小さくトレードを行えばそのときまで生き残ることができるだろう。これは組織のなかでも個人としてもトレードで成功したコンテスト優勝者の言葉だ。このアドバイスには注意を払うのが賢明だと思う。あなたがしっかり聞いていたことを望む。私は確かに彼の言うことを聞いた。

　彼のアドバイスに共鳴して、トレーディングやマーケットに関する彼の考えをもっと知りたければ、mcook@tradingaccount.co.uk あての電子メールで連絡を取ることができる。

ケビン・デイビー

　ケビン・デイビーは非常に知的なコンテスト優勝トレーダーだ。彼はあふれんばかりの才能という、ほかのほとんどのトレーダーが持た

ないエッジを持っている。彼はアメリカの宇宙機関であるNASA(米航空宇宙局)で研修を終わり、航空宇宙工学の学位を取って、最優等で卒業した。またMBA(経営学修士号)も持っている。彼は賢さのピラミッドの本当に先端にいて、私たちを平凡だと感じさせてしまう。少なくとも私は平凡だと感じさせられた。

　彼は自分の賢さを利用して、短期のシステムトレードで成功した。それで、2006年のロビンスワールドカップでは107％のリターンで優勝した。元優勝者というだけでなく、その後も一貫して成功していて、2005年(148％)と2007年(112％)は2位になった。

　彼はここに登場するトレーダーのなかでは異色の存在だ。私の知るかぎり、彼は完全に自動化したメカニカルトレーディングのシステムを稼働させている唯一の人だ。彼のパソコンが仕掛けと損切りの逆指値と手仕舞いという、トレーディングのほとんどを執行しているのだ。彼は自ら積極的にトレードを行わない活発なトレーダーだ。彼はコンピューターにトレーディングのほとんどを任せる。それを私は賢いと言っているのだ！

　ほとんどのトレーダーと同じように、彼もトレーディングを始めたころは失望の連続だった。トレードを始めたのは1991年だった。彼の最初のトレーディング戦略のひとつは、移動平均線の交差システムでトレードを行うことだった。初めのころに損失を出したあと、彼はシグナルの逆に賭けて、反対のことをするのが一番だと考えた。がっかりしたことに結果は同じで、さらに損失が増えていった。少なくとも、彼のパフォーマンスに一貫性はあった！　口座の60％を失うと、彼はトレードをやめることに決めた。その後何年も、トレーディングに関係するものは何でもどん欲に吸収した。この努力から、勝てるメカニカル戦略が生まれた。それを使って、トレーディングコンテストでとても良い成績を出した。成功したにもかかわらず、彼が仕事を辞めてトレーディングに専念したのは、ごく最近の2008年だ。とはいえ、完

全に自動のトレーディング戦略を開発したので、彼は1日中画面を見ている必要はなかった。彼が仕事を辞めることにしたのは、家族ともっと一緒に過ごして、マーケットの研究に時間を割きたかったからだ。

現在、彼はメカニカルモデルを単純にしておくことに焦点を合わせている。そして、手仕舞い戦略に重点を置いていることが、モデルの強みだと信じている。彼はトレードステーションを使って、自分の戦略の調査、開発、バックテストを行っている。また、自動的に注文を執行するためにも、それを使っている。彼は主に短期の機会に焦点を合わせて、複数の時間枠でトレードを行う。彼のモデルには1分、10分、30分と毎日の時間枠でトレードを行うものもある。1～5日で手仕舞う、もう少し長期のものもある。一方、スプレッド取引の場合は数週間あるいは数カ月までポジションを持つことがある。彼の主な取引対象は指数先物だが、貴金属や農産物、ソフト商品、通貨をトレードすることもある。

彼が戦略の開発や自動トレーディングの監視をしていないときには、家族とくつろぎながら、お気に入りのフットボールチームであるクリーブランド・ブラウンズとミシガン大学ウルバリンズの試合を見ている。彼とその家族はアメリカのオハイオ州に住んでいる。では、彼の一言アドバイスが何かを聞くことにしよう。

「ケビン、あなたはトレーディングの知識や経験が豊富なので、多くの人に助けてほしいと言われるでしょう。成功したいと考えるトレーダーに一言だけアドバイスをするなら、それは何でしょうか。また、その理由は何ですか？」

ほぼ20年間、トレーディングを行ってきて、テクニカル分析、ファンダメンタル分析、戦略プログラミング、資金管理、トレーディングの心理学についてたくさん学んできた。無数のトレーディング関係の本を読み（私でも理解さえできないほど複雑なものもあった）、数多

くのセミナーに出席した。また、夜遅くまでアイデアをプログラミングすることも数え切れないほどあった。だが、トレーディングでは単純さが一番だとようやく悟った。

　私は何を言いたいのか？　私にとって成功したトレーダーであるということは、オッカムのかみそりの原則——最も単純な手法がほとんど常に最高の選択肢だ——に従うことを意味する。だから、戦略を開発するときに私はエリオット波動やギャンラインのような複雑な理論は避けることが多い。代わりに、ごく少数の変数しかない単純なシステムを好んで用いる。実際に、私が今トレードを行っているひとつの戦略では、直近の終値2つだけを使って、次の取引シグナルを決めている。非常に単純だ。

　それで、ヒストリカルデータ上ではよく機能する複雑な戦略と比べて、単純な戦略のどこがそれほど素晴らしいのか？　戦略を考案するときには、「自由度」という数学的な考え方が関係する。データをあまりにも多くのルールに合わせようとすれば、ぴったり合わせられはするが、自由度をすべて使い果たしてしまう。それは良いことではない。そうしたカーブフィッティングで、将来良いパフォーマンスが得られることはない。過去のパフォーマンスが良くなるだけだ。単純な戦略は自由度が極めて少ない。だからこそ、今後ずっとうまく機能する可能性があるのだ。

　私はトレーディングを行うオフィスでも単純さという考え方を重視する。多くのデイトレーダーと異なり、私は壁一面のモニターや山のようなコンピューターを持ってはいない。コンピューター1台とモニター2台で十分だ。そして日中のほとんどは値動きすら見ていない。新しい戦略をヒストリカルデータで検証するのに忙しいからだ。私のシステムはすべて半自動か全自動化されている。そのため、トレーディングを行っている日中は、何事も単純にしておく。

　たしかに、1万行のコンピューターコードを書いて、量子物理学の

最新の発展に基づく仕掛けの新テクニックを開発する人たちを見ると、ちょっとうらやましく思うときもある。また、多くのモニターに何十ものチャートや指標が表示されているNASAの司令室のようなトレーダーのオフィスを見ると、ちょっとうらやましいと思う。そんなに壮大なディスプレーには感心せざるを得ない。だが、私はいつも一歩退いて、「これらの複雑な装置で、結果は良くなるかい？」と尋ねる。少なくとも私がもらった返事はノーだった。単純が一番だ。単純なものはうまくいくからだ。単純にしておこう。

ケビン・J・デイビー

　さて、どうだろう。あなたは物事を単純にしておけるほど、賢くなければならない。答えは複雑さではなく、単純さにある。そして、みんな聞いてほしい。この一言アドバイスをしたのは、おそらく本書中で最も頭の良いトレーダーだ。だれかが複雑なトレーディング戦略を開発できるなら、それはデイビーのような優秀な人だろう。ということは、彼はほかのことができないから、自分の手法を単純にしているわけではない。そうではない。彼は頭が良いだけでなく、トレーディングの小さな秘密のひとつ——単純なものが一番うまくいく——を分かるほど成功したからだ。彼の言うことを聞いていたことを望む。私は聞いていた。

　彼のアドバイスに共鳴して、トレーディングやマーケットに関する彼の考えをもっと知りたければ、http://www.kjtradingsystems.com/ から連絡を取ることができる。

トム・デマーク

　トム・デマークは機関投資家の大物だ。大手のディーラーや投資フ

ァンドが友人に電話する必要があるとき、彼は頼りになる男である。デマークは彼らのブレーンであり、私的生命線だ。私の取り上げるマーケットの魔術師すべてのなかで、トレーディング戦略を用いて最大の資金を運用しているのはデマークだ。あるいは、こういう言い方をしてみよう。1997年以降、トムはSACキャピタルのスティーブン・コーエンの特別顧問だった。スティーブン・コーエンは億万長者のヘッジファンド投資家であり、SACキャピタルの創設者である。彼はそれを運用資産2500万ドルで、1992年に設立した。これを書いているときに、彼は160億ドルを運用している。また、彼のファンドは設立以来、年平均で40％のリターンを上げている。スティーブン・コーエンと働く前に、彼は当時、CBOT（シカゴ商品取引所）で最大のトレーダーだった故チャーリー・デ・フランチェスカと働いた。彼はただの大物ではない。彼は本物の大物だ。彼はマーケットで極めて有名な人や組織と働いてきた。その中にはポール・チューダー・ジョーンズ、ジョージ・ソロス、マイケル・スタインハルト、バン・ホイジントン、ゴールドマン・サックス、IBM、ユニオン・カーバイド、JPモーガン、シティバンク、アトランティック・リッチフィールド、イリノイ州、ティッシュ家、スリーエム、レオン・クーパーマンなどの成功している大手投資マネジャーや投資ファンドが含まれる。

　彼のような機関投資家の大物から一言アドバイスをもらえて、私はとても幸運だと思う。普通こういう場合、機関投資家が要求するほどのコンサルタント料を払わなければならない。だが、あなたはこの本の代金で済むのだ！　また、私を彼に紹介してくれたラリー・ウィリアムズに、この点でも感謝しなければならない。

　実際にウィリアムズは私のために3つのことをしてくれた。まず私をトム・デマークに紹介してくれた。それからこの本に参加してほしいという私の誘いを受け入れるようにと、デマークに頼んでくれた。そして、デマークのアドバイスを待っているが、この本の締め切りが

迫っているときに、彼を急がせてくれた。私が締め切りまで7日とないときに、彼からアドバイスを受け取った！　ありがとう、ラリー。ちょっとそれるが（このコメントが編集でカットされないかどうかも興味がある）、本書に登場するマーケットの魔術師は皆、良い人たちだ。そうでなければ、わざわざ私の本に寄稿して、あなたに一言アドバイスをすることはなかっただろう。そして、成功したトレーダーのなかからこれほど多様な人たちを集めるのを最も助けてくれた2人は、マーケットの魔術師に取り上げたなかで最も目立つトレーダーであるダリル・ガッピーとラリー・ウィリアムズだったと思う。2人は私が頼んだという単純な事実以外に、わざわざ私を助ける理由はなかった。彼らのどちらも私の家族ではないし、この本が出版されても彼らには一銭の得にもならない。また、1章すべてを彼らの手法の説明に使ったわけでもない。私がただ頼んだから、ただ私を助けた。そして、彼らは注目されていて時間もほとんど取れないが、私にとってはただ非常に良い人だ。もう一度、2人にとてもありがとう。さて、トム・デマークに戻ろう。

　トム・デマークはトレーディング界の巨人だと私は思う。彼の考えは独創的で異彩を放っているので、マーケットでも格別に引っ張りだこで高給取りのマーケットタイマーになった。もう一度、先ほど挙げた、彼の考えを利用した人や組織の名前を見てみよう。彼が引っ張りだこのアドバイザーであるだけでなく、自身も成功したトレーダーと見られていることが分かるだろう。

　最高レベルのトレーダーたちに対するエリートアドバイザーというのは珍しいかもしれない。その独自の存在と成功は、相対リターンを目指す投資業界の好む決まり文句とは真っ向から対立する。「……大切なのはマーケットでタイミングを計ることではなく、マーケットにどれだけ長くいるかということだ……」と、投資業界は印刷メディアやテレビで絶えず流し続けている。

トム・デマークはミスタータイマーだ！　彼はこの43年間、マーケットタイミングの技術を研究、開発、検証し、それに基づいてトレードを行い、機関投資家と投資家にその技術を教えてきた。彼は40年以上を費やして、大切なのはマーケットにどれだけ長くいるかということではなく、マーケットでタイミングを計ることだと証明した！

　彼は伝統的なチャートパターンを用いる裁量トレーダーとして、1967年からトレードを始めた。当時、パソコンやインターネット、生のデータ送信やブルームバーグのターミナルはなかった。彼はビクトリア・フィードの商品チャート、エイブ・コーエンとモーガン・ロジャーズのポイント・アンド・フィギュア、ワイコフのチャートを使ってトレードを行った。

　MBAを修得して大学を卒業し、ロースクールに通ったあとに、ウィスコンシン州ミルウォーキーの投資会社NNISに就職した。彼が任されたのは、投資をいつ始めて、いつ手仕舞えばよいかというタイミングを正確に判断することだった。彼はまもなく発見した。相場が底を打ったあとに、意味があるほど大きなポジションを積み上げることは不可能に近いのだ。また、天井を付けたあとで、かなりの投資保有証券を手仕舞うことも同じように難しかった。彼は必要に迫られて、底を予想して買い下がり、天井を予想して売り上がる戦略を開発しなければならなかった。マーケットの一般的慣行に逆らって考えるしかなかったのは、大金を運用するというこの実際の必要に迫られたからだ。底で買い、天井で売ることを避けるのではなく、それらを期待せざるを得なくなった。

　1973年にデマークは、彼に劣らず好奇心の強い若いトレーダーに出会った。その当時は彼自身も伝統的なトレーディングの考えに挑戦していた。考えも気も合った2人の若いトレーダーは強いきずなと友情を結び、それは今日まで続いている。当時は彼らも気づいていなかったが、2人はテクニカル分析の草分け的な発見をしていた。その努力

のひとつはエリオット波動に集中していた。デマークと彼の協力者は、エリオットが定義した波動パターンが相場で見られることにすぐ気がついた。だが、彼らには気に入らないことがあった。エリオット波動は波動を数え、さらに波動のなかの波動を数えるうえで解釈の自由度が大きく、極めて主観的なのだ。彼らはエリオットの主観的で自由度の大きい5波動と3波動の組み合わせではなく、機械的かつ客観的にエリオット波動の転換点を見極めることが可能か判断しようとした。彼らは天井と底を説明するための別のひな形を開発したいと考えた。その努力によって、デマークとその若い友は有名なTDシーケンシャル指標を共同開発した。その指標は多くのトレーダーによって全マーケットの全時間枠で、今日でも世界中で使われている。客観的な価格に基づくパターンを2人が発見して30年後の今日でも、それはマーケットで使われている。彼らの行ったことは本当に草分け的な仕事だった。知ってのとおり、ひとりはトム・デマークで、もうひとりの若いトレーダーはラリー・ウィリアムズだった。

　そして、デマークと出会ったからこそ、ウィリアムズは1973年にフルタイムでトレーディングを始めたのだ。彼らが言うように、あとはトレーディングおよび投資界の有名人が数多く載った由緒正しい経歴書で知られているとおりだ。

　彼はマーケットタイマーなので、逆張りトレーダーだ。彼が行うことの95％は、値動きの衰えを測り、天井と底、あるいは簡単に言えば転換を予測することだ。分かったと思うが、彼は相場について異なった考え方をする。ほとんどの人がトレンドに沿ったトレードを目指すのに、彼はトレンドの終わりを予測しようとする。彼はミスター反トレンドだ。

　彼はテクニカル分析一般を厳しく批判する。また個人的には、それは非常に主観的なので、うまくいかないと考えている。デマークはその仕事がテクニカル分析のひとつとみなせると認めるが、知ってのと

おり、彼はテクニカルアナリストではなく、マーケットタイマーだ。

彼はファンダメンタルズが長期的な相場の動きの原動力だと考えている。だが、短期的には、仕掛けと手仕舞いのタイミングを計るべきだと考えている。そして、心理学とマーケットタイミングのツールを用いればそれが可能だと、彼は信じている。

彼は単純で最適化をしていない、客観的なメカニカルシステムがうまくいくと信じている。また、それらは全マーケット、全時間枠でも、あらゆる強気相場でも弱気相場でも通用すると考えている。彼は時とともにマーケットが変化するとは信じていない。マーケットは恐怖と強欲というけっして変わらない人の性（サガ）を反映しているだけだからだ。例えば、彼がラリー・ウィリアムズと共同で生み出したデマークのTDシーケンシャルは、1970年代に通貨、債券、Tビル先物で初めて使われた。それ以来、マーケットは変わったことになっているが、全マーケット、全時間枠で機能し続けている。マーケットは変わると彼を説得するには多くの時間がかかるだろう、と彼は言う。

彼は多くのマーケットタイミングのモデルや指標を作った。彼のマーケットタイミングを計るツール、トム・デマーク「TD」指標は主にパターンに基づいている。彼の指標はほとんどの指標とは異なり、価格から派生したものではない。百パーセント客観的な価格パターンを反映したものだ。それらは彼独自のパターンをとらえる。そして指標なので、画面で簡単に見ることができる。彼の指標の多くは現在、利用できる最大のプロ向けデータサービスのプラットフォームであるブルームバーグやトムソン、CQG、デマークプライムで使われている。彼の指標は現在、ブルームバーグを利用している３万5000人以上のトレーダーに使われている！　彼は大物だ。そして、単純なシステムが一番だと信じている。

あなたも知っているように、私が読んだ本のなかで最も優れたマーケットの観察をしたひとりは彼だと思う。次はアート・コリンズの『マ

ーケットの魔術師　システムトレーダー編』(パンローリング) からの完全な引用だ。

　　ポール・チューダー・ジョーンズと働いていたとき、私は彼のために4つか5つのシステムを作った。私がそれらを作ると、彼らは最適化モデルや人工知能など、高等数学を使ってあらゆることをする人たちを雇った。結局、17人のプログラマーで4～5年をかけて検証した結果、4つか5つの基本システムが最も有効だと分かった。

　ポール・チューダー・ジョーンズのために4つか5つの基本システムを考え出した人はデマークだった。ポール・チューダー・ジョーンズの知見を使って、17人のプログラマーが4～5年費やしても打ち勝つことができなかった単純なメカニカル戦略は、彼が作り上げたものだった。
　コンサルティングのほかに、彼は自分用の価格に基づく指標を用いて、個人的にトレーディングを続けている。CQGとブルームバーグでトレーディングを行う彼が、好んで使う時間枠は日中足と日足だ。彼は株も先物もやる。
　彼は3冊の本、『**デマークのチャート分析テクニック――マーケットの転換点を的確につかむ方法**』(パンローリング)、『ザ・ニュー・サイエンス・オブ・テクニカル・アナリシス (The New Science of Technical Analysis)』『デマーク・オン・デイ・トレーディング・オプションズ (DeMark on Day Trading Options)』を書いている。トレーディングを行う以外では、マーケットタイミングの研究か、スポーツ、特にバスケットボールにのめり込んでいる。彼も成功してやる気にあふれた多くの人に似ている。グローバルマーケットに厳しく度を超して集中していると、懸命に働きすぎることがあり、家族の悩み

の種になっている。彼とその家族は米国の西海岸に住んでいる。では、彼の一言アドバイスがどういうものか聞くことにしよう。

「トム、あなたはトレーディングの知識や経験が豊富なので、多くの人に助けてほしいと言われるでしょう。成功したいと考えるトレーダーに一言だけアドバイスをするなら、それは何でしょうか。また、その理由は何ですか？」

トレードを始めたばかりの人はたいてい、相場に関するアドバイスとほとんどのトレーダーの一致した見通しに従うことがトレーディングで成功する道だ、というひどい誤解に基づいて動く。この信念はきっと、人が他人と付き合うのに慣れているために起きるのだ。とりわけ人生では、妥協して他人の味方をすることが最も抵抗の少ない道だ。だが、これと似た手法をトレーディングに当てはめれば、たいていは大失敗に直行だ。

トレーダーたちが昔から抱いている信念は、「トレンドはトレーダーの味方」だ。私は当然の結果をこの格言に加えた。そしてそれは、「……トレンドが終わりかけでないかぎり」だ。

何年も前に私が行った広範な需要・供給分析の調査で分かったことがある。相場が底入れするのは、賢い買い手が底と見たところで買いを入れるからではない。例えるなら、むしろ最後の売り手が売ってから底を打つのだ。

実際、相場が下げているときに早すぎる買いが起きるときは、たいてい空売りの買い戻しのせいだ。早すぎる買いによって価格の真空地帯が生まれているので、いったん買いがなくなると、下落はいっそう速くなるだけだ。

逆に、抜け目ない物知りの売り手のせいで、天井を付けるわけではない。例えて言えば、むしろ最後の買い手が買ったために、それが起きるのだ。

私の全投資歴でかかわってきたトレーディングで、これらの観察は有益だった。

　特に、大きなファンドを運営しているトレーダーの場合、いったん最高値を付けて下落し始めてからではなく、むしろ最高値を予想して売ることが極めて大切になる。同様に、最安値を付けたあとではなく、むしろ下げているときに買うほうが賢明だ。ほとんどのトレンドフォロワーはスリッページやギャップに対処したり、売り気配値で買ったり、買い気配値で売ったりすることを強いられる。だが、この方法ではそういうことも避けられる。

　言い換えると、トレンドが消えて転換するところで動くほうが、単にトレンドやトレーダーの心理に従うだけよりも報われることがある。

　全体としてマーケット一般に広がる期待に逆らって動くのは、注文を入れるときには難しい。しかし、トレンドに逆らって動けばトレンドフォロワーには得られない利益を得る機会が生まれ、有利となる。特にトレンドが消えそうな水準を予測するために設計された、実績あるツールを適用する場合にはそう言える。

　この逆張り手法は買うときよりも、売るときのほうが報われると分かっている。買いは積み重ねの過程だ。つまり、最初にポジションを取っても、それを増やしていくのは上昇が始まってからだ。同時に、人は前向きの展開や推奨を求めがちだ。そして、それらを確認すると、証拠金取引でポジションを増やすことさえある。やがて、銘柄にどれほど夢中でも、買う可能性はなくなっていく。だが、いったん銘柄に対してネガティブになると、トレーダーはポジションをすべて売り払うのが普通だ。

　一般的に、相場は上昇するときよりも、下落するときのほうが３倍速いのは、このためだ。トレーダーはポジションを徐々に増やすほうを好むことがあり、上昇するにつれて買い増す。だが、いったん幻滅を感じると、すべてを売ってしまうのだ。

トム・デマーク

　さて、どうだろう。トレンドを利用したトレーディングは私たちが信じ込まされているほど味方にならないかもしれない。トレンドの終わりに近いときは特にそうだ、とデマークは考えている！　彼は天井と底についての重要な観察を与えてくれた。ほとんどの人の考えとは逆に、天井は賢い売り手が生み出すものではなく、買いがなくなるために起きる。底は賢い買い手が生み出すものではなく、売り手がいなくなるために起きる。これを理解した彼は、今日のようにマーケットタイミングの名人になった。そして、彼のあなたへのアドバイスは、現在の一般的な考えを疑い、大衆を避けるようにということだ。大多数がしていることを避けよう。数の多さで安心しないようにしよう。トレンドが消えて転換するところを見極めて、トレードを行おう。逆張りかスイングトレードを調べよう。それらは彼と彼の顧客に大きな利益をもたらした。あなたにもその可能性はある。さらに彼の経験によれば、逆張りは底でよりも天井でのほうが報われる。相場は上昇のときの3倍速く下落するからだ。彼はトレンドを利用したトレーディングをもてはやすテクニカル分析の世界で、独自の存在だ。恐れ知らずか愚かな反抗者に似て、彼はテクニカル分析のハイウエーのど真ん中に立っている。そして、伝統的で多数派の考え方に、毅然と立ち向かっている！　彼は明らかにそれを非常にうまくやっているので、その能力がある。トムの類を見ない強力なアドバイスは、トレンドについての大多数の見方に従うという快適さから離れ、相場の天井と底を予測する方法に関する戦略を調査するようにということだ。これは2つの理由から、力強いアドバイスだ。第一に、それは多数の考えに対立しているので、論議を呼ぶ考えだ。これは大胆で目立った考えだ。第二に、それはスティーブン・コーエンやポール・チューダー・ジョ

ンズやジョージ・ソロスのような投資とトレーディングの大物たちが、お金を払って手に入れるものだ。相場の転換前に仕掛けたり手仕舞ったりするために、正確な時間や価格を見極めて、組織的な規模でそれを行うのだ。彼のアドバイスは、逆張りかスイングトレードの売買ルールに焦点を合わせるようにということだ。あなたが彼の言うことを聞いていたことを望む。私は聞いていた。

彼のアドバイスに共鳴して、トレーディングやマーケットに関する彼の考えを、もっと知りたければ、http://www.marketstudies.net から連絡を取ることができる。

リー・ゲッテス

リー・ゲッテスは、国際的なメカニカルシステムの設計者であり、トレーダーだ。彼はほとんどのトレーダーにはできない成果を達成した。名誉なことに、彼は時の試練に耐えるメカニカルトレード戦略を開発・設計した。それは21年後の今も機能し続けている。成功したトレーダーで、そういうことを言える人は多くない。この分野のシステム開発で、彼がシステムの専門家と自慢できるのは確かだ！　もっとも、彼と知り合えば、非常に控えめで謙虚な人であり、自慢する人ではないと分かるだろう。自尊心はあるが、生意気ではない。

彼がこの成果を達成したのは、ボルパットというトレーディング戦略を何とか開発した1988年だった。それは今でも利益を上げ続けている。また、この文章を書いている現時点で、500以上のトレーディングシステムを調べている独立系の雑誌フューチャーズ・トゥルースでは、トップ10のシステムにボルパットが入っている。そして、最近12カ月の「トップ10」にランク入りしているだけではなく、第3位に入っているのだ！　500以上のトレーディング戦略のなかでの第3位だ。21年以上も前に彼が開発した戦略だ。これは驚くべき成果だ。

彼が何を達成したか説明しよう。彼は値動きに関する自身の理論に従って、客観的なルールに基づくトレーディング戦略を開発した。彼の戦略に従った人はだれでも、過去21年間で利益を出している。必ず生じる損失をすべて穴埋めしても、さらに多くの利益が残るほど勝っている。たしかに、負ける年もあった。だが全体的に見れば、その純資産曲線は実際のトレーディングで着実に安定して上昇してきた。高い評価を受けている（トレーディング戦略は言うまでもなく）トレーディング理論で、これと同じほど成功していると主張できるものはそれほど多くない。

　彼の戦略に匹敵するほど永続的なものを開発し、同じ成果を達成したと言えるトレーダーは極めて限られている。たしかに、そういう人は彼だけではない。例えば、リチャード・ドンチャンは1960年代に4週（20本の足）チャネルブレイクアウト・システムを開発した。それは1980年代にリチャード・デニスとビル・エックハートがタートルズの実験をして、「セレブ」の地位を獲得した。また、1980年代なかごろに開発されたトレンドトレーディングのシステムもある。それはジョン・ボリンジャーのボリンジャーバンドに基づいたものだ。その戦略は今日でも利益を生み続けている。しかも、これらだけが永続的な戦略というわけではない。とはいえ、長年にわたって生み出されてきたアイデアの多さに比べて、21年以上も時の試練に耐えた、永続的で堅牢な戦略は極めて少ない。それは非常に珍しい。

　ところで、彼はいつもトレードを行っていたわけではない。彼の職歴はゼネラル・モーターズでの床掃除から始まり、その後にコンピューター プログラミングに移った。1985年にあるブローカーから電話があり、さも簡単にお金が手に入りそうな口ぶりだったので、トレーディングに関心を持つようになった。口座に大きな損失を生じたあと、彼はテクニカル分析について学べることを何でも勉強することに専念した。それから、コンピューターの知識を生かして、さまざまなマー

ケットの仮説を評価し、アイデアを検証し始めた。その当時には、今日のトレーダーが持っているような進んだトレーディングソフトの恩恵を受けることはなかった。8ビットの88XTを使った自作コンピューターの1台で、GWBASICでプログラムコードを書いたのだ！　ペンティアムのCPU（中央演算処理装置）はなかったが、パターンに基づくボラティリティブレイクアウト戦略をうまく開発することができた。それは、彼に初めてエッジを与えた、勝てる戦略だった。

1987年にはトレーディングが非常にうまくいっていたので、彼は10月に株式市場が暴落する直前に、フルタイムでトレードを始めることにした。完璧なタイミング、とはいかなかった！　彼は暴落した日に損をした。だが、それほど負けたわけではなく、比較的無傷で生き残った。彼はその当時を振り返り、実は自分にとって良い経験だったと認める。「S&Pが暴落したとき、私は自分の全人生が突然、目に浮かぶのを見た。しかし、振り返ってみると、それは非常に良かった。そのときまで、トレーディングは簡単だろうと思っていたからだ。そのときに平手打ちを食らって、私は本気でトレードのやり方を学ばざるを得なくなったのだ」

1988年に、彼はボルパットによる戦略を開発した。彼は1993年に67万5000ドルを超える金額で、それをプロトレーダーのグループに売却した。そこには大きな2つの公的基金と北アメリカで最大級の1つの銀行が含まれていた。

彼は現在まで25年以上、フルタイムでトレードを行っている。彼は投資顧問会社を経営していて、そこで自分が行っているすべての推奨銘柄を個人的にトレーディングしている。多くのプロのトレーダーがリスクを分散化するために、彼の会社を利用している。彼は今も短期トレードに焦点を合わせている。デイトレードも、2〜4日間ポジションを持つ短期トレードも行う。彼はEミニSP500と米国30年債の先物をトレードし続けている。彼は今も、パターン認識によるボラティ

リティブレイクアウト・システムでトレードを行っている。ただし、現在は彼の戦略にモメンタムも組み込んでいる。しかし、その3つの構成要素のうち、パターン認識を一番重視している。彼は調査、開発、注文の執行のために、ジェネシスというソフトを使っている。システム運用を行うためにモデルを開発したが、それを裁量トレードで用いる。マーケットの状況を自分で解釈し、どのシグナルでトレードを行うかを選んでいるのだ。

コンピューターのモニターを見ていないときには、運動やゴルフをしてくつろぐのが好きだ。そして家族には迷惑だが、どれほどひどい状況でもプラスの側面だけを見たがる。「泣くぐらいなら、笑っていたいんだ。さらに、私たちのどれも生きてここから出ていくことができないのならば、楽しめる間に楽しんだほうがよいだろう?」と、彼は言う。では、彼の一言アドバイスを聞こう。

「リー、あなたはトレーディングの知識や経験が豊富なので、多くの人に助けてほしいと言われるでしょう。成功したいと考えるトレーダーに一言だけアドバイスをするなら、それは何でしょうか。また、その理由は何ですか?」

優れたトレーダーであっても、少なくとも個々のトレードに関してはいつも悲観論者でなければならないと私は思う。あまりにも前向きな考えをしていると、希望的観測に変わり始める。それはトレーダーには少しも良いことではない。私が焦点を合わせているのはリスクだ。トレーダーはすべてそうする必要がある、と私は信じている。

私は非常にプラス志向の人間だ。事実上すべてのトレーダーと同じように、お金を儲けたくてトレードを始めた。お金を損するためにトレードを始めるというのは、論理的ではないよね? 私は長期的には利益を出せると考えている。長期的な結果については非常に楽観的だ。利益を出すと期待し、そのつもりでトレードを行うのは当然だ。それ

は分かっているのだから……、私が焦点を合わせるのは、幾ら損をしてもよいかだ。なぜか？　この点以外のトレーディングの側面を、何であれコントロールしていると考えている人は、勘違いをしているからだ。

　私たちはみんな、何時間も費やしてチャートを調べて分析し、どの銘柄を買ってどの銘柄を売るべきかを見つけようとする。だが、そうした分析をすべて行い、実際にポジションを取ったあと、利益を出すために何かやれることはあるだろうか？　あなたは、その銘柄が自分の思った方向に動くようにと声援する。叫んだり、ののしったりして、その銘柄が生きているわけでもないのに、その銘柄の親でもあるかのように振るまう。また祈ることも多い。だが、どんなに少しでも、その銘柄をあなたの望む方向に動かすことはまったくできない。あなたは調査が正しく、選んだ方向が適切だったと思うしかない。それでも、あなたは確実性ではなく確率を扱っていると認めざるを得ない。すべてを間違いなく行ったときでも、結果は間違いで、損失を被らなければならないことがときどきある。いったんポジションを取ったら、幾ら儲けられるかをコントロールできない。

　他方、幾ら負けるかということについては、ささやかながらコントロールできる。予想以上に損失を大きくする注文コスト、スリッページ、前日からのギャップ、あるいは飛行機がビルへ衝突することさえあり得る。だが無理のない範囲で損失をコントロールする能力が私たちにはある。あなたが限度だと決めたリスク総額が幾らでも、トレードをしているほとんどの間、それをしっかり守ることはできる。トレーディングで唯一実際にコントロールできるのはリスクという側面だけなので、良いトレーダーはリスクに焦点を合わせるのが当然だと思う。私はそうしているし、あなたもそうするように提案する。私は自分に有利な確率が欲しい。また、リスクは定量化できて、コントロールできるようにしておきたい。これらの要素のどれかが欠けていれば、

私はトレードを行わないほうを選ぶだろう。

リー・ゲッテス

さて、どうだろう。この成功したトレーダーは利益を出す話をするのではなく、リスクに焦点を合わせるようにと言う。リターンではないのだ。個々のトレードでは常に悲観主義になり、幾らまで損をしてもよいかに集中する。自分がコントロールできることに焦点を合わせる。マーケットが与えてくれるものではなく、災いであるリスクに焦点を合わせるようにと語る。彼が何よりも守っている一言アドバイスを真剣に受け止めてくれたことを望む。トレードで長く生き延びるには、個々のトレードすべてでいかにリスクを管理するかに尽きる。リスクを無視すれば、あなたのトレーディングキャリアは長くないだろう。あなたがしっかり聞いていたことを望む。いつものように、私は聞いていた！

彼のアドバイスに共鳴して、トレーディングやマーケットに関する彼の考えをもっと知りたければ、http://www.leegettess.com/ から連絡を取ることができる。

ダリル・ガッピー

ダリル・ガッピーは中国の金融市場で、おそらく最も目立つ白人のひとりだろう。これが間違いなければ、中国の人口を考えると、彼は世界で最も目立っているひとりだろう。これには幾つかの要因がある。まず、彼が中国で幅広い人気があるのは、彼のトレーディング関係の著書が数多く中国語に翻訳されているからだ。さらに、中国語の経済番組で定期的に解説をしているうえに、CNBCアジアのスクワークボックスで定期的にチャート分析を行っているためだ。第二に、中国人

はトレーディングが大好きだ。最後に、彼が中国語に熱中しているからだ。オーストラリアはケビン・ラッドという中国語を話す首相がいるだけでなく、ダリル・ガッピーという中国語を話すトレーダーがいる！　トレードマークの口ひげで、彼は中国では簡単に見分けができ、アジアのトレーダーの間ではチャートマンとして有名である。

　彼は多くのトレーディング関係の本を著していて、今では世界のトレーダー教育の第一人者のひとりだ。しかし、彼は自身をただの教育者とはみなしていない。彼は自分を何よりもトレーダーと見ている。本を書くのは、書くことが大好きだからやっているまでだ。あなたが幸運にも、彼の個人的な日記を受け取って読んだら、彼がどれほど書くことを楽しんでいるか理解できるだろう。そして、彼の本を読む野心的なトレーダーにとっては幸運なことだが、彼は分かりやすい文章を書く。彼の手にかかると、奇妙で達成できないものでも、明らかで達成できるものに見える。

　しかし、彼がそれほど有名でなく、著書も出版されていなかった時期があった。彼が1989年に株の投資を始めたころは、ウォーレン・バフェットのバリュー投資の方針に従って、自分が知っていて理解している会社の株だけを買った。だが、自分のお金がどうなるかは会社次第、という状況が好きになれなかった。彼はトレーディングによって、自分のお金の最終結果を自分でコントロールできるようにしようと考え始めた。やがて、彼は株のトレーディングで勝つための売買ルールを考案した。彼は毎日、株の監視リストを作った。それはシステムトレードの機会を幾つも示した。それから、裁量による選択基準を当てはめて、監視リストにある株のどれをトレードリストに移すか決めた。彼のセットアップは主に確率の高いチャートパターンを中心にしたものだった。彼はコンピュトラックという相場ソフトを用いて、日足で作業するのを好んだ。すぐに成功はしなかったが、1993年までにはフルタイムでトレードを行い、信頼と成功を得ていた。

彼が成功しているという話はすぐに広がり、助けてほしいという人が増え始めた。そこで、彼は1996年に最初のトレーディング関係の本『シェア・トレーディング（Share Trading）』を書いた。初版は２週間以内に売り切れた。出版から14年たった現在、この古典は12刷目に入っている！　彼はトレーディングと執筆という２つの情熱を共に追求でき、とても幸せになった。それ以来、翻訳版を含めて全部で15冊のトレーディング関係の本を出版した。そのうちの何冊かは中国市場向けに書き直されたものだ。

　彼は今日でも成功し始めたときのように、システムトレードによる複数の機会と、裁量による選択基準を組み合わせてトレードを続けている。彼は株以外に、オーストラリア、シンガポール、香港の指数、CFD（差金決済取引）、ワラント、ETFなどの株の派生銘柄のトレードを活発に行っている。さらに、彼は中国市場をしっかりと見ている。世界市場に対する影響力が日増しに強まっているためだ。短期トレーディングでは、主に確率の高いチャートパターンに焦点を合わせながら、テープリーディングも取り入れている。彼はマーケットの状況に合わせて、トレードの時間枠を決めればよいと強く信じている。状況次第で、５分で手仕舞うこともあれば、２～３週間持ち続けることもある。最も良い時間枠を取引銘柄に決めてもらうのだ。取引機会を見極める手助けに、チャートのパッケージソフトを使っている。それにはガッピー・トレーダーズ・エッセンシャルズ、メタストック、ネクストビュー・アドバイザーと中国マーケット用のガウセンが含まれている。

　彼のトレーディングに対する貢献は本だけではない。長年にわたって、彼はメタストック、オムニトレーダー、ガッピー・トレーダーズ・エッセンシャルズやその他の相場ソフトを含め、優れたテクニカル指標を開発した。彼はトレーダー教育と訓練のビジネスを展開し、非常に成功している。ダーウィン、シンガポール、北京にオフィスがある。

また、オーストラリア、シンガポール、マレーシア市場に関する教育的なニュースレターを発行し、人気がある。彼は数多くの中国の経済誌に、定期的にデータやコラムを寄稿している。さらに、アジア太平洋、中国、ヨーロッパ、北アメリカで講演を行っていて、人気があり引っ張りだこだ。

彼はトレードを行うか他人にそれを教えていないときは、世界のどこかでノートパソコンに自分の考えを記録していると見てよい。彼は書くことが好きなのだが、そのためには長時間、集中する必要があるのが欠点だ。彼の妻は集中しているその時間を家事に使ってもらいたいのだ！

彼とその家族はオーストラリアのダーウィンに住んでいると言いたいのだが、実際にはそうではない。というのも、彼に連絡を取るたびに、彼は北京か上海、シンガポール、クアラルンプールかほかの場所にいて、自宅には一度もいたことがないのだ！

さて、彼が相場に集中しているか、飛行機に乗ろうとしているか、考えを書き留めているとき以外に、一言アドバイスを頼むことにしよう。「ダリル、あなたはトレーディングの知識や経験が豊富なので、多くの人に助けてほしいと言われるでしょう。成功したいと考えるトレーダーに一言だけアドバイスをするなら、それは何でしょうか。また、その理由は何ですか？」

これは単純な質問に聞こえるが、答えるのは難しい。マーケットで成功を収めるためには、多くの異なる技術が必要だ。私はこれまでに読んだすべての本や、トレーディングを行った長い期間を思い出す。相場の動きは、私がトレードを行っていた1989年や1999年と、2009年とでは大いに異なる。それでも、変わっていない共通の特徴があるはずだ。

初めてトレードをしたときは、ほかの達人トレーダーたちを研究し、

彼らから学んだ。技術が向上すると、自分の考えを発展させて独自の手法を開発した。ほかの人が学べるように、これらを私の本で紹介した。その後、私は自信過剰になった。発展するマーケットで生き残るためには常に技術を新しくしていく必要がある、とマーケットに思い知らされた。トレードの初心者にも経験豊かなトレーダーにも、私がしたい一言アドバイスは、ただの１語だ。それは「謙虚さ」だ。

　謙虚さとは、マーケットにいるほかの人のほうがはるかに物知りだ、ということを理解して認めるという意味だ。彼らは特定の会社のビジネスについて、何が起きているか知っている。また経済や政府で何が起きているかを理解している人たちもいる。さらに、分析技術が非常に優れている人や、非常に良い情報を持っている人もいる。こうした知識をひとりで持つことは不可能だ。あなたはマーケット、あるいはマーケットにかかわっている人々以上に利口にはなれない。

　謙虚さとは、彼らの知識を評価して、マーケットでの彼らの結論に従えるようになることを意味する。彼らの情報や分析技術はすべて、値動きを示すチャートに現れる。毎日、知的な人々がマーケットで売買している。値動きを見守っていれば、彼らの意見を測ることができる。この値動きには重要な基本的関係が３つある。

　最初の基本的関係は安定した支持線と抵抗線だ。チャートではこれらを水平線で示す。

　第二の基本的関係は動的な、あるいは展開している支持線と抵抗線だ。チャートではこれらを斜めのトレンドラインとして示す。

　第三の基本的関係は、トレーダーと投資家の間にある。私たちはこの関係を理解し分析するために、ガッピー多重移動平均線を使う。

　これらはほかの人がどのように考えているかを教えてくれるので、私がマーケットを理解するための基礎になっている。

　謙虚さとは、チャートと値動きのパターンが生み出すメッセージを受け入れることだ。私はときに、相場のほうが間違っていると思うこ

とがある。下がるのはおかしいと思う。だが、そういう考えが値動きで確かめられなければ、自分の考えを無視することを学んだ。

　謙虚さとは、私がチャートのメッセージを聞くということだ。聞く耳があれば、お金が話しているのを聞くことができる。というわけで、私の単純な一言アドバイスはこれだ。マーケットで謙虚でいれば、マーケットはあなたに報いてくれる。

ダリル・ガッピー

　謙虚さ。とても単純で微妙だが、とても強力だ。謙虚さとは普通、自分で代償を払って学ぶ最後の感情なので、これは素晴らしいアドバイスだ。トレーディングを始めるときは普通、若さにつきものの自信やエネルギー、熱意、無意識のうちに出るおごりがある。そして、相場で最大の逆境が襲ってくることによって、財布や魂、プライド、自尊心を傷つけられて初めて、全知全能で絶えず変化し、状況をコントロールしている相場にひざまずき、謙虚な生徒になるのだ。あなたが彼の話を聞いていたことを望む。私はきちんと聞いた。トレーディングがうまくいき、成功を達成しても、相場の声を聞かなくなると、成功はすぐに素通りしかねない。謙虚でいれば、マーケットのメッセージに耳を傾けていられる。そして彼の言うように、マーケットが報いてくれる。だが謙虚でなければ、失望への特急に乗ることになるだろう！

　彼のアドバイスに共鳴して、トレーディングやマーケットに関する彼の考えをもっと知りたければ、http://www.guppytraders.com/ から連絡を取ることができる。

リチャード・メルキ

　リチャード・メルキは成功した裁量トレーダーで、絶対リターンのファンドを運用している。彼の手法はグローバルマクロと言われる。これは彼のトレーディングの指示に境界線がないことを意味する。彼は自由なトレーダーだ。どんな理由にせよ、いつでもどんなマーケットでも、仕掛けて手仕舞うことができる。セットアップが発生していると考えたら、銘柄やマーケットや場所に関係なくトレードを行う。

　リチャード・メルキはまさに指折りの裁量トレーダーかもしれない。2008年の世界金融危機のころ、独立系の調査会社オーストラリアン・ファンド・モニターズは、彼の戦略であるグローバルマクロのなかで彼を第2位にランク付けした。悪くないではないか？

　だが彼が優れているのは、彼の全経歴がマーケットやトレーディングや投資にかかわっているからではないかと思うだろう。たしかにそのとおりで、彼は金融機関のディーラーだった。10年間のかなりをオーストラリアの商業銀行で働いた。そのひとつは当時すべてのマーケット参加者の羨望の的だったバンカーズ・トラストである。

　裁量トレーダーの彼はトレードを裏づけるために、テクニカル分析や何らかのテクニックを使うことはほとんどない。彼が判断に使うのは、世界のマクロ経済のイベントに関する自分の解釈と、相場の方向を見極めるマーケットフローについての知識だ。

　また、リチャード・メルキは私の最も古くからの親友のひとりでもある。私たちは大学で金融を専攻していた1983年に出会った。私は優等学位を取得せずに、1983年12月にバンク・オブ・アメリカに就職した。一方、彼は優等学位を取得して、1986年に半官半民の商業銀行であるAIDC（オーストラリア産業開発公社）に就職した。

　彼は純粋な裁量トレーダーであり、どんな特定のテクニカル手法を好むこともない。私は個人的に彼を、自分の「頭」と直観力に頼る一

匹おおかみのトレーダーと見ている。彼は珍しい才能と能力を持つ、数少ない幸運な人だ。複数のマーケットを監視しながら、経済に関する多くの数値を頭に入れて、トレードすべきかどうかという明確に二者択一の決定にまで絞り込むのだ。それから、テクニカル分析で仕掛けのタイミングを計る。彼は私の知っているなかで、最高の経済アナリストだ。あなたが彼を知っていたら、テレビやラジオでコメンテーターをしているエコノミストたちをすべて無視して、彼の話だけを聞くだろう！

　しかし、まずは彼の経歴から始めよう。リチャード・メルキは1986年に、ディーラー見習いとしてAIDCに加わった。初めから、彼は常に裁量トレーダーであった。経済のファンダメンタルズを正確に解釈することを目指し、仕掛けのタイミングを計るためにテクニカル分析のツールを使った。過去23年間で彼が変えたことは何もない。ただ、いっそうやり方がうまくなっただけだ。当時は、ロイターとテレレートの配信する経済ニュースとチャートを利用した。1988年までにはAIDCでデリバティブの担当になり、ディーラーのひとりになった。彼の成功はマーケットですぐに知れ渡り、まもなくバンカーズ・トラストに引き抜かれた。1995年にそこを辞め、自分のためにトレードを行って、投資に対する個人的な興味を追い続けた。

　2000年には顧客の資金を運用するために、絶対リターンの運用会社を設立した。彼がトレーディングを始めて24年以上になる。だが、今でも驚かされることがある。彼は特定のマーケットの見通しをいともたやすく捨て、ポジションを手仕舞ってドテンすることができるのだ。判断を誤ったときにはそれを理解し、状況の分析を誤ったからといって、傷ついた自尊心のことなど気に掛けない。私たちのほとんどは損失が出るとがっかりして、間違った分析をした自分を責める。だが、彼にはそんなことは何でもない。彼はすぐに次の機会を狙う。

　もうひとつ、彼の面白いところは、裁量トレーダーにしてはシステ

ム運用をするメカニカルトレーダーを高く評価するという点だ。それは彼の直接の経験から生まれたものだ。普通、裁量トレーダーはシステムトレーダーを退ける。指標であれ定量的な数式であれ、数学的な計算法で確かな利益を得られるほどマーケットはけっして単純なものではないと信じている。彼らは効率的市場仮説に近いことを信じている。それは過去の値動きを使って、将来の値動きを予測することはできないというものだ。だから、彼のような裁量トレーダーがシステムトレーダーを高く評価するのは非常に珍しい。

　しかし、彼はバンカーズ・トラストの全盛期にディーラーをしていた。そのため、メカニカルトレーディングを間近で見ていた。銀行は全盛期にディーラーたちを１カ所に集めていた。彼はそのひとりだった。とはいえ、すべてのプロップのディーラーが同じわけではない。あるものは２人の若い新卒社員によって常に監視される必要があった。ひとりは昼間に働き、もうひとりは夜間に働いた。彼らの仕事は、メルキやほかとは異なるこのユニークなディーラーが出す注文をすべて執行することだった。このディーラーは、メルキが銀行で働いていたころは毎年、パフォーマンスが最も良かった。そして驚くなかれ、このディーラーはシステムトレード用のプログラムを動かすコンピューターだった。世界市場を休みなく監視して、若い新卒社員が執行するための売買注文を生み出した。メルキがそこにいたとき、メカニカルトレーディングのプログラムが、銀行で最もパフォーマンスの良いディーラーだったのだ！　そのため、彼はメカニカルトレードを高く評価するようになった。

　ついでに言えば、ほかのディーラーはだれも、プログラムが何をしているか知らなかった。それは銀行内の極秘事項だった。だが、それは銀行内で高く評価されていたチェスのチャンピオンであるリチャード・ファーリーの設計したものだということは、皆が知っていた。リチャード・ファーリーはその銀行で非常に成功したので、バーミュー

ダのヘッジファンドを運営するために引き抜かれた。彼はそこを34歳で退社して、後にモンテカルロに引っ越した。リチャード・ファーリーについてもっと知りたければ、彼の著書『テーミング・ザ・ライオン（Taming the Lion）』を読むとよい。

リチャード・メルキはメカニカルトレーディングがいかに有効であり得るかをじかに見ていたので、多くの裁量トレーダーのようにそれを退けないのだ。裁量トレーダーの彼はデイトレーディングから短期、中期まで、複数の時間枠でトレードを行って満足している。ポジションを長期間、持ち続けることはまれだ。トレード対象に制限を設けてはいないが、執筆しているときには、株式指数、金利、商品、通貨のトレーディングを好む。彼の好むトレーディング対象は先物とオプションだ。また、機会があれば、オーストラリア株のトレードも行う。彼は経済の報告書にはすべて目を通す。また、テクニカル分析には、単純なトレンドラインのブレイク、単純なパターン認識、ダイバージェンス、モメンタムの変化をさまざまに組み合わせて使うことがある。

トレーディング以外では伝記に夢中になり、妻ペータの迷惑なことに、ほかのことには耳を貸さない。彼は強い信仰心があり、彼の属する教会で活動し、オーストラリア、ニュージーランド、フィリピンのアンティオキア正教会大主教区の委員をしている。彼とその家族はオーストラリアのシドニーで暮らしている。では彼の一言アドバイスを聞こう。

「リチャード、あなたはトレーディングの知識や経験が豊富なので、多くの人に助けてほしいと言われるでしょう。成功したいと考えるトレーダーに一言だけアドバイスをするなら、それは何でしょうか。また、その理由は何ですか？」

私の名前はリチャード・メルキで、RTMアブソルート・リターン・ファンドのCEO（最高経営責任者）だ。私は1986年以降、主な資産

クラスを活発にトレードして、毎年利益を出している。その時期に、マーケットの混乱を経験して、生き残っている。1987年の株式市場の暴落、1997年のアジア通貨危機、1998年のLTCM（ロング・ターム・キャピタル・マネジメント）の破たん、2001年9月11日のアメリカ同時多発テロ事件、それに現在の世界金融危機だ。また、私は20年前後トレーディングを続けてきたが、2～3年で「燃え尽きる」ことはなかった。

　ペンフォールドの質問は単純で率直だが、私がトレーディングで成功したカギは資金管理とトレード計画に基づいているので、ひとつではない。裁量によるグローバルマクロのトレーダーであるため、私は大量の情報やマーケットの見解やテクニカル分析に向き合っている。これらの変数をどう調節するかが、私のトレーディングでの判断のカギとなる。そして、この判断に従った執行をすることが私の資金管理システムの役割だ。この短い解説で、私は一言アドバイスよりもむしろ私の戦略の大まかな見取り図を与えたい。

　トレーディングを行うときに短期的か長期的か、あるいは株か債券か通貨市場かにかかわらず、私にとって最も大切なことは現実的な期待値、堅牢な資金管理システム、自分の時間枠にふさわしいトレード計画を持つことだ。最初の2～3カ月以内に目的を達成しようとしてはならない。それは資金を吹き飛ばす可能性を増やすだけだからだ。むしろ、毎月を目標への踏み台とみなすべきだ。

　私のトレード計画は極めて単純だ。長年の観察から、成功したトレーダーのほとんどはあまり複雑でないトレード計画を持っていると分かった。私は裁量トレーダーなので、毎日、たくさんの経済データと向き合う。私のトレード法は今後の経済見通しに関するデータとテクニカル分析とマーケットの観察を組み合わせたモデルに従ったものだ。市場の統計データとタイミングも、私のトレーディングスタイルで大切な役割を果たしている。例えば、小売売上高は私が追いかける重要

な経済数値だが、私にとっては売上高に対する在庫比率と在庫水準も同様に重要な数値だ。ISM製造業景況指数はもうひとつの重要な経済数値だ。だが同時に、例えば生産や新規受注といった指数を構成する要素も重要だ。私のトレード法には相場のテクニカル指標、統計情報やタイミングの観察、市場のセンチメントも取り入れている。それらはマーケットの声だ。これらすべての数値がどう変化するかが、私のトレード法でのカギとなる。

私のすべてのトレーディングの判断には、資金管理システムが含まれている。これによって資金を守り、生き残って資金を効果的に配分できるのだ。すべてのトレードで勝てるわけではないと絶えず思い出すことは、資金管理システムの一部として大切だ。実際、ほとんどのトレードは負けている可能性のほうが高いのだ。だからカギは損失を管理して、期待されるリターンが全体として常にプラスになるように、利益が出たトレードを手仕舞うことだ。トレードの仕掛けや手仕舞いでのスリッページを最小にするために、流動性の高いマーケットや、通貨でときに見られるような政治的な操作がされないマーケットでしかトレードを行わない。

精神的な強さもトレーダーにとって大切だ。損失もこのゲームの一部だから、先に進んで、損失にあまりこだわらないこと、損失を取り戻そうとむきにならないことが非常に大切だ。忘れないようにしよう。機会はほぼ毎日訪れる。私のこの短い文章が読者の役に立つことを望む。

リチャード・メルキ

素晴らしい。これは確かに、私の期待以上だ！　あなたの好みが裁量トレードなら、彼の経済についての作戦計画を眺めて、彼がどういうファンダメンタルズの統計に注意を払っているかを知る、という非

常に貴重な経験をした。彼は過去24年にわたって毎年、利益を生んでいるトレード計画を非常に気前よく公開してくれた。彼は一言アドバイスでは不十分だと感じて、自分のやり方を簡潔に他人のためにまとめてくれた。彼にとって重要なことは、相場の値動きを経済予測の数値の変化で見ていることだ。彼はいつでも自分が勝つ見込みを高めようとする。彼は資金管理の重要性を強調する。また、トレーダーの気を散らす日々の相場の雑音を無視できるようになることが大切だとも主張する。これは24年も勝ち続けるという珍しくてうらやましい実績を持ち、成功したトレーダーが語る賢い言葉だ。

残念ながら、彼の連絡先は教えられない。だが彼の考えが心に響いたら、彼の言葉を印刷してモニターの上のほうに張り、裁量トレーダーがどうやって成功したかを常に思い出すことを勧める。彼の話を楽しんで聞き、貴重な洞察が得られたことを望む。私にとってはそうだった。彼とは27年も付き合いがあるのだ！

ジェフ・モーガン

ジェフ・モーガンは私の親友であり、師でもある。私にトレーディングで成功するための正しい道を教えてくれたのは彼だった。感情を交えずに百パーセント客観的になり、冷めた目で公平かつ論理的にマーケットを見て、統計的に勝率を上げることが重要だと私に教えてくれたのは彼だった。

当時の私はエリオット波動を信じて疑わずに、SPI指数のトレードを行っていた。モーガンは、私が利用していた取引員で働くブローカーだった。私がブローカーと話すために電話をするとき、長年にわたって彼と話すことが非常に多かった。私たちは定期的に話をしたが、マーケットについて話していたわけではなかった。

さて、ある日、私は損失を幾らで手仕舞えたか確認の電話をして

いた。私は自分のトレーディングにまた気落ちしていた。どうしても、私は勝てないように思われた。私のブローカーが昼食で外出中だったので、彼が電話を取った。私は彼に先物取引が幾らで約定したかを尋ねた。そのとき初めて、SPI指数の見通しについて彼の意見を求めた。すると、SPIは3日続けて高値引けした、と静かに答えた。そして、SPIの値動きの統計について知っていることによれば、高値引けが続いてSPIの中央値が上方まで移動したので、買う気にはなれないと言った。彼は自分なら、代わりに空売りの機会を探すだろうと言った。SPIの上昇は止まり、それから数日間、下げ続けた。それが私自身の大いなるひらめきの瞬間だった。私は巨大な投光ランプに照らされながら歩いている感じがした。ハリウッドとラスベガスが集まって、私の頭でパーティーをしている気分だった！　その瞬間から、私はエリオット波動の主観的な解釈に頼る裁量による予測から、百パーセント客観的に観察できて、繰り返し現れる価格パターンに頼る現実主義のメカニカルトレーダーに変わり始めた。それで、いわば光を見せてくれたことに対して、私は彼に感謝している。

　さて、彼は非常に目立ちたがらない人なので、ほとんどの人はジェフ・モーガンについて耳にしたことがないだろう。彼は自分と家族のためだけにトレードを行う個人トレーダーだ。彼は人に教えることもしないし、本も書かない。トレーディング博覧会にも出席しないし、講習会も開かない。

　私は個人的に彼と知り合って、助言をもらえて運が良かった。そして、本書に加わることに同意してもらえて、また運が良かった。さて、あなたが彼について耳にしたことがないからとか、私と同じ個人トレーダーだからといって、失望しないでほしい。彼は本書に登場するマーケットの魔術師の多くと同じく、マーケットについて独創的な考えを持っている。また、私が話を聞いてきたなかでも、最も論理的な考え方ができるひとりだ。相場については、彼は考えるに値する論理と

自覚と知恵がある。彼は賢いだけでなく、単純かつ論理的にアイデアを説明できるという独特の才能がある。彼はすべての科目を教えてほしいと思いたくなる学校教師や大学講師に似ている。彼は教えるのがとてもうまいので、私は彼にあだ名をつけた。ひとつは教授で、もうひとつはトレーダー・ジェフを縮めて「TG」だ。

こういう風に言うと、分かるだろうか。私は彼とほかに3人のフルタイムのトレーダーとよく夕食を共にする。彼と私は個人トレーダーだ。ほかの3人は絶対リターンを追求する自分たちのファンドで、何億ドルもの機関投資家や個人の資金を運用している。ひとりは少し前に紹介したリチャード・メルキだ。ほかの2人は、彼らの話と成功から本当に刺激を受けるので、この本に加わらないかと誘った兄弟だ。彼らは招かれて光栄だが、この本を読む個人トレーダーではなく、機関投資家に焦点を合わせているからという理由で、かかわるのを辞退した。

とにかく、私たちはよく一緒に夕食を取って、マーケットについて話す。そして、私たちに最も考えさせ、最もなるほどと思わせるのは、あなたの想像どおりモーガンだ。彼はまさに教授だ。彼は思いがけない視点でマーケットを見て、驚くべき洞察をする。そして、彼がそれを説明すると、とても論理的で、単純で、当たり前のことに聞こえる。マーケットに関しては、彼と話していると、自分には何か足りないと感じさせられることが時にある。それも、考えられる最も素晴らしいやり方でだ。

というわけで、彼は無名だが、マーケットに関して機関投資家レベルの知性を持っていて、うらやましいほどの実績がある、成功した個人トレーダーだ。

彼がどういう人かは分かってもらえたと思うので、彼の経歴を紹介しておこう。彼はリスク評価について、とても若いころから関心を持っていた。14歳のころから彼はよく競馬場に出かけて賭けをし、ブッ

クメーカーを打ち負かした。1970年代に、彼は土木技師の見習いとしてパートタイムで働きながら、土木工学を勉強した。勉強しているときでも、賭け事は続けた。賭け事だけで、彼は収入の不足分を補うことができた。そして、全体としてブックメーカーに勝っていた。彼は稼いだ賞金のおかげで、大学も卒業した。

　それで20代の初めから、レースの賭けであれトレーディングであれ、相場とは統計的なエッジを見極めて、それを利用することだと分かっていたのだ。彼にそれができたのは、非常に論理的で数学的な考え方をする人だからで、土木工学の勉強でもその考え方を使っていた。また未発表だが、勝率を計算してプレーすることで、バックギャモンで勝つ方法という本も書いた！　その本を書いた動機は、バックギャモンの世界チャンピオンが書いた本を読んだからだ。その本ではある戦略がパラドックスだと書かれていた。ところが、彼はすぐそれを確率に基づけば優位に立てると理解したのだ。彼は賢いと言ったとおりではないか？

　海外を歩き回ったあと、土木工学には戻らずに進路を変えて、コンピューター分析とプログラミングの講義を受けた！　彼はすぐに保険業界でアナリスト兼プログラマーの職に就いた。

　1985年に、彼は保険業界向けのリスク評価のソフト開発を専門とする仕事を始めた。その会社は成功した。1989年にその会社を売却して、不動産のローンを全額払い、再び進路を変えた。彼は投資顧問の研修を受けて、公認の投資顧問になった。それによっても、相場に対する関心を追求するための資金を稼ぐことができた。

　トレーディングを始める多くの人とは違い、彼は裁量トレードから始めるのではなく、仕掛けと手仕舞いを機械的に行える、確率に基づいたモデルを作った。最初に成功を収めたあと、彼は自分の知らないことが非常に多いことに気づいた。そこで、彼はセルサイドに入って学ぶ必要があると判断した。彼は有力なブローカーと関係を結び、投

資顧問のほかに公認の先物ブローカーとしても働いた。彼は自分のやることを仕事とはみなしていなかった。業界に入って現実のマーケットの知識を手に入れて実際にトレーディングを経験し、ブローカーと顧客の両方を観察して話を聞き、彼らから学ぶ機会と見ていた。この実際的な経験と数字に対する知的好奇心のおかげで、プログラミング技術を利用してさまざまなトレーディング戦略を調査、研究することができた。彼はまもなく、彼と顧客が使って役に立つボラティリティブレイクアウト戦略を開発した。

1995年にその仕事を辞めて、フルタイムでのトレーディングに集中した。彼は1995年当時と同じように、今日でもトレードを続けている。もっとも、以前よりも裁量を使っている。彼はパターンに基づく中期トレンドの方向でのボラティリティブレイクアウトでトレードを行っている。先物のデイトレードと株の短期トレードを行っていて、株は3～10日間持っている。先物では、ユーロ・米ドルと豪ドル・米ドルのペアやSPI指数のトレードを好んで行う。株のトレーディングでは、これを書いている現在、オーストラリア証券取引所上場の不動産投資信託と金鉱株のトレードを行っている。

トレードを行っていないときでも、何かをしているのが普通だ。じっと座っているのがいやなので、彼は非常にうるさいことがある。彼がそばにいると、なかなか落ち着けないのだ。彼は家のリフォームが大好きだ。彼から土木工学を取り上げられても、技術者をやめさせることはできない。彼は競争心がとても強く、走るのが大好きだ。「シティ・トゥ・サーフ」というシドニーで行われる14キロの中距離市民マラソンによく参加している。また、謎めいたクロスワードや数独、旅行が大好きだ。それと、まだ言っていなかったが、彼は数独の謎を解くためにロジックに基づいたプログラムも書いている。彼の妻ウエンディが迷惑して不満に感じることは、彼が時にあまりにも論理的で、競争心が強く、ひたむきになるので、一緒に暮らしづらくなることだ！

第12章 一言アドバイス

　彼とその家族はオーストラリアのシドニーに住んでいる。それでは彼の一言アドバイスを聞くことにしよう。
　「ジェフ、あなたはトレーディングの知識や経験が豊富なので、多くの人に助けてほしいと言われるでしょう。成功したいと考えるトレーダーに一言だけアドバイスをするなら、それは何でしょうか。また、その理由は何ですか？」

　私は1989年以来、ずっとトレーディングを行っている。
　その期間で負けた年は１回しかなかった。
　ペンフォールドから本書に寄稿してほしいと頼まれたとき、私は初めはうれしかった。
　だが、私が何を言おうかと考えるほど、ますます哲学的な問題があると気づいた。私はトレーダーであって、教育者ではないのだ。
　先物取引はゼロサム・ゲームだ。つまり、私がお金を儲けるためには、ほかのだれかがお金を損しなければならないのだ。ほかの人が負けないことを望む理由が、私にあるだろうか？

　　　　　　　　　　　　　　　　　　ジェフ・モーガン

　はあっ？　正直に言って、こんな返事は予想していなかった。私が休暇でいなかったときに、彼のアドバイスを受け取った。私はまず彼のコメントに失望した。これは心が狭い返事だと思った。彼の広い心を反映しているとは思えなかった。だが、私たちは20年近く前からの知り合いだが、彼が私に対して温かいからという理由で、一般的にだれにでも温かい人と勘違いしたのかもしれない。とにかく、私は彼に感謝して、彼に折り返し連絡することにした。そこで、彼が読者に対して何を提供できるだろうかと考えた。私は失望したが、彼の言いたいことも分かる。自分の利益が減るかもしれないのに、なぜ人を助け

る必要があるだろう？　彼の寄稿はちょっと短すぎて、意地悪だと思ったが、それは真実でもあった。彼は厳しく振る舞ったが、正直で公平でもあった。彼の言うとおり、彼は教育者ではなくトレーダーだ。

　とにかく休みから帰ると、彼に電話をした。私たちは長い間、話をした。彼は自分の書いたものが私の本当に求めるものではないと分かっていたので、私に非難されるのを待っていた。私は失望したことを認めると同時に、彼の言いたいことも分かると言った。だが、私は彼をこのまま手放したくはなかった。彼は特別で、トレーダーは彼や彼の考えを知るべきだと分かっていたので、彼にもっと書いてほしかった。

　成功したトレーダーがすべて人目に付くわけではない。彼らが皆、トレードコンテストで優勝するわけではない。彼のようにとびきり優れたトレーダーのなかには、コンテストに参加しない個人トレーダーもいる。彼らは機関投資家の資金運用をしない。彼らは目立ちたがらない個人トレーダーだ。私は彼を知っていたので、彼を隠れ家から連れ出して、成功したトレーダーのだれもが目立つわけではないと知らせる機会があった。成功した個人トレーダーという人たちがいると伝えるために、彼を明るみに出す決心をした。

　それで、私は彼に教育者になってもらいたいと頼んでいるのではなく、成功を求めるトレーダーに、トレーダーの視点から一言アドバイスを欲しいのだと主張した。私たちはお互いに言いたいことを主張し合い、押したり引いたりした。そして、ついに彼が折れた（だから、彼をまた連れ戻したことに対して、私にたっぷり感謝してもらいたいところだ）。彼が再び昔の経験を話していたまさにそのときに、私は彼の話を遮って言った。野心的なトレーダーが知るべきことは、今話していることだと。それは彼がブローカーとして働いていた当時の強烈な話だった。それは「内幕」話だ。それは強烈な真実を持つ大いに役立つ話で、彼に伝えてほしかったことだった。彼は親切にもそれを

伝えることに同意したので、私は目的を果たしたと思う。

　初めは、先ほど述べたことで済ますつもりだった。だが、ペンフォールドと長時間にわたって話し合ったあと、彼にもう少し付け加えるべきだと説得させられた。
　1991年から1995年までの5年間、私は先物ブローカーとして働いた。やがて、私がマーケットについて学び、トレーディングの技術を身に着けると、トレーディングをすべきかブローカーを続けるべきかという迷いも消えて、トレーディングに専念することにした。だが、私がトレーディングとトレーダーと私自身について最も学んだのは、この5年のことだった。
　私が働いていた小さなブローカーは、多くが個人のばくち打ち（あなたが礼儀正しいならば顧客）を相手に仲介をしていた。そのほとんどは最低取引単位での取引だった。5年の間に、私は文字どおり何百人も来ては去るのを見たが、お金を儲けたのはたったの1人だけだった。
　これは私に強烈なメッセージを伝えた。勝ち始めることができる前に、あなたは負けを止める必要があるということだ。
　この単純な考えが私のトレーディングの哲学の基礎となっている。
　ほとんどのトレーダー（特にトレンドトレーダー）は、利益を最大にすることに焦点を合わせる。彼らは長く負け続けるので、その損失を補うためにそれが必要なのだ。
　だが、10回連続してトレードで負けて、純資産の50％を失ったときに、合理的な判断ができるのは特別な人だけだ。
　私は異なる手法を取り、損失を最小にすることに集中する。そうすれば、そのような心理的につらい状況を避けることができるからだ。
　私がただ一度負けた年は、1回のトレードのせいだった。私はそれを鮮やかに覚えている。1994年6月のことだった。私はオーストラリ

アの銀行間取引金利でスプレッド取引を非常にうまく行っていた。そして、少し生意気になって、5セットから40セットに増やしてトレードをした。私は家族と休日を楽しむためにロード・ハウ諸島に行ったため、10日間マーケットの情報に触れていなかった。スプレッドは普通、非常にゆっくりとしか動かない。また、損切りの逆指値は置けない。私が見ていない間に金利は大幅に動き、私は身動きがとれなくなった。結局、手形金利は6カ月で4.5%から8.5%まで上昇した。私は教訓を学んだ。私はレバレッジを利かせすぎたトレードを行い、損失の可能性を最小にすることに焦点を合わせなかったのだ。

　私の別れの言葉は次のとおりだ。守りが良ければゲームに勝てる。

ジェフ・モーガン

　これが、私の話していたジェフ・モーガンだ。彼はマーケットの知識やトレーディングの技術を学ぶためにブローカーとして働いた個人的経験から、文字どおり何百人もの個人の顧客がやってきては消えていくのを見た。そして1991～1995年に、彼は1人のトレーダーしかお金を儲けなかったのを目にした！

　私の知るかぎりでは、元ブローカーのこうした正直な観察がトレーディングの本に載るのはまさに初めてではないかと思う。

　文字どおり何百人のなかで、5年近くの間に先物トレードで利益を出した人を1人しか見なかったと、元ブローカーが観察したことを公にしているのだ！

　ついでに言っておくと、その証券会社で勝てなかった顧客のひとりは私なのだ！　ここでお願いしておくが、文脈を無視して、先物が危険だということの証明に彼の観察を引用するのはやめてもらいたい。私の意見では、彼の発言は活発にトレードを行っている人すべてに当てはまる。先物であれ株式、オプション、ワラント、CFD、通貨であれ、

同じことが言えるのだ。

　さて資金の少ない個人トレーダーについて彼が現実に観察したこと、顧客たちは損失をコントロールして最小限に抑えることができない、という点に戻ろう。ほとんどのトレーダーは利益を最大にしようと集中するのに対して、彼は損失を最小にしようと集中すれば、成功に役立つと考えている。ここで思い出そう。期待値には２つの値がある。平均損失を下げて最小にできれば、あなたの期待値は上がる。また、トレードを行うのは利益を出すためではない。勝率のためではなく、期待値を上げる機会があるからだ。

　小さな個人トレーダーへの彼のアドバイスは、何百人ものトレーダーが５年間に来ては去るのを見ることから得られたものだ。１人を除いて、彼らは皆損失を出す可能性を最小限にしようと集中するよりも、利益に集中したために、損失を小さくできずに道を外れてしまった。彼のかけがえのないアドバイスは、可能なかぎり最もうまく負けることに集中するようにということだ！　彼の別れの言葉のように、負けるのがうまければゲームに勝てるのだ。

　さて、残念ながら、彼の連絡先は教えられない。しかし、彼が付け加えたアドバイスを評価してほしいと思う。それはこの世界の両側を経験したトレーダーの言葉であり、過去21年で負けた年が１回しかない非常に成功した個人トレーダーの言葉だからだ。また、何億ドルという機関投資家や個人の資金を運用する、ずっと大きな組織で働く多くのトレーダーたちが褒める個人トレーダーの言葉だからだ。

グレゴリー・L・モリス

　文字どおり、グレッグ・モリスはトップガンだ！　トム・クルーズは脇にどいてもらって、グレッグ・モリスに登場してもらおう。彼はカリフォルニアのNASミラマーにあったNFWS（海軍戦闘兵器学校）

の本物の最優秀卒業生だ。彼は映画スタジオを気取って歩き回るわけにはいかない。1970年代の7年を空母インデペンデンスに乗って、海軍のF4戦闘機パイロットとして過ごしたのだ。彼を文字どおりトップガンと言ったわけがお分かりいただけただろう。

海軍で勤務したあと、モリスは相場に関心を示すようになり、やがて飛ぶことへの情熱を上回るようになった。彼は飛ぶことと同じほど集中してマーケットにかかわったので、すぐにテクニカル分析の専門家になり、またトレーダーとしても成功した。

今日、彼はベストセラーになった『キャンドルスティック・チャーティング・エクスプレインド（Candlestick Charting Explained）』で、知られている。1995年に初版が出て、現在は第3版だ。それは、これまでにローソク足の分析について書かれた本で、おそらく最高水準のものだと考えられている。彼は日本に住んでいたときに、ローソク足の分析法を独学で研究した。彼はまた『ザ・コンプリート・ガイド・トゥ・マーケット・ブレドス・インディケーターズ（The Complete Guide to Market Breadth Indicators）』の著者でもある。それはマーケット内部の指標の豊かな歴史を、百科事典風に示したものだ。

さらに彼はテクニカル分析の伝説的人物、ジョン・マーフィーと共同経営をしたことで知られている。2人はマーフィーモリス社を設立し、ネット上で相場分析ツールと解説を提供するトップ企業にした。2人は2002年にその企業をストックチャーツ・ドット・コム社に売却した。

彼は売却後も数年間、マーフィーモリス・マネー・マネジメントのマーフィーモリス・ETF・ファンドに対してアドバイスを続けた。その後、スタディオン・マネー・マネジメント社（元PMFM社）のチーフ・テクニカル・アナリストになった。スタディオンは大規模なマネーマネジャーで、20億ドルを超える資金を運用している。それらのファンドの運用を監督するために用いる、ルールに基づいたテクニ

カルモデルを設計、開発したのは彼だった。

彼は成功していて注目を引く存在であるために引っ張りだこの講演者で、北米、南米、ヨーロッパ、中国でトレーダー相手に講演をしている。ビジネスウィークは彼の特集記事を書いている。また、あなたがアメリカに住んでいるなら、フォックス・ビジネス、CNBC、ブルームバーグのテレビ番組でマーケットについて尋ねられているところをよく目にするだろう。彼とその妻ローラはアメリカのジョージア北部の山間地に住んでいる。さて、私は彼に変な質問をしたくなった。私は彼にF4戦闘機に乗ったときの経験について尋ねたい気がする。だれでもジェット戦闘機に乗りたいと夢見たことがあるだろう！

しかしまあ、それは次の機会にしよう。あなたが答えを聞きたいと思う、適切な質問をすることにしよう。

「グレッグ、あなたはトレーディングの知識や経験が豊富なので、多くの人に助けてほしいと言われるでしょう。成功したいと考えるトレーダーに一言だけアドバイスをするなら、それは何でしょうか。また、その理由は何ですか？」

これは一言で答えられる質問だ。それは規律だ。過去35年間、私はテクニカル分析のソフトを開発してきた。また、テクニカル分析に関する記事や2冊の本を書き、テクニカル指標とトレードシステムを作った。現在は、テクニカル分析のルールに基づくモデルを使って、20億ドル近くの資金を運用している。しっかりしたテクニカル分析に基づいて、売買や買い換えの堅牢なルールを持つ良いテクニカルモデルを開発しても、資金管理を一貫してうまく行うためには不十分だ。ユーザーがそれに従う規律を持たなければ、そのどれもけっしてうまく働かないからだ。

良いテクニカルモデルを手にしたら、次にそのモデルが生み出すさまざまな値に基づく資金の投資水準（使える資金の割合）に従うため

のルールが必要だ。例えば、あなたのモデルが初めて投資するようにと求めたら、トレンドがはっきりして、トレード可能になっているという証拠が得られるまで、投資比率を抑えておくほうがよいだろう。モデルの精度が上がれば、買いのルールに任せて配分を増やせばよい。さらに各段階で、損切りの逆指値を置く価格も正確に分かっておく必要がある。そして、あなたの人生がかかっているかのように、それに従うことだ。あとになって手仕舞いの逆指値の水準をとやかく言うのは絶対にやめよう。

　私は大人になって、ほとんどずっとダイエットを続けている。数カ月前に妻と私は田園地方をドライブしていて、ガソリンを入れるためにガソリンスタンドに立ち寄った。そこは古かったので、代金を払うためになかに入らないといけなかった。私はキャンディーバーを買って、それを食べながら車に戻った。「あなたって、本当に規律がないのね」と、私がキャンディーバーを食べてはならないと知っている妻に言われた。「いや、それは違う。君は僕が幾つ欲しかったか知らないだろう」と私は答えた。だが大切なことは、規律とはあなたが調節したり、部分的に使ったりできるものではないということだ。それは持つか、持たないかしかないのだ。

　テクニカル分析のほとんどすべての方法によって、成功に必要な規律を持てるだろう。さらに、それによってマーケットの細かなことを発見し、しっかり管理できるだろう。そうなれば、健全なルールを作る役に立つはずだ。モデルはイラ立ちをコントロールする助けになる。もっと重要なことは、規律があればモデルがうまく機能しなくなる時期に、別の方法に向かわないで済む。そして、そういう時期は必ずある。人はモデルに従う規律を持たなければならない。そして、それを簡単にするためには、自分が完全に理解していないことではなく、論理的なテクニカル分析に基づくモデルを設計することだ。規律は分析と行動の間のギャップを埋める役に立つ。そのギャップのために、多

くの人がつまずくのだ。しっかりした規律があれば、恐れや強欲や期待という恐ろしい人間の感情を克服する役に立つ。規律、規律、何よりも規律だ。

グレッグ・モリス

　さて、あなたは読み終えた。あなたへのただ一言のアドバイスだ。彼が何よりも大切にする考えは、規律、規律、何よりも規律が大切だということだ。そして、これはテクニカル分析の知識が豊富で、それを専門にする代表的人物の言葉だ。彼のローソク足の分析に関する本は、これまでに書かれたもののなかでおそらく一番良い。彼はテクニカル分析の大物、ジョン・マーフィーの近くで働いてきた。それでも、彼のアドバイスにはごくわずかのテクニカル分析の考えも含まれていない。彼のメッセージは単純であり、また力強い。人は相場についてのあらゆる知識やアイデアを頭に入れることができる。だが、自分の計画に従うだけの規律がなければ、何も得られない。何も、何もだ。あなたが彼のアドバイスを読んだだけでなく、耳を傾けて、骨の髄まで染み込む気がすればよいと思う。私はそうだった。
　彼のアドバイスに共鳴して、トレーディングやマーケットに関する彼の考えをもっと知りたければ、スタンディオンのホームページであるhttp://www.stadionmoney.com/から連絡を取ることができる。

ニック・ラッジ

　ニック・ラッジは私が知っているなかで、おそらく最も徹底したトレーダーのひとりだ。マーケットがあればそれを分析し、投資対象があればトレーディングを行い、マーケットに関係する仕事か職業があればそれをやってみた。彼はすべて行った。彼はトレーディングをし、

ブローカーやファンドマネジャー、トレーディングの講師や著者、チャットルームの管理者をし、投資アドバイスの提供をした。本当に多くのことだ。たしかに私の経験では、彼ほど徹底したトレーダーをほかに知らない。

彼がトレーディングを始めたのは1985年だった。それ以来、彼はシドニー先物取引所のトレーディングフロアからオーストラリア、ロンドン、シンガポールにある世界的な投資銀行の国際部門とトレーディングを行っている。彼は世界の先物銘柄のほとんどすべてと、オーストラリア、アメリカ、イギリス、マレーシアの株のトレードを行ってきた。彼はヘッジファンドも経営していて、オーストラリアの一流投資銀行のひとつ、マッコーリー銀行の元副理事長だった。彼はオーストラリア・テクニカル分析協会の副会長で、『エブリデイ・トレーダーズ(Every-day Traders)』と『トレーダーズ・アンド・アダプティブ・アナリシス(Traders and Adaptive Analysis)』の著者である。

彼は裁量的なテクニカル分析（エリオット波動に伝統的なチャートパターンと出来高分析を合成したもの）、トレードシステムの設計、メカニカルトレーディングを専門としている。彼はトレーディング心理がトレーダーの成功にどれほど影響を持つかにも、非常に関心がある。

しかし、大部分の人と同じように、彼もトレーディングですぐに成功したわけではない。気づいていなかったが、彼はメカニカルトレーダーとして取引を始めた。1985年当時、彼がたまたまブローカーの机の横を歩いているときに、方眼紙に赤と青の線が記入されているのを見た。そのブローカーは彼に熱心に説明した。青線が赤線を切って上抜けたら買い、逆に下抜けたら売るのだと言った。彼はまさにそこでそのときに、トレーディングの聖杯を手にしたとすぐに知った。彼はブローカーに会って数分のうちに通りに出て、カラーボールペンと方眼紙を買うために地元の新聞雑誌販売店に向かった。それから数日の

うちに、彼は指数先物のトレードを行っていた！　だが、がっかりしたことに、移動平均線の交差システムは彼が考えたような聖杯ではなかった！

　彼が一貫して利益を出せるようになるまで、それから10年かかった。彼は多くの人と同じように回り道を何度もした。そして、好ましい売買ルールとしてトレンドフォローに落ち着いた。彼は本当にトレンドに沿う。それに命を懸ける。裁量でスイングトレードを行うこともあるが、中心はトレンドフォローだ。彼が言うように、それは「相場でストレスをあまり受けずに利益を得る最も素晴らしい方法」だ。

　今日、彼は複数の時間枠を使うトレンドフォロワーだ。異なる3つの時間枠で3つのメカニカル戦略を用いてトレードを行っている。より短期の戦略では、タートルトレーディング戦略を当てはめ、最長で1カ月までポジションを持つことがある。そして2番目の戦略では最長12カ月まで、3番目の戦略では2～3年までポジションを持つことがある。彼はもともと商品先物取引を行うために、1990年代後半に長期の2戦略を開発し、2001年にそれらを株取引用に調整した。彼は終値に基づいて株とCFDのトレードを好んで行う。もっとも、非常に魅力的なセットアップを見ると、通貨と先物のトレードを行うことでも知られている。彼は調査とトレーディング戦略の開発にトレードステーションとアミブローカーを使う。また、トレードステーションの専門家とも見られている。

　彼は個人的なトレーディングを行うほかに、投資相談の運営でも成功している。CNBCとスカイニュースのレギュラーゲストとして出演するため、オーストラリアではおなじみの顔だ。また、オーストラリアン・ファイナンシャル・レビュー紙はマーケットの見通しを聞くために、彼に定期的にインタビューをしている。

　トレーディングをしていないときは、たいていヌーサ近辺の釣り場で釣りざおを握っている。彼は釣りが大好きなのだ。トレーディング

の気晴らしとして始めたのだが、文字どおり引っかけられてしまった！　釣りが大好きなので、平日でもできるかぎり何度も出かけようとする。彼の妻はおそらく、ほっとしているだろう。彼は完全主義者で、あまり簡単にバカげたことを認めないので、かなりしつこくなることがときどきあるのだ。しかし、それは良くなっていると彼は主張する。おそらく、オーストラリア東海岸で苦しんだ哀れな魚に感謝すべきだろう！　彼とその家族はオーストラリアのヌーサに住んでいる。それでは、彼に一言アドバイスを聞こう。

「ニック、あなたはトレーディングの知識や経験が豊富なので、多くの人に助けてほしいと言われるでしょう。成功したいと考えるトレーダーに一言だけアドバイスをするなら、それは何でしょうか。また、その理由は何ですか？」

忍耐だ。困難や障害や、途中で出合う失望にもかかわらず、トレードを続けるだけの安定した粘り強さがあるかどうかだ。

現代社会では、今がすべてだ。最新の道具、昇進、車、レストランで食事を注文するときでさえもだ。

だが、それはそんなに素早く手に入らない。

トレーディングでの成功も同じだ。

なぜ、非常に多くの人がトレーディングで失敗するのだろうか？　要するに、彼らには忍耐がないのだ。相場が報いてくれるまで待つだけの我慢強さがないのだ。あなたは最も良い戦略と、最高のトレード計画、素晴らしい資金管理を持っているかもしれない。それでもこれらの手段を、適切な時間を使って魅力を発揮させようとしなければ、役に立たなくなる。

これは分かりやすい考え方だ。しかし、実行するのは多くの人にとって信じられないほど難しい。彼らは今すぐに利益を得るという満足感を味わいたいからだ。

「大事なのはタイミングではなく、時間だ」という、投資業界で受け入れられている古い格言がある。これは普通、バイ・アンド・ホールド戦略のことを指している。

しかし、それはトレーダーにとっても成功するために欠かせない要素であり、おそらく最も重要なことだ。どんなトレーディング戦略を用いようと、マーケットは準備ができればあなたに報いるだろう。それはあなたの雇い主が毎週金曜日に必ず規則正しく払ってくれる給料とは違う。相場は用意ができたら、あなたがもらって当然のものを支払う。あなたは支払期日まで、そこにいればよいのだ。

この例えについて考えてみよう。あなたは家を買うときに、３カ月や６カ月という期間で代金を払うだろうか？　圧倒的多数の人はノーだろう。何年もの長期で払う手法を考えるはずだ。その期間に、家の価値が上下すると考えている。何年かは家の価値が上がらないかもしれないと、すぐに認める。実際には、下がることさえあるかもしれない。だが、そういうことには関心がない。もっと長期で見ると、価値が上がるとよく分かっているからだ。

それで、トレーディングでこの例えを使ってみよう。特に私の考えでは、ストレスをあまり受けずに相場で利益を得る最も素晴らしい方法であるトレンドフォローに当てはめてみよう。現在、私はトレンドフォロワーだ。特に買い方で株のトレードを行っている。私は平均して株を約10カ月保有する。私は、損を切って利を伸ばすという非常に単純な戦略でお金を稼いでいる。相場が上昇トレンドのときには、そこに加わりたい。相場が下降トレンドのときには、現金にしておきたい。戦略はそれ以上に複雑である必要はまったくない。

なぜ、これが皆にできないのだろうか？

それは、毎月利益が出ていなければならない、と彼らが考えているからだ。実際に彼らは毎年、利益を要求する。

しかし現実には、株価が毎年、上昇トレンドを続けることはない。

たしかに、かなりの年で上昇トレンドになっている。だが、毎年ということはない。2008年には確かに上昇しなかった。そして、私は幸いにも現金にして、時が来るのを待っていた。
　だが、素人のトレーダーは現金にしておきたがらない。彼らはお金を儲けていたい。彼らは相場にかかわりたがる。今、利益を欲しがる。
　2009年になって、過去10年でも最大級の株価の急上昇が起きる。
　プロのトレーダーは現金を持っている。彼らには自信がある。忍耐力がある。彼らは証明済みの戦略で待ち受けたうえで、相場にかかわる。彼らは2009年に大儲けをする。
　しかし、素人トレーダーは6カ月前にトレンドフォローの考えを捨てて、その後は幾つかほかの戦略を試した。だが、そのかいは全然なかった。彼らはきっと損をしただろう。彼らは確かに欲求不満になったはずだ。そして、問題を正そうとして幾つかの方法を試みて、堂々巡りをしている。
　彼らは、後悔の念で2009年を振り返る。彼らに忍耐力と、マーケットがどのようにして利益をもたらすかに関して、長期的な見方がありさえすれば良かったのにと思う。

ニック・ラッジ

　忍耐。実にそのとおりだ。多くのトレーダーが彼のアドバイスを理解できるだろう。彼らはひどいパフォーマンスを経験したために放棄した戦略を振り返る。そしてそれらを見ると、最近その純資産曲線が最も高くなっていることに気づくのだ。それは、レジに並ぶ列で最も動きが速そうなほうに移ったら、結局は一番遅かったというのに似ている！　彼がアドバイスで述べたように、あなたは堅牢な戦略や賢明な資金管理戦略など、すべてを手に入れることができる。しかし、時間をかけて我慢して耐える力がないかぎり、何も得られない。放棄し

た戦略の跡と、膨れ上がった欲求不満しか残らない！　すぐに成功して、すぐに利益と満足を得たいという思いを無視しなければならない。トレーディングでそんなことはめったに起きないからだ。トレード計画に忍耐を加えて、彼に一言、感謝をしよう！

彼のアドバイスに共鳴して、トレーディングやマーケットに関する彼の考えをもっと知りたければ、http://www.thechartist.com.au/ から連絡を取ることができる。

ブライアン・シャート

ブライアン・シャートは元海軍の特殊部隊にいた、成功したトレーダーだ。彼もほとんどの人と同じように、トレーダーから出発したわけではない。マーケットにかかわる前の12年間、彼は潜水士をしたあと、海軍特殊部隊員としてアメリカ政府に仕えた。そして、彼は米艦船アイオワ号を修理しているときに、水中で空気がなくなりかけるという、背筋が寒くなる経験をした。その臨死体験によって脊柱（せきちゅう）に窒素の泡ができ、両腕がまひしたため、高圧酸素室で8時間過ごすはめになった。トレーディングが危険だとだれが言うのだろう！

この男に海軍を辞めさせることはできても、彼から海軍魂を取り上げることはできない。この項目をまとめるために話し合いをしているとき、彼の会話には「ラジャー」「応答どうぞ」「了解」という言葉が散りばめられていた。それは直接に米海軍とやりとりしているかのようだった！　そして、これも言っておかなければならないが、彼は電子メールと質問に最も素早く返事をしてきたトレーダーのひとりだった。これはプレッシャーがかかっているときに効率的に仕事を済ませるという、彼が米海軍で学んだ規律や熱心さの現れだと思う。彼には確かに海軍とトレーディングとの類似点が分かる。両方とも突然、危

機的状況に出合うことがあり、その場合には明確な意思決定が必要になるからだ。

　彼が初めてマーケットに興味を抱いたのは1992年のことだった。彼はそのときに、海軍での収入を補うためにトレーディングを始めた。彼は主として裁量トレードを行い、株のオプションでセットアップを見つけるために伝統的なテクニカル分析を利用した。

　インターネットで簡単にデータへアクセスできる今日とは異なり、彼の場合はタイムリーにデータを受けるのがちょっと難しかった。当時、彼はマンションの空き部屋に非常に大きな衛星アンテナを据え付けて、10分遅れのデータを受け取っていた。唯一の問題は、窓のすぐ外に植わっている枯れかけの桜の木だった。その木のせいで、データ受信が遅れていたのだ。だがある晩、彼には幸運なことに、その役に立たない桜の木はマジシャンのデビッド・カッパーフィールドが消えるよりも速く、なくなっていた。それで、彼は直ちに仕事に取りかかった！

　トレーディングでは、すぐに成功するというわけにはいかなかった。それで、彼は手に入る本をすべて読み、研究に打ち込んだ。彼が手に入れた本の1冊はラリー・ウィリアムズの著書だった。それで1994年に、彼はアドバイスが欲しいと頼み込んだ。ウィリアムズは寛大にもコーヒーを一緒に飲むことに同意してくれた。そして彼らが言うには、あとは知ってのとおりだ。彼は自分の成功をウィリアムズの教えと指導のおかげだと思っている。1996年には海軍教官を辞任して、フルタイムでマーケットに取り組んだ。

　ウィリアムズの教えを彼自身のマーケットの観察に取り込み、独自の仕掛けや手仕舞いのルールをうまく開発できた。2002～2005年に、彼はウィリアムズがウィリアムズ・コモディティ・タイミングというニュースレターを発行するのを手伝った。それは今日まで発行され続けている商品関係のニュースレターで、2番目に古いものだ。

現在、彼は自らを退屈な管理トレーダーと言っていて、彼の注文を執行するトレーダーたちの監督をしている。自身のトレーディングに加えて投資顧問業も行い、成功している。彼は自分の売買ルールについて話すのを好まないが、それを「さまざまな戦略による裁量的トレード法」と述べている。彼はジェネシスというソフトを使って戦略を実行し、一般に２～４日間の短期トレードを探す。もっとも、適切と思えば３週間までポジションを持つことで知られている。先物を主とし、オプションのトレーディングも行う。ポートフォリオは非常に分散化していて、貴金属、エネルギー、穀物、金利、通貨、指数をカバーしている。

　トレーディングを行っていないときには、田舎を家族と楽しそうにドライブしている姿を見ることができる。もっとも、彼の横には戸惑って嫌がる妻がときどき座っている。だが、「妻は子供のころ、父親が車に荷物を積んで、日曜日の午後に田舎にドライブに連れて行くという風には育てられなかったのだ。母親がイライラして車に乗っているのに、父親は楽しくハンドルを握っているので、私の子供たちはどう考えたらよいのか分からないんだ！」と彼は言う。彼とその家族はアメリカのアイダホ州に住んでいる。では、あなたが答えを知りたいと思うことを尋ねることにしよう。

　「ブライアン、あなたはトレーディングの知識や経験が豊富なので、多くの人に助けてほしいと言われるでしょう。成功したいと考えるトレーダーに一言だけアドバイスをするなら、それは何でしょうか。また、その理由は何ですか？」

　私がまず言いたいことは、新しくトレーディングを始める人は皆、うまくなる可能性があるということだ。だが、彼らがいつ、どうやってそうなるか、そして十分な利益を得られるようになるかどうかはまったく別の問題だ。トレーディングがうまくなるためには、時間とお

金を掛けて行うべき必要な段取りがある。最終的にファンダメンタル分析に基づくかテクニカル分析に基づくかを選び、裁量でシグナルに従うかシステムのシグナルに従うかを選び、目標にかかわるすべての調査と開発を行うことだ。

　私は、時間をかけて最初に正しいことを行えば同じ間違いを二度しないで済む、という考え方をするグループから教えを受けた。だが、それだけのことにどう取り組めばよいのだろうか？

　私にただひとつのアドバイスがあり、一兵卒としてやって来たトレーディング初心者に大切な洞察を与えるとすれば、次のようになるだろう。

　トレーディングキャリアのできるだけ早いうちに、あなたのアイデアを進んだトレーディングソフトで定義し、その信念についてバックテストを行えるように努力しなさい。

　ペンフォールドはきっと賛成すると思うが、世界中のほかの同業者は忍耐や規律、遅れずに注文をすることなどが必要だと言うだろう……。それはそのとおりだが、トレーディングキャリアのできるだけ早いうちに、マーケットで繰り返されるパターンだと強く信じていたり、仕掛けと手仕舞いのシグナルになりそうだと強く信じていたりするものを検証できるようになれば、ほとんどの人よりも早く行きたいところに進む役に立つ。ちょうど旅行者が立ち止まって他人に行き先を尋ねるよりも、GPSを使うようなものだ。

　私の場合、こういう進んだトレーディングの技術は、1994年に「システムライター」というソフトを購入して確実に良くなった（より単純になった）。私は2000年以降、ジェネシスFTの最高級トレーディングソフトを使っている。そして、このごろはトレードを行う前に必ず、私のアイデアと信念をバックテストして、私がこれまでにトレードした銘柄についてはっきりと理解し、もっと重要なことだが、どの時期の勝率でも知っておくようにしている。

10年前なら、私はトレードの初心者に、自分のやっていることが先に進むのにふさわしいものだとはっきり確信するまで、できるだけ長くつもり売買をするようにとアドバイスしただろう。それは心からのアドバイスだが、つもり売買だけを行う場合につきものの問題がある。それは通常、相場が次の3つの状態のときに行われるということだ。

1．**トレンドがある**　その場合、何の問題もあるはずはなく、実際のお金でトレーディングを始める（……そして、2の思いがけない問題が起きる）。
2．**トレンドの終わり近く**　つもり売買の結果が絶えず変わると、良いトレーディング法であり得たものを捨ててしまう。
3．**横ばいか新しいトレンドの始まり**　2と同じ結論。

　ペンフォールドならよく分かるように、トレード初心者が90％の負けトレーダーになるのはこの時点か、実際にお金を使ってトレーディングを始めて、かなり早い時期だ。そしてその後すぐに、トレーディングをやめてしまう。失敗したあとに本物のお金を使いたくないか、悪習を身に着けたあとに無理にトレーディングを続けたくないからだ。つもり売買では、ゴールラインがどこにあるか分からないまま、文字どおり出発点から始めて、運命のなすがままになる！
　だが、つもり売買のバックテストを行えるようになった今日の新人トレーダーは、時間をさかのぼって、トレードをしていたかもしれない過去をひとつひとつ調べ、上昇トレンド、下降トレンド、横ばいの相場でどのようなパフォーマンスになるかを確かめる並み外れた能力がある。彼らは待ち受けるトレーディングの道のどのゆがみや折り返しや曲がり角でも、何を行うか、どういう結果が得られるかを鮮明に頭に描いて、スタートラインに立っている。彼らが自分のしていることに自信を持つようになって、不安もなくなれば、彼らはそれをただ

やり続け(成功を繰り返し)、2年おきくらいに彼らの方法を「調整する」べきだ。

これがこの本の読者に与えることができる、まさに最高のアドバイスだ。彼らはトレーディングを自分の望みどおりに、難しくも簡単にもできる。

読者がトレーディングで成功することを祈る。

ブライアン・シャート

さて、あなたは彼のアドバイスを聞いていたと思う。やみくもにトレーディングを行ってはならない。あなたの売買ルールで何ができるか理解しなさい、という彼の単純なメッセージに耳を傾けよう。そして、トレーディングキャリアが長くなってからではなく、できるだけ早いうちにそれを実行しよう。ほとんどのトレーダーは早いうちに知っておくべきだったことを、相場に思い知らされたあとにそれを実行する。彼らの戦略には本物のエッジがなかった。それで彼の一言アドバイスは、実際にお金を使う前に、自分の売買ルールを検証して徹底的にそれを知るようにということだ。彼は検証に、今日利用できるトレーディングソフトを利用するようにと勧めている。そして、それは早いほど良いと言う。彼のアドバイスの意味は、あなたが適切なソフトウエアをまだ持っていないのなら、今買うべきだと言っているのだ。投資をしなさい。そして、できるだけ早くそのシステムの開発モジュールを学ぶことに専念すべきだ。すぐにだ。

さて、裁量トレーダーであることを好む人は、「このアドバイスは自分には当てはまらない。裁量に基づいてしていることを定量化するのは非常に難しいからだ」と言うかもしれない。あなたに言いたいことは、コンピューターで何ができるかにあなたは驚くだろうということだ。

私の基本的な信念は次のようなものだ。あなたがアイデアを考えつくことができるなら、それを書き留めることができる。アイデアを書き留めることができるなら、普通はそれをプログラムとして書くことができる。それができなければ、自分のアイデアを十分に明確に表現していないからだ。すでに言ったように、コンピューターのプログラムにできることにあなたは驚くだろう。

　そして、「でも、アイデアをプログラムする方法を学ぶには年を取りすぎている」という弁解を言わないでほしい！　あなたがマーケットで成功したいのならば、真剣に受け止めて、お金と時間と努力を使って必要な投資をすべきだ。ものぐさであってはならない。そして自分の売買ルールの期待値について無知なままであってはならない。彼の話に耳を傾けよう。彼のアドバイスを聞いて、やるべきことをしよう！　私がトレーディングを始めたころに彼のアドバイスを受け取っていたら、多くのお金と悲しみはきっとなくて済んだはずだ！　あなたが彼の話を聞いていることを望む。私は確かに聞いていた。

　彼のアドバイスに共鳴して、トレーディングやマーケットに関する彼の考えをもっと知りたければ、http://www.schadcommodity.com/ から連絡を取ることができる。

アンドレア・アンガー

　アンドレア・アンガーはコンテストで優勝したデイトレーダーだ。彼はフューチャーズ・トレーディングのロビンスワールドカップコンテストで実際にお金を使って、2008年と2009年に続けて優勝した。彼が2010年にも勝てば、25年の歴史で初めて3年連続で優勝したトレーダーが現れる。そうなると、彼は三冠王になるだろう！

　工学の知識を持つアンガーは、メカニカルトレーディング戦略の設計を専門にするようになった。2005年には大きな成果を挙げたので、

ヨーロッパのトップトレーダーカップで優勝した。それから2008年に、フューチャーズ・トレーディングのロビンスワールドカップコンテストに勝ったのだ。そのときは、12カ月で672％のリターンだった！

　続いて2009年には、115％のリターンで再び勝った！　彼は25年の歴史で２年続けてコンテストで優勝した３人目のトレーダーだ。彼の野心のひとつはマイケル・クックと同じで、３年続けてコンテストで優勝することだ。2010年はコンテストの25年の歴史で記録を作り、アンドレア・アンガーの年になるだろうか？　それはやがて分かるだろう（**編集部注**　アンガーは2010年に240％のリターンで３年連続で優勝した）。

　すでに述べたように、彼はデイトレーダーで成功した。だが、ほとんどのプロトレーダーと同じように、彼もコンピューター画面に向かってキーボードをたたき、トレーディング口座を開くところから人生を始めたわけではない。彼はイタリアの大手企業で機械技師として働き、10年間の大半を中間管理職で過ごした。彼が相場に関心を示しだしたのは、1997年になってからだ。トレーディングを始めて数年は主に裁量トレーダーだった。その日に画面で観察したことに従って、直感でポジションを取った。

　2001年２月に、彼はマーケットメーカーによるカバードワラントの値付けに非効率性があることに気づいた。機械技師で数学が得意な彼は、すぐにこの非効率性を利用できることに気づいたのだ。それがとてもうまくいったので、彼は２カ月以内に退職して、フルタイムでトレーディングを始めた！

　だが、すべてが順調にいったわけではない。彼は利用していた非効率性がいつまでも続かないと分かっていた。それで、彼はメカニカルトレーディングのシステムを開発しようとした。彼は成功して注目を集めているイタリアのトレーダー、ドメニコ・フォッティにアドバイスを求めて、すぐに最高の弟子になった。やがて、彼は５分足でデイ

トレーディングをするためのメカニカル戦略を開発した。それ以来、彼とフォッティは親友になり、トレーディングのアイデアやシステム開発について毎日協力し合っている。

2006年に、彼はトレーダーのための資金管理についてイタリア語で初めて書かれた本『資金管理——方法と応用』を著した。

現在、彼は5分足チャートを使ってデイトレードを続けている。異なるマーケットで異なる手法を用い、幾つかのメカニカルシステムでトレードを行う。彼は戦略の組み合わせをできるだけ分散化しておいて、彼のモデルでトレンドに沿う順張りと逆張りの売買ルールを組み合わせるのが好きだ。自動売買のほかに、戦略の調査、開発、検証のためにジェネシスとトレードステーションを使っている。彼は指数、通貨、債券を含むポートフォリオでトレードを行っている。彼の好む銘柄は先物だ。彼は自分のようなトレーディングを望む人のために、投資相談サービスを行って成功している。

デイトレードをしていないときは、次のハーフマラソンに備えて、トレーニングのために通りを走っている。彼は旅行が大好きだ。それから、イタリア人皆と同じようにサッカーのイタリア代表も大好きだ。彼とその家族は、イタリアのアスコリに住んでいる。では野心を抱いているトレーダーのために、一言アドバイスを聞こう。

「アンドレア、あなたはトレーディングの知識や経験が豊富なので、多くの人に助けてほしいと言われるでしょう。成功したいと考えるトレーダーに一言だけアドバイスをするなら、それは何でしょうか。また、その理由は何ですか?」

トレーダー、あるいは野心的なトレーダーは幾つかのタイプに分かれるが、彼らのほとんどに共通することがひとつある。それは、彼らが正しくありたがるということだ。トレーダーとして成功するためには、自分の間違いを認める必要がある。自分の信念が必ずしも正しく

はないと理解する必要がある。

　自分のトレーディングを計画したら、その計画に従う必要がある。その計画が失敗する可能性も考えて、それに対応できなければならない。

　トレード方法は数多くある。自分の個性に合う方法を選んで、成功への道のりを計画することだ。裁量トレードを行っても、トレーディングシステムに従ってもよいが、いったん自分の方法を決めたらそれに従って進み、もうやめるときだと計画に指示されるまで考えを変えてはならない。

　自分にふさわしいものを選ぶように努めなさい。トレーディングシステムを開発したければ、自分の性格を考えなさい。あなたは負け続けたトレードを目にしてもじっと我慢できるが、大きな損失を出すと気分が悪くなるほうだろうか？　それなら、大きな値動きをとらえることができて、損切りの逆指値を近くに置くシステムが必要だ。この場合、トレンドフォローのシステムがおそらく、あなたに一番ふさわしいだろう。単純なブレイクアウト戦略のようなもので、損切りの逆指値をうまく置けばよい。逆に、あなたがいつも正しくありたくて、続けて損をすると耐えられないなら、かなり遠くに損切りの逆指値を置くシステムがうまくいくかもしれない。この場合、パターン認識によるスイングトレードのシステムが、おそらく一番良いだろう。システムがうまく設計されていれば、勝率は非常に高くなる。ときどき、大きな損失を被るが、それほど心は傷つかないだろう。

　相場をあなたの信念に合わせようとしてはならない。相場がどう動くかを考え、自分のアイデアを検証し、結果を見直さなければならない。それらがあなたの期待に沿わなければ、頭を切り替えて新しい手法を考えるようにしなさい。ダメなアイデアをうまく働かせようとすることに時間を費やすよりも、もっとうまくいく新たな手法を開発することに時間を費やしたほうがよい。

いつも好奇心を持ち、マーケットは変わるということを理解し、それが日々どう変わっているかを見つけて、適切なエッジを持ち続けるために何をすべきかを考えることだ。

　必要な仕事を避けるための言い訳を探してはならない。計画を作っているときに、つまらない障害の前で立ち止まってはならない。本当にトレーダーになりたければ、まっすぐに進む必要がある。

　最後だがおろそかにできないのは、マーケットでの可能性をけっして過大評価しないということだ。過去のチャートを眺めると、「ここで買って、そこで売れば……」と考え、相当な利益を簡単に得られそうに見えるだろう。それは希望的観測というものだ。現実は違う。あなたがたまたま安値で買って高値で売れたら、トレーディングがうまいというよりは運が良かったのだ。それはただの非常に運の良いトレードだと分かるだろう。成功するために底で買って、天井で売ることを目指す必要はない。自分の性格を補う健全なトレーディング法を考案して、それを使ってどの週も、どの月も、どの年も進む必要がある。

アンドレア・アンガー

　この非常に堅実なアドバイスは、2年続けてコンテストに優勝したトレーダーのものだ。あなたはしっかり聞いていたと思う。彼は自分の個性に合うトレーディング戦略を作るようにしなさいとアドバイスする。あなたにぴったり合う戦略を見つけて、それに従おう。相場がどう動くかというあなたの信念について、柔軟でいよう。相場は時とともに変わることを認めて、手掛かりを与えてくれる適切なシグナルを見つけるようにしよう。必要に応じてあなたの売買ルールを調節するようにしよう。好奇心を持ち続け、相場についての新しいアイデアに心を開いていよう。じっとしていないように。相場はじっと止まり続けないのだから、あなたも止まっていてはならない。好奇心が強く、

状況に適応し、活発であれば、あなたは成功するだろう。これはしっかりしていて非常に成功した金メダルを得たトレーダーからの健全なアドバイスだ。あなたが彼の話に耳を傾けていたことを望む。私は確かにそうしていた！

　彼のアドバイスに共鳴して、トレーディングやマーケットに関する彼の考えをもっと知りたければ、http://www.oneyeartarget.de/ から連絡を取ることができる。

ラリー・ウィリアムズ

　さて終わりに近づいたが、彼は絶対に大切な人だ。マーケットの魔術師たちの終わり近くに類を見ない人が登場すれば、うまく釣り合いが取れるだろう。

　私の知るかぎり、ラリー・ウィリアムズのようなトレーダーはほかにいない。彼は1962年にマーケットを追いかけ始め、1965年に活発にトレーディングを始めて、1966年以降ずっとフルタイムでトレーディングを続けている。長い期間だ。彼が自分のアイデアの公開をやめようと決めたら、だれが彼の代わりを務められるか分からない。私の知るかぎり、彼ほどの経験を持ち、彼のような成果を挙げていて、彼の跡を継ぐような人はだれもいない。私にはほかのトレーダーが思いつかない。彼がそうした活動の場を去るとき、どんなひとりでも埋められそうにないほどの途方もない空白ができるだろう。

　私がこう言うのは、ラリー・ウィリアムズがおそらくほかのどの人よりも独創的で効果的なアイデアに貢献する役割を果たしたと考えるからだ。私から見ると、彼はおそらくほかのどのトレーダーよりも、多くのトレーダーを資産運用業で成功に導いた。私が間違っていれば、喜んでその指摘を受け入れる。だが、非常に多くのトレーダーが彼のアイデアを利用して成功しているが、私の個人的経験やプロのマネー

マネジャーとの付き合いによれば、そういうトレーダーはほかに見あたらない。

　もちろん、彼がこれまでに公開したすべてのものが、いつまでもうまく機能し続けたわけではない。しかし、彼が最初に公開してから今日までうまく機能し続けているアイデアはたくさんある。そして、それらは将来もうまく機能し続けると思っている。

　前に述べたように、彼のトレード歴は長い。人類が月面に着陸する前に、19歳で相場を追いかけ始め、22歳までに活発なトレーダーになるなら、貴重なマーケットに関する知識やトレーディングのアイデアを身に着けてきたはずだと想像できるだろう。彼は確かに過去にもそうしたし、現在でもそうしている。彼は半世紀の大半で、相場を追ってトレードを行っていたので、私がここで数ページに書いたことが何であれ、彼を正当に扱ったとは思われないだろう。だが、試させてほしい。

　1960年代初期、すべてのトレードの初心者と同じように、彼も自分のエッジを見つけようと苦労していた。当時、彼は相場のニュースと見通しに基づいて、主に株か債券のトレーディングを行っていた。そして、ニュースも見通しもないときでもトレーディングを行って、あらゆる方法を考えてはお金を失っていた！　少ないながら残っていたお金を失いたくなかったので、彼は独学する決心をした。だが、今日とは異なり、トレーディングに関する本は5～6冊しかなかった。アメリカ西海岸の図書館を回って多くの時間を過ごし、非常に珍しかったトレーディングの本を探し歩いた。

　彼はトレーディングの本が少ないために、不利な立場にあっただけではない。現在あるような賢い相場ソフトを使うというぜいたくは許されず、ポイント・アンド・フィギュアのチャートを手書きで描き続けた。当時の彼は伝統的なチャートパターンに基づく株のトレードを行って、手っ取り早く利益を得ることに集中していた。彼は利益を出

していたが、大成功を収めることはなかった。彼のトレーディングが本当にうまくいき始めたのは、1967年にCBOTの元会員であるビル・ミーハンに会ってからだった。ミーハンは大金を稼ぐには、大きく動いたときに小さなポジションを取ることだと彼に説明した。ファンダメンタルの重要性や、相場が上か下に大きく動きそうなときに、それをどうやって判断するかを教えてくれた。大きな動きでいかに大金を儲けるかを、彼は学んだ。いったんそれを学んだら、仕掛けのタイミングを計って、損切りの逆指値を置き、手仕舞いを管理するにはどうすればよいかが問題になった。彼がしっかりしたファンダメンタルに基づいてセットアップを見つけ、テクニカル分析でタイミングをうまく計って仕掛けるという形で、より長期のトレーディングをうまくできるようになるまで、ほぼ10年かかった。いったん長期的なトレーディングに熟達したら、もっと短期のスイングトレードの技術を開発し始めた。

　彼のトレーディングキャリアには皮肉がある。実はトレーディングに関する本が少なく、パソコンがなかったことで、彼は得をしていたのだ。1960年代当時は必要に迫られて、相場での新しいエッジを自分で考え出すしかなかった。最新のトレーディングの本を参考にして、あちこちから新しいアイデアを手に入れることはできなかった。アイデアをプログラム化して、それがチャートでどう見えるかを確かめることはできなかった。ビル・ミーハンに大きな動きを教えてもらったが、彼はまだ手書きで闘いの指示を考えなければならなかった。このことを少し考えてみよう。参考になるものが無料で手に入る幾つもの情報サイトなどなかった。最新のトレーディング関係の本を探せるアマゾン・ドット・コムもなかった。手っ取り早く答えを見つけられるグーグルもなかった。私たちが今日持っているものと比べると、彼は文字どおり暗がりでトレーディングを行っていた！　あなたの手元にあるトレーディングの本がないときに、どうするかをちょっと想像し

てもらいたい。パソコンと相場ソフト一式がなければどうするか。インターネットにアクセスできなければ。エクセルがなければ。ヒストリカルデータか電子データにアクセスできなければ、どうするか。丸裸にされたと感じるだろうか？　傷つきそうだと思うだろうか？　ちょっと心配だろうか？　先がまったく見えない気がするだろうか？　無知な気がするだろうか？　成り行き任せだと感じるだろうか？　暗がりにいる気がするだろうか？　だが、彼はそういうなかで成功したのだ。電子的には石器時代のようなときに彼がしたことを、今日の私たちのうち何人が成し遂げることができるだろうか？　私はそれほど多くないと思う。しかし、皮肉なことに、彼はいろいろな作業をせざるを得なかったために活躍できるようになったのだ。彼はアイデアを間に合わせで作り、調査し、検証する方法を学ばなければならなかった。彼は後にリー・ゲッテスが「疲れを知らない研究者」と評する存在になるしかなかった。1960年代に編み出さざるを得なかった技術のおかげで、彼はこの半世紀で最も独創的なマーケットの思想家のひとりになり、それが成功したトレーダーのひとりになるのに役立ったのだ。

　そして、初めて相場にかかわり始めてから50年後の今日でも、彼は研究を続けている。1960年代にトレーディングに必要な道具やサービスがなかったことが障害ではなく、むしろ贈り物になるとだれが思っただろう？　必要に迫られ、好奇心と努力によって、彼は長年の間に、ほかの人が考えつかない独創的で革新的な方法で相場を見ることができるようになった。

　だが、すべての始まりは1960年代にあった。1965年に彼はウィリアムズ・コモディティ・タイミングというニュースレターを発行し始めた。2008年に発行をやめたが、それは継続して発行された商品関係のニュースレターとしては今日でも2番目に古い。1966年に彼はウィリアムズ％Ｒという指標を作った。それは43年後の今日でもほとんどの

有名な相場ソフトに標準的な指標として入っている。同じ年に、彼は現代のピボットポイントについて初めて話した。そして、1969年の著作『ザ・シークレット・オブ・セレクティング・ストックス（The Secret of Selecting Stocks）』で初めてそれについて書いた。今日では、ピボットポイントはニュースレターやトレーダーの間で非常に人気がある。だがピボットポイントを考案したのは彼ではない。彼はオーエン・テイラーというトレーダーからそれを学んだのだ。テイラーは1920年代から1930年代の間にそれについて初めて書いている。

1970年に、彼は先物のポジションを毎週発表するCOTレポートについて初めて書いたので、普通、彼がCOTレポートに関する研究の創始者と考えられている。それ以来、COTのデータを取り上げて解釈することを専門とする業界が出現した。彼が初めてCOTレポートについて書いてから40年近くたっても、彼はそれを分析し続け、自分のトレーディングに役立つファンダメンタルな情報を探している。1974年に、彼は商品の季節性について初めて書いた。それ以来、もうひとつの業界がそこにも現れた。1983年には寄り付き価格を重要な参照点と初めて見極め、ボラティリティブレイクアウトのテクニックを考案したとみなされている。彼はTDW（トレード・デイ・オブ・ザ・ウィーク）とTDM（トレード・デイ・オブ・ザ・マンス）について初めて書いた。また、資金管理のテクニックを個人による商品トレードに初めて導入したり、アキュミュレーションとディストリビューションに関する多くの指標を作ったりした。まだ書き続けることができるが、紙面に限りがあるので、彼のアイデアとされるものすべてに触れることはできない。

おそらく彼はフューチャーズ・トレーディングのロビンスワールドカップ史上、最高の勝者として最もよく知られている。1987年に、彼は12カ月で1万ドルの口座を110万ドル以上にし、コンテストに勝った。これはほかのいかなるトレーダーも達成できなかった業績だ。彼

表12.2　ライブでのトレーディングの結果

Oct 1999	$250,000	Nov 2000	$46,481	Oct 2001	$48,225	Apr 2003	$12,046	Sep 2004	$26,023
May 2000	$302,000	Mar 2001	-$9,640	May 2002	$32,850	May 2003	-$750	Oct 2004	$92,075
May 2000	$35,000	Apr 2001	$149,000	Oct 2002	$79,825	Oct 2003	$34,600	Jun 2005	$6,000
Oct 2000	$22,637	May 2001	$23,300	Mar 2003	$35,034	Jun 2004	$34,000	Nov 2005	$34,000
								Jun 2006	$3,800
									$1,256,506

出所＝ラリー・ウィリアムズ

　が喜んで認めるように、彼の口座は200万ドル以上にまで達した。だが、1987年10月に株式市場が暴落して75万ドルにまで落ち込んだ。そこから、その年の終わりまでになんとか110万ドル以上まで回復させたのだ。すでに言ったように、彼の業績に打ち勝った人は今日までだれもいない。そして10年後の1997年に、彼の教えを受けてトレーディングを行った16歳の娘が、1000％のリターンで同じ競争に勝った。彼女は年末までに１万ドルの口座をなんとか10万ドル以上にまで増やすことができた。もちろん、セットアップを見つけてポジションを取ったのは彼ではない。彼の娘が父親に教えられたルールに従って、すべて自分でトレーディングを行ったのだ！

　彼は世界中で何千人ものトレーダーを教えてきた。1982年には、講習会の間に初めてライブでトレーディングを行った先駆者だ。それ以来、良い講習会ではそれが一般的になった。だが、今日でも一般的でないことがある。私の知るかぎり、一連の講習会の間に実況トレーディングを行い、100万ドル以上を稼いだトレーダーは彼のほかにはいない。私は個人的に彼のミリオンダラーチャレンジワークショップに二度、出席したことがある。だから、彼が両方のセミナー中に実際にトレードを行って、お金を稼いだのを目撃したと言える（また、ほかの出席者とともに彼の利益の20％の分配にあずかった）。**表12.2**は

彼がワークショップ中に行ったトレーディング結果をまとめたものだ。これは驚くべき数字だ。

　良い友人であり師であるジェフ・モーガンは私に単純な価格パターンを教えてくれたが、パターンの可能性という広い世界に私の目を開いてくれたのはラリー・ウィリアムズだった。私は今でも初めてミリオンダラーチャレンジワークショップに参加したときのことを覚えている。彼はチャートを見て、トレードステーションの前身であるシステムライターに最近の日足の配列を書き込み、毎日の高値、安値、終値の相対的な配列をプログラムにした。それから、そのプログラムを使って、チャートの過去のデータベースのなかから似たパターンがないかを探した。彼は現在の値動きが過去にも繰り返されているパターンで、トレーディングができるものかを確かめようとしていた。私はそれを見た瞬間に、自分もプログラムを書こうと決めた。そうすれば、繰り返す可能性が高いパターンを探して、それを見極めることができると考えたのだ。そのときのプログラムは今日でも、私が短期のトレーディングで使ういろいろなパターンを監視している。

　繰り返すが、彼が相場で出した業績と同じような成果を挙げたトレーダーを、私はほかに知らない。彼は主として先物に焦点を合わせている。トレーディングでは日足を利用する。彼はファンダメンタル分析で見たときに、上昇しそうな銘柄はどんなものでもトレーディングを行う。彼の好みは、かなり大きく動きそうな銘柄を攻めることだ。これは彼が特定の銘柄を長い間トレードしないことを意味するかもしれない。彼は個々の銘柄には特に興味を持っていない。むしろ、ファンダメンタルの面で良いセットアップがある銘柄を見つけることに興味を持っている。

　彼はメカニカルトレーダーではないが、マーケットに対する取り組み方は非常にシスティマティックだ。彼はファンダメンタル分析による彼のセットアップの基準にきちんと当てはまる銘柄を探す。こ

こで言っておくが、彼がファンダメンタルについて話すとき、貸借対照表や経済分析を意味しているわけではない。彼は相場の基礎的な構造のことを言っているのだ。相場に参加している人たちが何をしているのか、彼らが将来の値動きにどういう影響を与えそうかを知ることを意味しているのだ。彼のファンダメンタル分析の情報源のひとつはCOTレポートだ。ファンダメンタル分析によって大きく上げそうか下げそうな銘柄を見極めたら、どちら側に立ってトレードを行うかを裁量で決める。いったん決めたら、テクニカル分析のツールを使い、仕掛けのタイミングを計り、損切りの逆指値を置いて、手仕舞いの管理をする。

　彼はまたトレーディング術というものを強く信じている。彼はトレーディングが、「アマチュアでもプロ並みの成果を出せる仕事」であるはずだとは信じていない。また、トレーダーはメカニカルシステムを使って、現在もこれから先もずっとそれでトレーディングを行うべきだとは信じていない。これはメカニカルトレーディングでは利益を出せないという意味ではない。ただ、トレーダーはトレーディング術とシステム運用の手法を組み合わせたほうがうまくトレーディングができると信じているのだ。彼はファンダメンタル分析によるセットアップを見つけて、テクニカル分析による仕掛け、損切りの逆指値、手仕舞いの水準を見極めるために、ジェネシスというソフトを使う。彼はジェネシスが大のお気に入りで、そのソフトの所有権があればよいのにと願うほどだ！

　今日でも、彼はまだ学んでいる。マーケットは絶えず変わるので、彼はこれからもずっと学び続けると思っている。彼が今日トレードしているものは、1960年代、70年代、80年代あるいは90年代にトレードしたものとは違う。今日ではトレーディングの対象もマーケットも変わっているし、電子マーケットの出現で過去とはまったく変わってしまった。動かないものは何もないのだ。

彼は長年の間に9冊の本を書き、その多くは10カ国語に翻訳された。そして、オレゴン大学の奨学金プログラムを支援するために、40年以上も著書の印税を寄付してきた。

　彼が相場に没頭していないときは、考古学を勉強しているか、先住アメリカ人の芸術作品を集めているか、釣りをしているか、マラソン（彼は76回も走った）をしているかだ。だが彼によれば、妻には迷惑だが、マーケットほど魅力的なものは何も見つけられなかった！　ついでだが、機会があれば彼の1990年の著書『ザ・マウンテン・オブ・モーゼス（The Mountain of Moses）』を読むとよい。それには本当に目を見開かされる。ラリー・ウィリアムズはインディ・ジョーンズだ！　彼と妻のルイーズはカリフォルニア州ラホーヤに住んでいる。

　あなたがこれから読むことはとても貴重なものだ。これはほかの大部分のマーケット参加者よりもはるかに長く、活発にトレーディングをしてきた人の話なのだ。だからよく耳を傾けて、注意を払ってほしい。彼のアドバイスは長年の経験から生まれたもので、お金で買うことはできないのだ。では、彼の一言アドバイスを聞くことにしよう。

　「ラリー、あなたはトレーディングの知識や経験が豊富なので、多くの人に助けてほしいと言われるでしょう。成功したいと考えるトレーダーに一言だけアドバイスをするなら、それは何でしょうか。また、その理由は何ですか？」

　私が新人トレーダーにひとつしか言えないなら、トレーディングは驚くほど単純だが、複雑でもあるということだろう。私が一言で説明できるものはない。

　だが、コメントをひとつに限られているなら、成功するためにはコントロールが必要だということになるだろう。

　コントロールは、あなたのトレーディングシステムよりも、あなたの資金管理の手法よりも重要だ。集中をコントロールと混同している

人がいる。だが、両者には違いがある。集中はある特定のことに注意を払うことだが、コントロールはそれを超えるものだ。コントロールは注意力が高まっている状態だけでなく、特定の行動をしてずっと追いかけ続けることを意味する。

コントロールはトレーディングの仕事の多くの面を含んでいる必要がある。あなたがどんな形の資金管理を選んで使おうとも、完全にコントロールしておく必要がある。言い換えると、トレーディングに対する資金管理の戦略や手法を持っているだけでは不十分なのだ。それは車のスノータイヤを持っていても冬にそれを着けないせいで、氷でスリップして道から外れてしまうのにちょっと似ている。これは実に良い例えだ。これ以上のものは思いつけないほどだ！

資金管理の手法でこれこれのことをすべきだと知っていることは非常に大切だ。それが集中だ。だが、実際にトレーディングを行っているときにそれを当てはめてコントロールしていないと、トレーダーは道を外れて氷をすべり、衝突してしまう。

あなたの資金管理戦略が合理的で極端に投機的でないかぎり、どういう資金管理を用いるかでそれほど違いがあるのかさえ確かではない。資金管理の手法やその理解が助けになるのではない。それを実際に当てはめること、あなたがコントロールしていることだけが大切なのだ。

同じことが、あなたのトレーディング戦略や心理についても言える。母親や父親から生活について言われたこと——きちんと食べて、運動して、悪い人とは付き合わない——は言うまでもないことだ。しかし、だれもがそのアドバイスに従うわけではない。

良い闘いをするよりも、良い闘いについて語るほうがずっと簡単だ。そして信じてもらいたいが、トレーディングは闘いだ。それは主として、まずトレーディングで本当にお金を稼ぐための適切で実行可能な手法を決める闘いだ。次に、一貫してその手法や資金管理を当てはめ、粘り強くその手法に従って、特定の戦略を改善し続ける闘いだ。

初心者は単純な答えを探しているが……、実は、だれもがそうした答えを探している。だが、そういう答えはある。そして、真実は他人の答えから得られるよりも、あなたが自分自身の問題を解くためにする質問から得られるほうがずっと多いのだ。

　答えではなく質問によって、トレーダーは良くなる。

　50年近くそうしてきて、私はまだトレーディングやこの仕事に対して何らかの洞察が即座に得られたことはない。白い光線が私に道を照らしてくれたことはない。完璧な答えをしてくれた人はだれもいない。そのような答えがあると思っているのなら、あなたは出だしから間違っている。

　トレーディングという仕事は、技術と科学の組み合わせであり、数学と感情の組み合わせだ。ある人にうまくいくからといって、ほかの人にもそれが楽に当てはまるとは限らない。

　だから、ここに指標があるとか、これから一生お金を稼げる数式がここにあるといったことは答えではない。答えは、この仕事は疑問だらけで、それに対してあなた自身が答えを出す必要があるということだ。

　リスクをとらなければ、リターンは得られない。仕事をせずに、報われることはない。全力で取り組み、耐えることがなければやはり同じで、報われることはない。

　私はそうでなければよいのにと思う。ここに答えや光や真実があると言えればよいのにと思う。だが、それはトレーディングで私が経験してきたことではない。ここで私が話したことで、利益を生むトレーディングの道に入り、そこにとどまり続ける助けになることを望む……。その道は疑問だらけだ……。それらの疑問のほとんどには絶対的な答えはないように思える。だがそれでも私は問いを発し続け、その過程で学び、プロのトレーダーとして毎日少しずつ良くなっている。

第12章　一言アドバイス

　　　　　　　　　　　　　　　　　ラリー・ウィリアムズ

　さて、どうだろう。単純な答えなどない。あるのは疑問だけだ。だが、あなたも私もここで答えを探している！　そして、彼が言うように、コントロールできずに、疑問に対する答えを求めても、なかなか成功できるものではない。疑問を持つだけでなく、自分で答えを見つけ、経験する必要があるのだ。自分の経験からしか、トレーディングで成功するために必要なコントロールを学んで、それが実行できるようにはならない。だれでも自分の道を進まなければならない。そして、途中で十分な質問をすれば、あなたが探し求めている目的地――成功が無理なく続くトレーディングキャリア――にたどり着けるかもしれない。

　あなたは彼のアドバイスを聞いていたと思う。これはトレーディングの山を最も長く登っていた人の名言だ。彼は限られたトレーダーしかたどり着けない観点から、アドバイスをする。悟りを開いた人のように、彼はトレーディングという複雑な世界に単純な答えはないことを明らかにする。好奇心を持って問いを発し、自分でその答えを見つけるしかない。そして、答えを見つけたら、あなたにとってうまくいくその答えを一貫して当てはめるために、自分でコントロールする必要がある。

　彼のアドバイスに共鳴して、トレーディングやマーケットに関する彼の考えをもっと知りたければ、http://www.ireallytrade.com/ から連絡を取ることができる。

ダール・ウォン

　ダール・ウォンは、シンガポールに拠点を置くカリスマ的な外国為替トレーダーだ。彼がいつ博覧会で講演をしているか、私はいつでも

分かる。講演の合間に最も多くの人々が彼の回りでひしめき合うからだ。展示会場を見回して、どこで大騒ぎが起きているか確かめればよい。たいてい、多くの熱心なトレーダーから一身に注目を集めているのはウォンだ。歓迎のほほ笑みと自信に満ちた態度を示すウォンは、純粋に成功した外国為替トレーダーそのもので、自信にあふれ、落ち着いていて、友好的だ。

　私自身（シドニー）やマイケル・クック（ロンドン）に似て、彼はシンガポールのバンク・オブ・アメリカに就職した1989年にトレーディングを始めた。彼は先物部門に配属された。そして、SIMEX（シンガポール国際金融取引所）のフロアで働き、顧客の注文を執行した。1996年に彼は当時の雇い主、シティグループを去って、先物証券取引所の個人会員になった。そして、ローカルズとして自分の口座でトレーディングを行った。

　彼は日経225先物のデイトレードに集中した。彼はまず30分足のバーチャート上で伝統的なチャートパターンに基づいてトレーディングをした。始めた当初はメタストックを使ったが、先物のつなぎ足でデータがずれるのが不満になり、すぐに使うのをやめた。1998年には相場ソフトを使うのをすべてやめて、ロイターとブルームバーグのリアルタイムのデータだけに頼ることにした。

　2001年にシンガポール取引所はフロアを閉鎖して、完全に電子取引に移行すると予想された（実施されたのは2006年）ので、彼はフロアを去り、画面を見ながらのトレーディングに焦点を合わせた。フロアを離れて、画面を見ながらトレーディングを始めた多くの元ローカルズと同じように、初めのうち彼は自分のエッジをなかなか見つけられなかった。以前はフロアで注文の流れが分かるという利点があったが、新しいトレーディングオフィスでは市場から切り離されているようで、つながりを感じられなかった。フロアでのトレーディングと画面を眺めながらのトレーディングはまったく異なる経験だった。彼が電子取

引によるデイトレーディング用の売買システムであるパワーウエーブトレーディングを新たに開発するまで、ほぼ２年を費やした。

今日、彼は複数の時間枠でデイトレードを続けている。仕掛けて、損切りの逆指値を置き、手仕舞いを管理するために30分足を用いるが、トレーディングを行うのは、彼のパワーウエーブによるセットアップが４時間足と日足に同調して一方向にそろったときだけだ。セットアップが３つすべての時間枠で同期して一直線にそろうと、リスク・リワード・レシオが１対３の機会を探してトレーディングを行う。彼の開発したパワーウエーブは主に価格とパターンに基づいている。彼は逆張りとトレンド継続の両パターンでトレーディングを目指す。逆張りのパターンでは、買われ過ぎや売られ過ぎのあと、急に反転する機会を狙う。トレンド継続のパターンでは、横ばい後のブレイクアウトの機会を狙う。彼は基本的に指標を用いない。しかし、反転の強さを測るためにスローストキャスティックスを時に使うことは知られている。

また、外国為替のデータサービス会社が提供する簡単なローソク足チャートを除けば、パワーウエーブの売買ルールを改善するために何か特定のソフトを使うことはない。トレーディングを行う画面はすっきり整っている。彼は主に通貨のトレーディングを行うほかに、２、３の指数も取引している。ユーロ・米ドルと米ドル・円のペアが彼の好みだ。指数については、日経平均とダウ株価指数先物のトレーディングを行う。

トレーディング以外では、健康増進に熱中している。彼が健康管理と栄養補助食品に対して深い知識と強い関心があることを知ると、多くの人はたいてい驚く。彼が非常にカリスマ的なのも当然だろう。適切なビタミンをいっぱい取っているのだ！　彼とその家族はシンガポールに住んでいる。それでは、彼の一言アドバイスを聞こう。

「ダール、あなたはトレーディングの知識や経験が豊富なので、多

くの人に助けてほしいと言われるでしょう。成功したいと考えるトレーダーに一言だけアドバイスをするなら、それは何でしょうか。また、その理由は何ですか？」

　トレーディングは痛みを味わう敗者にとって常に謎だ。確かな戦略を見つけた勝者は毎回気づいたテクニカルパターンに対して、それぞれ選んだトレード計画を繰り返す！
　個人的には、一生この職業を続けていこうとする前に、まずトレーディングの正しい考え方を持つべきだと思っている。このトレーディングに欠かせない理解は、低リスクになるように投資比率を抑えることを強調する普遍的な原則に当てはめることができる。トレーディングの考え方を別にすれば、テクニカル戦略は変えられるもので、長年にわたってファンダメンタルやマーケットのセンチメントが変わっていくのに合わせて、戦略の変数も自由に変えられる。
　ある銘柄をトレードしようとするときには、自分の口座で許される資金限度というものがついて回る。経験豊かなトレーダーは相場に取り組む前に、その銘柄のレバレッジを必ず完全に理解している。普通は、最初のトレードで限度の一部だけか、最高でも３分の１までしか使わない。残りは利益が出たときの増し玉用に用いる。その場合、普通は短期間ポジションを持つ必要がある。ほとんどないが、最初から負けトレードになった場合には、トレードを予測するときに良いリスク・リワード・レシオを用いることでうまくバランスを取ることができる。そして、より高い勝率によって結局は損失をカバーできる。
　証拠金を計画的にうまく配分することに加えて、相場の動きを理解するために、きちんと証明された一連の戦略を探し始めなければならない。全体を見渡すと、さまざまな相場の動きは、チャート上のパターンやサイクルの違いとなって見えるだろう。それらをあなたの「診断」できちんと見定める必要がある！

経験豊かなトレーダーは、1対2に満たないリスク・リワード・レシオではけっして仕掛けない。トレーディングを始めるときの理想は、我慢できる最終的な損失と比べて利益が3倍以上あるという見通しが必要だ。

損切りの逆指値を置くときにどれだけリスクをとれるかについて、多くのさまざまな本やセミナーなどでずっと議論されてきた。だが、それは主に手仕舞いの予測範囲に対する個々人の許容度次第で変わるものだ。そして、そこで再び相場をテクニカル分析でどう見るかに話が戻ってしまう！

個人的な意見としては、トレーダーは自分をデイトレーダーと見るのか、トレンドを追うポジショントレーダーと見るのか決めるべきだ。こうして自分のトレードでの目的を確かめると、トレーディングを仕事にしたときに、それぞれの目標期間ごとの利益目標を達成する役に立つ。あなたが一貫してプラスのトレーディング結果を出せるようになるまで、良いか悪いかを決めることはできない。

トレーディングは確率のゲームだ。あなたが正しく行えるようになるまで、プレーのための決まったルールはない。まとめると、勝つための考え方は、あとになって分かるトレンドの予測ではなく、リスクを効果的に管理することに基づくものだ。経験豊富なトレーダーが仕掛けるときには常に、買われ過ぎや売られ過ぎとみなせるところで入るか、すでに出来上がった直近の高値と安値の中間に価格がある場合は、急な反転をしたときに短期利益を狙って入るだろう。

一言で言えば、ほかの人よりも先に視覚化できるものは利益になり得る。しかし、今すでに見たものは他人が得た利益だろう。

そのとおり。

視覚化できることがトレーディングで成功するための第一のカギだ！

ダール・ウォン

彼はまずトレーディングで成功するためのカギとなる考え方を理解しなければ、成功できないと固く信じている。それはリスクの低いセットアップを見極めることだ。この考え方はすべてのトレーダーに当てはまり、けっして変わることはない。彼にとってはテクニカルな戦略はさまざまで、相場の状況に応じて変わり得るし、実際に変わるだろう。だが、低リスクになるように投資比率を抑えるという考え方はけっして変えることができない。彼は1対3のリスク・リワード・レシオを提供できる低リスクの投資比率を見極めるように勧める。また、トレーディングを仕事にしたいなら、トレーダーはデイトレードを好むかポジショントレードを好むか、しっかりと決める必要があると信じている。トレーディングは確率のゲームであり、それを正しくできるまでは、プレーに決まったルールはないと固く信じている！　しかし、成功はリスクの低いセットアップをまず見極めることにかかっていると理解できないかぎり、成功はおぼつかない。彼にとって、成功はすべて低リスクの定義と低リスクを受け入れることに戻る。彼のアドバイスはまずセットアップのリスクに焦点を合わせるようにということだ。次に、リスクが低く、3倍のリターンを得られる可能性があるときにのみトレードするようにということだ。素晴らしいアドバイスだ。あなたが話を聞いてくれたことを望む。私は確かに聞いていた。

　彼のアドバイスに共鳴して、トレーディングやマーケットに関する彼の考えをもっと知りたければ、http://www.pwforex.com/ から連絡を取ることができる。

多くのアドバイス

　さて、どうだろう。あなたは成功したトレーダーたちに会い、アドバイスをもらって楽しかっただろうか？　私は楽しんだ。**図12.2**に、

図12.2　マーケットの魔術師たちのアドバイス

資金管理
小さくトレードを行う　　　　　　　　　　　　　マイケル・クック
リスクに集中する　　　　　　　　　　　　　　　ゲッテス

売買ルール
自分の性格に合う売買ルールを選ぶ　　　　　　　アンガー
単純な売買ルールを作る　　　　　　　　　　　　デイビー
多数を避け、反転を予測できるようになる　　　　デマーク
セットアップの調整を探す　　　　　　　　　　　メルキ
良い防御策があればゲームに勝つ　　　　　　　　モーガン
低リスクのセットアップを見極める　　　　　　　ウォン
ソフトウエアを使って、自分の売買ルールを知る　シャート

心理
トレーディング前に深い練習をする　　　　　　　バロス
負けると思い、勝つためにトレードする　　　　　マーク・クック
規律を持つ　　　　　　　　　　　　　　　　　　モリス
忍耐強くする　　　　　　　　　　　　　　　　　ラッジ
謙虚である　　　　　　　　　　　　　　　　　　ガッピー
コントロールをする　　　　　　　　　　　　　　ウィリアムズ

あなたが今マーケットの魔術師たちから受け取ったアドバイスをまとめた。

　あなたは時間をかけてこの表をまとめ、彼らのアドバイスをトレード計画に加えたほうがよい。これは来る日も来る日も、実際に本物のマーケットで本当に闘っている、本物のトレーダーによる非常に貴重なアドバイスだ。これは深い経験の泉から出てきたアドバイスであり、大きな欲求不満や本当の損失、耐えられない痛み、トレーディングの容赦ない世界での珍しい大勝利から生まれたアドバイスだ。これは地

元の街角にある店で買えるアドバイスではない。時間を取ってこれを書き留め、トレーディングの画面の近くにピンで留めてほしい。その言葉が心に染み込むまで、毎日それを見よう。

さて、彼らの個々のアドバイスは別にして、それによって重要な2点が明らかになっていればと願う。まず、トレーダーとしての彼らは一般にすべて異なっている。異なるマーケット、異なる時間枠、異なる銘柄、異なる技術でトレーディングをしている。これによってトレーディングには多くの異なる方法があると分かるだろう。だが、勝てる戦略が無限にあるとは信じないでほしい。そんなことはないのだから。とはいえ、十分な選択の余地はある。あなたは、それらを見つけさえすればよいのだ。

第二に、彼らの個々のアドバイスはマーケットや時間枠、銘柄、技術の違いにもかかわらず、トレーディングで成功するための普遍的な原則、すべての成功したトレーダーに共通する原則のある要素に触れている。そして、これはトレーディングで成功するための普遍的な原則の核心だ。相場に取り組むときの方法や理由にかかわらず、彼ら全員がこれらの普遍的なカギとなる原則——自分の口座の資金量に比べて小さなトレードをすること、リスクに焦点を合わせること、単純なトレードをすること、大多数の負ける人たちに向かってトレードすること、エッジを持ってトレードすること、損失をトレーディングの一部として受け入れること、規律を保つこと、忍耐強くあること、謙虚であること、コントロールしていること——を厳守している。彼らの個々のアドバイスはトレーディングで成功するための普遍的な原則の重要性を強調していた。

そして、どのアドバイスでも、仕掛けのテクニックや仕掛けのアイデアに触れてはいなかった。たしかにトム・デマークは相場の反転を予想するようにと言ったが、彼はまた、一致した見方に疑問を持ち、自分の頭で考えるようにとも言った。さらに、彼は相場のパターンに

は触れたが、反転を予測するための特定のテクニックには触れなかった。

　これは核心となるところを強調している。素人トレーダーは完全な仕掛けのテクニックを見つけることに極端に多くの時間を費やす。彼らはとにかく仕掛けるのが待ちきれずに、トレーディングを始めてしまう。彼らは時間をかけて、トレーディングで成功するための普遍的な原則を学び、理解し、実行しようとはしない。非常に多くの人がトレーディングで失敗するのも当然だろう。

　私の主張を証明するために、頭に浮かんだトレーディングに関する語句をグーグルでちょっと検索してみた。**表12.3**はそれぞれの語句の検索結果をまとめたものだ。さて、私が行った方法はまったく科学的ではない。私は思いついた言葉を入力しただけだ。それでも、2番目に多くヒットした検索語句を見ると、それは「仕掛け」だ。グーグルがインターネット上での人々の関心をかなり反映しているとあなたが認めるなら、トレーダーたちが完璧でリスクのない、百パーセント正確な仕掛けのテクニックを見つけようとして、極端に多くの時間を費やしていることを認めざるを得ないだろう。あなたがそういうトレーダーたちのひとりなら、私はトレードを始めるための完全な場所を見つけようと悩むのはやめるようにお願いするだけだ。完璧な仕掛けのテクニックなどないのだ。もっと重要なことは、あなたが時間を費やしたほうがよい、はるかに生産的な分野がある。そして、私がそれをし始めるように提案したい1分野はトレーディングで成功するための普遍的な原則だ。

　ちょっと話がそれるが、マーケットの魔術師のアドバイスについて面白いことがある。彼らのアドバイスを実際のトレーディングでの3本の柱——資金管理、売買ルール、心理——で分類するとどうなるかということだ。ご存じのように、私は個人的に資金管理を売買ルールよりも上位に置いている。そして、売買ルールを心理よりも上に置い

表12.3　グーグルで検索

グーグルでの検索語句	検索結果
テクニカル分析	76,900,000
仕掛け	48,000,000
マーケット	39,600,000
デイトレーディング	37,900,000
トレーディングソフト	35,600,000
資金管理	31,600,000
マーケットプロファイル	30,600,000
手仕舞い	8,050,000
パターントレーディング	8,020,000
トレンドトレーディング	7,910,000
指標	6,780,000
季節性	4,530,000
COTレポート	4,160,000
占星術	1,960,000
損切りの逆指値（ストップロス）	1,920,000
ギャン	1,850,000
破産確率	1,540,000
スイングトレード	1,080,000
トレード心理	1,050,000
エリオット波動	956,000
幾何学的パターン	833,000
フィボナッチ	658,000
チャートパターン	614,000
ローソク足	567,000
複数の時間枠	420,000
タートルトレーディング	251,000
トライアングル	205,000

ている。さて、あなたが**図12.2**で受けたアドバイスの分布は、確かに私のものとは食い違っている。

　15人のトレーダーのうち、資金管理の要素に焦点を合わせるように勧めたのは2人だけだ。7人は売買ルールの要素に焦点を合わせるように勧め、6人が心理の要素に焦点を合わせるように勧めた。

もちろん、15人のトレーダーでサンプルをとっても統計的に有意でないということは分かっている。だが、経験豊かで成功したトレーダーがこれだけ集まるのは珍しいことを考えると、多数の見解を観察できて、私は満足している。そして、マーケットの魔術師によれば、売買ルールは心理よりも上位にある。そして、その心理は私の思い入れのある資金管理よりも上にあるのだ！

　さて、ここで心理が高く評価されていても、私には驚きではなかった。心理に関する私の考えは大多数と異なり、私というひとりのメンバーしかいない考えだからだ！　だが、資金管理が低いのには驚いた。とはいえ、それこそがこれらの成功したトレーダーに、長年の経験と成功に基づくアドバイスを提供してほしいと願った理由だ。私はあなたに彼らが強調することを聞いてもらいたかった。私はあなたに私の考えを伝えた。そして、彼らはそれぞれの考えを伝え、私の考えと釣り合いを取った。それで、私はバランスを取って、これらの全世界で成功したトレーダーによるアドバイスで、私の普遍的な原則をさらに詳しく説明できたのではないかと思う。

　これで終わりに近づいた。だが私が去る前に、次章で最後に少しだけ話しておきたい。

第13章
最後に

A Final Word

　これで終わりまできた。これ以上、私が言うべきことは本当に何もない。あなたが私のトレーディングで成功するための普遍的な原則を気に入ってくれたらよいと願うのみだ。そして、マーケットの魔術師による一言アドバイスを受けて楽しんでくれたと思う。私の普遍的な原則とマーケットの魔術師からすべてとはいかなくとも、何かを得てほしいと願っている。

　マーケットは絶えず変わるという強烈な性質があり、トレーディング関係のサービスや製品も数多くあって、変化が激しい。普遍的な原則はそれらに戸惑うトレーダーたちにとって、よりどころとなり安全な避難所になると信じている。

　たしかに今は個人トレーダーにとって、最高の時期でも最悪の時期でもある。トレーダーにとってこれほど都合の良い時代はなかったという意味では、最高の時期だ。マウスをクリックするだけで数多くの選択肢が得られて、マーケットに加わるのに何の障害もない。これまで、手数料が安い証券会社や電子トレーディングのプラットフォーム、自動売買プログラム、手ごろな値段のリアルタイムのデータ、相場ソフト、指標、マーケット、時間枠、銘柄、ファンダメンタルズやテクニカルのトレーディング理論、トレーディングのニュースレター、トレーディングの教育者やコーチや講習会といったものが、これほど幾

つも使えたことは一度もなかった。今日のトレーダーには幾らでも選択肢がある。

　機関投資家は、個人トレーダーに対してもはや競争という意味では優位性はない。これほど良い時代はなかった。最高の時代だ！　だが、最悪の時代でもある。今日でも、活発に取引をしている全トレーダーの90％以上が負け続けている。それは悪いことだ。私が1983年にバンク・オブ・アメリカで初めてトレードを始めたときから、何も変わっていない。トレーディングのパラドックスにようこそ。今は、最高の時代でもあるし、最悪の時代でもあるのだ！

　私が説明したトレーディングで成功するための普遍的な原則で、あなたが最悪の時期から救われることを、私は望んでいる。トレーディングの技術やサービスや教育が進んだために、人々はあまりの興奮で気が散ってしまい、まず普遍的な原則に焦点を合わせて、それを理解しようとはしなくなったように思われる。簡単にお金が稼げるという宣伝を信じたり、そういう話に魅力を感じたり、そう思い込んだりすると、立ち止まって、トレーディングで成功するためのカギとなる基礎を学ぼうとはしない。その代わりに、彼らはすぐにトレーディングを始めたがる。選択肢が多いと、興奮して、すぐに相場に取り組もうとするだけではない。あまりにも選択肢が多く複雑なために、彼らはあまりにも混乱し、欲求不満になり、失敗しすぎてしまう。

　このため、私は最悪の時代だと信じている。利用できる選択肢が多すぎるうえに、たやすく富が得られるという宣伝や確約に気が散ったトレーダーは、うまくいく基本——トレーディングで成功するための普遍的な原則——を見失っている。私の貢献によって夢想的なトレーダーが地に足を着け、現実をたっぷり経験して目を覚ます役に立てばと思う。普遍的な原則によって、今があなたにとって最高の時代になればよいと思う。

　今ではあなたも知っているように、相場は基本的に不規則であり、

最大の逆境が突然襲ってくるので、相場に確実性はほとんどない。私が知っている唯一確実なことは、普遍的な原則に従えば成功するということだ。賢明な資金管理戦略に、TESTの手順で検証した単純で客観的で独立していて、期待値がプラスの売買ルールを組み合わせれば、０％の破産確率でトレードを始められるだろう。そこ以上にトレーディングを始めるのに良いところはない。あなたがプロらしい目標と控えめな期待値を持つことができたら、自分のトレード計画に従って、執行するだけの心構えができるだろう。相場には最大の逆境がつきものだと認め、それを前にしたときに謙虚であれば、それが投げかける苦痛に耐えて、頑張り通すことができるだろう。

　あなたはもう、トレーディングが万能薬でないと分かっている。あなたは、トレーディングが最高の休日ではないと知っている。トレーディングではあなたの想像を超える仕事が必要だということに、もう気づいているだろう。トレーディングのちょっとした皮肉がある。待ちきれずに本職を辞めて、自分のためにフルタイムでトレーディングを始める人がいる。だが、大部分の成功したトレーダーはそれまで以上に忙しく、絶えず向上しようとして、それまでになく懸命に働いているのだ。長期的にずっとトレーディングで成功し続けるためには、上手なトレーディングよりも、上手な苦痛の管理が必要なのだと、もう気づいてほしい。トレーディングの部分はやさしいと気づくだろう。絶えざる苦痛のコントロールこそが、難しくなるだろう。あなたは次のことに対処するのが厳しい闘いだと分かるだろう。

● 損する苦しみ
● 勝ちトレードを手仕舞いして利益を確保したい、という強い感情に抵抗する苦しみ
● テーブルの上に稼げたかもしれないお金がまだあると想像する苦しみ

- ●次の大きな動きをとらえるために相場に加われない苦しみ
- ●ドローダウンの苦しみ
- ●勝ちトレードがいつになるか分からないという苦しみ
- ●ほかの皆が自分よりも上手にやっていると信じることの苦しみ
- ●ほかの皆が自分よりも楽にやっていると信じることの苦しみ
- ●イラ立つ苦しみ
- ●今すべてを欲しがる苦しみ
- ●絶えず調査と開発をしているのに、めったに利益の出る新しい考えにつながらないという苦しみ
- ●疲労の苦しみ
- ●けっして十分に手に入らないという苦しみ
- ●ほかの皆が自分よりも優れた戦略を持っていると信じる苦しみ
- ●自分の売買ルールにはけっして満足できないという苦しみ
- ●自分のエッジ（優位性）を良くしようと絶えず探し求める苦しみ

　あなたが苦痛をコントロールできれば、長期にわたってトレーディングで成功するだろう。そうでなければ、いずれ横で眺めるだけになるだろう。

　そして、トレーディングで自分が何か簡単なことをしていることに気がついたら、用心しよう。思い出そう。トレーディングで成功するのは普通、難しい選択肢のほうだ。この本に書いたアイデアを勉強し、学び、実行するのは難しい。チャートを調べ、繰り返し現れてトレーディングで使えるパターンを見つけるのは大変だ。相場の理論を読んで研究するのは難しい。戦略のバックテストを行うために、プログラムを学習するのは大変だ。バックテストのために戦略をコード化するのは難しい。TESTの手順で売買ルールを検証するのは大変だ。自分の個々の破産確率を計算するのは大変だ。素早く損を切るのは難しい。利益をお金に換えるまで時間をかけるのは難しい。小さなトレーディ

ングはワクワクしないが、そういうトレーディングはやりにくい。新高値で買うのは難しい。新安値で売るのは難しい。仕事をするのは大変だ。人の性（さが）に逆らうのは難しい。楽な選択肢にはいつも気を付けよう。それは普通、間違った選択肢だからだ。

　良い物語のように、あなたのトレーディングキャリアは初めと途中と終わりのあるストーリーに似ている。初めは、あなたはお金を儲けることに熱心だ。途中でトレーディングでの成功を手にするために多くの冒険に乗り出す。そして終わりは、期待に反して失敗を経験する。しかし、栄光ある少数の人にとって終わりとは、財政的な独立、自分のためのトレーディング、だれにも責任を負わないという自分自身の物語の始まりだ。トレーディングで成功するための普遍的な原則にも始めと中間と終わりがある。そしてその物語で、あなたはトレーディングで成功する栄光ある少数に加わることができると思う。

　そして、忘れないでほしい。トレーディングを急いで始める必要はないのだ。時間をかけて、普遍的な原則を用いなさい。それらはすべて基本に立ち返り、トレーディングで成功するための根本的な核となる真実に戻ることに関係している。時間をかけよう。最初に仕掛けても、だれも金メダルはくれないだろう。民主主義国家と資本主義が生き残るかぎり、常にあなたを待ち受ける相場があり、どこかにトレーディングができるセットアップが幾らでもある。

　だから我慢しよう。単純で、客観的で、独立した売買ルールを考え出そう。TESTの手順でその期待値を検証しよう。それを逆マーチンゲール法の資金管理戦略と組み合わせよう。それらすべてが確認できて、破産確率が０％になったら、そこで初めて仕掛けることを考えよう。それより前ではダメだ！

　あなたがトレーディングを始めるときには、うまく負けてうまく勝つことに集中しよう。損は素早く切り、利益をお金に換えるのは遅くしなさい。そして、思い出そう。トレーディングの唯一本物の秘密は、

最も負けるのがうまい人が結局は勝つということだ。
　あなたがうまく負けることを祈る。

　　　　ブレント・ペンフォールド（オーストラリアのシドニーにて）

付録A　破産確率のシミュレーター

　次の破産確率シミュレーターによって、**付録C**に示した破産確率シミュレーションを生成した。それが第4章にまとめたものだ。

　私は親友でありトレーダー仲間でもあるジェフ・モーガンの助けを借りて、**付録B**に示したナウザー・バルサラの『マネー・マネジメント・ストラタジーズ・フォー・フューチャーズ・トレーダーズ（Money Management Strategies for Futures Traders）』のロジックを私たちなりに解釈し、それに基づいて次のモデルを書いた。

　バルサラのロジックを私たちが間違って解釈しているなら、それは私の責任だ。さらに、このシミュレーターは単に仮想的なシミュレーターなので、了承しておいてもらいたい。これによって、平均損失よりも平均利益のほうが大きい売買ルールを持ったほうがよいという一般的な印象が得られる。しかし、絶対に確実だという保証をするものではない。

　私はエクセルのVBA（ビジュアル・ベーシック・フォー・アプリケーションズ）でこのシミュレーターを書いた。あなたがVBAとエクセルになじみがあり、自分でプログラムを書く気も時間もあるなら、私のシミュレーターに似たものを書くかもしれない。たとえプログラミングになじみがなくとも、**付録B**に載せたシミュレーターのスクリプトはやさしい英語で書いたので、そのロジックを追うことができるかもしれない。

　コンピューターにエクセルが入っているなら、私の破産確率シミュレーターをコピーするのは大歓迎だ。私のサイト（http://www.indextrader.com.au/）から連絡して、この本で見たシミュレーターのことだと言ってもらえれば、コピーを送る。

シミュレーターの変数

シミュレーターでは、あなたの売買ルールのカギとなる2つの特徴——勝率とペイオフレシオ（平均利益÷平均損失）——を定義する必要がある。第4章と**付録C**で、私は勝率を50％、ペイオフレシオを1としてシミュレーションを始めた。

シミュレーターは期待値を自動的に計算するが、破産確率をシミュレーションするためには不必要だ。また、トレーディング口座の資金額を定義しておく必要もある。私は100ドルと入力した。注意しておきたいが、破産確率が影響を受けるのは勝率とペイオフレシオと資金管理戦略からなので、口座の資金額は重要ではない。

次に、このシミュレーターでは、定率か固定リスク額という2つの資金管理戦略のどちらかを選ぶ必要がある。選んだ資金管理戦略によって、1トレード当たりに口座の何パーセントのリスクをとりたいか、あるいは口座資金を何ユニットに分けたいのかを決める必要がある。第4章と**付録C**では、固定リスク額の資金管理戦略で20ユニットにした。それは1トレードにつき5ドルのリスクをとったということを意味する。気楽にプログラミングができる人はだれでもこのシミュレーターを変えて、ほかの資金管理戦略を含めることができる。

次に、シミュレーターでは、口座が何パーセントのドローダウンを被ったときに破産と解釈するかを定義する必要がある。第4章と**付録C**では、口座が50％のドローダウンで破産と定義した。変数を定義したら、このプログラムのロジックを見よう。

プログラムのロジック

このシミュレーターのロジックは単純だ。あなたの資金管理戦略と売買ルールに従ってトレーディングをシミュレーションする。乱数を

生成する関数を使って、勝ちトレードか負けトレードかを決める。あなたの売買ルールの勝率が高ければ、シミュレーターは負けトレードよりも勝ちトレードを多く生み出すだろう。だが、勝ちトレードと負けトレードの配列を決めるのは乱数を生成する関数だ。1トレードが終わると、プログラムはドローダウンの大きさを測って、連続した純資産曲線を作る。純資産が最後に一番高かったところから、破産水準と定義したドローダウン（例えば50％）に達するとプログラムは停止し、次の公式を用いて破産確率を計算する。

破産確率＝（純資産の直近の最大値からの負けトレード数）
　　　　÷（純資産の直近の最大値からのトレード総数）

注意してほしいが、シミュレーターは純資産が最後に一番高かったところよりも前のトレードはすべて無視する。シミュレーターにとって関心があるのは、純資産が最後に一番高かったところから破産水準に達するまでのトレードだけだからだ。シミュレーターで知りたいのは、純資産の最大値からドローダウンに達するまでどれくらいかかったかだ。それによって破産確率が決まるからだ。

プログラムが無限ループに陥らないようにするために、純資産曲線が2億ドルに達するかトレード数が1万回に達するまでに、あらかじめ定義した破産水準のドローダウンに達しなければ、シミュレーターは停止する。どちらかに達した場合、シミュレーターは破産を免れたとみなす。

シミュレーター

図A.1で分かるように、ドローダウンがいったん50％に達したら、シミュレーターは停止して、破産確率を59％と計算した。これは非常

図A.1　破産確率シミュレーター

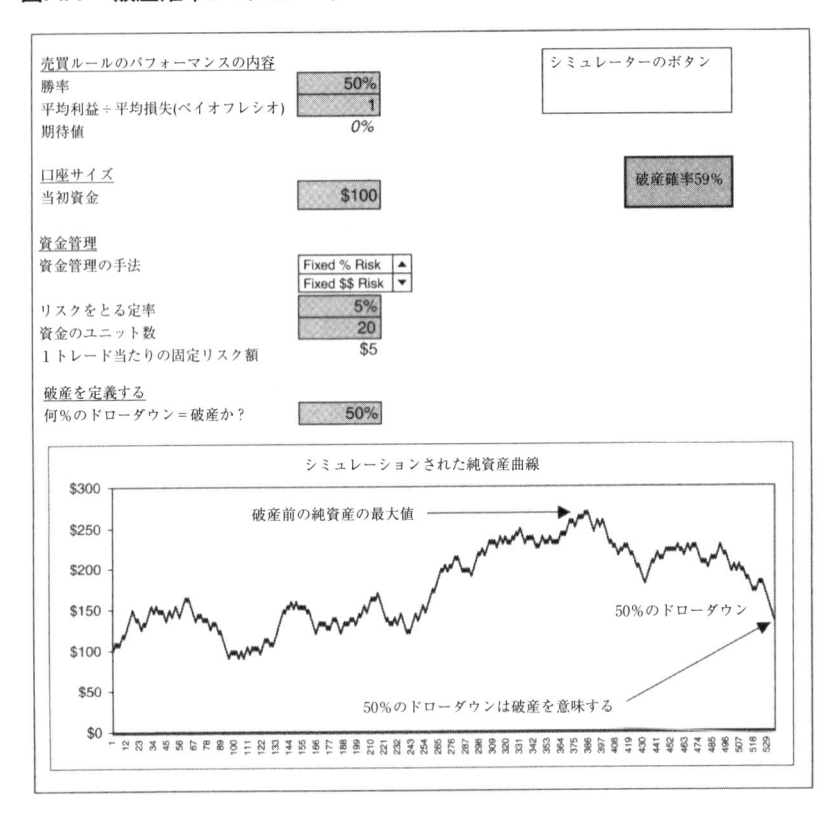

売買ルールのパフォーマンスの内容	
勝率	50%
平均利益÷平均損失(ペイオフレシオ)	1
期待値	0%

口座サイズ	
当初資金	$100

資金管理	
資金管理の手法	Fixed % Risk / Fixed $$ Risk
リスクをとる定率	5%
資金のユニット数	20
1トレード当たりの固定リスク額	$5

破産を定義する	
何%のドローダウン＝破産か？	50%

シミュレーターのボタン

破産確率59%

シミュレーションされた純資産曲線

破産前の純資産の最大値
50%のドローダウン
50%のドローダウンは破産を意味する

に高い破産確率であり、トレーディングを行わないほうを選ぶべきものだ。これでは間違いなく破産するからだ。

自作シミュレーター

　勇気がある人のために、エクセル用のソースコードとして私のシミュレーターのVBAコードを**付録B**に収めておいた。

付録B　破産確率のシミュレーター

エクセルのスクリプト用の次のVBAコードは、**付録A**に示した私の破産確率シミュレーターのためのソースコードだ。

あなたがVBAをよく知らないのなら、自分で破産確率シミュレーターを作ろうとしないほうがよい。**付録A**でも言ったように、あなたがトレーディングに関心があれば、私のシミュレーターを自由にコピーすればよい。あなたが自分のシミュレーターを作りたいなら、VBAコードを書く前に次のことが必要だ。

その前に注意をしておきたい。私のシミュレーターをコピーするために必要なすべての段階を、私は定義していない。VBAになじんでいる人に十分役立つ情報を提供して、自作ができるようにしているが、初めてプログラミングする人に必要な情報までは入っていない。VBA入門講座を書くのはこの本の範囲を超えているからだ。

VBAによる破産確率の自作シミュレーター

- エクセルのワークブックを開いて、最初のシート名を「RiskOfRuin」に変える。
- 「RiskOfRuin」のスプレッドシートに、次の範囲を定義する。
- セル「C12」の上にリストボックスを置き、その入力範囲を「Z1：Z2」と定義し、リンク先を「Y1」と定義する。
- セル「Z1」に「Fixed % Risk」と入力する。
- セル「Z2」に「Fixed $$ Risk」と入力する。
- セル「AA1」に移動し、最初の仮想的な純資産曲線を作るために、セル「AA1：AA10」に乱数を入力する。

範囲名	セル位置
Accuracy	C4
Payoff	C5
Start_Capital	C9
FixedPercentage	C14
Unit_of_Money	C15
Fixed_Dollar_Risk	C16
Ruin	C19
Money_Mgt_Approach	Y1
Probability	G9

- 単純なラインチャートを作り、入力範囲をセル「AA1：AA10」で入力した乱数と定義する。そしてチャートのオブジェクトを、最初のシート（「RiskOfRuin」）のセル「A20」の上に置く。単純なライン・チャートを、あなたが適当と考える大きさに変更して書式を設定する。
- ワークブックを「0_Risk_of_Ruin_Simulator.xls」として保存する。
- VBAエディターを開き（Alt＋F11）、「Simulate_Risk_of_Ruin」という新しいプロシージャを作る。
- 新しいプロシージャに次のコードを書く。

破産確率シミュレーターのためのVBAコード

次のコードを書く。

変数を定義する

```
Const NoRecords = 10001
Dim TradeResult (NoRecords) As Long
Dim EquityCurve (NoRecords) As Long
Dim Accuracy As Variant
Dim PayOff_Ratio As Variant
Dim Money_Mgt_Approach As String
Dim Fixed_Percent_Risked As Variant
Dim Ruin_Point_Drawdown As Variant
Dim Account_Start As Variant
Dim Account_Balance As Variant
Dim Account_New_High As Variant
Dim Account_DrawDown As Variant
Dim Account_DrawDown_Percent As Variant
Dim Win_or_Loss As Variant
Dim Probility_Of_Ruin As Variant
Dim RowNumber As Variant
Dim Unit_Of_Money As Integer
Dim Fixed_Dollar_Risk As Variant
Dim Number_Of_Trades As Long
Dim Number_of_Losses_Before_Ruin As Long
Dim Number_of_Trades_Since_Account_High As Long
Dim i As Long
Dim j As Long
Dim x As Long
```

画面を固定する

Application.DisplayAlerts = False
Application.ScreenUpdating = False

スプレッドシートから変数をロードする

'勝率をロードする。
    Sheets (" RiskOfRuin") .Select
    Range ("Accuracy") .Select
    Accuracy = Selection

'ペイオフレシオをロードする。
    Range (" Payoff ") . Select
    PayOff_Ratio = Selection

'資金管理の手法をロードする。
    Range ("Money_Mgt_Approach") . Select
    If ActiveCell = 1 Then
        Money_Mgt_Approach = "Fixed Percentage Risk Money Mgt"
    Else
        Money_Mgt_Approach = "Fixed Dollar Risk Money Mgt"
    End If

'当初口座サイズをロードする。
    Range (" Start_Capital") .Select
    Account_Start = Selection

'各トレードの口座残高で取るリスクの定率をロードする。
  Range (" FixedPercentage ") . Select
  Fixed_Percent_Risked = Selection

'私たちが破産と定義するドローダウン率を次のように定義する。
  Range ("Ruin") . Select
  Ruin_Point_Drawdown = Selection

'口座にある資金のユニットの数をロードする。
  Range ("Unit_Of_Money") .Select
  Unit_Of_Money = Selection

配列をクリアする

For i = 1 To NoRecords
  TradeResult(i) = Empty
  EquityCurve(i) = 0
Next i

破産確率のシミュレーションを始める

  Number_Of_Trades = 1
  Account_Balance = Account_Start
  Account_New_High = Account_Start
  Account_DrawDown_Percent = 0
  Number_of_Losses_Before_Ruin = 0
  Fixed_Dollar_Risk = Account_Start / Unit_Of_Money

```
    i = 1
    J = 1
    x = 0
```

Do Until Account_DrawDown_Percent >= Ruin_Point_Drawdown Or EquityCurve
(i - 1) > 200000000 Or x >= 10000

'純資産の新たな最大値を調べて、負けトレード数をゼロにリセットする。

```
  If Account_Balance > Account_New_High Then
    Account_New_High = Account_Balance
    Number_of_Losses_Before_Ruin = 0
    Number_of_Trades_Since_Account_High = 0
  End If
```

'乱数を生成して、トレードが勝つか負けるかを見る。
```
  Win_or_Loss = Rnd
```

'勝ったか調べる。
```
  If Win_or_Loss >= (1 - Accuracy) Then
  '勝っている！
    '利益を計算する。
    If Money_Mgt_Approach = "Fixed Percentage Risk Money Mgt" Then
      TradeResult (j) = ( (Fixed_Percent_Risked * Account_Balance) * PayOff_Ratio)
```

End If

If Money_Mgt_Approach = "Fixed Dollar Risk Money Mgt" Then
    TradeResult(j) = Fixed_Dollar_Risk * PayOff_Ratio

End If

'純資産曲線に加える。
    If i = 1 Then
    EquityCurve(i) = Account_Start
    i = i + 1
    EquityCurve(i) = EquityCurve(i - 1) +TradeResult(j)
Else
    EquityCurve(i) = EquityCurve(i - 1) + TradeResult(j)
End If

'口座残高に加える。
    Account_Balance = Account_Balance + TradeResult(j)
Else

'負けている！
    Calculate the loss
    If Money_Mgt_Approach = "Fixed Percentage Risk Money Mgt" Then
        TradeResult(j) = -(Fixed_Percent_Risked * Account_Balance)
    End If

If Money_Mgt_Approach = "Fixed Dollar Risk Money Mgt" Then

```
        TradeResult(j) = -Fixed_Dollar_Risk
    End If

'純資産曲線に加える。
    If i = 1 Then
        EquityCurve(i) = Account_Start
        i = i + 1
        EquityCurve(i) = EquityCurve(i - 1) + TradeResult(j)
    Else
        EquityCurve(i) = EquityCurve(i - 1) + TradeResult(j)
    End If

'口座残高に加える。
    Account_Balance = Account_Balance + TradeResult(j)

'現在のドローダウンとドローダウン率を計算する。
    Account_DrawDown = Account_New_High - Account_Balance
    Account_DrawDown_Percent = Account_DrawDown / Account_New_High

'破産前の負けトレード数を計算する。
    Number_of_Losses_Before_Ruin = Number_of_Losses_Before_Ruin + 1

    End If
'トレード数を計算する。
    Number_Of_Trades = Number_Of_Trades + 1
    Number_of_Trades_Since_Account_High
```

         =Number_of_Trades_Since_Account_High+1

    'カウンターの数字を上げる。
x = x + 1
j = j + 1
i = i + 1
Loop

破産確率を計算する

Probility_Of_Ruin=Number_of_Losses_Before_Ruin/Number_of_Trades_Since_Account_High
'資産曲線が２億ドルを超えるか、１万トレードのシミュレーションをした場合、
    破産は避けられたとみなす。
        If EquityCurve (i - 1) > 200000000 Or x >= 10000 Then
            Probility_Of_Ruin = 0
        End If
    'スプレッドシートに破産確率を入力する。
        Sheets ("RiskOfRuin") . Select
        Range (" Probability") . Select
        ActiveCell = Probility_Of_Ruin
        Selection.Style = "Percent"

資産曲線を印刷する

'前の資産曲線をクリアする。
    Columns (" AA: AA") . Select

    Selection.Clear

'スプレッドシートのAA列に資産曲線を印刷する。
    i = 1
Do Until i >= Number_Of_Trades + 1
    Sheets(1).Cells(i, 27) .Value = EquityCurve(i)
    i = i + 1
Loop
Change Chart Range
    Range (" AA1") . Select
    Selection.End(x1Down).Select
    RowNumber = ActiveCell.Row
    ActiveSheet. ChartObjects (" Chart 1") . Activate
    ActiveChart.PlotArea.Select
    ActiveChart.SeriesCollection(1).Values =
        " =RiskOfRuin!RlC27:R" &RowNumber & "C27"
    ActiveWindow.Visible = False
    Windows (" 0_Risk__of_Ruin_Simulator.xls") . Activate

'破産確率の計算にカーソルを動かす。
    Range("B22"). Select

画面をリフレッシュする

    Application.DisplayAlerts = True
    Application.ScreenUpdating = True
End of Simulator
End Sub

エクセルのワークブックに戻る

- 「RiskOfRuin」のスプレッドシートに戻り、セル「F3」の上にマクロボタンを追加し、「Simulate_Risk_of_Ruin」のマクロを割り当てる。ボタンに「破産確率をシミュレーションする」というラベルを付ける。
- ファイルを保存する。
- スプレッドシートに値を入力して、「破産確率をシミュレーションする」というマクロボタンを押して、デバッグを始める！

何か問題があれば、私のホームページ http://www.indextrader.com.au/ から、私に連絡を取ることができる。

　思い出そう。あなたの目標は検証した売買ルールに適切な資金管理戦略を組み合わせることで、統計的に０％の破産確率を生み出すことだ。０％を超える確率は何であれ、致命的になる。では、これでお別れだ。

付録C　破産確率のシミュレーション

　表A3.1はペイオフレシオの比率を変えて、破産確率のシミュレーションを30回行った結果の要約だ。このシミュレーションによって、売買ルールのペイオフレシオの値が大きくなると、破産する可能性が減る効果があると分かる。これらのシミュレーションで用いたプログラムについては**付録A**を見てもらいたい。

	シミュレーションした破産確率					
ペイオフレシオ	1.0	1.1	1.2	1.3	1.4	1.5
シミュレーション1	66%	0%	0%	0%	0%	0%
シミュレーション2	63%	0%	0%	0%	71%	0%
シミュレーション3	66%	0%	0%	77%	0%	0%
シミュレーション4	56%	79%	0%	68%	0%	0%
シミュレーション5	54%	80%	73%	82%	0%	0%
シミュレーション6	65%	0%	0%	60%	0%	0%
シミュレーション7	62%	0%	63%	0%	73%	0%
シミュレーション8	60%	77%	66%	0%	0%	0%
シミュレーション9	68%	0%	0%	0%	0%	0%
シミュレーション10	81%	0%	0%	0%	0%	0%
シミュレーション11	61%	0%	82%	0%	0%	0%
シミュレーション12	71%	0%	68%	0%	0%	0%
シミュレーション13	70%	0%	0%	0%	0%	0%
シミュレーション14	62%	0%	0%	65%	0%	0%
シミュレーション15	57%	73%	0%	0%	0%	0%
シミュレーション16	65%	0%	0%	0%	0%	0%
シミュレーション17	85%	0%	68%	0%	0%	0%
シミュレーション18	66%	0%	64%	0%	0%	0%

シミュレーション19	58%	0%	58%	0%	0%	0%
シミュレーション20	65%	0%	78%	59%	0%	0%
シミュレーション21	63%	0%	0%	69%	0%	0%
シミュレーション22	65%	64%	0%	62%	0%	0%
シミュレーション23	60%	69%	70%	0%	0%	0%
シミュレーション24	68%	0%	0%	0%	0%	0%
シミュレーション25	57%	0%	67%	0%	0%	0%
シミュレーション26	61%	0%	74%	0%	0%	0%
シミュレーション27	53%	0%	58%	0%	0%	0%
シミュレーション28	69%	87%	61%	0%	0%	0%
シミュレーション29	52%	0%	0%	0%	0%	0%
シミュレーション30	60%	66%	0%	78%	0%	0%
平均破産確率	64%	20%	32%	21%	5%	0%

■著者紹介
ブレント・ペンフォールド（Brent Penfold）
フルタイムのトレーダーであり、著者、教育者、公認アドバイザーでもある。彼は1983年にバンク・オブ・アメリカのディーラーから仕事を始めた。今日では通貨と世界の株価指数のトレーディングを専門としている。彼はベストセラーになった『トレーディング・ザ・SPI』の著者であり、J・アトキンソンの電子ブックではオーストラリアの株式市場の魔術師と紹介されている。彼は活発な通貨と指数のトレーダーたち向けに、日刊ニュースレターを発行している。また、国際的な講演者として人気があり、引っ張りだこだ。シンガポール、香港、マレーシア、ベトナム、タイ、インド、中国、オーストラリア、ニュージーランドと、アジア太平洋全域で講演してきた。彼は公認の先物アドバイザー（AFSL225946）であり、商学修士号を取得している。

■監修者紹介
長尾慎太郎（ながお・しんたろう）
東京大学工学部原子力工学科卒。日米の銀行、投資顧問会社、ヘッジファンドなどを経て、現在は大手運用会社勤務。訳書に『魔術師リンダ・ラリーの短期売買入門』『タートルズの秘密』『新マーケットの魔術師』『マーケットの魔術師【株式編】』（いずれもパンローリング、共訳）、監修に『ゲイリー・スミスの短期売買入門』『バーンスタインのデイトレード入門』『究極のトレーディングガイド』『マーケットのテクニカル秘録』『高勝率トレード学のススメ』『フルタイムトレーダー完全マニュアル』『新版　魔術師たちの心理学』『トレーディングエッジ入門』『スイングトレードの法則』『エリオット波動入門』『EVトレーダー』『ロジカルトレーダー』『タープ博士のトレード学校　ポジションサイジング入門』『フィボナッチトレーディング』『フィボナッチブレイクアウト売買法』『アルゴリズムトレーディング入門』『クオンツトレーディング入門』『イベントトレーディング入門』『スイングトレード大学』『オニールの成長株発掘法【第4版】』『コナーズの短期売買実践』『トレードの教典』など、多数。

■訳者紹介
山口雅裕（やまぐち・まさひろ）
早稲田大学政治経済学部卒業。外資系企業などを経て、現在は翻訳業。訳書に『フィボナッチトレーディング』『規律とトレンドフォロー売買法』『逆張りトレーダー』（パンローリング）など。

2011年8月2日	初版第1刷発行	
2012年3月1日	第2刷発行	
2013年1月2日	第3刷発行	
2014年10月1日	第4刷発行	
2015年4月2日	第5刷発行	
2016年6月2日	第6刷発行	
2019年3月1日	第7刷発行	
2019年12月2日	第8刷発行	
2020年12月2日	第9刷発行	

ウィザードブックシリーズ ⑱

システムトレード 基本と原則
──トレーディングで勝者と敗者を分けるもの

著　者	ブレント・ペンフォールド
監修者	長尾慎太郎
訳　者	山口雅裕
発行者	後藤康徳
発行所	パンローリング株式会社
	〒160-0023　東京都新宿区西新宿 7-9-18-6F
	TEL 03-5386-7391　FAX 03-5386-7393
	http://www.panrolling.com/
	E-mail　info@panrolling.com
編　集	エフ・ジー・アイ（Factory of Gnomic Three Monkeys Investment）合資会社
装　丁	パンローリング装丁室
組　版	パンローリング制作室
印刷・製本	株式会社シナノ

ISBN978-4-7759-7150-5

落丁・乱丁本はお取り替えします。
また、本書の全部、または一部を複写・複製・転訳載、および磁気・光記録媒体に
入力することなどは、著作権法上の例外を除き禁じられています。

本文　©Masahiro Yamaguchi／図表　© PanRolling　2011 Printed in Japan

ジョン・R・ヒル

トレーディングシステムのテストと評価を行う業界最有力ニュースレター『フューチャーズ・トゥルース（Futures Truth）』の発行会社の創業者社長。株式専門テレビCNBCのゲストとしてたびたび出演するほか、さまざまな投資セミナーの人気講師でもある。オハイオ州立大学で化学工学の修士号を修得。

システム検証人

ジョージ・プルート
ジョン・R・ヒル　共著

ウィザードブックシリーズ54

究極のトレーディングガイド

定価 本体4,800円+税　ISBN:9784775970157

トレード成績を向上させる秘訣がある！

この『究極のトレーディングガイド』は多くのトレーダーが望むものの、なかなか実現できないもの、すなわち適切なロジックをベースとし、安定した利益の出るトレーディングシステムの正しい開発・活用法を教えてくれる。最近のトレードの爆発的な人気を背景に、多くのトレーダーはメカニカル・トレーディングシステムを使いたいと思っている。その正しい使い方をマスターすれば、これほど便利なツールはほかにない。

ジョン・ヒルの長年のリサーチにより非常に有効だという結論が出たシステムトレードで稼ぐ方法

1 ドンチャン・チャネル・ブレイクアウト
2 移動平均のクロスオーバー
3 短期のオープニング・レンジ・ブレイクアウト
4 S&Pのデイトレード
5 パターン認識

これらの5つについて資金1万ドルから30万ドルに対応した5つのポートフォリオと投資対象をジョン・ヒルが提案

- 売買システムのイージーランゲージコード付（TreadStation）
- 各市場ごとのオープニング・レンジ・ブレイクアウトの成績統計付
- ヒストリカルテストの評価方法
- 有効なチャートパターンの多くを紹介
- システム売買の設計と運用には欠かせない一冊

システムトレードの達人たちに学ぶ
ラリーの仲間たち

ラリー・R・ウィリアムズ (Larry R. Williams)

50年のトレード経験を持ち、世界で最も高い評価を受ける短期トレーダー。1987年のロビンスワールドカップでは資金を1年間で113.76倍にするという偉業を成し遂げた。「ウィリアムズ%R」「VBS」「GSV」「ウルティメイトオシレーター」「TDW」「TDM」など、世界で多く使われている指標を開発してきた。テクニカル分析だけでなくファンダメンタルズ分析も併せた複合的なアプローチでトレード界のトップを走り続けている。

1000%の男

マネーマネジメント手法 オプティマルfを伝授

ウィザードブックシリーズ196
ラリー・ウィリアムズの短期売買法【第2版】
投資で生き残るための普遍の真理

定価 本体4,800円+税
ISBN:9784775971611

短期システムトレーディングのバイブル！ 読者からの要望の多かった改訂「第2版」が10数年の時を経て、全面新訳。直近10年のマーケットの変化をすべて織り込んだ増補版。日本のトレーディング業界に革命をもたらし、多くの日本人ウィザードを生み出した 教科書！

ラルフ・ビンス (Ralph Vince)

オプティマルfの生みの親

トレーディング業界へは歩合制外務員として入り、のちには大口の先物トレーダーやファンドマネジャーのコンサルタント兼プログラマーを務める。著書には本書のほかに、『投資家のためのマネーマネジメント』（パンローリング）、『The Mathematics of Money Management』『The New Money Management』などやDVDに『資産を最大限に増やすラルフ・ビンスのマネーマネジメントセミナー』『世界最高峰のマネーマネジメント』（いずれもパンローリング）などがある。ケリーの公式を相場用に改良したオプティマルfによって黄金の扉が開かれた。真剣に資産の増大を望むトレーダーには彼の著作は必読である。

ウィザードブックシリーズ151
ラルフ・ビンスの資金管理大全

定価 本体12,800円+税
ISBN:9784775971185

システムトレードの達人たちに学ぶ
プログラミング編

ロバート・パルド (Robert Pardo)

使えるシステムの判断法

トレーディング戦略の設計・検証のエキスパートして知られ、プロのマネーマネジャーとしても長い経歴を持つ。マネーマネジメント会社であるパルド・キャピタル・リミテッド（PCL）をはじめ、コンサルティング会社のパルド・グループ、独自の市場分析サービスを提供するパルド・アナリティックス・リミテッドの創始者兼社長でもある。ダン・キャピタルとの共同運用でも知られているパル殿提唱したウォークフォワードテスト（WFT）はシステムの検証に革命をもたらした。トレーディングの世界最大手であるゴールドマンサックス、トランスワールド・オイル、大和証券でコンサルタントを勤めた経験もある。

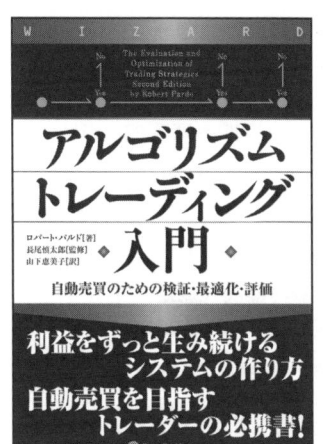

ウィザードブックシリーズ 167
アルゴリズムトレーディング入門

利益をずっと生み続けるシステムの作り方
自動売買を目指すトレーダーの必携書！

定価 本体7,800円+税　ISBN:9784775971345

トレーディングアイデアを、検証、適正な資金配分を経て、利益の出る自動化トレーディング戦略に育て上げるまでの設計図。

アート・コリンズ (Art Collins)

シュワッガーに負けないインタビュアー

ロバート・パルドとも親しいアート・コリンズは、1986年から数多くのメカニカルトレーディングシステムの開発を手掛け、またプロトレーダーとしても大きな成功を収めている。
1975年にノースウエスタン大学を卒業し、1989年からシカゴ商品取引所（CBOT）の会員、また講演者・著述家でもある。著書には『マーケットの魔術師【大損失編】』などがある。

ウィザードブックシリーズ 137
株価指数先物必勝システム

株価指数先物をやっつけろ！
メカニカルなトレーディングシステムの開発法を伝授！
考え方・作り方　徹底的にあらゆることを検証
実行法　　　　退屈などに淡々に
裁量トレーダーにさようなら!!

定価 本体5,800円+税
ISBN:9784775971048

ウィザードブックシリーズ 90
マーケットの魔術師 システムトレーダー編

市場に勝った男たちが明かすメカニカルトレーディングのすべて

定価 本体2,800円+税
ISBN:9784775970522

ローレンス・A・コナーズ

TradingMarkets.com の創設者兼 CEO（最高経営責任者）。1982年、メリル・リンチからウォール街での経歴をスタートさせた。著書には、リンダ・ブラッドフォード・ラシュキとの共著『魔術師リンダ・ラリーの短期売買入門（ラリーはローレンスの愛称）』（パンローリング）などがある。

ウィザードブックシリーズ 169
コナーズの短期売買入門

定価 本体4,800円+税　ISBN:9784775971369

時の変化に耐えうる短期売買手法の構築法

さまざまな市場・銘柄を例に見ながら、アメリカだけではなく世界で通用する内容を市場哲学や市場心理や市場戦略を交えて展開していく。トレード哲学は「平均値への回帰」である。その意味は単純に、行きすぎたものは必ず元に戻る――ということだ。それを数値で客観的に示していく。
世の中が大きく変化するなかで、昔も儲って、今も変わらず儲かっている手法を伝授。

> マーケットの達人である、ローレンス・コナーズとセザール・アルバレスが何十年もかけて蓄えたマーケットに関する知恵がぎっしり詰まっている。

ウィザードブックシリーズ 284
「恐怖で買って、強欲で売る」短期売買法

定価 本体2,800円+税　ISBN:9784775972533

エッジは恐怖と強欲から生まれる！ 高勝率短期売買法。バフェットの手法の短期売買版！

本書では、幅広い検証や実例を通して、恐怖が高まったときに買い、強欲が増したときに売ることが最も高勝率なトレード法だということを検証してきた。この手法のエッジは21世紀になってからの激動を潜り抜けてきたことでも分かるように、今後も長く残り続けるだろう。

ウィザードブックシリーズ 180
コナーズの短期売買実践
定価 本体7,800円+税　ISBN:9784775971475

短期売買とシステムトレーダーのバイブル！
自分だけの戦略や戦術を考えるうえでも、本書を読まないということは許されない。トレーディングのパターンをはじめ、デイトレード、マーケットタイミングなどに分かれて解説された本書は、儲けることが難しくなったと言われる現在でも十分通用するヒントや考え方、システムトレーダーとしてのあなたの琴線に触れる金言にあふれている。

ウィザードブックシリーズ 221
コナーズRSI入門
定価 本体7,800円+税　ISBN:9784775971895

勝率が80％に迫るオシレーター！
日本のトレーダーたちに圧倒的な支持を得続けている『魔術師リンダ・ラリーの短期売買入門』（パンローリング）の共著者であるローレンス・コナーズは、今なお新しい戦略やシステムやオシレーターを編み出すのに余念がない。また、それらをすぐに公開するトレーダーにとっての「救世主」である。

ウィザードブックシリーズ 1
魔術師リンダ・ラリーの短期売買入門
定価 本体28,000円+税　ISBN:9784939103032

ウィザードが語る必勝テクニック
日本のトレーディング業界に衝撃をもたらした一冊。リンダ・ラシュキとローレンス・コナーズによるこの本は、当時進行していたネット環境の発展と相まって、日本の多くの個人投資家とホームトレーダーたちに経済的な自由をもたらした。裁量で売買することがすべてだった時代に終わりを告げ、システムトレードという概念を日本にもたらしたのも、この本とこの著者2人による大きな功績だった。

DVD
スイングトレードを成功させる重要なポイント
講師:ローレンス・A・コナーズ

定価 本体4,800円+税　ISBN:9784775963463

勝率87％の普遍的なストラテジー大公開！
短期売買トレーダーのための定量化された売買戦略
スイングトレーディングを成功させる4つのキーポイントについてコナーズ本人が解説。

関連書

ウィザードブックシリーズ 223
出来高・価格分析の完全ガイド
100年以上不変の「市場の内側」をトレードに生かす

アナ・クーリング【著】

定価 本体3,800円+税　ISBN:9784775971918

FXトレーダーとしての成功への第一歩は出来高だった!

本書には、あなたのトレードにVPA Volume Price Analysis（出来高・価格分析）を適用するために知らなければならないことがすべて書かれている。それぞれの章は前の章を踏まえて成り立つものだ。価格と出来高の原理に始まり、そのあと簡単な例を使って2つを1つにまとめる。本書を読み込んでいくと、突然、VPAがあなたに伝えようとする本質を理解できるようになる。それは市場や時間枠を超えた普遍的なものだ。

ウィザードブックシリーズ 298
出来高・価格分析の実践チャート入門

アナ・クーリング【著】

定価 本体3,800円+税　ISBN:9784775972694

出来高と価格とローソク足のパターンから近未来が見える! 206の実例チャートのピンポイント解説

アナ・クーリングのロングセラーである『出来高・価格分析の完全ガイド』が理論編だとすると、本書は実践編と言えるものだ。本書を完璧にマスターすれば、5分足であろうが、1時間足であろうが、日足や週足や月足であろうが、いろんな時間枠に対応できるようになるので、長期トレーダーや長期投資家だけでなく、短期トレーダーにも本書の刊行は朗報となるだろう。